YUNJISUAN HUANJINGXIA JIAOYU XINXIHUA
ZIYUAN GONGJIAN GONGXIANG YANJIU

云计算环境下教育信息化资源共建共享研究

闫机超　著

中国原子能出版社

图书在版编目（CIP）数据

云计算环境下教育信息化资源共建共享研究/ 闫机超著. -- 北京：中国原子能出版社，2019.8 (2024.4 重印)

ISBN 978－7－5221－0008－1

Ⅰ．①云… Ⅱ．①闫… Ⅲ．①教育工作—信息化—资源共享—研究 Ⅳ．①G 43

中国版本图书馆 CIP 数据核字（2019）第 196537 号

云计算环境下教育信息化资源共建共享研究

出版发行	中国原子能出版社（北京市海淀区阜成路 43 号 100048）
责任编辑	杨晓宇
责任印刷	潘玉玲
印　　刷	三河市同力彩印有限公司
经　　销	全国新华书店
开　　本	787 毫米×1092 毫米　1/16
印　　张	17.5
字　　数	350 千字
版　　次	2023 年 12 月第 2 版
印　　次	2024 年 4 月第 2 次印刷
标准书号	ISBN 978－7－5221－0008－1
定　　价	88.00 元

网址 http//www.aep.com.cn　　　E－mail: atomep 1 2 3＠1 2 6.com
发行电话: 01)－68452845

前　　言

　　21世纪以来，随着计算机和通信技术的飞速发展，信息化浪潮席卷全球，我国各大中小学校也相继掀起了教育信息化建设的热潮，教育技术成为推进教育改革和发展的制高点和突破口。信息资源共享是信息社会的基本要求，也是受到世界各国广泛关注的重要问题。我国的信息资源共享建设通过计算机网络，最大限度地突破时间、空间限制，营造全民共享、共用的良好信息环境，直接服务于国民经济建设和社会进步，极大地增强国民教育和提升国民素质，提升我国人才国际竞争力，对此从近年来的共建共享实践中深有体会。

　　本书从基础的知识讲起，追踪前沿热点问题，全面反映了现代云计算应用技术条件下教育信息化资源共建共享方面的最新发展和时代特色。本书共12章，具体内容如下：第一章云计算环境下教育信息化资源概览，包括认识信息化教育资源、掌握教育资源数据库、善用资源检索类工具、会用文献编辑类工具；第二章云计算环境下教育信息化资源建设，包括信息化教育资源、信息化教育资源的汇聚、我国信息化教育资源的建设与发展；第三章信息化教育资源共建共享，包括教育资源共建共享释义、信息化教育资源共建共享的规划与实施、信息化教育资源共建共享的评价与推进；第四章网络化教育资源共建共享，包括认识网络化教育资源、获取网络化教育资源、管理网络化教育资源、捕捉网络化教育资源；第五章专题学习网站共建共享，包括专题学习网站的理论基础、专题学习网站的设计与实现、专题学习网站的共建共享、专题学习网站建设的反思与展望；第六章数字化文本资源共建共享，包括认识数字化文本资源、处理数字化文本资源；第七章数字化图像资源共建共享，包括认识数字化图像资源、处理数字化图像资源；第八章数字化音频资源共建共享，包括认识数字化音频资源、处理数字化音频资源；第九章数字化视频资源共建共享，包括认识数字化视频资源、处理数字化视频资源；第十章多媒体微课资源共建共享，包括掌握多媒体课件工具、精通多媒体课件开发、精通精品类微课开发；第十一章校际网络联盟资源共建共享，包括校际联盟的解析、校际信息化教育资源库系统、基于共建共享的校际信息化教学平台；第十二章教育信息化资源共建共享评估，包括评估原则、评估方法、评估体系。

　　由于水平有限，加上调研和资料等方面的局限，书中不足之处欢迎广大读者和专家批评指正，以利于改进和完善。同时希望本书的观点，能够引起大家的讨论。

著　　者

目　　录

第一章

云计算环境下教育信息化资源概览

随着信息技术的不断发展与推进，涌现了微信、微博、QQ、H5 技术、3D 打印、虚拟现实、增强现实、虚拟博物馆、虚拟场馆等全新媒体技术样态。新媒体技术环境为教育资源格局带来了新的变化，这种变化迅速而巨大。打造优质信息化教育资源、提升信息化教育资源质量、获取与整合信息化教育资源、共建与共享信息化教育资源，以达到优质信息化教育资源共建共享与服务之目的，已成为"互联网＋"时代背景下教师必须具备的核心素养，即信息化教育资源的获取、整合、开发、利用、共建、共享与服务能力。教育资源主要包括教学材料、教学环境及教学支持系统。那么，什么是信息化教育资源？有哪些信息化教育资源？如何获取、开发、利用信息化教育资源？将是本章重点探讨的问题。

第一节　认识信息化教育资源

教育技术是为了促进教学，对有关过程和资源进行设计、开发、利用、管理和评价的理论与实践。因此，信息化教育资源是教育技术的研究对象之一。理解信息化教育资源的含义、特点、分类、开发原则及其评价指标显得尤为重要。

一、理解信息化教育资源的内涵

广义的教育资源指的是一切支持、促进教与学活动的所有资源，包括承载教学信息的教学材料等信息软件资源，开展教学活动所需的教学设备等硬件资源，教学环境资源及教师等人力资源。狭义的教育资源则是指支持、促进教与学活动的教学信息资源，如教材、练习册、学习工具书、教学课件等。

广义的信息化教育资源指的是在以计算机技术和网络技术为核心的信息技术环境下，一切支持、促进信息化教与学活动的，经过专门开发或二次加工的数字化教学信息资源、数字化硬件资源、数字化教学环境及教育人力资源。而狭义的信息化教育资源则是指支持信息化教学活动所需的数字化教育资源，包括教学课件、教育网站、媒体素材、试题库等。白春章等认为信息化教育资源是指以数字形态存在的教学材料，包括学生和教师在学习与教学过程中所需要的各种数字化的素材、教学软件、补充材料等[①]。下面主要从狭义的信息化教育资源的视角论述其特点、类型、开发原则与评价标准。

---

① 白春章，关松林. 信息化教学资源共建共享机制研究［J］. 中国教育学刊，2013（6）：59－61，66.

二、了解信息化教育资源的特点

信息化教育资源与传统教育资源相比，不仅具有一般资源的依附性、传播性、可选择性等基本属性，还具有"信息化"所赋予的不同于传统教育资源的特性。

（一）资源表征的数字多媒体化

数字化是信息化教育资源的主要特点，资源的数字化使得资源可以无限次地被使用、传输、存储，且不会造成资源的损失与失真。信息化教育资源的另一个主要特点是多媒体化的资源表现形式，教学信息除了用抽象的文字符号表示外，还可以用图形、图像、视频、音频及动画等多种具象方式。

（二）资源组织方式的超媒体化

由于信息化教育资源的数字化、多媒体化等特性，信息化教育资源以其非线性的超文本、超媒体方式组织与呈现资源，突破了传统教育资源的顺序、线性的组织、呈现方式，不仅提高了资源的使用效率而且扩大了资源的覆盖率。

（三）资源获取方式的便捷性

信息化教育资源的数字化特性，使其获取方式更加多样、方便快捷。资源使用者只要利用计算机或移动智能终端便可获取到有线网络或移动网络中的教育资源，实现了可随时随地查询与获取资源，完全打破了传统教育资源获取的地域和时空限制。

（四）资源传播共享的实时性

网络信息传输的即时性与更新时效性是其他媒体无法比拟的。数字化教育资源主要通过网络媒介进行传输与共享，实现了资源传播与共享的实时性，学习者可通过各种网络终端随时关注教育资源的动态变化。

（五）资源的互动传递与再生性

互动是 Web2.0 时代的主要特征。网络信息化教育资源较传统教育资源具有同步或异步的双向传递功能。资源拥有者既可以发布教育资源，也可以对接收的资源进行反馈、评价乃至修改、完善，成为资源的使用者。另外，一种资源在使用与传播的过程中可能会不断进化，或与其他资源相互融合成新的资源，这体现了信息化教育资源的再生特性。

（六）资源类型的多元性

与传统教育资源类型单一性相比，信息化教育资源类型丰富多样，如多媒体教学软件、微课、网络课程、教育网站、多媒体素材、试题库等。

三、掌握信息化教育资源的类型

信息化教育资源类型丰富，其分类方法有很多，根据资源的组织方式划分是常用的一种分类方法。将信息化教育资源按资源组织方式可分为以下 8 种类型。

（一）多媒体课件

多媒体课件是开展信息化教学常用的一种资源形式。它是为了实现特定教学目标，支持教学活动而专门开发的呈现多种媒体信息的一种计算机软件。多媒体课件根据其运行环境又分为单机版课件和网络版课件两大类。

（二）网络课程

网络课程也是开展信息化教学常用的资源形式之一。网络课程是通过网络表现的某门学科的教学内容及实施的教学活动的综合。它包括两个组成部分，即按一定的教学目标、教学策略组织起来的教学内容和网络教学支撑环境[①]，如 MOOC、视频公开课等。

（三）微课

微课是目前教育技术领域关注的一种新型资源形式。它是以视频为主要表现形式的目标明确、内容聚焦、时间短且包含完整教学过程的视频课程，"短小精悍"是微课程的显著特点。

（四）多媒体素材

多媒体素材是开发课件、网络课程必不可少的资源形式，它是传播教学信息的基本材料单元，可分为文本素材、图形图像素材、动画素材、视频素材、音频素材等多种类型。

（五）教育资源类网站

教育资源类网站是指主要通过收集、整理、存储教育资源，建立相应的资源库并提供资源检索、共享服务的资源网站。这类资源网站一般为特定群体提供不同级别或不同学科的教育资源。

（六）常见问题解答

常见问题解答是针对某一具体领域最常出现的问题给出全面的索引，如大型软件开发平台的帮助文档。

（七）工具性软件

工具性软件是指支持、服务于教与学活动的各种数字化工具软件，如课件开发工具、认知工具、效能工具、通信工具等。

（八）题库 APP 软件

题库是按照一定的教育测量理论，在计算机系统中实现的某个学科题目的集合，是在数学模型基础上建立的教育测量工具。一个功能完善的题库，不仅具有录入试题的功能，还应具有查询、智能组卷、自动阅卷与分析反馈等功能。常见的题库 APP 软件包括爱考拉（APP）、猿题库（APP）、作业宝（APP）、题谷教育（APP）、学霸君（APP）、海词英语（APP）、扇贝网（APP）、百词斩（APP）、多邻国（APP）、英语流利说（APP）等。

四、掌握信息教育资源开发原则

信息化教育资源是支持信息化教学活动所需的数字化资源，它是服务于教学的，面向特定群体（如教师或学生）专门开发的具有明确教育目标的资源形式。所以，信息化教育资源在设计与开发过程中应遵循一定的原则，才能确保资源的质量过关。

（一）教育性原则

教育性原则是所有教育资源必须具备的基本要求。教育资源需符合教学大纲、课程标准的要求，具有明确的教育目的，针对性强，有利于激发学习者的学习动机，提高学习兴趣。

（二）科学性原则

科学性原则是所有教育资源必须具备的又一基本要求。教育资源需科学、准确无误地反映客观规律；引用的观点、数据需详实可靠；阐述的概念、原理等需符合逻辑；使用的媒体

---

① 雷体南，汪家宝. 现代教育技术教程［M］. 3 版. 武汉：华中科技大学出版社，2016.

素材需客观反映事实。

（三）使用性原则

使用性原则指的是开发的信息化教育资源应便于使用者使用。资源应操作简便、易用，如多媒体课件中清晰明了的导航栏，网络课程、题库系统中简明的使用说明或帮助手册等都是使用性的体现。

（四）技术性原则

技术性原则反映信息化教育资源开发者的技术水平，主要表现在教育资源是否提供人机交互功能，各种交互操作控制是否可靠，图、文、声、像等媒体素材是否设计合理，动画、视音频是否流畅，视频效果是否逼真等。

（五）艺术性原则

艺术性原则也是信息化教育资源开发者必须遵循的一条原则，教育资源要给使用者以赏心悦目的感受，这对资源取得良好的使用效果有积极的促进作用。资源的艺术性主要体现在界面整体设计友好，布局合理，色彩搭配协调，使用的图表清晰，解说、背景音乐悦耳动听等。

五、掌握信息教育资源评价指标

评价是对开发完成的信息化教育资源进行质量检验，以便发现问题及时修正、完善。由上文可知，多媒体课件、网络课程及微课是信息化教学中常用的资源形式，多媒体课件、微课及网络课程的评价指标见表1-1至表1-3。

表1-1　多媒体课件评价指标

评价指标	分值	评选要素
教学设计	30	教学目标、对象明确，教学策略得当；界面设计合理，风格统一，有必要的交互；有清晰的文字介绍和帮助文档
内容呈现	25	内容丰富、科学，表述准确，术语规范；选材适当，表现方式合理；语言简洁、生动，文字规范；素材选用恰当，结构合理
技术运用	25	运行流畅，操作简便、快捷，媒体播放可控；导航方便合理，路径可选；新技术运用有效
创新实用	20	立意新颖，具有想象力和个性表现力；能够运用于实际教学中，有推广价值

表1-2　微课评价指标

评选指标	分值	评选要素
教学设计	25	体现新课标的理念，主题明确、重点突出；教学策略和教学方法选用恰当；合理运用信息技术手段
教学行为	25	教学思路清晰，重点突出，逻辑性强；教学过程深入浅出、形象生动、通俗易懂，充分调动学生的学习积极性
教学效果	25	教学和信息素养目标达成度高；注重培养学生自主学习能力
创新实用	25	形式新颖，趣味性和启发性强；视频声画质量好；实际教学应用效果明显，有推广价值

表 1 - 3 网络课程评价指标

评价项目	分值				评分依据
	优	良	差	得分	
网站设计	16～20	12～15	0～11		网站架构合理，便于学生寻找所需信息；界面简明、友好，链接有效
教学内容	24～30	18～23	0～17		教学内容正确、有用、及时，有意义，是同类教学材料的精华所在
教学方法	24～30	18～23	0～17		恰当地应用网上教学开发工具的各种功能来支持学生的学习，指示语准确简明。学习过程吸引学生，有助于培养学生的高级思维能力
教育资源	8～10	6～7	0～5		教学与资源内容密切相关，为每个资源提供摘要说明
评价方法	8～10	6～7	0～5		提供多种评价方法，方便学生的自查与反思

第二节 掌握教育资源数据库

要想熟悉各种常用教育资源数据库，全面掌握它们的使用技巧，需要做好以下两件事情：熟悉中文数字化学习资源数据库、掌握英文数字化学习资源数据库。

一、熟悉中文数字化学习资源数据库

中文数字化学习资源数据库种类繁多，但常用的数据库有以下几类：学术期刊类（图 1 - 1 和图 1 - 2）、引文索引/检索工具类（图 1 - 3）、学位论文类、学术搜索类、会议论文类、电子图书类、电子报纸类、参考资料类（图 1 - 4 和图 1 - 5）、视听资源类和综合类等十类数据库。表 1 - 4 所列为常见中文数据库。

表 1 - 4 常见中文数据库

类型	常见数据库
中文学术期刊数据库	中国知网（CNKI）学术期刊；人大复印资料数据库；万方数据库学术期刊；月旦知识库；国家哲学社会科学学术期刊库（NSSD）；大成老旧刊全文数据库；中文科技期刊数据库（重庆维普期刊）；台湾学术文献数据库
中文引文索引数据库	中文社会科学引文索引（CSSCI）；中国科学引文数据库（CSCD）；全国报刊索引网络版；人大复印报刊资料数据库
中文学位论文与会议论文数据库	CNKI 中国优秀博硕士学位论文全文数据库；万方—中国学位论文全文数据库；CNKI 中国重要会议论文全文数据库；CALIS 学位论文；月旦知识库（博硕士论文）；万方—中国会议论文全文数据库
中文电子图书与报纸数据库	e 读（全国高校图书馆联合馆藏）；方正 APABI 数字图书馆（中华数字书苑电子书库）；书生之家；CNKI 中国重要报纸全文数据库；中华数字书苑报纸全文库；月旦知识库（电子书/词典工具书）
中文参考资料与学术搜索数据库	CNKI 中国工具书馆；超星百链学术搜索（文献传递功能）；超星读秀学术搜索（文献传递功能）；方略学科导航；华艺—台湾学术文献数据库；瀚堂近代期刊数据库
中文视听资源数据库	视听资源库；爱上课程；超星名师讲坛；爱迪科森网上报告厅；新东方多媒体学习库；库客数字音乐图书馆；泛在微讲堂

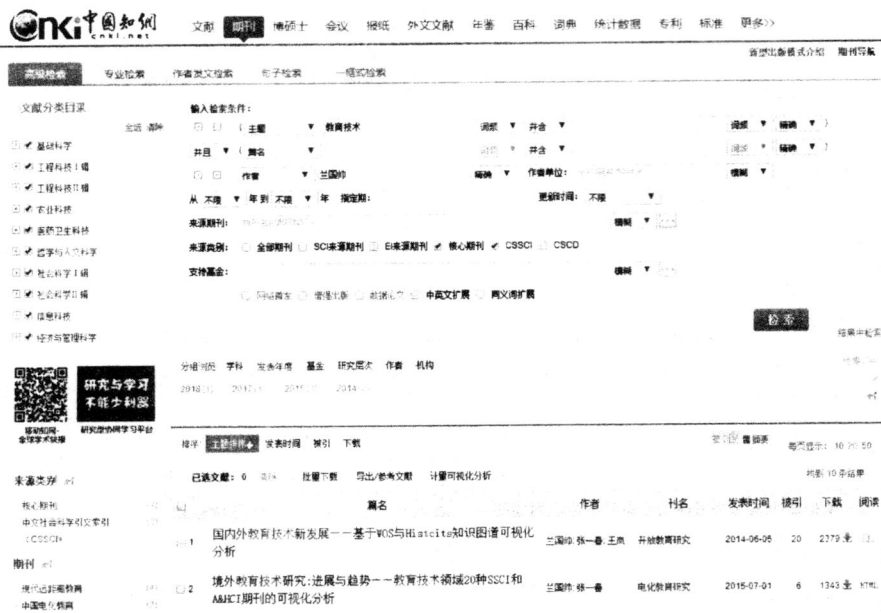

图 1 - 1 中国知网学术期刊库

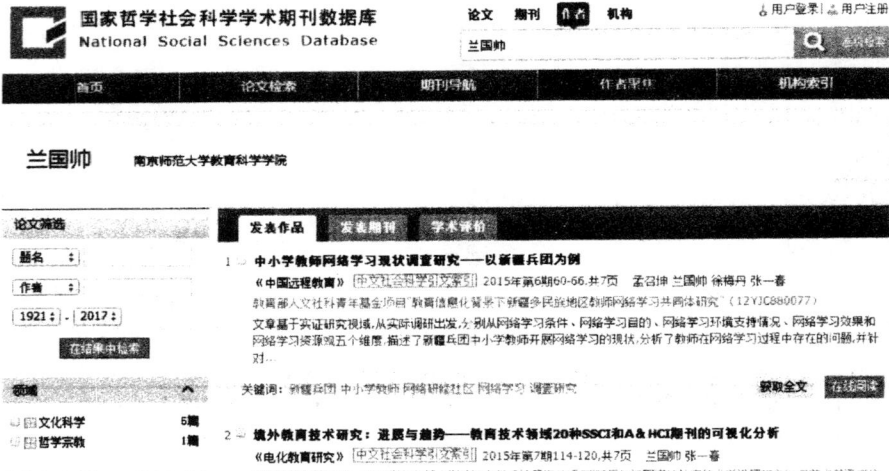

图 1 - 2 国家哲学社会科学学术期刊数据库

请熟悉上述常用中文数字化学习资源数据库，并善于利用它们进行相关学科领域的学习、教学、科研与培训等相关资源的检索。

二、掌握英文数字化学习资源数据库

英文数字化学习资源数据库种类繁多，但常用的数据库可归为以下四类：学术期刊类数据库（图 1-6～图 1-8）、引文索引/检索工具类数据库（图 1-9）、学位论文类数据库和电子图书类等。常见英文数据库见表 1-5。

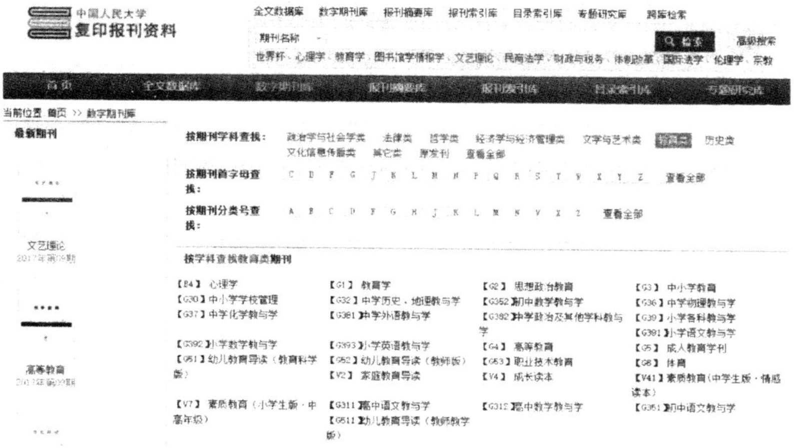

图 1 - 3　人大复印报刊资料数据库

图 1 - 4　百链学术搜索

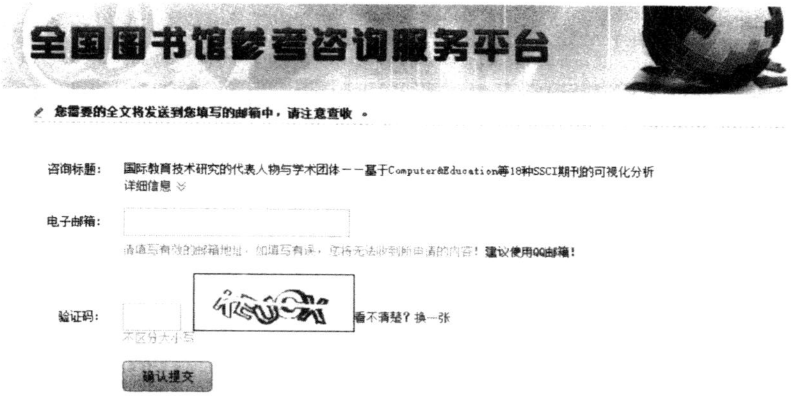

图 1 - 5　百链文献传递

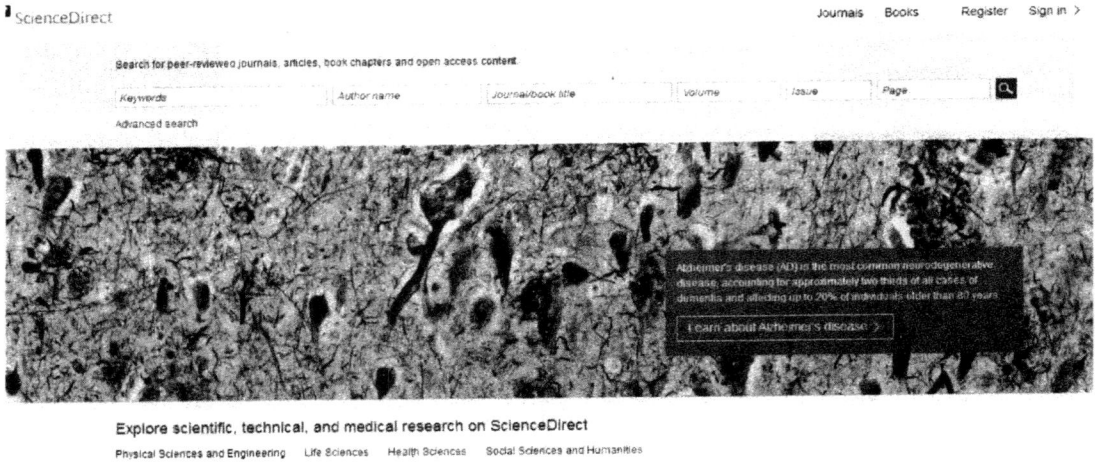

图 1 - 6　ScienceDirect 学术期刊数据库

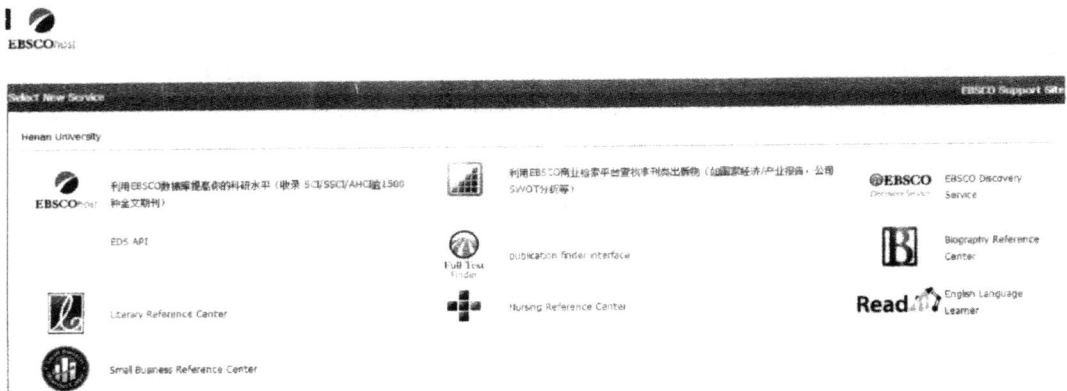

图 1 - 7　EBSCOhost 学术期刊数据库

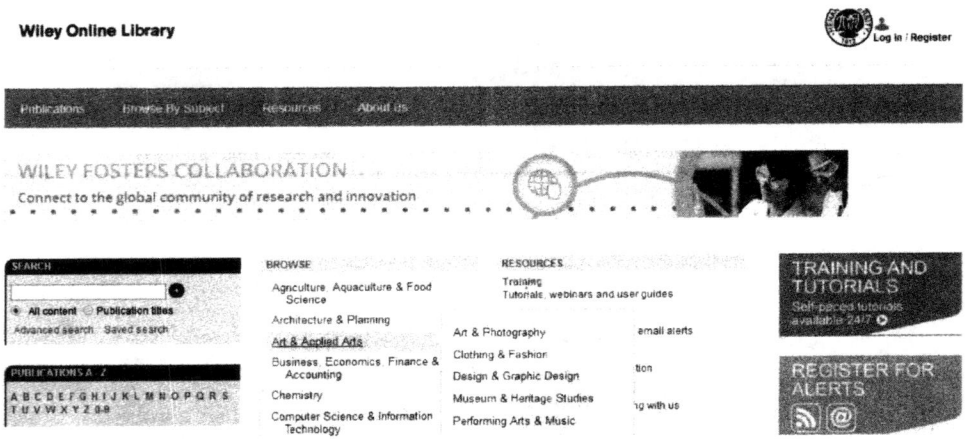

图 1 - 8　Wiley Online 学术期刊数据库

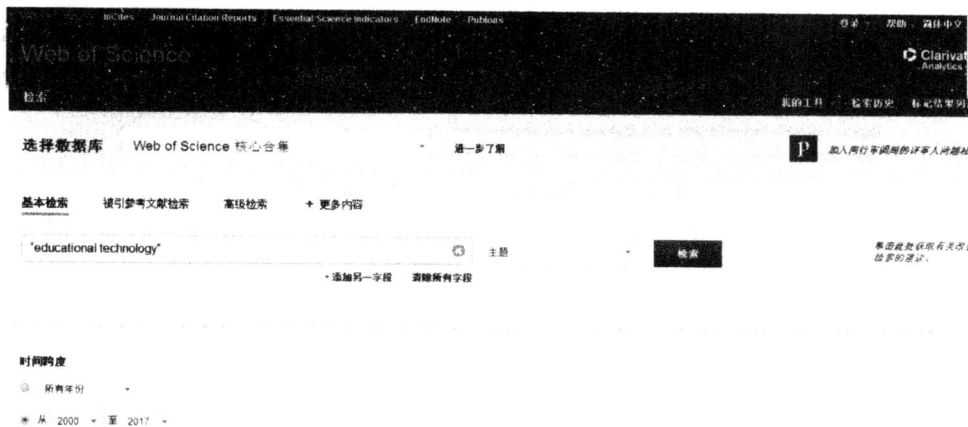

图 1－9　Web of Science 引文索引数据库

表 1－5　常见英文数据库

类型	常见数据库
英文学术期刊数据库	Elsevier SDOL；EBSCOhost；Wiley－Blackwell；Springer Link；Kluwer Online；ES 教育学全文数据库（ERC 升级版）；SAGE Journals Online（同溯数据库）；ScienceDirect；Taylor& Francis Online；Royal Society；EBSCO－Psylnfo，PsyArlicle，PsyBSC（心理学数据库）；Cambridge Journals Online 回溯库；Emerald 回溯库；JSTOR 同溯数据库；Project Muse（"缪斯"期刊数据库）；Science Online；OALib；SJO；IEEE；NTIS/PubMed
英文引文索引数据库	Web of Knowledge（Web of Science、ISI Essential Science Indicators、Journal Citation Reports）；Web of Science－SSCI/A&HCI（社会科学与艺术人文引文索引）；Web of Science－Science Citation Index Expand（SCI 科学引文索引）；InCites－机构研究绩效综合分析工具；CCC（CALIS 西文期刊目次数据库）；Web of Science－Conference Proceedings Citation Index（CPCI 会议论文引文索引）；ISI Essential Science Indicators－ESI（ESI 基本科学指标数据库）；Journal Citation Reports－JCR（JCR 期刊引证报告）；Scopus 引文数据库；Project Muse（"缪斯"期刊数据库）
英文学位论文与电子图书数据库	ProQuest Digital Dissertations（PQDD）全文库；Ebrary 电子图书/金图国际外文原版电子图书；EBSCO e－book collection；EB Online（《不列颠百科全书》网络版）；CAMIO 艺术博物馆在线；Springer Link 电子图书

请熟悉上述常用英文学习资源数据库，并善于利用它们进行相关学科领域内的学习、教学、科研与培训等相关资源的检索。

第三节　善用资源检索类工具

了解各种常用学习资源检索工具，全面掌握它们的使用技巧与攻略，需要做好以下六件事情：会用搜索引擎类软件工具、精通文本翻译类软件工具、精通资源下载类软件工具、善用社交媒体类软件工具、熟知文稿阅读类软件工具和熟知量化质化类软件工具。

一、会用搜索引擎类软件工具

学术搜索引擎类软件工具种类繁多，但大致可划分为以下几种：中文学术搜索引擎类软件工具、英文学术搜索引擎类软件工具等两大类（表1-6）。常用中文学术搜索引擎类软件工具主要有百度学术（图1-10）、百度文库、新浪爱问、科研动力、科学网、学术网站大全（图1-11）等。常用英文学术搜索引擎类软件工具主要有Google学术（图1-12）、ResearchGate（图1-13）、Academia（图1-14）等。

表1-6　中/英文学术搜索引擎软件工具

	工具名称	网址
中文学术搜索引擎软件工具	百度学术	http：//xueshu. Baidu. com/
	百度文库	https：//wenku. Baidu. com/
	冰点软件	http：//www. bingdian001. com/
	新浪爱问	http：//ishare. iask. sina. com. cn/
	科研动力	https：//www. howsci. com/
	丁香园	http：//www. dxy. cn/
	科学网	http：//news. sciencenet. cn/
	经管之家	http：//bbs. pinggu. org/
	虎嗅网	https：//www. huxiu. com/
	大学生自学网	http：//v. dxsbb. com/ruanjian/
	豆丁	http：//www. docin. com/
	学术网站大全	http：//dir. cnki. net/
英文学术搜索引擎软件工具	Google学术（镜像导航）	http：//dir. scmor. com/google/
	ResearchGate	https：//www. researchgate. net/
	Academia	https：//www. academia. edu/
	Glgoo学术搜索	https：//scholar. glgoo. org/
	Sci-Hub中文社区	http：//discuss. sci-hub. org. cn/
	百谷网	http：//www. Baiduandgoogle. com/
	百Google度	http：//www. baigoogledu. com
	必应学术	http：//cn. bing. com/academic
	微软学术	http：//academic. research. microsoft. com/
	GYCC学术搜索	https：//www. wikipedia. org/
	Sci-Hub	http：//sci-hub. cc/
	维基	https：//www. wikipedia. org/
	谷粉搜搜	http：//gfsoso. 991b. net/
	拇指搜	http：//www. muzhiso. com/

二、精通文本翻译类软件工具

日常学习、教学、研究与培训中常用的文本翻译类软件工具（表1-7）主要有百度翻译、有道翻译（图1-15）、谷歌翻译（图1-16）、Microsoft translator（图1-17）等。

图 1-10　百度学术

图 1-11　学术网站大全

图 1-12　Google 学术（镜像导航）

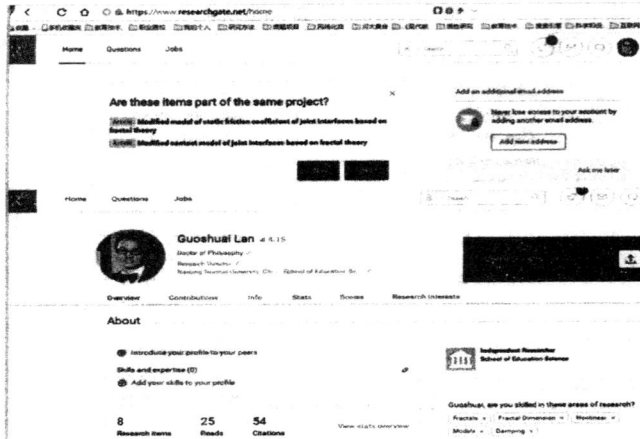

图 1 - 13   ResearchGate 主页

图 1 - 14   Academia 主页

表 1 - 7   文本翻译类软件工具

工具名称	网址
有道翻译	http：//fanyi. youdao. com/
Microsoft translator	https：//translator. microsoft. com/
谷歌翻译	https：//translate. google. cn/
百度翻译	http：//fanyi. Baidu. com/? aldty pe＝16047♯auto/zh
必应翻译	https：//www. bing. com/translator
CNKI 翻译	http：//dict. cnki. net/
欧路词典	https：//dict. eudic. net/
爱词霸	http：//www. iciba. com/
Oxford Dictionaries	https：//en. oxforddictionaries. com/
Collins Dictionary	https：//www. collinsdictionary. com/
Cambridge Dictionary	http：//dictionary. cambridge. org/

图 1 - 15 有道翻译

图 1 - 16 谷歌翻译

图 1 - 17 Microsoft translator

三、精通资源下载类软件工具

日常生活、学习、教学、研究与培训中常用的资源下载类软件工具（表 1 - 8）主要有云盘/网盘类软件、播放器客户端软件、专业性资源下载软件工具等三大类。请熟悉下列常用资源下载类软件工具，尤其是百度网盘（图 1 - 18）、腾讯微云（图 1 - 19），并利用它们进行日常生活、学习、教学、科研与培训等相关资源的检索与下载。

表 1 – 8　资源下载类软件工具

工具名称	网址
百度网盘	https：//pan. Baidu. com/
网易网盘	http：//wp. 163. com/filehub/login. jsp
腾讯微云	https：//www. weiyun. com/
新浪微盘	http：//vdisk. weibo. com/
硕鼠	http：//www. flvcd. com/
iTudou（爱土豆）	http：//rj. Baidu. com/index. html
BitComet（比特彗星）	http：//www. bitcomet. com/en
BitSpirit（比特精灵）	http：//www. bitspirit. cc/
uTorrent	http：//www. utorrent. com/
迅雷	http：//dl. xunlei. com/
电驴	http：//www. verycd. com/

图 1 – 18　百度网盘

图 1 – 19　腾讯微云

四、善用社交媒体类软件工具

日常生活、学习、教学、研究中常用的社交媒体类软件工具可大致分为：社会化交流类社交媒体、邮箱通信类社交媒体、微博/博客类社交媒体、学术论坛/学习社区类社交媒体等四大类（表1-9）。如社会化交流类社交媒体主要有：微信、QQ、Facebook、Twitter、Linkedin、Mendeley、Instagram、Pinterest、RSS Feed、Google＋、YouTube、iTunes、Flickr、MySpace、StumbleUpon、Digg、Reddit、Tumblr等。请熟悉下列常用社交媒体类软件工具，学会申请与注册相关的社交媒体，并利用它们进行日常生活、学习、教学、科研等相关信息的分享与交流，发布教学、学习反思，共建共享优质教育资源。

表1-9 社交媒体类软件工具

工具名称	网址
微信	https：//weixin.qq.com/
Facebook	http：//www.facebook.com/
Twitter	http：//www.twitter.com/
网易邮箱	http：//mail.163.com/
QQ邮箱	https：//mail.qq.com
新浪博客	http：//blog.sina.com.cn/
新浪微博	http：//www.weibo.com/
科学网	http：//www.sciencenet.cn/
小木虫	http：//muchong.com/
ResearchGate	https：//www.researchgate.net/home
Academia	https：//www.academia.edu/

（一）注册网易邮箱

电子邮件是目前互联网中使用率最高的网络交流工具之一。教师之间、学生之间、学生与教师之间都可以通过电子邮件进行沟通与交流。与其他网络交流工具相比，电子邮件具有针对性和保密性等特点。

下面以"网易邮箱"为例，重点介绍如何注册一个网易邮箱，如何设定网易邮箱，如何利用网易邮箱收发邮件。

【第1步】填写注册信息，注册网易邮箱（图1-20）。

首先，选择注册何种网易邮箱，可从注册字母邮箱、注册手机号码邮箱和注册VIP邮箱中进行选择；其次，选择邮箱类型，填写相关信息，即可完成邮箱的注册。此外，还可在手机上下载一个"邮箱大师APP"，一键绑定多个邮箱。

【第2步】填写邮件信息，发送邮件（图1-21）。

电子邮件的行文是否有礼有节，措辞是否恰当、礼貌，在很大程度上显示了一位职场人士的专业素养，也一定程度地反映了其所在公司的专业形象。

- 简单而又能概括内容的标题。
- 得体的称呼（如多人，则是大家，ALL）。
- 开头、结尾最好要有问候语。
- 简明扼要，但文字也不宜太少。
- 正确使用主送、抄送、密送。

图 1 - 20　注册网易邮箱

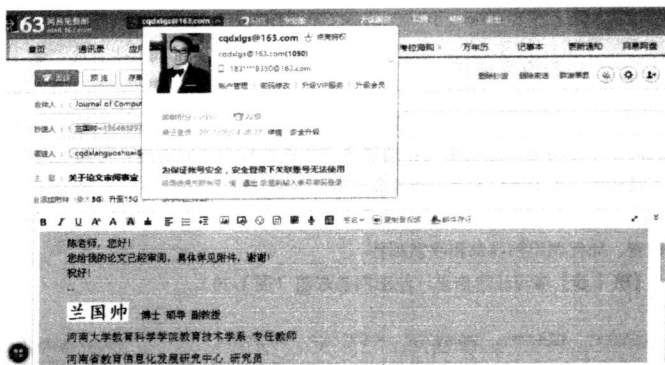

图 1 - 21　发送网易邮件

· 超过三个附件，请打包。

· 结尾有简单明了的签名。

· 回复要及时。

【第 3 步】设定邮件功能，提高发件效率。

发送邮件时，要注意使用收件人、抄送人、密送人、主题、添加附件、电子签名、自动回复、已读回执等邮件功能（图 1 - 22）。

（二）注册科学网博客

科学网是由中国科学院、中国工程院和国家自然科学基金委员会主管，中国科学报社主办的综合性科学网站，主要为网民提供快捷权威的科学新闻报道、丰富实用的科学信息服务以及交流互动的网络平台，目标是建成最具影响力的全球华人科学社区。

下面以"科学网"为例，重点介绍如何注册一个"科学网博客"，如何设定"科学网博客"，如何利用"科学网博客"分享学习资源。

【第 1 步】填写注册信息，注册科学网（图 1 - 23）。

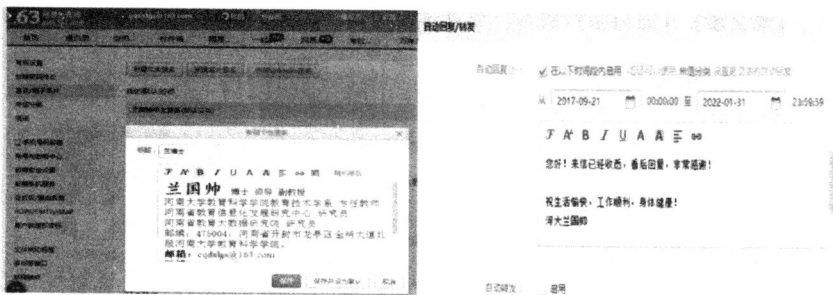

图 1–22　设定电子签名与自动回复功能

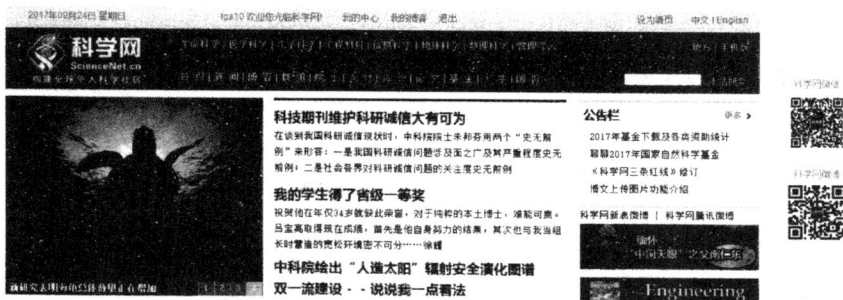

图 1–23　注册科学网

此外，还可在手机上关注科学网微信、科学网微博，以实时追踪学科研究热点与前沿。

【第 2 步】开通科学网博客，分享学习资源（图 1–24）。

图 1–24　开通科学网博客

成功注册科学网之后，便可开通科学网博客，以结交学术友人、及时分享学习资源、关注学科领域研究动向。

五、熟知文稿阅读类软件工具

日常生活、学习、教学、研究中常用的电子文档（如 PDF、CAJ）类阅读软件工具主要有 E‑Study、福昕阅读器、Adobe Reader、Sumatra PDF、PDF‑XChange Viewer、极速 PDF 阅读器、精灵 PDF 阅读器、爱阅 PDF 阅读器、CAJ 阅读器等。

（一）会用 E‑Study 文献管理工具

CNKI E‑Study 基于全球学术成果，为读者提供面向研究领域或课题，收集、管理学术资料，深入研读文献，记录数字笔记，实现面向研究主题的文献管理和知识管理；实现在线写作，求证引用，格式排版，选刊投稿，为您提供与 CNKI 数据库紧密结合的全新数字化学习体验。下面以 E‑Study 为例，重点介绍如何注册一个 E‑Study，如何利用"E‑Study"进行文献的批量下载、阅读批注和求证引用。

【第 1 步】下载 E‑Study（图 1‑25）。

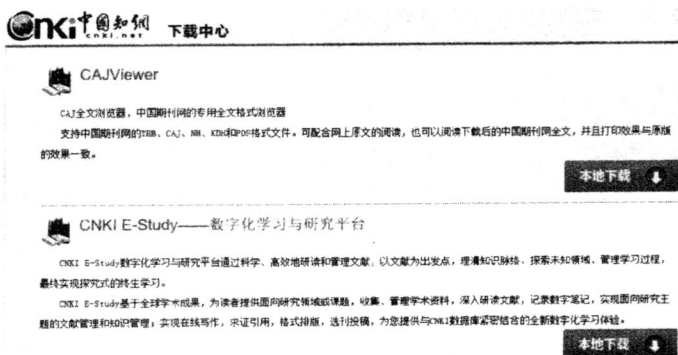

图 1‑25　下载 E‑Study

【第 2 步】使用 E‑Study（图 1‑26）。

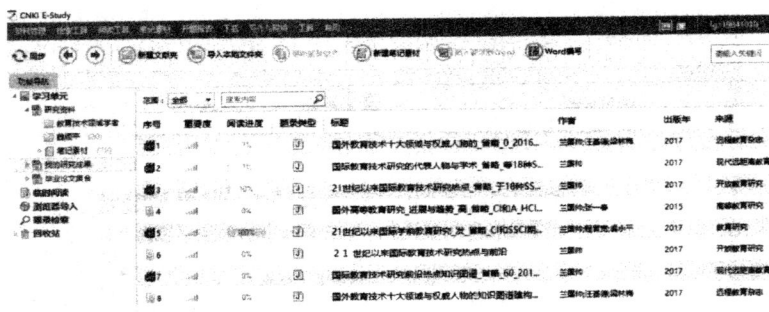

图 1‑26　使用 E‑Study

（二）会用福昕阅读器管理工具

PDF 阅读器很多，但笔者认为比较好用的 PDF 阅读器为福昕阅读器（图 1‑27）。

（三）会用 ABBYY FineReader

ABBYY FineReader 是一款专业的 OCR 文字识别软件（图 1‑28）。

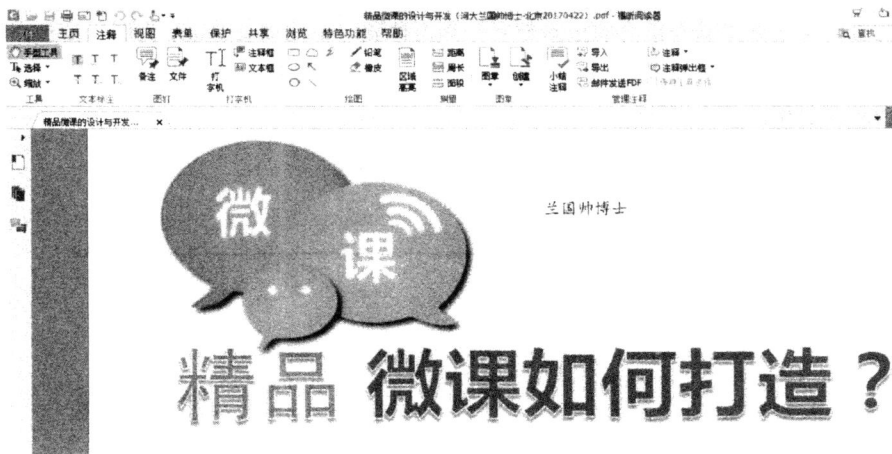

图 1-27 福昕阅读器

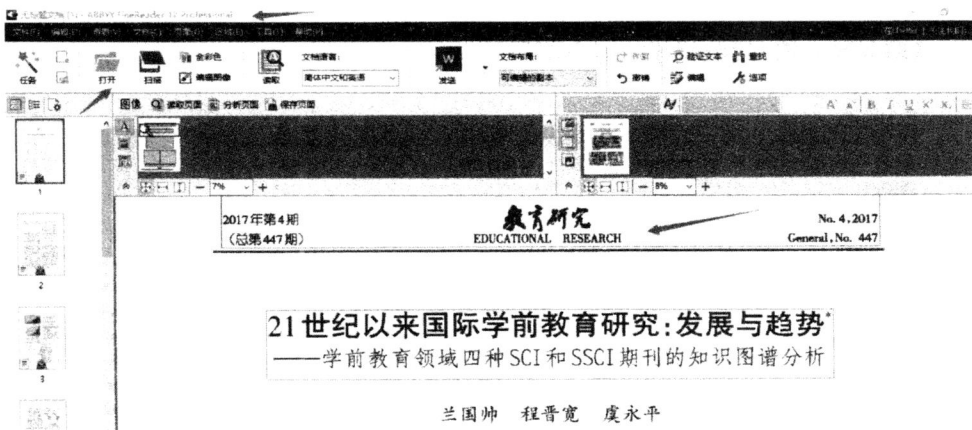

图 1-28 ABBYY FineReader 文字识别软件

六、熟知量化质化类软件工具

日常教学、研究中主要进行定量研究、质性研究，其常用的定量研究工具与定性研究工具主要有：SPSS、AMOS、MPlus、PLS、SAS、Stata、R 统计软件、Minitab、CiteSpace、NVivo、Eview 等。

（一）会用 SPSS 软件

SPSS 主要用于数据的 T 检验、方差分析等各种统计分析（图 1-29）。

（二）会用 AMOS 软件

AMOS 主要用于数据的路径分析、回归分析（图 1-30）。

（三）会用 CiteSpace 软牛

CiteSpace 主要用于数据的知识图谱可视化分析（图 1-31）。

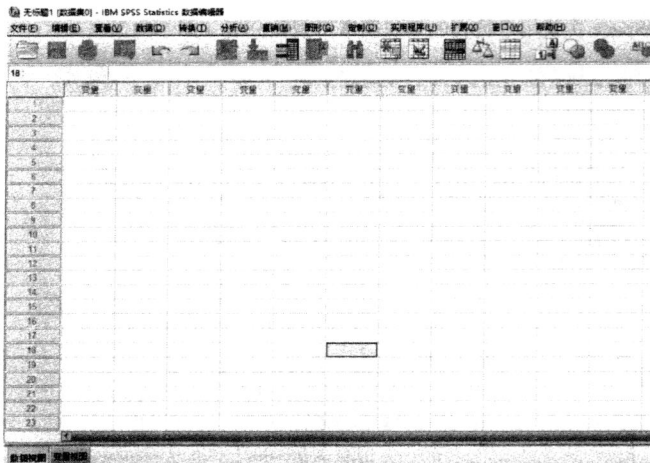

图 1 - 29　会用 SPSS

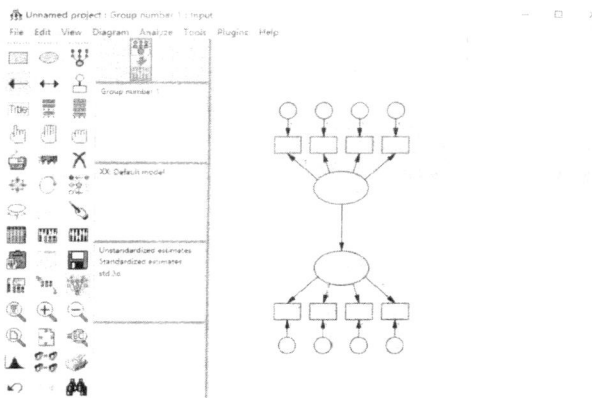

图 1 - 30　会用 AMOS

图 1 - 31　会用 CiteSpace

（四）会用 NVivo 软件

NVivo 主要用于文本的质性分析（图 1－32）。

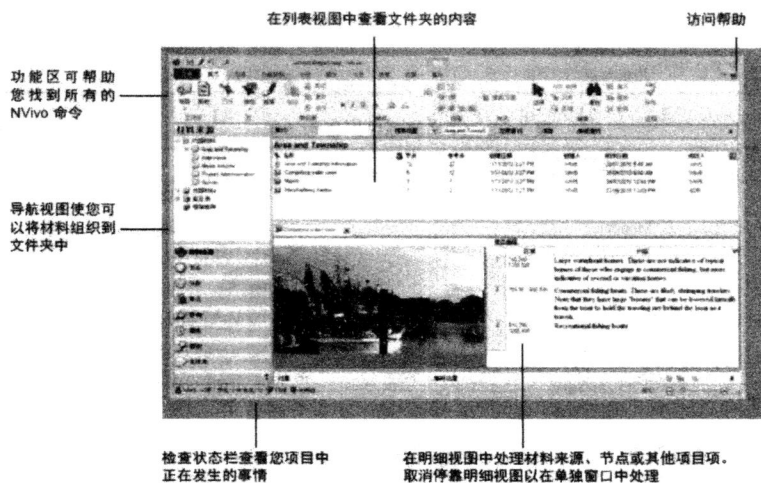

图 1－32　会用 NVivo

第四节　会用文献编辑类工具

在日常学习、教学和研究中常用书目文献资源管理软件进行文献的检索、批量下载、阅读与批注、文后参考文献的批量插入、批量导入和批量管理等，以提升科学研究的工作效率、规范文献资源的有效管理。因此，精通各种文献管理与编辑软件，掌握文献资源管理软件使用的"黄金法则"，明晰各种文献管理软件的优势与劣势，并能够统合使用其功能优势，如 E－Study/NoteExpress/NoteFirst/EndNote 的整合使用（表 1－10）。

表 1－10　中文与英文文献资源管理工具

	工具名称	网址
中文文献资源管理工具	CNKI E－Study	http：//elearning. cnki. net/
	Note Express	http：//www. inoteexpress. com/aegean/
	Note First	http：//www. notefirst. com/
	有道云笔记	http：//note. youdao. com/
	印象笔记	https：//www. yinxiang. com/
英文文献资源管理工具	EndNote	http：//endnote. com/
	Mendeley	https：//www. mendeley. com/
	Refworks	http：//www. re fworks. com/
	Zotero	https：//www. zotero. org/
	Biblioscape	http：//www. biblioscape. com/
	Refviz	https：//wenku. Baidu. com/
	Reference Manager	https：//wenku. Baidu. com/

一、会用 E – Study 文献编辑软件工具

以"研究热点"为关键词，尝试进行教育技术研究热点核心文献的检索、批量下载、文献的阅读与批注、引文参考文献的批量插入。下面以 E – Study 文献编辑软件为例，进行引文参考文献批量插入与生成的讲解。

【第 1 步】安装 E – Study 文献编辑软件，双击将其打开后（图 1 – 33），建立相应的研究主题"文献夹"（图 1 – 34）。

【第 2 步】批量下载"研究文献"（图 1 – 35），将其导入 E – Study 中（图 1 – 36）。

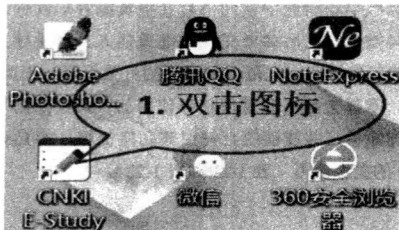

图 1 – 33　安装文献管理软件 E – Study

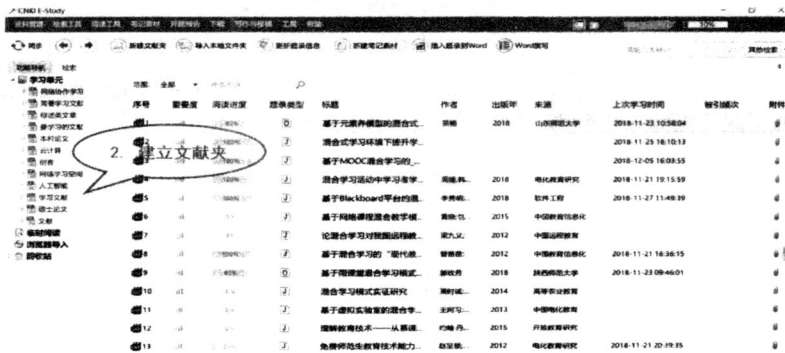

图 1 – 34　建立研究主题"文献夹"

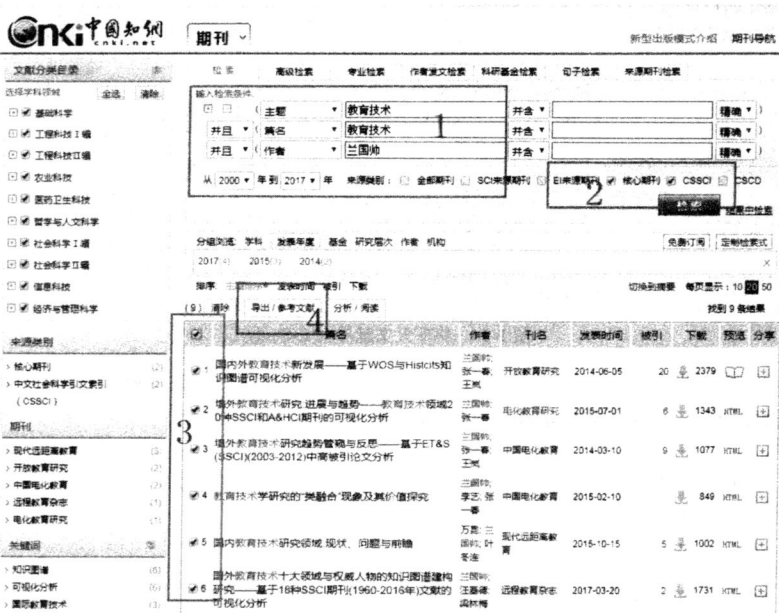

图 1 – 35　批量下载核心参考文献

图 1 - 36　将研究文献导入 E - Study

【第 3 步】在 E - Study 中打开批量下载的一篇参考"研究文献"，对该文献进行阅读、批注和复制等操作（图 1 - 37）。

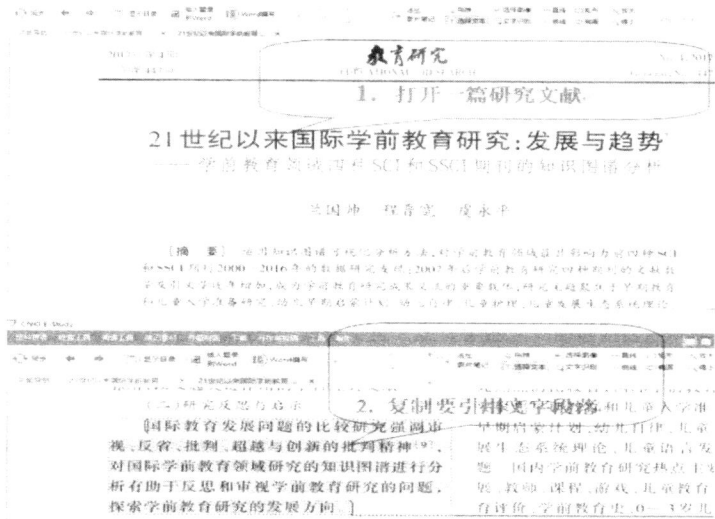

图 1 - 37　复制要引用的参考文献

【第 4 步】粘贴引用的文字段落，自动插入"引文参考文献"，格式化生成文后"参考文献"（图 1 - 38）。

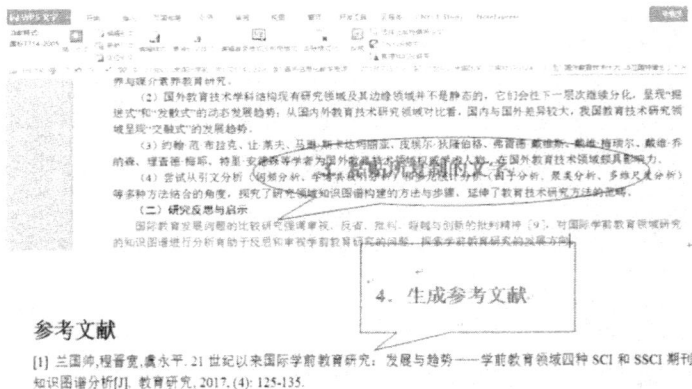

图 1 - 38　自动插入并生成参考文献

二、会用 NoteExpress 文献编辑工具

将百度学术和谷歌学术等网页文献导入到 NoteExpress 中，然后将 NoteExpresspress 文献导入到 Word 中。

三、会用 EndNote 文献编辑软件工具

将百度学术和谷歌学术等网页学术文献导入到 EndNote 中，然后将 EndNote 文献导入到 Word 中。

第二章

云计算环境下教育信息化资源建设

第一节　信息化教育资源

信息技术的发展无疑将极大地影响学校教育的现状。近年来，国家教育信息化政策的实施、学校多媒体计算机与网络技术的引进都推动着学校信息化教育资源的建设和发展。本节以我国教育信息化实施为背景，从教育现状、理论基础、基本原则等方面对信息化教育资源的建设进行学理解读。

一、教育信息化背景分析

中小学教育信息化的内涵十分丰富。其中，信息化基础设施建设是教育信息化的基础；优质教育资源的开发是教育信息化的关键；信息技术教育的开展是教育信息化的核心。

（一）什么是信息技术

人类通过自己的感觉器官、传导神经、思维器官、效应器官等信息器官来感受、处理信息。人类由于自身的器官受多方面的限制而影响了对信息的加工处理效果，而信息技术工具则可以在一定程度上延伸人类信息器官的功能。从广义上说，凡是涉及信息的产生、获取、检测、识别、变换、传递、处理、存储、显示、控制、利用和反馈等与信息活动有关的、以增强人类信息功能为目的的技术都可以称为信息技术。

现代信息技术则是一门综合性很强的高科技，它以通信、电子、计算机、自动化和光电技术为基础，是产生、存储、转换和加工图像、文字、声音和数字信息的一切现代高科技的总称。现代信息技术主要包括计算机技术、通信技术、网络技术、虚拟现实技术和人工智能技术，其中计算机技术是最基本、最核心的技术。

以计算机和通信网络为核心的信息技术改变了人们的生活、学习、工作方式，特别是21世纪以来，随着计算机网络技术的飞速发展和广泛应用，为我们的教育提供了前所未有的发展机遇和广阔前景，它把人和人、人和信息紧密地联系在一起。

（二）计算机网络的功能

计算机网络，是现代通信技术和计算机技术相结合的产物，是把分布在不同物理区域的计算机系统、终端和各种形式的数字通信信道互联在一起，形成彼此互相协作的综合信息处理系统。一般而言，计算机网络具有三大功能：数据通信、资源共享和分布式处理。数据通信是计算机网络最基本的功能，它用来快速传送计算机与终端、计算机与计算机之间的各种信息，包括文字信件、新闻消息、图片资料等。利用这一特点，可实现将分散在各个单位或部门用计算机网络联系起来，进行统一的调配、控制和管理。

资源共享是指网络上的用户可以部分或全部享用网上资源，使网络中各地区的资源互通有无，分工协作，从而大大提高系统资源的利用率。资源共享是计算机网络的主要功能，也是计算机网络最有吸引力的地方。共享的资源包括共享软件、硬件和数据资源。在实际工作和生活中，很多大型的、复杂的问题都可以分解为若干较简单的问题，这些子问题再由计算机网络中各台计算机分工协作完成，这就是分布式处理。例如，火车票、飞机票在多个地点进行预售就是网络分布式处理的一种典型应用。

局域网是计算机网络的主要表现形态。每台计算机配上网卡、网络连接线以及一些网络联接设备，就能将一个或几个房间里的计算机组成一个局域网，再装上网络软件就可以使用了。一般学校里的计算机就可以联接为局域网，一个计算机机房也可以构成局域网。局域网具备计算机网络的基本功能。

将多个局域网通过一定的网络技术联接在一起，就组成了互联网。因特网，就是全球性的计算机信息通信网络，连接全世界成千上万台计算机的网络集合，是当今最大的国际性计算机互联网络。因特网的出现，让整个世界变成了真正意义上的"地球村"。

（三）常用的信息技术工具

1. 信息获取工具

信息获取的基本途径可分为直接获取和间接获取。直接获取是人们利用自身的感觉器官来感知信息的方式，或者说是直接从信息源获取真实的"原始"信息的方法。它主要通过眼、耳、鼻、舌、身等感官直接与事物接触，使事物的面貌和特征在大脑中留下印象，这是人们认识的重要渠道之一。间接获取则是指人们借助于各种技术工具或通过其他中间环节来获取信息的方式，其中技术工具包括测量工具、通信工具和计算工具等。

在大量使用计算机网络来存储、传载、呈现信息的今天，搜索引擎是一种常用的信息获取工具。搜索引擎（search engine）是指根据一定的策略，运用特定的计算机程序从互联网上搜集信息，在对信息进行组织和处理后，为用户提供检索服务，将用户检索的相关信息展示给用户的系统。

网络信息搜索引擎

搜索引擎（search engine）是指根据一定的策略、运用特定的计算机程序从互联网上搜集信息，在对信息进行组织和处理后，为用户提供检索服务，将用户检索相关的信息展示给用户的系统。

通常，每个独立的搜索引擎都有自己的网页抓取程序（spider）。这些程序的运行可顺着网页中的超链接，连续地抓取网页。依据互联网中超链接理论，网页抓取程序从一定范围的网页出发，就能搜集到绝大多数的网页。搜索引擎抓到网页后，还需要做大量的预处理工作，才能提供检索服务。例如，提取关键词，建立索引文件等。此外，还包括去除重复网页、判断网页类型、分析超链接、计算网页的重要度/丰富度等。当用户输入关键词进行检索，搜索引擎从索引数据库中找到匹配该关键词的网页，并在用户计算机中进行显示；为了用户便于判断，除了网页标题和链接地址外，搜索引擎还会提供一段来自网页的摘要以及其他信息。

目前，互联网上已经有很多发展成熟的搜索引擎。例如，百度（www. baidu. com）、谷歌（www. google. com）等。通过它们，我们可以快速获取网页文本、图片、视频等多种形式的媒体信息。

2. 信息加工工具

信息加工是信息技术的主要功能。与传统的信息加工相比，其显著特点是自动化，并且速度快、精度高。常用的加工工具有：文字处理工具、图表处理工具、多媒体信息处理工具、信息发布工具。此外，程序设计软件也是一种信息加工工具，面对通用软件无法完成的任务，使用者可以采用程序设计的方法，编制相应的程序，完成特定的信息加工任务。

3. 数据管理工具

数据管理是一种人类的管理活动，是对信息资源实施计划、预算、组织、指挥、控制和协调的过程。现代信息技术的出现为信息资源管理提供了有力的手段。

数据库应用系统是一种常用的自动化数据管理工具。运用数据库技术可以按一定的规则将大量的数据存放在计算机中，实现数据共享，减少数据冗余，节约存储空间，保持数据的一致性。因此，数据库应用系统的作用是在于一般用户能够方便地管理和利用数据，即对数据进行浏览、查询、修改、添加和删除等操作。

近年来，概念图/思维导图被广泛应用。概念图/思维导图是一种认知工具，也是一种数据管理工具，使用者可以按某种特定的规则分类存放和表示数据，以方便显示和查找。

思维导图

思维导图（图2-1）是表达发散性思维的一种图形思维工具。它采用图文结合的方式，把各级主题的关系用相互隶属与相关的层级图表现出来，将主题关键词与图像、颜色等建立起记忆链接。通过它可以充分运用左右脑的机能，利用记忆、阅读、思维的规律，协助人们在科学与艺术、逻辑与想象之间平衡发展。

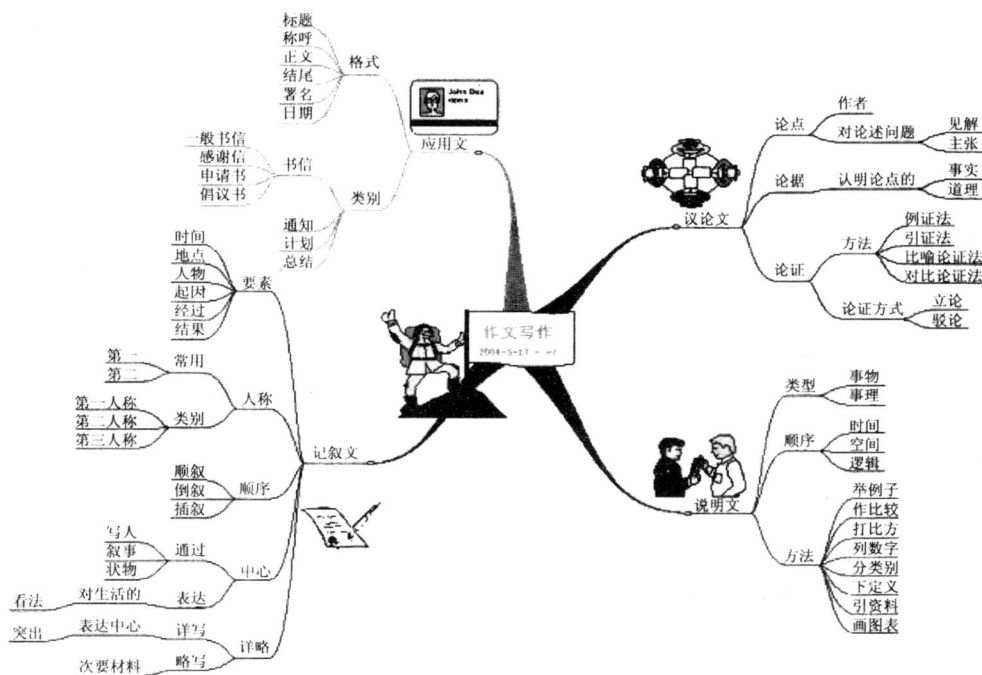

图 2-1　思维导图示例

思维导图以放射性思考模式为基础创设了一个快速分析与综合学习的工具，在具有创意特征的联想与收敛、项目策划、问题解决与分析等方面得到广泛应用。

当前，常用的思维导图工具软件有 Mindmanager、iMindMate 等。通过它们，人们可以快速建立起逻辑性强、内容结构丰富的思维框架结构，高效地开展学习和工作。

4. 网络交流工具

目前通过网络进行交流的工具，主要有以下四类：论坛、即时通信工具、博客、电子邮件。

论坛，又称为 BBS（Bulletin Board System），是因特网上的一种电子信息服务系统，用户在 BBS 站点上可以获得各种信息服务，可以发布信息、进行讨论、提问聊天等。一般来讲，论坛就是在网络上交流的平台，可以通过论坛发表一个主题，让大家一起来探讨，也可以提出一个问题，让大家一起来解决。

即时通信，又称为 IM（InstantMessaging），是一种可以让使用者在网络上建立某种私人聊天室的实时通信服务。大部分的即时通信服务提供了状态信息的特性，显示联络人名单，联络人是否在线及能否与联络人交谈等。目前互联网上常见的即时通信软件有：QQ、MSN Messenger、ICQ、飞信等。

博客，也称 Blog，是近年来发展迅速、正日益成为主流的网络交流方式。博客通常是由简短且经常更新的张贴文章构成，这些张贴的文章都是按照年份和日期排列。许多博客都是个人将自己的想法表达出来，或者是一群人根据某个特定的主题或共同目标进行合作。撰写这些博客的人就叫作 Blogger。

电子邮件，也称为 E-mail，是通过互联网进行书写、发送和接收的信件，是网络环境下一种比较正式的交流方式。电子邮件与传统邮件一样，可以一对一通信，但通常还可以进行一对多的邮件传递，同一邮件可以群发给许多人。重要的是，电子邮件是整个互联网中和其他的通信方式相类似的网络应用，它的发送方和接收方都是明确的、唯一的标识，所以极大地满足了大量存在的人与人之间的通信需要。

二、信息化教育资源的建设意义

（一）信息化教育资源

现代信息技术的快速发展为教育资源的建设、应用和维护创设了一种全新的技术平台，从技术设施和应用成分来看，信息化教育资源主要由两个要素组成：硬件资源和软件资源。硬件资源主要是指教育中所使用的计算机、投影仪、视频展台、数字照相机、网络适配器等信息化设备。软件资源主要是指教育所使用的教育软件、教学课件、教学视频、教学音频、网络课程、网络学习环境等等。

信息化教育资源独特的存储、处理、传输、接收信息的特征使得信息化教育资源在当代教育改革过程中具有极其重要的位置。越来越多的国家和地区都将信息化教育资源的建设放在显著地位，突显信息化教育资源建设与发展的迫切性，主要表现如下：

（1）教育资源的信息化是教育资源的发展趋势。数字化时代的教育需要信息化教育资源，信息化教育资源顺应了当代课程改革的需求。

（2）信息化教育资源是教育信息化发展水平的重要标志之一。信息化教育资源的建设与应用推进着教育信息化的发展。

（3）信息化教育资源的建设是教育信息化建设的重要内容，没有信息化教育资源的建设，教育信息化的发展就如同纸上谈兵。

（4）信息化教育资源是实现优质教育资源共享的重要途径，信息教育资源的海量存储、快速传输、及时获取等特点更有利于资源的共建与共享。

信息化教育资源是信息技术发展的产物，也是教育发展的产物。信息技术的进步推动着信息化教育资源的发展，现代教学理念也促进着信息技术的改进。信息化教育资源伴随着教育信息化的发展而发展。教育信息化的发展也需要信息化教育资源的支持。自 20 世纪 80 年代中期，我国开始了教育信息化建设，经过 20 多年的努力，信息化教育资源的建设取得了很大的成绩，同时也面临着更大的挑战。

（二）信息化教育资源建设的必要性

1. 课程改革需要信息化教育资源

教育资源与课程存在着密切的关系，有课程就一定有教育资源作为前提。课程实施的范围和水平取决于教育资源的丰富程度，更取决于教育资源的适切程度。随着计算机技术、通信技术和网络技术等信息技术的发展，课程已不仅仅局限于传统的学校课程，今天我国包括课程改革在内的教育改革必须是面向素质教育的，必须是基于信息技术的。信息技术与课程的整合、远程教育中的网络课程都已成为教育教学活动的重要组成部分，这都有赖于信息化的教学环境。而营造信息化教学环境的重要内容则是信息化教育资源的建设，信息技术的发展为教育教学活动带来了丰富的教育资源，为此很多专家、学校教师都进行了积极的探索和实践，取得了令人瞩目的成绩。但还存在着很多问题值得去研究，例如信息化教育资源配置的合理性，信息化教育资源建设的重复性，教育资源开发中对信息技术利用的充分性等。

2. 加强信息化教育资源建设是教育信息化发展的需要

计算机、互联网、多媒体等现代信息技术的出现与发展，既给教育带来了无限的机遇与生机，也为教育带来了新的挑战。教育信息化的具体表现：教育技术的信息化；教学内容的信息化；注重人才信息能力的培养，强化信息环境建设。要实现教育信息化就必须有相应的信息化教育资源的支持，目前我国的信息化教育资源建设还没有引起足够的重视。教育资源建设资金投入不够等问题制约着教育信息化的发展。

3. 信息化教育资源建设是实现教育公平的重要途径之一

信息时代，由于教育投入的失衡加剧了教育不平等现象，但随着信息技术的发展，计算机、网络技术逐渐普及，大大丰富了经济欠发达地区、弱势学校获取信息的渠道，为实现教育公平提供了一条通路。因此，利用现代信息技术缩小或消除教育不平等现象，开发多样化的实用性强的优质信息化教育资源就显得尤为重要。建设好信息化教育资源可以使处于弱势的学生通过计算机、网络等信息技术同样获得优质的教育资源，获得优质的课程教育。例如，中国教育部和香港李嘉诚基金会共同实施的西部中小学农村远程教育项目，就是通过远程教育方式向西部贫困边远地区快速而大量地传送优秀教育资源，从而帮助农村地区的学生接受到平等的教育，有效促进了教育公平。

（三）信息化教育资源建设的可行性

1. 教育资源研究的日益丰富与深入，为信息化教育资源建设提供了理论基础与实践经验

随着我国基础教育课程改革的深入发展，教育资源建设日益受到重视，研究成果逐渐增多，无论是在理论上还是在实践上都取得了很大的成绩。教育研究者和专家对教育资源的概念、类型、开发与利用等问题进行了深入的研究，从不同角度对其进行了分析与界定，一些学校对教育资源的开发与利用进行了积极的尝试，在实践中探索教育资源建设的方法与途

径，这些研究与探索为信息时代信息化教育资源的建设提供了可借鉴的经验。

2. 教师信息素养的提高为信息化教育资源实施提供了保障

教师是信息化教育资源的建设者和实施者，教师的信息素养对于信息化教育资源的建设起着重要的作用。在教育信息化时代，教师必须努力提高自身的信息素养，才能去适应信息时代的教学工作。为此，国家通过职前教育、职后培训等多种方式来加强和提高教师的信息素养，使教师对信息技术有了深刻的认识，在教学中运用信息技术的能力上有了显著提高，为信息化教育资源建设提供了有力的保障。

3. 我国计算机及网络的普及为信息化教育资源建设和实施提供了物质基础

随着信息技术的飞速发展，人们越来越认识到信息技术教育以及信息技术在教育教学中应用的重要性。我国中小学开展信息技术教育以来，中小学计算机的数量及网络的覆盖率越来越高，由发达地区逐渐向不发达地区延伸，在西部和贫困边远地区建立了多个远程教育示范点和网络教室。这为信息化教育资源建设和实施提供了物质上的保证。

三、信息化教育资源建设的理论与原则

(一) 信息化教育资源建设的理论分析

1. 建构主义学习理论

建构主义在从多重视角对传统认识论进行反思的基础上形成了有关认识与学习的不同流派。其中最具代表性的主要有：激进建构主义、社会建构主义、社会文化认知观点、社会建构论、信息加工建构主义、控制论系统观。建构主义的基本学习原理是：理解是通过环境的互动而发生的；认知冲突或疑惑是学习的刺激，并决定着学习内容的实质和组织；知识是通过社会磋商和对理解发生的评估而展开的。建构主义的一般学习原则：学习是人与生俱来的能力；学习是发展的机制；促进学习的基本条件是真实、复杂、丰富的支撑性的情境；合作、互动是学习的基本形式；反思性抽象是学习的驱动力；有效学习必须凭借各种认知工具去获取、处理、表征信息，以及进行知识的开采、发现与创新；学习是探索，失衡、矛盾、问题能促进学习，在此过程中出现一些错误是不可避免的；学习结构与建构的统一。

建构主义学习理论对信息技术支持下教育资源建设的重要启示是：其一，教育资源应围绕明确的目标建设，所提供的教育资源能让学习者清晰地意识到自己的学习目标，以便于他们能从学习的需要出发，激发学习的主动性；其二，教育资源建设应充分考虑学习者的原有经验，通过教育资源能将新知识和技能与学习者原有经验有机地联系起来；其三，教育资源建设应注重真实、复杂和丰富的支撑性情境创设，以促进学习者迁移能力的提高；其四，教育资源形式应灵活多样，注重引导学习者的探索式和反思性学习。

2. 活动理论

活动理论本质上属于元理论，其基本思想可以概括为三点：其一，活动理论是高度情境化并从历史视角理解本地具体实践、客体、中介制品/工具和社会组织；其二，基于知识和思维的辩证统一，聚焦人类认知的创造性潜能；其三，是一种寻求解释和影响人类实践质变的发展性理论。活动理论者关注更多的是人们参与的活动，活动中使用的工具的性质，协作者之间的背景及社会关系，活动的目标或目的，以及活动的客体或结果。活动理论认为，人类的心理是作为与环境互动的一个特殊的要素而产生和存在的，所以活动（感觉的、心理、身体的）和有意识的加工（学习）是不可分的。活动理论集中于带有明确意图的有目的的行动，根据活动理论，意图产生于个体在环境中感知到的矛盾，例如为了达到一个目标，他们

需要知道的东西与他们实际知道的东西之间的差异。但是，他们的意图只存在于有意识的活动中。所以，活动理论认为，学和做是不可分的，它们都由意图启动。意图指向客体，活动的客体可以是任何东西，只要它可以被活动系统的主体进行转化。对客体的转换促使主体去实现他们的目标。活动理论最直接地解决的可能也是与以学生为中心的学习环境设计最相关的问题及情境脉络。活动理论认为，脱离情境脉络的行为表现几乎不能产生理解。

活动理论对信息技术支持下教育资源建设的重要启示：其一，教育资源建设应充分考虑到学习者的主体地位，分析学习者的学习需求，使教育资源能适应他们的学习需求；其二，教育资源建设应明确学习的意图性和目的性，以目标为导向，为学习者有效和高效的学习提供有力支撑；其三，教育资源建设应充分考虑学习活动发生的情境，为学习者的情景化学习提供条件。

3. 教育传播理论

教育传播研究的是传者（教育者）、受者（学习者）和包括现代教育媒体在内的一切教育媒体的运用与开发，在信息传递的相互作用过程中的机制与原理，为实现教育目标和取得最优化的教育传播效果，提供理论思考和方法依据，是教育范畴内的一个研究和理论领域。制约教育传播运转的四个基础法则是指导教育传播活动的有效策略，也是制约教育传播效果的根本因素，这些基本法则是：①共识律。在教育传播活动中，共同的知识经验基础是传播者和受传者之间得以交流与沟通的前提，这一法则从根本上要求必须尊重受传者的身心发展特点。②谐振律。谐振中教育传播活动得以维持与发展，获得信息传通优化效果的基本条件。③选择律。选择是适应受传者身心特点较好地达成目标的前提。④匹配律。所谓"匹配"是指在一定的教育传播环境下，通过解剖、分析受传者、内容、目标、环境、方法、方式、媒体（介）等诸因素，使各种因素按照各自的特性，有机地和谐地对应起来，使教育传播系统进入良性循环运转状态之中。教育传播过程论指出，传输阶段指的是媒体研究和使用媒体的方式方法研究，是传播过程的核心阶段，媒体的选用设计是一个复杂的问题，媒体的选择首先应当能够传递规定的信息，提供课程内容所需要的一切教学刺激；其次，媒体应当能够帮助学习者积极参与恰当的学习活动。

教育传播理论对信息技术支持下教育资源建设的重要启示：其一，教育资源建设应确定明确的目标，使学习者明白学习活动的重点的难点；其二，教育资源建设要注重对学习对象进行需求分析，充分了解学习对象的原有知识与经验，加强与学习对象的交流与合作；其三，充分调动学习对象的参与性；其四，注重选择恰当的传播媒体，使学习者能积极参与到学习活动中。

4. 课程开发理论

课程开发是指通过精心计划的活动，开发一项课程并将其提供给教育机构中的人们，以此作为进行教育方案的过程，它包括课程目标的确定、课程内容的选择与组织、课程的实施与评价等阶段。课程内容是课程的核心要素，是课程内在结构的有机组成部分。课程内容都是以课程目标为直接依据选定的，并在一定程度中体现了课程目标的要求。制约课程内容选择的因素主要包括：①社会因素。社会发展对学生素质发展的一般要求，是课程内容选择的客观依据。学生要适应社会生活和生产的需要，必须具有社会主流的价值观念、思想意识和社会生活方式。②受教育者身心发展的规律。受教育者身心发展规律、水平和需要，制约着课程内容。一方面，课程内容的选择需要考虑受教育者现有的发展水平及其发展规律。另一方面，课程内容的选择必须满足受教育者身心发展的需要，促进受教育者个性的自由发展。

③科学文化因素。课程内容的选择必须考虑人类科学文化知识和技术本身的特点及其发展趋势。课程与教学内容的选择必须具备的条件及依据是明确社会的要求、分析教育对象的发展特征和明确教育学的要求。

（二）信息化教育资源的构建原则

1. 个性化学习和合作学习相统一的原则

信息技术为教育资源建设创造了一个开放性的条件。通过网络教育资源，学生对于同一任务，可以采用不同的方法和选择不同的工具来完成。个别化的教学策略，有利于发挥学生的主动性。共享性的学习内容则有利于学生相互合作，进行团队学习，培养学生协作学习的精神。因此，信息技术支持下的教育资源建设需要考虑到学生个性化学习特点，为学生个别化学习提供学习资源，也需要考虑到学生合作学习的需求，创设合作学习的公共平台。

2. 分科教学与综合学习相统一的原则

每个学科都有其固有的知识结构和学科特点，对学生学习结果的要求也不同。例如，语言教学的一个任务是培养学生运用语言的能力，训练学生在各种不同的场合下，用正确的语言，流利地表达自己的思想，很好地与别人交流。而地理，则是与人们生活、生产密切相关的学科，应注意培养学生的观察能力、解决问题的能力和亲自做实验的动手能力等。为此，教育资源建设应该考虑与学习内容相关的学习环境，提供适合学生学习的资源。此外，教育资源建设也要注意到学生学习的综合性特征，例如学科之间的知识之间的相互交叉和内在联系，学生学习过程中综合性的发展等事实因素。因此，信息化教育资源的建设在需要分析不同学科的特点、提供相关学习内容时，也要将相关学科的学习资源整合于一体，实现分科教学和综合学习内在统一。

3. 自主学习与教学指导相统一的原则

现代教学理论突出强调了学生学习的主动性，但也指出教师是学生自主学习的促进者。因此，现实教学中教师能否运用教学技能指导和促进学生的学习，对于学生的学习效果同样具有决定意义；学生自主学习则是要求学生在相应的学习资源条件下，自主制订学习计划、调节自己的学习过程，其最终目标是实现学生知识的自我建构。学习交互主体的特征就要求信息技术支持下的教育资源既需要为教师指导学生学习提供相应的把手，便于教师合理地指导学生学习，补充教育资源；也要为学生自主学习留有一定的空间，发挥学生学习的创造性。

4. 汇聚与创建相结合的原则

信息化教育资源的开发需要依据信息化教育资源的形态，充分利用和发挥信息化的特点和优势，同时考虑现实性和可能性。创建固然能保证教育资源建设的独立和自主，但从学校层面看，这种形式既有开发的资金、技术、设备，又有开发者的认识、能力、水平等条件的制约和限制，还有投入产出、体制机制、统筹协调等方面的考量，很多条件非学校所能承受。随着国家信息化的深入推进，社会信息化资源的日益丰富和开放，信息技术的发展，尤其是搜索技术、分享技术等汇聚技术的进步，共建共享观念的深入人心，资源利用率受到人们的关注，汇聚天下信息为我所用大势所趋，而教育资源建设完全依赖学校创建既不现实也无必要，汇聚应成为学校信息化教育资源建设的主要方式。

课程开发理论和原则对信息技术支持下教育资源建设的重要启示：教育资源建设在筛选、开发和利用等方面都应认真分析学习对象的需求、社会生活的需求和学习对象的学科发展状况等，进行综合考虑，科学建设。

四、信息化教育资源的呈现形态与开发成员

（一）信息化教育资源的分布形态

信息技术能够使信息化教育资源呈现两种不同的分布形态：集中式教育资源和分布式教育资源。集中式教育资源，主要是指教育资源呈现一种中心化、系统化的层级存在形态。在这个结构中，教育资源之间是一种上下级关系，每一级教育资源之间可以用搜索技术进行自由搜索。但是不同层级之间的教育资源却难以共享。如果整个网络中的资源不多，用户仍然可以方便地查找符合要求的信息。如果整个系统中存储的教育资源达到一定的量，有较多的用户访问时，往往容易出现资源中心的窒塞瓶颈现象，从而影响系统的可用性。同时，教育资源的集中存储，使得资源管理与维护的任务集中到了资源中心管理机构，这就需要一个庞大的组织机构来承担，需要庞大的资金来配置中心的硬件设备，维护机构的动转。

分布式教育资源以学习者为中心，教师、学习同伴、学习材料、各种媒体、课堂、图书馆等共同组成教育资源，如图 2-2 所示。这些资源以计算机数据的分布式形态进行分布，不局限于固定的物理空间位置和传统的学习资源，不一定局限于某一中心位置。层级间的资源呈现对等结构关系，即每个资源库都是一个独立的、对等的、功能相同的系统。

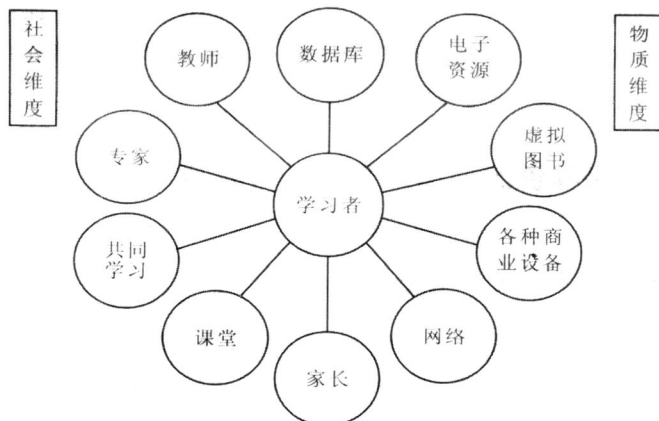

图 2-2 分布式资源

从横向层面来看，分布式教育资源重构模式由三个层次组成：第一层次是按学科分类组织和发布信息资源内容的学科信息服务网站群平台，它是由信息服务中介机构（如图书馆）实施组织和管理的集中式网络学科信息资源目录体系和系统技术支持机制；第二层次是实施分布式信息收集、组织和管理的内容管理员群体及其工具平台，它是由具有较高学术背景和网络信息资源获取能力的专业研究人员，利用相关工具平台建设各自专业的学科信息服务网站；第三层次是提供信息交互和反馈功能的信息用户应用平台，它是用户获得由内容管理员收集、组织和发布的信息的渠道，同时用户可以通过该平台向相应内容管理员推荐信息资源、进行学术咨询和其他信息交互。分布式教育资源也包括纵向层面的各种教育资源的开发与利用，例如国家级精品课程中的网络课程开发。

（二）信息化教育资源的开发者

信息化对教育资源的影响还表现在对教育资源的开发者的重新认识和定位上。与一般的

教育资源一样，信息化教育资源的建设是一个广泛的概念。它可以是政府有关部门、课程专家、学科专家、教师、学生、专家团队、出版商，也可以是家长、社区成员等。但在信息化教育环境下，教师和学生作为教育资源的开发者承担着无与伦比、不可替代的角色。

教师不仅决定教育资源的鉴别、开发、积累和利用，而且教师自身就是课程实践首要的基本条件资源，因此，教师是最为重要的教育资源之一。而学生在探索过程中经历的一切最直接地反映了他们的困惑、思索、体悟与需求，他们的生活体验、个人知识、思考方式等，既是他们成长过程中宝贵的资源，又是最直接、最具生命力的教育资源。因此，有必要将学生多样的探索经历纳入教育资源的视野之中，不仅要尊重、善于发掘学生成功的探索历程和结果，达成教学目标，而且也应将学生失败的遭遇与体悟视为一种不可多得的、弥足珍贵的教育资源。而在计算机网络支持的教学环境下，教师和学生可以更方便地运用众多形式的教育资源，与传统资源开发方式相比，教师与学生更善于依据现代教育技术开发适合他们需要的信息化教育资源。

现代信息技术的发展正在突破各种资源的时空限制，使得教育资源的广泛交流与共享成为可能。为此，教师一方面要充分利用各种信息化资源为教育教学工作服务，同时也要积极参与信息化教育资源建设，运用信息技术贡献自己的教育教学经验和成果，使之成为信息化教育资源的一部分，与广大同行交流与分享；另一方面，也要鼓励学生学会合理选择和有效利用信息化教育资源，增加和丰富学生自身的学习生活经验。

第二节 信息化教育资源的汇聚

信息技术的发展对教育的影响是全方位的，既具有教育方式革新的意义，又有教育观念重建的意义。信息技术对传统教育提出了新的挑战，它涉及教育资源、教育结构乃至整个教育体制。尤其是对教育资源建设的方式产生影响。

一、汇聚：信息化教育资源建设的现实选择

汇聚作为当今学校教育资源建设的主流方式既是合理又是必然。同时，信息化资源的分布形态和开发形态也决定了汇聚的必要和可能。汇聚本质上是对资源的检索、集成、组合与重构，是对资源的再开发、再利用，是资源建设的拿来主义。但是，汇聚不是简单的搜罗和汇合，它需要鉴别、筛选、重组、加工。因此，汇聚也是一种创造活动。

汇聚的现实意义在于以下几个方面。

（1）汇聚作为原则。学校开发的环境决定了学校的资源建设应当以汇聚为主，创建为辅。加强教师的相互合作，实现教育资源的共享，才能实现教育资源功效的最大化。

（2）汇聚作为策略。它是结合了信息技术特点，充分享受了信息技术带来的便利的一种应用。是资源低廉、易行、高效的获取。对于信息化资源，它提高了资源利用率；对于网络，它是网络的通行做法，符合网络行事规则。

（3）汇聚作为方法。很多信息化资源靠整合而成。集成本身就是信息化资源的开发手段。

经汇聚而形成的汇聚性教育资源，是一种"复合"性的资源。它是在汇聚素材和资源的基础上进行有效组织所形成的资源，这种资源在教学运用中的实际情形，常常表现为课件与

网络课件、电子期刊、专题学习网站、信息检索、专题网页、分享链接、博客群、QQ群、网络联盟等具体形式。

国内外教育信息技术研究表明，当计算机技术、多媒体技术、网络技术迅速发展并广泛应用以后，教育的内容已不仅限于单一印刷在书本上的文字。学习者可以通过网络等多种途径获取广泛而丰富的学习内容，从而形成多元化的教育资源。对于学习者而言，所有的信息都是开放的，不受时空限制，也不受年龄、职业等条件的限制，社会成员将能获得更均等的受教育机会。教育还将会在信息技术的支持下，把学习时间、地点、进度的控制权还给学生，彻底改变传统的那种教师讲学生听的教学形式，在主动的、开放的、交互的学习环境中，直接形成以学习者为中心、以实践为中心的现代学习方式。教育的信息化、教学方式的多样化向教育资源创建与汇聚提出了要求。

（一）教育信息化发展要求教育资源汇聚

教育信息化发展对教育观念的改变。

首先，知识共享的观念。因为网络的最大特点就是资源共享。网络上的信息可以说是应有尽有，学习者一方面可以到网络中查找、下载和学习自己所需要的教育资源，也可以在线与网友共同探讨学习过程中遇到的问题，同时也可以将自己的学习成果、学习心得展示在网络上，形成新的教育资源，与其他网友一起分享。这些在网络环境中建设的、在学习过程中形成的资源，经过一定加工与积淀，都可以成为汇聚性信息化教育资源。

其次，教育信息化发展模糊了学校的边界。学校可以虚拟化，学校的边界突破了原来的空间和时间，学生可以不局限物理位置进行学习。同时，学校的硬件设施的界定也超出了传统学校的规模、存量、占地等指标。巨大的信息量不需要增加物理空间，储存方便；利用网络上的数据库资源，可以随时随地访问。汇聚性的信息化教育资源能更有效地通过网络媒体进行设计、建设和应用。

最后，教育信息化促进了终身教育、平等教育观念的建立。基于信息技术（例如电子通信移动技术、云技术）的教育，可以拓展学习者的学习空间，延伸至学习者生活的各个位置，促进学习者随时随地地开展学习。基于网络汇聚信息化教育资源可以更好地满足不同年龄、不同职业、不同社会地位学习者的学习需要。

（二）多样性的教学方式需要教育资源汇聚

在传统的教育模式下，由于教学手段的限制，教学活动主要是在教师、学生、课本以及以教室为主的教学环境之间进行，主要体现在以下几个方面：教师根据教学大纲授课，教学内容的选择权掌握在教师手中，教师成为教学的主导者和控制者；学生处于被动学习地位，按部就班地一步一步跟随教师学习，缺乏灵活性，学生获取知识的方式比较单一；每门课安排好以后，以传统班级形式上课，很难实现协作学习，也难以开展个别化学习和小组学习。而将信息技术应用于教学过程中，运用汇聚性教育资源，就有可能促进学习方式发生很大的变化。

首先，教学内容可以用多媒体表现，丰富了教育资源的展示方式，克服了传统教学中单一的说教活动和接受式学习；通过虚拟现实和智能仿真等数字化技术，再现学习场景，帮助学生学习、理解复杂、抽象的学习内容。

其次，通过汇聚性教育资源实现开放式教学。运用计算机网络，学生可以使用更广泛的网络资源作为教育资源开展学习。同一位教师，可以针对不同学生知识基础和学习能力的差异，采用不同的教学模式、教学内容、教学方法和进度，充分满足每一位学生的学习需要。

汇聚性教育资源为每一位学生提供了相适应的学习内容，创设了学生研讨空间，帮助每一位学生在个人基础上得到发展。

最后，汇聚性教育资源有利于革新传统师生之间的讲授关系。运用汇聚性教育资源，可以建立起教师与教师、教师与学生、学生与学生，甚至于学生与在线专家、学生与教育资源等之间的关系，提高学习效果。从师生合作来看，汇聚性教育资源既改变了传统师生之间的结构，也改变了师生既有的角色地位，使两者比较容易实现"交互主体"的教学关系。从学生之间的合作来看，汇聚性教育资源为学生之间的合作提供了更广阔的空间，使个性化学习成为现实。学生可以根据自己学习的情况，通过合作学习来解决学习问题，并在合作中提高学习兴趣和学习效率，进而分享学习成果。

（三）教学环境网络化为教育资源汇聚提供了条件

计算机网络技术的应用，可以实现教育资源的共享，还可以实现学生主动参与和协作讨论、信息反馈与教师调控等多种现代化教学功能。在网络化教学环境的教学模式中，教师与学生通过计算机网络联系在一起，师生之间既可以传递信息，也可以实时或延时反馈教学信息，学生可以通过网络按知识结构系统地学习科学知识，也可以按照学生的认知结构从事非线性学习活动。这样就形成了支持教育资源汇聚的技术环境。

二、信息化教育资源汇聚的实现

教育资源汇聚是个系统工程。涉及教育资源建设的目的、认识、原则、取向、组织、手段、方法等方方面面问题。实现教育资源汇聚既要从教育资源的筛选、组织等基础性工作出发，也要谋求技术上的支持。

（一）教育资源的筛选

汇聚要筛选。从目前对教育资源的筛选机制研究来看，教育资源的开发价值可以从两个角度进行确定：理论与实践。从课程理论的角度讲，教育资源至少要经过三个筛子筛选：一是教育哲学。教育资源要实现教育的理念和办学的宗旨，反映社会的发展需要和进步的方向；二是学习理论。教育资源要符合学生的心理发展，与学生的"最近发展区"相一致，能够促进学生的学习；三是教学理论。教育资源要与教师的教学水平相适应，适合学校教育的需要。从教学实践的角度讲，教育资源的筛选主要是从以下几个方面考虑：一是地区和学校的特点。教育资源的选择应符合当地学校自身的特点，发挥地区资源优势，例如，与学校教学相关的当地人文资源、地理资源等；二是课程本身的特点，教育资源建设要符合学科的特征，突出学科教学的特点；三是教师运用教育资源的能力。可以说，最适合的教育资源才是最有效的教育资源。如果教育资源建设过程只是一味强调资源的新颖性、教师盲目追求外在的教学表演，教育资源促进学校教学的目的也就很难实现；四是学生的特点及对教育资源的态度。教育资源要与当前学生的学习需求相一致。

教育资源的筛选是教育资源汇聚的基础，面对众多的教育资源，教育资源筛选机制的建设与完善非常必要，要实现教育资源的有效汇聚，就必须对学生、教师、课程等方面进行深入研究，分析教育资源的价值、效能等相关问题，对教育资源进行科学筛选，以确定哪些教育资源具有汇聚开发和利用的价值，从而保证所汇聚的教育资源有助于促进学生、教师和课程的不断发展完善。

（二）分类组织

教育资源汇聚的一个重要任务就是要帮助教师在海量的信息化资源中快速、有效地确定所需要的有用信息。因此，制订合理的资源分类措施，形成有效的资源分类机制是教育资源汇聚的一个重要环节。

1. 资源汇聚的措施

信息化教育资源的汇聚既是满足教师日常教学的需要，也是需要教师合作完成的任务。因此，资源汇聚过程中就需要采取一定的措施引领教师自觉地将自身教研成果、学生学习成果、学校现有资源等内容有条理地收集，形成有序的教育资源，使得每位教师都能方便地获取需要的教育资源。这些措施包括以下几方面。

（1）身边教学成果的收集和整理。以备课组为单位，将各学科集体备课的成果汇聚成集体参考资料；学校定期开展专项活动，广泛征集教师的教学设计、案例、课件、素材、论文、作品等资源，每学期进行一次汇编。

（2）现有资源的数字化、网络化处理。鼓励教师将现有的非数字化教育资源进行数字化、网络化加工处理与整合。运用媒体技术将部分条件性教育资源转化、开发为可放在网上的数字资源。如将与课程相关的书籍、报刊杂志等纸质资源制作成 CAJ 或 PDF 格式的文件；对某些课程内容链接数字化图书馆资源；运用摄影、摄像等技术手段将图书馆、博物馆的馆藏资源制作成视频文件或数字素材，将实验操作步骤制作成 FLASH 格式文件，并转化为网络教育资源等。

（3）资源的分科分段分类组织。学校指定专人按照下面的思路对信息化资源进行分类组织，建立细分的信息化资源库。例如：

学校教育信息库：收集学校、学生基本信息。

素材资源库：提供学校老师制作资源的一些基本素材。

交流课件库：收集各学科老师做的优秀课件。

教研论文库：多渠道、全方位收集教师论文。

学科知识库：提供各学科相关的拓展知识。

教学参考资源库：提供各学科优秀教案、设计、备课参考、复习指导及试题等。

（4）学生教育资源的吸纳。从学生的角度，发动学生按照搜集、筛选、分类、重组的流程汇聚网络资源；鼓励学生自制课件，供教师上课参考。

（5）利用学科网页进行资源聚合。网页天然具有信息汇聚的功能。利用网页以学科或专题为线索可以把资源有序地整合在一起并实现分享。如数学学科：在网页中设置诸如高考试题、几何画板、数学文化、学法指导、专题讲座、课程标准、教学研究、数学教案、数学课件、单元测试、数学竞赛、高考模拟、数学建模等栏目将中学数学教育资源集成出来。

2. 资源汇聚的机制

信息化教育资源汇聚是教师团队共同完成的任务。其中，既有个人分工，也有相互协作。因此，良好的团队合作氛围的建立就需要有效管理机制的建立与落实。

明确个人任务。教师个人教育资源是教师在自己的教育活动中搜集、创建的诸如资料、课件、试卷、教案、设计等。教师个人教育资源是汇聚的基本单位，也是资源广泛汇聚和交换的基础，个人有才能人人有。个人没有谈人人有，无本之木，无皮之毛，毫无意义。故而，学校要求教师能够充分搜集教学素材，按照自己教学的需要进行筛选、分类、编辑，累积个人的教育资源库，也倡导教师自主开发制作原创性教育资源，并将个人教育资源上网共享。

建立教师协作模式。没有共享就没有汇聚，教育资源是教师创造性劳动的成果，凝聚着教师的心血，理应尊重。随着信息经济的发展，信息资源的商业化倾向愈加明显，"免费的教育资源"越来越少，教师对于建设资源的态度也在发生相应的变化。资源汇聚要顺利进行就需要建立教师协作模式，而用资源换资源又应该是资源交换机制的基本思路。

注重同步实施。教学指导类资源是中学教育资源的核心资源，实用资源，是中学教育资源建设的重点。而同步课堂又是形成有效教学指导类资源的关键和保证。学校要求教学指导类资源要注意时效性和与教学进度的同步一致性。为此，学校每学期前都要开列各学科、各学段的学期教育资源汇集计划，并采取对照提醒、情况公告、及时处理等措施予以落实。

（三）营造教育资源汇聚的技术环境

在信息化环境下，计算机和现代通信网络技术的发展为教育资源的汇聚创造了便利条件。信息技术环境下的教育资源具有如下特性。

（1）分布的网络性。计算机网络为教育资源提供了一种分布式存储的方式，特别是因特网已成为全球最大的互联网，教育资源可以存储于世界各地的联网主机中，成为涉及地域最广的资源，这些资源以超链接的方式将文字、图像、音频、视频等信息链接成超文本和超媒体系统。

（2）形式的多样性。数字化教育资源以多媒体的形式表现，极大地丰富了信息内容的表现力。例如教学软件可以由文字、图片、音频、视频等媒体形式表现。信息形式的多样性有助于人们知识结构的更新和重构，有助于学习者保持较高的学习兴奋度和较好的学习效果。

（3）加工的统一性。数字化的教育资源，无论是文字、图形、图像、声音、动画、音频、视频等，都是采用二进制编码方式进行编码，具有统一的格式，可以方便地加工处理。

（4）获取的便捷性。数字化教育资源可以通过网络存储与传输，因此可以通过网络终端随时获取，避免查找其他媒体信息时所受的时间、空间等因素的限制。

（5）信息的共享性。数字化教育资源除了一般的信息资源所具备的共享性以外，还表现在可以通过网络随时访问，不存在传统媒体由于副本数量限制所产生的不能获取资源的现象。

（6）资源的时效性。由于网络信息的时效性远超过其他任何一种信息，网络媒体的信息传播速度及影响使得信息的时效性增强。同时，网络信息增长的速度快、更新频率高也是其他媒体所不能企及的。

于是，信息化时代的教育资源汇聚的途径就应是发挥信息技术的优势，营造信息化技术环境。伴随着计算机技术和网络技术的发展，虚拟技术、人工智能技术、分布式计算、数据库技术、云技术等信息技术不断地应用到教育教学之中，形成了虚拟化的教学环境，这些环境可以分为三类：其一，借助网络开发用户常用的交互方式，如即时通信、博客、电子邮件、文件传输、远程登录等，开展相关的教学活动，其特点是使用方便，无需专门管理；其二，专业的学习环境，如 WebCT、Moodle 等学习平台，支持网络学习的内容传递、师生交互、学习评价和管理等，这样的虚拟学习平台可以使网络教学组织变得更为容易，也能够更好地满足不同学习风格和目标要求，同时也允许资源的广泛共享和重复使用，鼓励协作学习和基于资源学习；其三，基于虚拟现实技术的三维虚拟学习环境。侧重于教育教学互动功能的实现，它提供了一个以学习者为中心，具有资源丰富、动态更新、人机交互界面和谐的虚拟环境，这种虚拟环境是一种新的教育资源建设模式，无论其学习内容还是学习形式都在空间和时间中得到极大的拓展和延伸，实现了学习本质的回归。这些环境当然为教育资源的汇聚提供了极大的支持。

信息技术应用的不断普及，如电子白板、电子书包、教学环境以及由此延伸的新教学形态会不断呈现，信息化条件下汇聚教育资源将会越来越方便。

（四）教育资源汇聚的课堂实施

教育资源的汇聚不是简单地拼盘或堆砌，也不是追求数量上的多和形式上的杂，更不是为了汇聚而汇聚。在当前的信息社会中，冗余信息的泛滥、甚至虚假信息的充斥已经为使用者带来了很多不便。教育资源的汇聚本来就应该有别于一般信息资源的随意组合。教育资源的汇聚有着明确的目的，是为了便于教师教学的准备与开展，为了提升教师教学的质量和效益，为了丰富学生学习的途径和机会。所以，教育资源的汇聚必须围绕学习目标和学习内容进行精心的设计，以便于教师和学生能够对于教育资源的汇聚产生最佳的使用效果。汇聚性教育资源在使用中要在"明确目标""提供资源""完善资源"这几个关键环节上下工夫。

下面是深圳市新安中学吴泓老师引导学生基于资源汇聚开展"中国当代诗歌（1979年至2009年）"专题学习的教学设计。

首先，多维度提出具体、详实的学习目标，给资源汇聚定向。

明确活动目标

1. 语言目标

（1）通过学习新诗作品，培养正确、熟练、有效地运用纯粹、精微、简洁及富于表现力的语言和形象来反映现实、表现生活的能力。

（2）通过学习新诗的评论性文章，提高学生比较、判断、分析、归纳的阅读能力，培养学生观点独到、材料充分、论述严密地写作诗歌评论文章的能力。

2. 思想目标

（1）深刻性：认识并理解诗歌从英雄、崇高转向世俗、平民，从宏大叙事转向关注个体、关注生命、关注人的生活及精神处境这样一个过程的复杂性和必然性。

（2）独创性：准确而深刻地解读当代诗歌作品的思想内涵，力图提出自己新颖、独特的观点。

（3）批判性：通过比较、判断、分析、归纳等思维过程得出自己的结论。

3. 人格目标

（1）核心价值观：学习当代诗人的创新精神和批判意识。

（2）辅助价值观：了解当代诗人与所处时代的紧张关系，激励学生热爱生活，热爱生命。

其次，教师针对学习目标将汇聚的学习资源介绍给学生，引导学生采用相关的教育资源开展学习。

提供汇聚的教育资源

中国新诗（现代诗）流派简介、朦胧诗和朦胧诗派介绍、朦胧诗后先锋诗歌概观以及如何鉴赏现代诗等（以下简称"概述"）。共32155字。

网址1：http：//www.szjiayuan.net：8000/jiayuan/news—show.asp？id＝4728

网址2：http：//www.szjiayuan.net：8000/jiayuan/news—show.asp？id＝4729

理由与意图：这样的设置有很大的阅读量（32155字），其中"流派简介"一文是从1999年诗歌的"第三条道路写作"往回写的，这给执教者一个教学设计的思路，也给学习者一个阅读研究的思路——从最接近生活，最世俗化、平民化的诗作读起，由世俗走向崇高，这样相对比较容易接受一些。而对专题学习内容的背景信息作一个充分的鸟瞰式的了解，也对学生后边理解诗歌的内容和主题有着重要作用。

教育资源汇聚应用的过程中，教师进行资源筛选的审视。针对学生的学习需要适当的补充新的教育资源，发现当前教育资源中的不足，剔除冗余信息，对教育资源进行丰富和完善。

补充和完善汇聚的教育资源

网址1：http：//www.szjiayuan.net：8000/jiayuan/newsshow.asp？id＝4744

网址2：http：//www.szjiayuan.net：8000/jiayuan/news—show.asp？id＝4745

网址3：http：//www.szjiayuan.net：8000/jiayuan/news—show.asp？id＝4726

理由与意图：在上述资源基础上，为了让学生了解现代诗歌要真正实现"现代化"，就要解决文化价值观和精神结构的转变，而只有文学形式上的改变是远远不够的；了解现代诗歌对青年学生的精神发育、成长所起到的重要作用；了解诗人应以"鲜明、准确、含蓄和高度凝炼的意象生动及形象地展现事物，并将诗人瞬息间的思想感情融化在诗行中。"所以适当增加上述教育资源，丰富学生的学习内容。

二、信息化教育资源汇聚注意的问题

教育资源汇聚的过程也是教学工作人员合作的过程。它需要教育管理者、学校领导、教职员工通力协作，相互支持，形成和谐的教育资源建设环境。教育资源汇聚不单是建设问题，会产生各种相关方，会涉及各种利益关系，会有各种牵掣和制衡，而这些问题同样也会成为资源建设的紧要因素，必须引起注意。

（一）合作问题

我国当前课程改革的实施，充分强调了课程建设的整合性，改革的具体目标就明确提出要"改变课程结构过于强调学科本位、科目过多和缺乏整合的现状"。为了实现此目标，在实施过程中就有必要整体设置九年一贯的课程门类和课时比例，设置综合课程以适应不同地区和学生发展的需求，体现课程结构的均衡性、综合性和选择性。综合课程的设置，突显了教师教学合作，教育资源汇聚的紧迫性和必要性，但是由于受升学压力、教学观念的影响，基层教学实践过程中，还存在着"假合作"，甚至"不合作"的事实。主要表现：其一，学校资源独享，封锁优势资源。某些学校迫于地区升学率、学校竞争等压力，封锁校内优势教育资源，公开所谓的通用性教育资源，学校之间对教育资源的封闭性应用，降低校际间合作的信度，教育资源汇聚也就是一句空话。其二，教学时间紧张，缺少合作机会。随着课程改革的深化，"课改"一方面解放了教师，提高了教师的主动性，但另一方面也相应增加了教师的教学科研任务。例如，在调研中有的教师在一周完成16课时的教学准备、教学授课、作业批改的工作量后，还需要完成学校所规定的教学论文、校本课程等科研任务。一线教师教学科研负荷的增大，一定程度上减弱了教师自由思考和相互合作的时间和空间，这样教师开展有效地教学合作、实现教育资源汇聚也就只能停留在理念层面。此外，教师文化的保守性也影响着教育资源的汇聚，突出表现为教师"教学保守主义"的思想，一些教师认为，课堂教学中的教师的行为完全应该是独立自主的，也是私人性质的，因而教师常"单干"。他们按照自己的经验、自己的方式去处理教学中遇到的问题，很少与其他教师交流，认为"求助于其他教师是自己无能"。"教学保守主义"的思想限制着教师间教学合作和教育资源汇聚的实现。

分析上述问题可以看出，汇聚丰富实效的教育资源，提高教师的合作意识，学校就有必要营造良好的合作氛围，创建合作性教学文化。主要表现为，一是关注教师在新课程背景下专业发展的需要，制定教师发展的共同目标，力求在教师之间形成共同的教育价值观念和发展目标，以使教师自愿、自主地进行合作。二是建立同学科的教师之间、跨学科之间进行教学的合作设计、合作备课、相互观摩、集体评议、合作反思的集体备课制度和教学研讨制度，以使教师得到心理支持，增强合作动机。三是建立校际科研合作机制，创设校际共同体。建立校际"学习共同体"，明确相互的任务和共享的利益。通过不同学校之间教师思维互补优势，产生新的教学思想，完善自身的教育理念，优化不同学校教师知识结构，在相互学习和支援的过程中实现教育资源的汇聚。

（二）知识产权问题

信息化环境为教育资源的汇聚提供了机会，创设了条件，同时也考验着教师的信息道德水准，如何正确理解知识产权，合理应用信息化教育资源成为当前资源汇聚过程中教师所面临的一个重要问题。所谓知识产权是指对智力劳动成果依法所享有的占有、使用、处分和收益的权利，是一种无形财产。知识产权的对象是人的智力的创造，属于"智力成果权"，是在科学、技术、文化、艺术领域从事一切智力活动而创造的精神财富依法所享有的权利，与房屋、汽车等有形财产一样，都受到国家法律的保护，都具有价值和使用价值。因此，从使用层面来看只有拥有该项权利人才能享有该项权力，其他人不经权利人许可不得行使其权利。网络通信技术的快速发展，人们公布和获取信息的方式越来越便捷，这也给忽视权利的使用行为打开了方便之门。

学校在教育资源汇聚过程中也存在着使用他人知识产权的现象，主要表现如下。

（1）使用他人研究成果。由于缺乏对知识产权的认识，擅自使用他人创造出的知识作品。例如，大范围抄袭他人的论文，未经创作者许可复制他人的知识作品等，给原作者的利益和社会发展造成危害。

（2）不规范学术引用。合理引用他人作品是推动作品创新、科技发展的一种重要途径，但是，当前教师作品创作过程中存在着不规范引用原作品内容（例如，缺少原作品作者、来源、发表时间的标注），甚至出现过量引用的问题（我国一些教育管理部门规定如果引用，文字不能超过作品文字的 3%），降低了教师个人作品的可信度。

基于上述问题，为了能更科学规范地应用现有的教育资源，合法地实现教育资源汇聚，学校教师有必要学习和理解相关的知识产权法规，在教学实践过程中依据法规自觉地约束自己，按照相关要求实现教育资源的共建与共享。

（三）利益分配问题

教育资源汇聚最终的目的是资源高效、可持续地得到利用。当前，国家教育部门花巨资、下大力气组织基层学校创建与汇聚教育资源，然而，教育资源的分配、完善和发展这些保证资源建设可持续发展的更为重要的举措却没有得到同样的重视和对待。制约资源创建与汇聚的广泛、深入、持久的开展。调研当前学校教育资源利益的分配现状，我们发现其中还存在着如下问题。

（1）只"享"不"建"的问题。教育资源建设和分配是一个复杂的过程，建设初期每个学校都有着明确的任务、清晰的目标，因此，各学校都保持着较高的积极性和主动性。但是随着教育资源汇聚的深入，公共性资源的加入和加强，当教育资源难以区分"彼""此"时，教育资源建设者之间就很容易出现相互"依赖"心理，期望通过最小的投入在资源汇聚中得到最大的利益，这种想法在一定程度上限制了教育资源的发展，降低了教育资源汇聚的质量。

（2）"平均分配主义"的问题。这方面的问题主要表现为"建"与"享"不平等的管理上。由于缺乏恰当的资源分配与管理机制，资源应用就容易出现平均主义分配的方法，教育资源汇聚贡献不同者以平均主义的方式获取资源。这样从获益的实效来看，资源汇聚过程中投入多、做出较大贡献的学校却获得相对较少利益，投入少、贡献小的学校则却获取相对较多的利益。"平均主义"教育资源分配制度势必挫伤教育资源优势学校汇聚教育资源的积极性，一定程度上阻碍了教育资源汇聚的实现。基于此，教育资源共建共享过程中，资源组织与管理者就有必要建立公开、平等的教育资源利益分配机制，以保证教育资源创建与汇聚的合理进行和可持续发展。

第三节　我国信息化教育资源的建设与发展

党和国家高度重视教育信息化工作，教育信息化成就巨大，信息化教育资源建设取得长足进展。国家、地方、学校、社会都投身到建设当中去，探讨模式，摸索路子，实施项目，整合集成汇聚各级各类教育资源。

一、信息化教育资源建设的国家战略

1998 年 12 月 24 日，国务院颁布《面向 21 世纪教育振兴行动计划》，对以计算机多媒体为核心的现代教育技术的应用予以强调。其中，"跨世纪园丁工程""跨世纪素质教育工程""现代远程教育工程"都明确提出了计算机应用与普及、教育软件研制与开发、校园网的建设与应用的要求。

1999 年 6 月 13 日发布的《中共中央、国务院关于深化教育改革全面推进素质教育的决定》为教育信息化提出了更为明确的任务，其中包括：国家支持建设以中国教育科研网和卫星视频系统为基础的现代远程教育网络；加强经济实用型终端平台系统和校园网络或局域网络的建设；充分利用现有资源和各种音像手段，继续搞好多样化的电化教育和计算机辅助教学，采取有效措施，大力开发优秀的教育教学软件。

2000 年 10 月，教育部召开了"全国中小学信息技术教育工作会议"，决定从 2001 年起用 5～10 年的时间，在中小学普及信息技术教育，以教育信息化带动教育现代化，努力实现我国基础教育跨越式发展。会议就推进中小学信息技术课程建设、全面启动中小学"校校通"工程、加强中小学信息技术教师师资队伍建设、大力推进中小学普及信息技术教育工作等问题做出了详细的规定。会议明确了我国教育信息化的总体步骤分为三个层面推进：一是在中小学普及信息技术教育，并推进以多媒体计算机技术为核心的教育技术在学校的普及和运用；二是网络的普及和运用，使学生学会充分利用网络资源；三是大力发展现代远程教育，建设并通过提供大量的经过信息化加工的教育软件和课件资源，通过卫星地面接收站及互联网等多种手段，用较低的成本将课程送到广大农村地区，实现资源共享。培训教师，扩大学生受教育机会，切实提高教育质量。

《国家中长期教育改革与发展规划纲要（2010—2020 年）》更是将教育信息化作为一项

重要任务进行了部署，提出"加快教育信息化步伐"，强调"以教育信息化带动教育现代化"。《纲要》的第 19 章从"加快教育信息基础设施建设""加强优质教育资源开发与应用"和"构建国家教育管理信息系统"三个方面提出加快教育信息化进程的总体要求，并将"教育信息化建设"列为 10 个重大项目之一。提出要充分利用现代信息技术，加强教育信息化基础设施建设，重视数字化、网络化教育资源研发与共享、公共服务平台搭建，加快全民信息技术普及和应用。

二、国家教育资源的建设

在我国教育信息化发展过程中，教育资源的建设状况与应用程度直接反映了教育现代化的进程。

（一）从传统媒体资源到多媒体教育资源

在我国电化教育初期，传统的媒体资源形式有：教学唱片、教学电影、幻灯片、录音教材、录像教材等。这些电子音像教育资源在各类教育实践中发挥了巨大的作用。

随着计算机和网络技术的普及，以多媒体技术为主流的教育资源开发成为推动教育信息化的重要工作。为了满足中小学教育教学的实际需要，适应信息技术环境下资源的整体要求，基层学校、教育研究机构等都从不同层次开展了数字化教育资源建设，并加强了基于计算机网络的资源建设和推广应用。

《中央电化教育馆教育资源库》是一个全面支持信息技术与课程整合，可实现资源跨平台共建共享，支持单机和网络环境下应用的资源库。其内容涵盖了从小学到高中的 12 个年级、18 个学科的多媒体素材，尤其以视频、动画等多媒体素材资源为主，并结合所含资源提供了全新的教学设计方案、案例和课件，满足各教学环节的资源需求以及新时期教师的教学、进修和学生自主学习、研究性学习、协作式学习的需要，资源总量超 400G。同时形成了稳定、专业、与教学一线密切联系的开发队伍和研发模式，并可通过互联网、卫星 IP 频道、硬盘、光盘等多种形式和渠道为学校和教师提供系统、互动、持续的支持服务。

（二）制定教育资源标准

我国从 2001 年开始启动子教育信息化技术标准（CELTS）研究项目，在教育部科技司的领导下成立了中国教育信息化技术标准委员会（CELTSC：Chinese E - learning Technology Standardization Committee）。

资源建设规范是教育信息化技术标准体系中必不可少的部分。CELTS 体系中共包括 3 个和资源建设相关的规范，分别是《学习对象元数据》《教育资源建设技术规范》和《基础教育教育资源元数据规范》。

《教育资源建设技术规范》是《学习对象元数据》与具体应用领域结合的产物，它面向资源建设领域，既完全一致地遵循了《学习对象元数据》中的必须数据元素，又针对资源建设的实际需要，增加了扩展元素和分类。

《教育资源建设技术规范》侧重于统一资源开发者的开发行为、开发资源的制作要求、管理系统的功能要求，以实现资源共享、支持系统互操作、保障网络教育服务等目标，为实现教育信息化搭建共享支持平台。这项工作的开展推进了我国教育信息化的发展进程。

（三）国家基础教育资源网的建立

2004 年，教育部成立了教育部基础教育资源中心，与中央电化教育馆合署办公。教育部基础教育资源中心的主要职责是：承担基础教育资源建设的规划和协调工作；收集、发布基础教育资源需求信息；组织基础教育资源征集、引进、开发和整合工作；建立基于中国教育卫星宽带多媒体传输网的专项资源管理和服务平台，负责基础教育资源发送、技术支持、用户管理和反馈信息收集；承担国家基础教育资源库及资源服务网站的管理工作；组织基础教育资源的研究、评价、推荐和交流工作；开展教育部授权和委托的其他有关工作。

国家基础教育资源网

国家基础教育资源网（www.cbern.gov.cn）（图2-3）以基本满足信息化条件下教学的需要为建设目标，内容涉及知识点教育资源、探究性教育资源、自主性学习资源、专题教育资源、教师培训资源、少数民族语言教育资源等，以卫星播出加互联网传输方式发布资源。

图2-3 国家基础教育资源网

2008年初改版后正式上线服务以来，国家基础教育资源网共有实名注册教师近55万，搜索次数超过1200万次，浏览次数接近1000万次，下载次数超过300万次，下载量超过130 T。

（四）数字化教育资源体系开始形成

我国信息化教育资源经30余年建设获得了相当的发展。相继实施了一批重点工程和项目。"十一五"期间，初步建成了满足农村义务教育学校基本教育教学需要的资源体系、中国高教文献保障体系、中国大学数字博物馆等资源共享服务体系。各级各类教育资源不断丰富：国家基础教育资源库免费提供覆盖义务教育阶段全学科资源；国家级高等教育质量工程已经建设2500多门本科精品课程、1000多门高职高专精品课程，200多门网络教育精品课程；中国职业教育网也随之开通，并提供资源。

三、信息化教育资源共建共享的实验与示范

"全国中小学现代教育技术实验学校"项目（National Educational Technology Experiment Project）是教育部基础教育司和原电化教育办公室为推动我国中小学教育现代化而设

立的。

1997 年 9 月 2 日，教育部发布了关于设立"中小学现代教育技术实验学校"的通知，实验学校项目正式启动。同年教育部确认了 443 所中小学作为第一批实验学校，1998 年，又确认了第二批实验学校 518 所，前后两批总共确认了 961 所国家级实验学校，简称为"千所校"。

教育部在 1997 年公布的《全国中小学现代教育技术实验学校工作实施意见》中，提出了项目的总体目标和实验学校建设的任务，以及实验学校的组织管理办法。实验学校的总目标是：充分运用现代教育技术，促进基础教育的改革和发展，促进中小学全面实施素质教育，探讨新的更有效的教育、教学模式。实验学校要实现的具体目标是：①优化教学过程；②优化学生的学习资源；③建立高水平的师资队伍；④建立信息网络系统；⑤取得一批对教学改革发展具有突破性的科研成果。

实验学校的建设成就主要体现在以下五方面：其一，开展大规模的教师培训，促进教师教育观念转变；其二，建设信息化教学环境，搭建信息化教育平台；其三，建设数字化教育资源，实现优质资源共建共享；其四，开展教学改革试验，探索新型教学模式；其五，开展课题研究，探索教育技术应用规律。

实验学校突显了其实验特性。实验学校坚持信息技术与课程整合，通过探索整合的方法强化信息技术的应用，推广"自主性""探究性"和"协作性"学习模式的教学经验，开展基于网络的研究性学习，培养学生创新精神和实践能力。

实验学校突显了其示范辐射作用。一批先进的实验学校以召开现场会、开公开课、展示教学软件资源、举办实验学校校长论坛等形式，交流经验，扩大影响。实验学校建成为教育信息化窗口学校，充分发挥了实验学校在全国的示范、辐射作用。

实验学校教育资源建设包括三个层次：积极推广应用已审定的教育资源；参与国家和省市统一规划项目的资源开发；结合本校实际需要，开发具有特色的教育资源。

随着信息技术的发展，实验学校的数字化教育资源的开发，同样也经历了不同的发展阶段：在"九五"期间，重点是开发多媒体课件；在"十五"期间，更注重网上资源的开发，包括网页型课件、专题学习网站、探究型网站、学科网站等；在"十一五"期间，则是更多地开展教育资源的有效应用研究，以及以有效应用为目标的资源开发。2010 年中共中央国务院印发的《国家中长期教育改革和发展规划纲要（2010—2020 年）》要求"加快教育信息化进程""建立开放灵活的教育资源公共服务平台，促进优质教育资源普及共享"。教育部发布的《全国教育信息化发展规划（2011—2020 年）》要求实施以建成"三通两平台"为目标的数字教育行动计划。《教育部 2016 年工作要点》也特别提到"加快推进'网络学习空间人人通'，逐步实现'一生一空间、生生有特色'。充分利用市场机制建设在线开放课程等优质数字教育资源，推进线上线下结合的课程共享与应用"。多年来，实验学校通过课题研究，开展相关的教育资源建设。通过课题研究，实验学校完成的专题学习网站建设的学校就达到 300 多个。许多成果已经由中央电化教育馆、各省市电化教育馆以及各师范大学等教育技术研究机构整理出版，让实验学校成果在更大范围共享。大批实验学校的优质资源，通过卫星送到中国西部农村，对实现均衡教育、缩小东西部学校数字鸿沟、体现教育公平发挥了重要作用。

可见，学校也是资源有效应用的获益者。信息化教育资源共建共享是实验学校的重要实验工作，也是实验学校示范辐射的主要内容。

第三章

信息化教育资源共建共享

第一节　教育资源共建共享释义

一、什么是教育资源共建共享

教育资源的共建共享是深化教育信息化建设的重要方向，也是基础教育课程改革的有效助推剂。共建与共享互为基础、互为前提，共建是共享的物质基础，共享是共建的精神基础；共建是共享的义务前提，共享是共建的权利保证。共享不在共建之"前"或之"后"而在之"中"。也就是说，只有在动态的实践之"中"，共建与共享才能在各自实现的基础上获得相互促进、协调发展和良性循环。从这个意义上说，共建与共享之间、共享与共建之间不应存在明显的间歇性，而应表现为紧密的连贯性。因此，资源的共建与共享是相互依存，相互发展。

在知识经济和信息时代的背景下，教育资源的共建共享比传统资源需要更多的经济参与和技术支持。从国内外教育资源的共建共享现状来看，资源的共建共享主要涉及以下几个方面：共建共享的主体、共建共享的资源、共建共享的技术实现、共建共享的管理与政策支持。教育资源共建共享的主体在不同的国家有所不同，其参与者主要有教育部门、学校、各类组织与行业机构，以及所有愿意共建共享资源的人。当前共建共享的资源大多以现代网络技术为基础，通过网络来实现共建与共享，大致包括电子文档、视频、音频等。共建共享的技术实现与政策支持是资源共建共享的基础和保障，也是实现共建与共享的关键。

"改变课程内容'难、繁、偏、旧'和过于注重书本知识的现状，加强课程内容与学生生活以及现代社会和科技发展的联系，关注学生的学习兴趣和经验，精选终身学习必备的基础知识与技能"是我国新课程改革的一个具体目标。为实现上述目标，国家对教育资源的建设也提出了对应的要求，由此可见，课程实施过程中的教育资源不仅要依靠学校内部资源，也需要合理地改造和利用社会公共资源，实现教育资源的共建与共享。教育资源的共建共享是社会资源与教育资源整合建设的一个趋势，对促进教育的均衡发展和优质教育资源的共享，实现教育公平，推动教育发展有着重要意义。

二、教育资源共建共享的目标要求

教育资源的共建共享应有明确的和可操作性的目标，使教育资源的建设者和使用者清楚地知道自己的努力方向，进而推动教育资源共建共享的发展，因此在制定教育资源的共建共

享的目标时应充分考虑如下要求。

（一）课程目标的要求

课程目标是按照国家的教育方针以及素质教育的要求，从知识与技能、过程与方法、情感态度与价值观三方面阐述本门课程的总体目标与学段目标。课程目标具有层次性，通常需要从一般性目标转化为特定目标。从教育资源的界定来看，课程目标是教育资源建设的导向与基础，教育资源的筛选、开发与利用都应以课程目标为归宿。教育资源则是实现课程目标的重要支撑，对课程目标的实现程度和范围起着重要的作用。教育资源的共建共享是教育信息化发展的重要方向，其建设内容就不能脱离课程目标，而应认真分析课程目标的要求及其特点，以此为导向，使共建共享的教育资源有利于目标的实现。

（二）学生发展的要求

既然促进学生全面发展是学校教育的重要任务，师生又是教育教学活动中最重要的一对关系。那么教育资源共建共享就应充分考虑学生的需求、社会对学生发展的需求和学科对学生发展的要求等，使共建共享的教育资源能真正体现学生的主体地位，通过这些丰富、多样的学习资源，帮助学生真正地进行探索式和反思性学习，满足他们全面发展的需要。

（三）教育公平的要求

教育公平的关键是机会公平，基本要求是保障公民依法享有教育的权利，重点是促进义务教育的均衡发展和扶持困难群体，根本措施是合理配置教育资源。当前，国内的教育信息化发展和资源建设呈现出区域性失衡现象，面向区域的优质教育资源整体建设和应用研究逐步受到重视。教育资源的共建共享正是解决这个问题的重要途径之一。为了促进教育公平的实现，教育资源共建共享的重点就应体现在"共"上，而不仅仅在"建"与"享"上。教育资源的共建共享应是在将全国各地中小学联合起来，共同搭建优质教育资源共建共享平台的基础上，共同开发适应不同地区、不同层次、不同群体需求的教育资源，共同分享各个学校先进的教育教学经验及成果。通过教育资源的共建共享推动教育资源的合理配置，努力缩小教育差距，促进教育公平的实现。

（四）资源应用的要求

信息化教育资源的问题关系到政府、学校、教师、公司、教育出版等各个环节。政府部门制定了一系列政策支持中小学教育资源的开发和应用。各类资源开发机构各显身手，开发出各种类型的资源。当前，很多学校意识到资源匮乏和缺乏有效管理既制约着课程改革的进程，又限制了学校对信息技术的有效应用。为了加快学校信息化的步伐，学校积极购买各种各样的资源，希望教师用这些资源促进学生的学习和发展，鼓励教师的开发。然而，在具体应用和实施过程中，总会发现已有的教育资源存在很多亟需解决的问题。目前主要存在的问题：尽管政府和企业组织开发了不少的资源，但中小学教师依然反映缺少适合自身教学的信息化教育资源；很多学校都拥有各种教育资源，甚至构建了教育资源库，但由于缺乏对教育资源的深入应用，这些资源并没有发挥作用，甚至出现资源封锁、使用效率低下的问题。由此反映出，目前我国结构良好教育资源匮乏，许多资源开发机构为了尽快占领市场，更多地关注对资源数量的追求，"低水平重复开发"现象依然存在，对教师和学生到底需要什么样的资源、喜欢什么样的资源、这些资源有什么用途等，还缺少科学深入的调查研究，以至于资源的开发往往建立在资源规划人员的一种主观想象和经验上，导致开发出的大量资源不适合教师和学生的需求。

综上所述，资源共建共享无论对于资源的开发者还是资源的使用者都应将资源建设和使用有机地结合起来，两者没有严格界限，教育资源可以先建后享，也可以边建边享。资源建设以资源的有效应用为目的，资源的应用指导资源的建设。资源应用效率应该成为资源共建共享的一个重要考核指标。

三、学校信息化教育资源共建共享的方式和特征

随着信息技术的发展，教育从最根本的教育目标到最基本的教育手段，都或多或少地打上了"信息化"的印记，而这并不只是一系列外在变化的表征，更意味着人类由工业社会向信息社会转型时期所产生的深刻教育变革。在这种变革过程中，信息化教育资源的建设是其中一个重要的组成部分。与其他变革的因素一样，它也同样会受到建设资金、技术手段、人脉资源的影响。因此，信息化教育资源共建共享在实施过程中就需要根据学校的实际情况，分阶段、有重点地逐步推进。从我国学校教育信息化资源建设历程来看，信息化教育资源的共建共享大体经历了专题学习网站、教师博客群、家校同创和校园网络联盟等几个重要阶段。

专题学习网站是学校网络教育资源共建、共享的一种特色方式。它通过网络学习环境，向学习者提供丰富的专题学习资源，安排相关的协作、互动交流工具，蕴含开放性的研究问题，让学习者自己选择想要研究的课题或项目设计，通过自己收集、分析、筛选有用的信息资源，应用相关的学习工具和资源解决实际问题。基于专题学习网站的学习更强调学习者自主探究、相互协作，利用网站中的学习资源，在活动过程中实现问题解决，从而让学生体验、了解科学探索过程，提高学生获取信息、分析信息、加工信息的实践能力，培养良好的创新意识和信息素养。

教师博客群是教师进行教学反思、实施合作教学的一种虚拟平台系统。从教学合作方面来看，博客平台所具有的信息实时发送、用户开放互动的交流模式，打破了传统学校、学科、地域的界限，拉近了教师间的距离，便于及时协调教师的合作关系，拓宽教师的专业视野，建设成虚拟的教师学习型组织。在教育资源建设方面，教师博客群为教师个人资源的积淀提供了空间。教师通过坚持书写博客日志，将自己日常的教育随笔、教学心得、教学反思、教案设计、教学策略，教学方法、研究成果、教学课件等教育资源进行上传发表，有利于教师个人教学经历的记录，将隐性经验转化为显性的共享知识。例如，在教师个人博客里，每位教师可各自按自己的工作进程、思维方式进行教育表达和反思，把反思结果写在各自的博客网页上展示，互不干扰。同时，又可通过博客群的内在联系，实现资源共享。基于博客，大家合作探讨、协同共进，在交流、共享中发现问题，促进教师个人和教学团队的深度反思。

家校同创是基于信息技术支持的旨在整合学校、家庭和社会力量，共同构建中小学生德育工作新机制的德育工程。其目的是为学校、家长增加相互交流的信息平台。其互动方式主要包括：学校—家庭—社会互动；学生—教师—家长互动；学生—学生—教师互动等。支持家校同创工程的技术功能主要有：现代网络技术的应用、移动通信工具的采用、电信技术的服务等。近年来，"家校共建"虚拟社区越来越多地用于整合学校、家庭和社会力量，共同构建支持中小学生健康成长的关爱家园。

校园网络联盟是一种跨地区校际交流的网络平台。其实质就是一个多所学校联合建立的教育资源数据库（例如试题库、论文库、教育资源库等）。校园网络联盟有助于区域教育公

平的推进，也可实现学校的互帮互助。先进学校将教育资源的公开与共享，促进其先进经验的推广和普及。其他学校可以积极地参与教育网络联盟，在获取教育信息时，也贡献自己学校的力量。当前，越来越多的学校致力于校际联合，共同搭建优质教育资源共建共享平台，相互分享联盟学校的先进教育教学经验及成果，开发数字化多媒体教学课件，多渠道地提供互动式教育资源。

第二节　信息化教育资源共建共享的规划与实施

一、教育资源共建共享的基本原则

（一）资源共建共享目标原则

学校教育资源建设以提高教学效率为根本目的，开展边建边享、共建与共享。资源建设过程中，学校应着力构建规范机制，在最大范围内为实现资源共享提供保障，实现不同学校之间的教育资源检索、互换、互访等功能。当前，教育资源在建设与应用过程中，还存在这样或那样影响资源质量的问题，例如，资源使用率不高，低水平重复开发现象严重等。资源建设者应依据资源共建共享目标原则，正确分析需求，研究教育资源在实际教学中的作用，合理地开发与享用资源。

需求分析是资源开发的第一步。教育资源要发挥作用，必须适合教师与学生的实际需要，帮助教师和学生解决在教学和学习过程中遇到的具体问题，通过教学需求分析了解它的预期使用者的特征和结构，明确资源到底需要完成什么教学目标，要解决教学中的哪些问题，什么样的教育资源更适合这些教学问题的解决等。研究学校师生对教育资源的需求是资源共建共享目标的一个重要内容，发挥教师和学生资源建设和应用的积极性、主动性是教育资源建设的内在动力。教育资源建设的最终目的是为了提高教学效率，促进学生的学习和发展，从这个意义来说，资源的最终用户应是教师和学生。但是，在常规的学校资源建设过程中，如何建设教育资源、建设什么样的教育资源，教师和学生的话语权还未得到有效的发挥。因此，信息化教育资源的建设与应用就需要通过富有创造性思维的教师作为中介，并且赋予教师足够多的教学自主权和使用空间，给予学生更多的自主探究学习机会，保证教师和学生行使建设和应用教育资源的权利和义务。

可见，信息化教育资源符合师生的课堂教学需要是资源建设的关注点，学生在学习过程中使用资源的实际效果是检验资源质量的标准，同时也是指导学校资源共建共享的参照。

（二）资源共建共享效能原则

效能原则反映了资源共建共享的行为应用应最大限度地在教育教学实践中为教师的教学和学生的学习提供服务，最有效地帮助他们完成教学和学习的要求。根据时代对创新型人才的培养以及国内外对教育资源的评价，要想真正发挥教育资源在教育改革和创新型人才培养中的作用，共建共享的教育资源应该具备时效性、灵活性、生活化、多元化以及趣味性等特征并将它们统一起来。

（1）时效性。每个时代都有自己的特点，不同时代人才的要求也存在差异，因此教育资源必须首先紧跟时代发展，这就是教育资源的时效性。因此，要体现资源的时效性，最重要的一点就是要以当前新课程改革倡导的研究性学习、创新性教育等教育理念为资源开发的教学理念，反映当前社会所需要的价值观念，体现社会发展对人才进而对教育的要求，体现教育价值的时代价值，适应学习方式多样化，并在内容上体现新教育理念。

（2）灵活性。无论多么先进的技术，无论技术对教学具有多大的潜在优势，技术本身不是必然地对教学发生效用。作为产品级的资源，通过教学设计，其作用的发挥也离不开教师的创造，这就需要教师在教学中能创造性地应用资源。要发挥教师的创造性，必须建设开放、灵活的学习资源，避免资源过于模式化，更不能使全部资源都成为一种事先设计好的而又不能修改的商业性材料，允许教师根据自己的实际情况修改和重组，以不同的方式创造性地运用。

（3）生活化。根据建构主义的观点，知识是学习者在先前经验的基础上建构起来的，而学生的先前经验大多来源于学生的日常生活。同时，学生学习的目的不仅是把知识、经验储存在大脑之中，更是要将所学的知识经验用于实际的各种不同情景中，去解决现实生活中的各种问题。因此，为培养学生的个性和社会责任感，促进学生对知识的建构和迁移，不断提高学生解决问题的能力，教育资源必须生活化。

（4）多元化。教育的多元化要求教育资源的多元化。资源的多元化有利于在教学的进度、方法以及资源的提供等方面适合学习者个人的特点，以培养社会所需要的个性化、创造性人才。资源的多元化可以体现在很多方面，包括同一内容的表现形式和呈现角度的多元化，资源载体形式的多元化以及体现文化的多元化等方面。

（5）趣味性。保持和提高资源的趣味性，首先要考虑学生的兴趣，这就要求资源的建设应该是师生共同完成的，至少要提高学生在资源开发过程中的参与度；其次，资源的趣味还与资源的艺术性紧密联系，因为艺术手段能为基本学习材料的接受和理解创造愉快的气氛，增强趣味性。

二、信息化教育资源共建共享的基本标准

（一）信息化教育资源通用标准

教育资源不仅是数量上的积累，更要保证质量的合格。制定并遵循教育资源的通用标准，目的在于能对教育资源进行客观的评价，保证资源的建设质量和应用效率。教育资源的评价，是对资源建设把关，在资源建设和使用过程中，是不可或缺的重要环节。资源的评价主要有以下几个方面。

（1）资源的教育性：考虑所整合资源的教育意义，其是否能对学生的身心发展起到正面促进作用，是否符合相关学科课程标准，是否有利于激发学生的学习动机和提高学习兴趣。

（2）资源的科学性：资源整合是否客观、科学，资源提供的知识性是否比较强，是否能为日常教学活动提供参考，是否会产生歧义及科学性错误。

（3）资源的技术性：资源的开发质量以及课件、文本等运行要求与现行的运行环境相符合。

（4）资源的艺术性：反映资源表现手法的多样性、情节的生动性、构图的合理性以及画面的灵活性等。

（5）资源的经济性：其是否以较小的代价获得较大的利益。

国家教育管理部门制定的相关教育资源通用标准大体可以分为三类：普通资源标准、信息化资源标准以及教育信息管理系统互操作规范与信息化标准。

第一类普通的资源标准涉及文本版式规范、语文文字规范、法定计量单位规定等标准，

这是各学科教学一线教师和资源审核者必须掌握的基本常识，如果这些常识不掌握，很难保证日常教育资源开发的规范性。

第二类信息化资源标准涉及课件与网站规范、学习对象元数据规范、基础教育教育资源元数据规范、内容包装规范和教育技术规范，是学校教育信息化网站开发人员、网络管理人员、教育资源库管理人员以及资源开发人员必须知道并执行的基本常识。

在这类标准和规范中，涉及了几方面的内容。我国一些教育技术研究者对教育资源中的录音教材、幻灯投影教材、影视教材、教学软件和网上资源制定了相应的评价标准。并针对不同教育资源种类的特征制定了各自的评价指标。表 3 - 1 是网络学习资源的具体评价标准。

表 3 - 1　网上学习资源的评价标准

序号	评价指标	评价内容
1	可靠性	网站所提供的信息正确、完整、有用、及时且有意义，没有拼写和语法错误
2	友好性	网站的界面友好（即易于理解和使用），主要标题清晰易懂；包括有效且相关的链接，并且链接格式统一、有逻辑、易跟随；下载和浏览的速度较快；用户易于理解网站的信息分类及按钮图标的意义，这包括：信息分类合理；相关按钮附有提示菜单（如文本方式）；相关的图标用意义相符的图形表示；按钮和图标的格式和位置适当
3	美观性	图片与内容相关，能够快速下载且有吸引力；图片格式恰当（如 gif、jpg），图片位置合适，不影响内容的表现；文本通俗易懂，背景的颜色与文本和图片颜色相辅相成；列表和表格结构合理，位置适当
4	适用性	写作风格适合学生的阅读和理解水平；网站作者能从用户角度出发考虑问题，深入浅出地解释复杂概念

《CELTS - 3 学习对象元数据：信息模型规范》规定了如何描述学习对象的元数据的规范及属性，为学习者或教育者对学习对象的查找、评估、获取和使用提供支持。在《CELTS - 3 学习对象元数据：信息模型规范》的基础上，我国基础教育实际执行的《基础教育教育资源元数据规范》定义了一组面向基础教育的教育资源元数据元素。

《基础教育教育资源元数据规范》规定了描述基础教育资源的数据元素包括 22 个元素，分为资源内容描述类、知识产权类、外部属性描述类等三大类。其中必需元素 13 个，包含了《CELTS - 3 学习对象元数据：信息模型规范》的全部必需元素；可选数据元素 9 个，包含了《CELTS - 3 学习对象元数据：信息模型规范》的部分可选元素。13 个必需数据元素是：标题、学科、关键词、描述、标识、格式、日期、语种、类型、作者、适用对象、元数据语种、元数据方案；9 个可选数据元素是：版本、出版社、其他作者、相关资源、关系描述、覆盖范围、权限、评价、评价者。

《CELTS - 41 教育资源建设技术规范》是一个较为宽泛的标准，主要侧重点在于统一资源开发者的开发行为、开发资源的制作要求、管理系统的功能要求，主要从以下四个角度进行规定。

（1）从资源的技术开发角度，定义了媒体素材、题库、试卷库、网络课件库、案例、文献资料、常见问题解答、资源目录索引等 8 类资源应符合的技术要求。

（2）从用户角度，为方便地使用这些素材，需要对素材标注属性特征，并从可操作性角度，规范属性的数据类型及编写类型。

（3）从资源评审者角度，提出教育资源的评价标准，作为用户筛选直接依据。

（4）从管理者角度，提出了管理这些素材的管理系统的体系结构以及所具备的基本功能。

第三类信息化资源标准以及教育信息管理系统互操作规范与信息化标准，是教育信息化领导成员以及从事教育信息化管理人员必须掌握的内容。

《教育管理信息化标准》是我国相对完整的教育信息化管理方面的标准规范，包含学校管理信息标准、教育行政部门管理信息标准、信息交换标准、管理软件规范四大部分，内容涵盖了教育行政部门和学校日常管理工作中的方方面面，包括学生、教师、教学、科研、体卫、设备、房产、办公等业务管理信息，适用于学校建立管理信息系统和各级教育行政管理部门多样信息进行统计与管理，以及研究机构对学校信息进行研究与分析。

（二）师生信息化资源应用规范和要求

在信息化资源建设和应用过程中，学校为了能使学校师生同步地获取可用、够用、适用的教育资源，就需要依据信息化资源的特点和学校教学的需要建立相应的教育资源共建共享规范和要求，主要表现如下。

（1）构建数字化教育教育资源共建共享机制。主要内容包括管理机制、规范机制、评价机制和创新机制。其中管理机制是成立具有决策、组织、监督等职能的管理机构"教育技术处"；规范机制则是着力构建规范规章，从而为最大范围内实现资源共享提供保障，实现不同学校之间的教育资源检索、互换、互访等功能；评价机制是由本校的课程与教学专家、学科专家、教育技术学专家、学校骨干技术人员等组成评估机构，定期对教育资源进行内容、水平、技术标准等方面的审核和认证，遴选出优质教育资源以供共享；创新机制是指促使资源建设最大限度地满足教育教学变化的需要，实现资源动态共建共享的创新模式。

（2）建设以《教育资源建设技术规范》为标准的数字化教育资源库。统一学校开发数字教育资源的行为，使得学校的资源能够在更大范围内共享。资源库的序列、分类与学校当前的课程保持一致。内容涵盖学校教育的所有学科和教学年级。尽量采用通用标准组织和处理信息。

（3）开展基于标准的教育资源库的教育教学实践活动。这些实践活动包括标准资源库资源的使用、开发、补充、完善、推广等。树立资源标准意识，形成用标准资源、建标准资源的高度自觉，养成用标准资源、建标准资源的习惯。

三、信息化教育资源共建共享的基本途径

学校信息化教育资源的设计与开发是由教育资源专家、学校教师以及在校学生共同建设完成的。教育资源共建共享过程中需要根据学校的实际情况，发掘校内外符合学校教学需要，具有针对性和适应性的教育资源，发挥它们的教育价值。一般来说，教师教育资源的设计与开发有五个方面的基本途径。

（一）调查研究学生的兴趣类型和活动方式

研究青少年的普遍兴趣以及能给他们带来欢乐的种种活动，既有利于发现多样化的奖赏激励措施，帮助学生树立刻苦学习和取得良好学业成绩的信心，也可以启发教师建立丰富的教育资源库，利用自己以往与学生交往的经验，挖掘出大量有益的教学资料。调查研究过程中，教师可采用现场观察与访谈的方式，也可采用问卷数据获取方式。无论那种方式，其最终的目的都是为真实了解学生的现实需要，有针对性的收集教育资源。

观察法、访谈法和问卷法

观察法是指研究者根据一定的研究目的、研究提纲或观察表，用自己的感官和辅助工具去直接观察被研究对象，从而获得资料的一种方法。科学的观察具有目的性和计划性、系统性和可重复性。常见的观察方法有：核对清单法；级别量表法；记叙性描述。

访谈法是指通过访员和受访人面对面地交谈来了解受访人的心理和行为的心理学基本研究方法。它能够简单而叙述地收集多方面的工作分析资料，根据访谈进程的标准化程度，可将它分为结构型访谈和非结构型访谈。

问卷法是通过由一系列问题构成的调查表收集资料以测量人的行为和态度的心理学基本研究方法之一。问卷是研究者按照一定目的编制的，对于被调查的回答，研究者可以不提供任何答案，也可以提供备选的答案，还可以对答案的选择规定某种要求。研究者根据被调查者对问题的回答进行统计分析，就可以作出某种心理学的结论。

（二）确定学生的现有发展基础和差异

学校教育资源建设过程中，相关学科的教育资源应该组织得当，分布均衡。资源建设者不但需要了解受教学生目前已经具备了哪些知识、技能和素质，而且还应兼顾他们之间的差异，设计相关的方案，组织多种活动，准备丰富的材料。提高教育资源组织方式和呈现形式的多样性。

（三）研制相应的教育资源计划，建立教师个人教育资源库

学科教学里的很多学习技能都具有常用价值，经过调查、整理，教师可以依据个人的教学实际需要和学科的内在逻辑特征列出一张对学科教学和多种学习情境都有参考价值的资源清单。在教学过程中有针对性、有计划地收集教育资源，依据教学需要对资源进行分类整理，建立教学个人教育资源库。

信息技术教师个人教育资源库的建立

国家课程标准是学校教学和评价的基本依据。建立信息技术教育资源库要调研教育的需要，明确课程标准中的目标和基本要求。结合学情分析课程标准的目标。普通高中信息技术课程标准明确提出其课程总目标为：培养学生的信息素养。信息素养包括：信息的获取、加工、管理、呈现与交流的基本能力；对信息及信息活动的过程、方法、结果进行评价的能力；流畅地发表观点、发表思想、开展合作并解决学习和生活中的实际问题的能力；遵守道德与法律法规，形成与信息社会相适应的价值观和责任感。在此基础上，课程标准还从知识与技能、过程与方法、情感态度与价值观三个方面对课程目标进行了描述。

分析课程标准可以发现信息的获取、加工、管理、呈现与交流是学生信息素养发展的一条主线。此外，教科书为了更好突出信息知识和信息情感态度价值观，专门增加了信息知识、人、社会与信息技术两方面的内容。依据课程标准的体系，参照教科书教学内容，资源库的分类资源可设计为：基础信息知识、有效获取信息，创建和编辑信息、发布与交流信息、管理信息，情感案例等类型。按此类型进行资源的完善和补充。图3-1是上述分析的基础上建立的信息技术教育资源库模型。

（四）汇聚教育资源，提高资源的利用效率

教师在建立个人教育资源库的基础上，互通有无，相互合作，开展教育资源的共建共享，实现学科内教育资源互助、综合教育资源共用以及校际之间教育资源交换。教育资源汇聚一方面是对现有教育资源的分类汇总，按照一定的组织方式呈现教育资源，提高教师对教

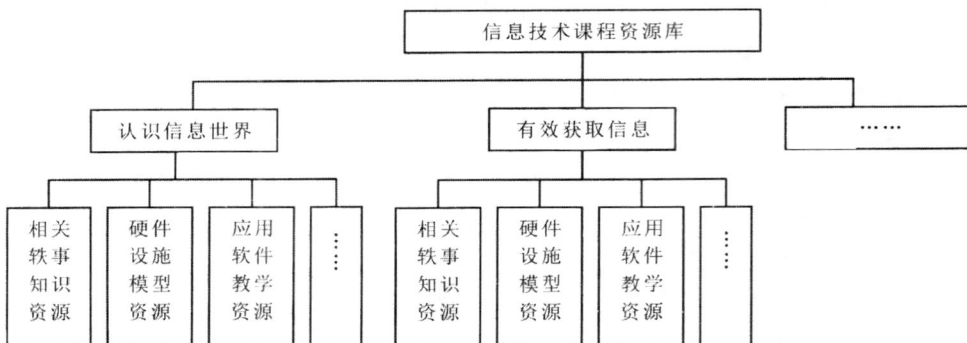

图 3-1　个人教育资源库示例

育资源的使用效率。另一方面也是教师对整体教育资源比较、完善的过程，发现团体教育资源中缺少的内容，按照实际情况及时进行补充和完善。因此，随着教师个人教育资源的发展和共享，其教育资源已不是一个人的资源，更应是团队，乃至学习社会的教育资源。

教育资源的汇聚可按照学科特点、教学学段、发布时间、浏览数量等维度进行整理。按学科特点汇聚教育资源可从宏观的学习领域（例如，技术领域、语言艺术领域、科学领域等）进行分类，也可按具体学科（例如，数学、语文、英语、物理等）进行梳理。教学学段资源汇聚方式有时可根据需要按每一教学年级进行分类，也可以小学、初中、高中的学段方式进行分类。发布时间和浏览量的汇聚形式通常是一个动态变化的资料梳理过程，网络技术可直接按照设置的时间和浏览特征进行教育资源的归类和调整，把教师最新发布的资源和关注度较高的资源置于最前方，便于教师的搜索和应用。

教育部全国中小学继续教育网博客资源汇聚特征

全国中小学教师继续教育网是在教育部师范教育司支持下开设的综合性教师培训网站。该网站从教学理论、教学热点、课改专题、教学案例等方面为教师专业发展提供了丰富的教育资源。在教师博客专栏中，网站管理者采用"名家博客"的方式链接一些教育专家的最新研究成果。以"博客之星"和"精华日志"的方式详列当前优秀、受关注的资源内容。

用"最新发表"的方式按照当前时间列表呈现相关资源，以"小学组""初中组""高中组"学段的方式组织教育资源。多方式教育资源的汇报，为教师提供了多种查询方式，最有效地查询到自己需要的教育资源。图 3-2 显示网站管理者将个人教育资源汇聚于教育网站中，并以精华日志、年级学段、名家博客的方式对教育资源进行了分类和梳理，提高了教育资源的实效性。

（五）总结和反思教学过程，丰富和完善教育资源

教学过程本身就是一个复杂的，需要不断总结、不断反思的过程。教学中的新知识、新技能和新策略有多种多样的来源，例如，来源于自我反思、同事的建议、学生的评论等。因此，教师就要善于通过自我总结、借助他人反馈丰富和完善已有的教育资源。

除此之外，教育资源的设计与开发还要根据各地和各学校的实际情况，广开思路，通过信息技术发掘校内外行之有效的各种教育资源创建方式，充分发挥教育资源对课程与教学改革的支持作用。

图 3 - 2　教育资源的汇聚

第三节　信息化教育资源共建共享的评价与推进

一、信息化教育资源共建共享的评价机制

信息化教育资源打破了传统教学中时空的限制，以多媒体方式呈现学习内容，以交互方式实施学习活动，为师生创设了新的学习环境。在学校教师信息化能力达到一定水平，信息化硬件建设具有一定规模时，依据绩效评价理论优化信息化教育资源，提高资源建设与应用效率，建立良好的评价机制就显得尤为重要。

（一）认识绩效评价

关于绩效（Performance），不同的学者有不同的看法。当前关于绩效的理解主要有三种观点，一是将绩效定义为工作结果，是工作成绩的体现。如伯纳丁（Bernadin）认为"绩效应定义为工作的结果，这些工作结果与组织的战略目标、顾客满意度及所投资金的关系最为密切"；二是认为绩效是行为过程，这种观点认为"许多工作结果并不一定是个体行为所致，不恰当的强调结果可能会在工作要求上误导员工，行为过程才是组织成员的真实表现"；三是关注绩效和员工素质的关系，这种观点认为在知识经济中，组织成员的素质潜能决定了组织的发展，只有当组织成员具有自我发展的动机，组织发展才有可能。由此可见，绩效的含义会因时间、空间、工作环境等相关因素的变化而有不同的理解，它是一个多维度、动态和综合的概念。从整体的角度看，它是组织及组织成员发展过程和发展结果的统一体。其中组织成员的素质决定了发展的动机，良好的行为动机推动组织及成员的行为过程，合理的行为过程达成组织和成员所希冀的行为结果。

工业社会中，伴随管理科学的不断发展，制度性、规范化的评价在社会组织中得到了广泛的应用，形成了绩效考核。从组织行为来看，传统意义上的绩效考核指考核专家对照工作目标或绩效标准，采用科学的考评方法，评定成员工作任务完成的情况，借以对组织成员进行鉴定和奖惩。传统的绩效考核注重评价组织成员的行为结果。组织成员为了追求所需要达成的结果，就容易导致组织中的组织目标、战略、组织文化等因素相脱离，考核有时也就不能达到促进组织和组织成员共同发展的目的；此外，当绩效考核以奖惩和鉴定为目的时，考核结果就容易造成组织成员之间关系紧张、相互猜疑，整体上影响组织的发展。实际上，考核、评价是广泛渗透于人类所有有意识的活动之中，是构成活动的一个有机组成部分，其实质是在于促使组织和其中成员活动的日趋完善。如果将绩效考核和被考核者的工作（学习）过程、个人行为割裂开来，只是将考核作为奖励或鉴定被评价者，它就失去了对被评价者的促进作用，也就无法达到促进组织和个人共同发展的目的。

绩效评价始于绩效考核，也是对绩效考核的发展。随着信息化社会的到来，面对日益激烈的竞争环境和日益复杂的管理实践，越来越多的管理者意识到组织结构调整、组织裁员、组织分散化等措施能够降低成本，但并没有真正加强组织内部的活力。组织活力是在与之相适应的组织文化和氛围中激发的，绩效考核是维持组织活力的重要手段，将绩效考核融入到组织管理中，潜在绩效、过程绩效和结果绩效才能真正得到发展。在这一背景下，研究者拓展了绩效的内涵，在总结绩效考核不足的基础上，提出了"绩效评价"概念。绩效评价具有以下几方面的特征：①绩效评价将组织的目标和个体目标进行结合，要求个体在符合组织整体目标的基础上，明确个人目标，促进个体发展，进而加强整体发展；②绩效评价是一个完整的过程，绩效评估贯穿于过程的始终，评估成为组织管理和个人发展的工具；③绩效评价加强了组织成员之间的交流，建立组织成员相互协作的文化氛围；④管理的目的是为了促进组织和成员的共同发展，减弱个体和组织的对立矛盾，加强团体凝聚力。从上述绩效管理的特征来看，绩效评价是一个动态的、持续性过程，管理体系的建立也是文化氛围的建设，通过这种文化激励组织成员，开发自身潜能，增强凝聚力，促进组织发展。

（二）建立绩效评价机制

依据上述绩效评价理论，信息化教育资源共建共享的绩效评价可以概括为：评价主体依据一定的标准和体系，运用绩效评价的有关理论和方法，依据客观事实和数据，通过定量和定性分析的方法，对信息化教育资源的效益和效能做出客观、公正和准确的判断，通过绩效评价来验证与促进资源建设和服务质量，提高资源利用率，实现信息化教育资源质量的科学管理。从国内外信息化课程评价研究结果来看，信息化教育资源绩效评价机制主要包括：明确信息化教育资源的评价内容；建立全面系统的评价指标体系；选用科学的信息化教育资源绩效评价方法。

从绩效评价内容来看，信息化教育资源绩效评价应是对学校投入成本与成果产出实效的评价。在信息化教育资源建设与应用过程中，其投入成本主要包括：基础设施和相关资源的建设、技术设备的支持、日常运行和维护。成果产出实效包括：学生学习绩效、教师专业发展、学校与社会附加效益的提高等。提高资源效率则意味着降低资源成本，提高资源建设质量和作用，优化资源配置。据此，资源绩效评价的内容应包括：经费投入、人员投入、管理投入、教育资源的建设质量、资源的可获得性、技术稳定性、资源的教学访问量、资源的社会共建与共享效应等。

从绩效评价指标体系来看，信息化教育资源既有统一性也有多样性的特征，因此指标体系中既要有共性的基本指标（例如，经费投入指标、资源的教学访问量等），也要针对不同资源类型建立区分性指标（例如，多媒体素材评价指标、网络课程评价指标、专题学习网站访问量评价指标等）。对不同的指标建立不同的权重，形成科学的指标评价体系。表 3 - 2 是 A 校在信息化教育资源绩效评价过程中建立的"投入—产出"绩效评价指标体系。

表 3 - 2　A 校在信息化教育资源绩效评价体系

一级指标	二级指标	三级指标
投入成本	经费投入	基本设施与资源建设的基本费用
	人员投入	教师教育信息化培训人（次）数、技术人员人数、信息化教育课题参与人数
	管理投入	设施维修和服务成本
产出效益	资源建设质量	依据国家、地区或学校各类型资源的建设标准和规范
	资源的可获得性	检索系统；资源分类模型；资源总量与学科覆盖率；传播速度和流量
	资源教学访问量	各类型教育资源的单位时间学习访问率；教师和学生的应用评价
	技术稳定性	信息化教育资源的无故障开放时间
	共建共享效应	资源的购买率、学校专业人员开发率、师生建设率、社会资源所占比率；教育资源共享范围和级别；学科资源的共享范围

从绩效评价方法来看，信息化教育资源的评价方法可分为定性评价和定量评价。定性评价是按照一定的评价原则、标准、指标对信息化教育资源进行的描述性评价。定性评价能够详细地表述教育资源的运行和应用情况，比较真实地反映出评价者的认识和个人观点，具有较强的参照意义。但是，定性评价具有较强的主观性特征，评价结果容易随着评价者的个人观点出现较大的变化，评价量规是一种常用的定性评价工具。定量评价是从客观量化的角度、按照数量分析方法对信息化教育资源进行优选和评价。定量评价能够客观地反映出教育资源的建设和应用效能，具有快速便捷、客观公开、评价范围广等优点，但是定量评价也存在着难以反映教育资源内部各要素相互之间因果关系的缺点。目前，常见的教育资源定量评价方法是网络计量法。

二、信息化教育资源共建共享策略

自 20 世纪 90 年代信息技术应用于教学实践的研究与实践以来，学校在信息化教育资源共建共享方面形成了许多有效的策略，有力地推进了信息化教育资源的建设与应用。归纳起来，可以从资源、发展、应用三个方面阐述。

（一）资源策略

1. 兼容策略：做标准化资源，用标准化资源

信息化教育资源来源的多样性和广泛性，使得教育资源的标准化显得十分重要，它是资源最大共享的保证。对于资源来说，越通用越易于共享。因此，资源的通用性在建的时候就要考虑。而获得通用性的途径主要就是做标准化的教育资源。为了有序管理大量的来自一线教师制作的教育资源，更为了信息化教育资源共建共享的方便和通畅，学校在资源共建过程中就有必要遵循共同的资源建设和应用标准。例如，A 校在资源共建共享过程中严格执行通用标准《教师教育通用资源标准及规范》，形成了一套自下而上的资源标准化建设与采集机制，从一开始就对教师的资源建设行为进行约束规范，建和享整体规划，保障了学校信息化资源共享的实现。

教师教育通用资源标准及规范

一、教育资源类型

学校征集的是符合国家 CELTS 标准的教育资源，主要包括以下几类：

（1）媒体素材。媒体素材是传播教学信息的基本材料单元，可分为五大类：文本类素材、图形／图像类素材、音频类素材、视频类素材、动画类素材。

（2）试卷。试卷是用于进行多种类型测试的典型成套试题。

（3）课件。课件是围绕一个或几个知识点，体现教学策略，实施相对完整教学的软件。课件分为网络版和单机版两种，网络版课件需要能在标准浏览器中运行，并且能通过网络教学环境被大家共享。单机版课件可通过网络下载后在本地计算机上运行。

（4）教学案例。教学案例是由一个或多个媒体要素表现的可作为典型教学的已有事例。

（5）文献资料。文献资料包括各学科相关的学术论文、研究报告、专著、重大事件记录、政策、法规文件等。

（6）网络课程。网络课程是按一定的教学目标、教学策略组织起来的，通过多媒体表现的、在网络环境下运行的某门课程的教学内容及实施的教学活动。

（7）常见问题解答。常见问题解答是关于某一学科教学中最常出现的问题及其解答。

（8）资源目录索引。资源目录索引是某一学科中相关的网络资源地址链接列表和非网络资源的索引。

（9）话语资源。主要指在网络聊天工具上围绕教育话题生成的对话和话语表达。

二、教育资源的技术要求

（1）文本素材：①汉字必须采用 GB 码统一编码和存储；②英文字母和符号必须使用 ASCII 编码和存储；③存储格式主要为 txt、doc、caj、pdf、rtf、htm、html 等。

（2）图形／图像素材：①彩色图像的颜色数一般不低于 256 色；②灰度图像的灰度级一般不低于 128 级；③扫描图像的扫描分辨率不低于 72 dpi；④图形／图像存储格式主要为 BMP、JPG、GIF、PNG、TIF、PCX、PSD 等。

（3）音频素材：①数字化音频的采样频率不低于 11 KHZ；②量化位数大于 8 位；③声道数一般采用双声道；④存储格式主要为 WAV、MP3、MIDI 或流式音频格式。

（4）视频素材：①存储格式主要为 AVI 格式、QuickTime 格式、MPEG 格式或流式媒体格式等；②彩色视频素材颜色数一般不低于 256 色；③黑白视频素材灰度级一般不低于 128 级；④视频类素材中的音频与视频图像有良好的同步；⑤视频采样基准频率不低于 13.5 MHz。

（5）动画素材：存储格式主要为 GIF 格式、Flash 动画格式、AVI 动画格式、FLI/FLC 动画格式或 QuickTime 动画格式。

（6）试卷：①试卷建议使用 Word、WPS 格式保存；②试卷应具有较高的信度、较好的效度、平均难度适当；③试卷要能具有知识内容与学习水平双向分布细目表。

（7）课件：①网络版课件必须能在 IE 或 Netscape 浏览器中运行；②单机版课件必须能够在 Windows 98 或更高版本中运行；③课件中的有关媒体素材，必须符合媒体素材的技术要求；④课件要具有完整的文档资料，包括安装程序、教学使用说明、操作手册等。

（8）教学案例：①教学案例必须采用常用的文件格式存储，如 HTML 网页、Word 文档；②教学案例必须保证能在网上浏览；③教学案例中的有关媒体素材，必须符合媒体素材的技术要求。

（9）文献资料：①符合文本素材的技术要求；②政策、法规文件必须是由国家机构正式发布的文件；③文献资料要具有实际的参考价值。

（10）常见问题解答：①问题解答中的有关媒体素材，必须符合媒体素材的技术要求；②问题具有典型性和普遍性；③问题具有实际参考价值；④应包括问题正文、问题解答、参考资料和关键词等内容。

（11）资源目录索引：①符合文本素材的技术要求；②被索引的资源具有确实的来源。

（12）网络表达话语资源：①符合文本、图片、视频、音频、动画素材的技术要求；②话语资源要有专题性、教育性。

三、教育资源的属性描述

教育资源的属性描述必须遵循表3-3所示的规范。

表3-3　教育资源的属性描述必须遵循的规范

编号	名称		解释
	中文	英文	
01	标识符	Identifier	教育资源的标号
02	标题	Title	教育资源的名称
03	语言	Language	教育资源所使用的语言
04	描述	Description	对教育资源内容的简要描述
05	学科	Subject	教育资源所属的学科门类
06	关键字	Keywords	描述教育资源的关键字
07	版本	Version	教育资源的版本
08	贡献者	Contribute	描述教育资源的开发过程中（包括创建，编辑和发行等），对它产生影响的人或组织
09	日期	Date	贡献者提交资源的日期
10	格式	Format	教育资源（及其所有组建）在技术上的数据类型
11	大小	Size	数字化教育资源的字节大小。只能使用"0"到"9"的数字，单位是 K/H/CJ 字节
12	位置	Location	用于描述教育资源的实际物理位置的一个字符串
13	使用要求	Requirements	说明使用该教育资源所需要的技术条件
14	安装描述	Installation Remarks	描述如何安装该教育资源
15	资源类型	Resource Type	教育资源的具体类型，最主要的类型优先列出。如媒体素材、试卷、课件、网络课程、常用问题解答、教学案例、文献资料、资源目录索引等
16	使用对象	Intended End User Role	该教育资源的主要使用对象，可分为学习者、教师、再创作人员、管理人员等
17	版权和限制	Copyright and Other Restrictions	使用该教育资源是否有版权和其他限制条件

四、资源登记表

为方便资源分类编目上网，请填好资源登记表（表3-4）。

表 3 - 4   资源登记表

索引号（由管理员填写）				文件名	
资源名称					
资源内容说明（50 字以内）					
关键字					
适用学科/年级/章节					
使用对象					
语言				资源版本	
资源类型					
文件格式				文件大小（KB/MB）	
使用条件					
安装说明					
资源版权 （在相应栏目中打√）		原创	引用	改编	其他版权声明
资源贡献者	资源来源 （书名、光盘名称、网址等）				
	资源原作者				
	资源制作或加工者			制作者所在单位	
资源完成时间				资源入库时间 （由管理员填写）	
资源目录位置					

《教师教育通用资源标准及规范》依据 CELTS 国家教育资源标准，从教育资源的种类、属性、技术要求等方面做出了规定，为教师制作资源提供了依据，同时也起到了指导教师制作资源的作用。

此外，用标准化资源，学校还应面向全体教师制定共享型教育资源建设暨在线学习平台的使用流程，发动一线教师采用通行中小学资源标准，参与建设工作。

2. 组织策略：对资源进行易用的编排管理

为了加强教育资源的易查、易用，提高资源的应用效率，学校应对共享型教育资源库进行分类管理，设置相应的资源模块。可依据教育部中小学课程设置，划分不同类型的教育资源库。例如，根据学校各科教学的需要设置高中语文资源库；高中数学资源库、高中英语资源库、高中物理资源库、高中化学资源库等，建立学校的教育资源学科模块。在这个学科资源模块中，以上级资源库为一级目录，各学科根据学科编排、册别和教学章节内容形成二级目录。在此基础上，再按资源的性质和类属划分三级目录。其中，三级目录可设计为：媒体素材、试卷、课件、教学案例、文献资料、网络课程、常见问题解答、资源目录索引等。对每类资源进行科学的分类和精确的描述，建立清晰明了、便于查询的目录和索引，方便教师对资源的快捷搜寻，最大限度地提高资源被采纳的速度，扩大资源被应用的范围。

3. 优质策略：精选与审核

制作优质资源，选择优质资源，是信息化教育资源共建共享有效开展的重要保证。资源只有是优质的才能被人关注，进而被分享；才能吸引人关注阅读，进而借助资源有所收获。由此形成共建共享的良性循环。

开展优秀教育资源评比活动是学校实施资源优质策略的做法之一。学校制定量规评价，评价中突出资源应用的权重和比例，通过评比筛选出优质教育资源，也显示出应用教育资源开展课堂教学的优势，激发教师将教育资源充分引入到课堂教育教学中，提高学校教师应用教育资源的整体水平。

推出学校优质教育资源光盘并督促应用是学校实施优质资源管理的另一策略。学校可选拔各科名优教师对网络学科教育资源进行筛选、把关，录制教育资源光盘，提供给教师观摩学习。提高教师对优质资源的认识，引导教师对资源的应用。

请名师担任学校网站资源栏目出口的审核员也是学校获取优质资源的一个有效办法。学校根据教学实际情况对名师的工作进行量化，从政策上鼓励名师做好这项工作，以此驻留名师，在专业和质量上对发布的资源把关。

完善网上教育资源检查制度是学校实施资源优质策略的做法之四。学校可根据需要成立网上教育资源检查小组，在每月末进行一次网上资源专项检查，分别对学校网上教育资源以及学生、教师应用情况进行梳理和检查，反馈检查结果，提出整改意见并由职能部门进行整改落实。

定期通过问卷调查实施效果，然后予以调整、整改是学校实施资源优质策略的做法之五。学校按网络教育资源使用效果分为差、较差、一般、较好、很好五个等级向全校师生进行问卷调查，并以此作为参考依据对资源和资源栏目进行调整和整改。

4. 运用策略："拿来主义"与筛选组装

信息化教育资源的多与少，历来是一对矛盾。历数各学校、各地区的资源库，往往数量庞大，而资源使用的终端即一线教师，还是反映教育资源匮乏，这是现有资源形态与教学实际需求的矛盾，也是专业团队开发的格式化资源与一线教师需要的个性化资源的矛盾，同时也是一线教师制作资源的草根性与专业性之间的矛盾。学校以合法的"拿来主义"和筛选组装相结合的策略，鼓励教师直接应用资源，巧妙应用资源，借助式应用资源。所谓"拿来主义"，就是在备课、教学中，合法性直接采用现成的教育资源。当前教育行政部门统一配置的教育软件（光盘）资源，大多理念先进、制作精良。学校可以要求教师根据学生的情况，有针对性地使用资源，实行"拿来主义"。教师课前观看教学光盘，利用光盘内容进行备课、教学。课堂中可以直接播放光盘，从而有效解决部分学校教师水平不高，师资不足的问题。

所谓筛选组装，就是结合实际，有选择地使用教育资源。亦即对别人的资源只经简单地的"拼装"加工、再创造产生自己所需的新资源。

为了充分发挥大量配备教学光盘资源的作用，学校应鼓励教师在教中用，在用中悟，达到光盘、学生、教师有机互动，同时进一步要求学科教师对教育资源与学科的整合进行深入细致的研究、分析，然后根据自己课堂的实际、学生的特点，对资源进行修改、加工、组合后，再为我所用。

此外，学校还可以让教师把自己的教学素材、教学课例、教学经验等按"课堂导入资源""情景体验资源""重难点突破资源""兴趣激发资源""视野拓宽资源""知识总结资源""习题精选资源"和"探究创新资源"等分门别类，存放到指定的学科文件夹并一一摆放到学校的学科资源库中，供更多的老师各取所需，根据需要重组、拼接，制作出新的资源。

（二）发展策略

1. 分块推进、方式优选

分块推进、方式优选是学校基于信息化教育资源建设基础差、信息化支持环境相对薄弱而开展资源共建的一种权宜策略。"分块推进",就把资源建设按共建共享的类型分成"师生共建共享""师师共建共享""家校共建共享""校际共建共享""学科共建共享"5个板块,分期分批地、有突出有重点地建设。"方式优选"是指在分块建设中,每一个板块的建设,都根据学校的现状选择一个比较适用的建设平台或方式来实现。例如,"师生共建共享"和"学科共建共享"可以通过建设专题学习网站这种方式来实现,"师师共建共享"可以通过建设教师博客这种方式来实现,"家校共建共享"可以通过建设"家校同创共享"这种方式来实现,"校际共建共享"可以通过组织与创建"多校"网络联盟来实现。这样,借助这一推进策略,实现形式多样的信息化教育资源共建共享。

当然,信息化教育资源共建共享平台与共建共享的形式的选用并不是固定不变的而是灵活的。例如"国际湿地——洞庭湖"专题学习网站,不仅可以实现"师生共建共享"和"学科共建共享",同时也能够实现"师师共建共享"和"家校共建共享"。而"多校网络联盟"也不仅仅是"校际共建共享"的一种实现方式,QQ、微博、博客、手机博客等多种通行的网络表达平台的兴起为"方式优选"提供了更多的选择。

在"分块推进、方式优先"的建设策略指导下,学校可以对每一共建共享板块、每一共建共享实施平台的建设,依据自身客观条件和学校发展的实际需求,有步骤地开展,量力而行,从而使得资源共建共享行得通、可持续、能坚持。

2.利用技术,跟进技术

以计算机和网络技术为代表的信息技术迅猛发展,给教育信息化的发展带来了前所未有的机遇,同时也为如何适应信息技术的发展、更好地发挥技术的作用带来了极大的挑战。随着信息技术发展,学校应不断改进、丰富和优化信息化教育资源的共建共享的方式、手段和工具。

在DOS系统时代,计算机主要用于文字处理,这时学校的资源创建重点是数字化文本资源,开展的是资源的无纸化工作。

在Windows系统时代,计算机多媒体技术突飞猛进,学校重点建设的是多媒体单机展示性课件资源。随着多种课件制作软件普及应用和计算机交互技术的发展,学校开始重点开发交互式多媒体课件资源。

随着计算机存储技术的突破,大容量、廉价便捷的存储产品的不断问世,学校对资源的管理也作出相应的调整。资源的载体也经历了由最早的软盘到光盘再到U盘、移动硬盘、网络硬盘等过程,同时也引发了资源创建和交流的变化。

网络的发展,QQ、MSN、飞信、博客、微博等多种网络表达工具的出现,特别是聊天工具的日益丰富和多样,学校就可以着力推出、打造、开发话语资源:不断生成基于项目和任务解决的主题QQ群。

3.通过应用评估,促进资源的建和享

资源建设的最终目标是为了有效应用。应用的动力既来自内需又依靠激励。实践证明,评估具有诊断功能、促进功能。因此强化应用端的评估,即抓住了资源创建要害和关键,一举带两头:一方面,评估促"享"。通过应用评估,可探索最优化的资源应用模式,提高教师的资源应用技能,鼓励教师应用资源的积极性,促进资源的有效推广。另一方面,评估促"建"。通过评估实践,可发现不足,及时改进,形成一个"边应用、边评估、边完善"的资源动态建享体系,形成创建的正确导向。

"和氏璧之谜"专题学习网站本地资源创建流程

——以网站栏目"情境史线"的创建为例

"和氏璧之谜"专题学习网站是一个基于网络资源的学习网站。资源建设是网站的主要工作，资源是网站的核心内容。在网站资源的创设上，专题学习网站是按两个路径实现资源的提供：导航资源和本地资源。

所谓导航资源，是指面向互联网资源。网站提供相关资源链接和搜索引擎，让学习者通过链接和搜索从互联网上直接获取资源。网站只作导航帮助，即归类和提供链接线索，以此组织化，帮助学习者快速、方便在互联网上找到自己所需的资源。具体来说，导航资源是一个由网站预先选定的将有助于学习者完成学习任务的网址清单。一般是发展性学习中作为超链接指向互联网上的信息。网站将这些信息进行组织整理，分门别类成可查找的资料库、参考资料、项目思路等。

所谓本地资源，即由学习者留下学习痕迹后，通过对学习痕迹的资源化处理，创建出网站自己的资源。本地资源是专题学习网站建设的重点，也是网站的灵魂和价值所在。网站本地资源的生成和创建预示一个完整的网络学习流程的形成，它可以使网站内容不断丰富，保证网站的可持续。由于本地资源是原创资源、生成资源，故而可使网站不断获得原生内容，从而保证了网站的成长，因而又是网站鲜活和具有生命力的象征。本地资源既能凝固过去学习者的学习成果，又能让生成的资源提供给下次的学习者学习，从而构成一个学习和资源生成两者之间的螺旋式逐步深化走向的良性循环：学习者学习—留下学习痕迹—痕迹的资源化—生成本地资源—本地资源固化在网站上—提供给下次学习者学习—生成新的学习痕迹—生成更深的本地资源—新的固化—提供给再下次学习者学习……源源不断产生本地资源（图3-3）。

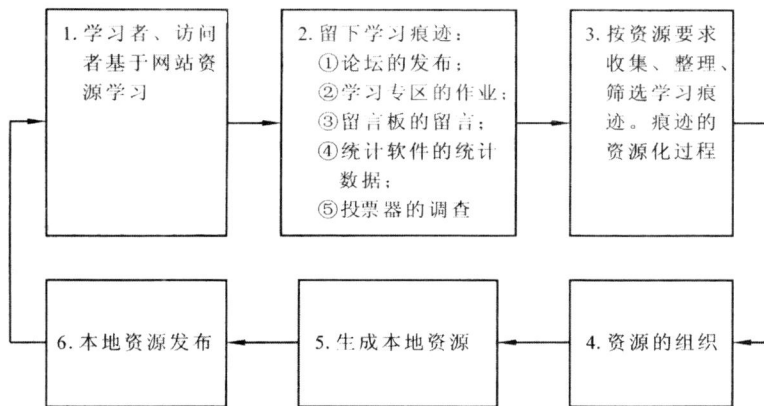

图 3 - 3　本地资源生成流程图

"情境史线"是"和氏璧之谜"专题学习网站学习者在网站论坛和历史学习专区开展学习探讨后，留下有关和氏璧存世线索的历史资料的基础上，按资源要求，从图文并茂、情景再现的考虑，依据图3-2所示的本地资源生成流程，经组织和整理后生成的网站本地资源（图3-4）。

学习者访问：学习者、访问者登录网站，进入专题学习网站"史踪寻玉"历史学习专区学习，或在网站论坛交流。

图 3-4　情景史线

留下学习痕迹：学习者在"史踪寻玉"历史学习专区学习，完成专区"任务单"发布的专题定向作业，在收集了解有关历史资料的基础上，用电子表格和图形工具编制一份和氏璧存世历史年表，呈现和氏璧的来龙去脉，并在此基础上对和氏璧下落之谜作出自己的解释，进入论坛就相关问题与别人交流、发帖、回复。

痕迹的资源化过程：撷取作业精华和论坛有用的发帖、回复，筛选整理成"情境史线"本地资源的素材。

资源的组织：以朝代为序，编辑制作，图文呈现和氏璧存世的历史线索。

本地资源的固化：在专题学习网站上开设栏目和窗口，把制作好的"情境史线"固化上传到专题学习网站的主页上，最终形成本地资源。

本地资源共享：网站发布"情景史线"资源，供下次学习者浏览和学习。由于采用了无权限的全开放式的共享方式，"情景史线"资源得到最大分享。分享者不仅有学校的师生，还有像中国科学院广州地球化学研究所王春云博士这样的专家学者。

（三）应用策略

信息化教育资源的建设是为了更好地进行教学应用。教学应用是资源共建共享的出发点和归宿。抓住了应用这个环节也就抓住了资源共建共享的关键。促进资源应用需"内外兼修"。资源本身要有质量才能具有吸引力，只有有吸引力才能促进应用，资源创建要练好"内功"。当然提高对教育资源的认识，丰富教师应用教育资源的方法和手段也能激发自觉性和主动性。应用应讲究效益，应用的最高境界是效益的最大化。基于这种考虑，学校就应采取"应用促创建"的相关策略。

1. 培养"变革代表"和"意见领袖"，提高资源质量，引领资源推广

提高资源的质量，有赖于资源创建者的素质的普遍提高，但这是一个很困难的事情，也是一时难以解决的问题，如果利用教师中的活跃成员和优秀代表吸引、带动、引领则会是一种捷径。

教育资源的应用推广必须充分重视变革代表的作用。这里的"变革代表"通常是指了解教育资源的学校领导、具有良好专业技能的资源接收管理人员和接受过资源应用培训的优秀学科教师。通过培养"变革代表"，引领资源在学校的有效应用。以校长为例，首先，校长作为"校之长"，其观念和决策会直接影响资源的应用和推广，只有校长对资源的优越性认识明确，对"资源应用"热心，率先垂范，才能保证学校资源的应用和推广得到落实。因此，培养校长作为"变革代表"，对引领资源在学校的有效应用至关重要。

教育资源的应用推广也要充分发挥意见领袖的作用。所谓意见领袖（Opinion Leader，也称舆论领袖）是指在信息传递和人际互动过程中少数具有影响力、活动力，既非选举产生

又无名号的人。在计算机网络学习环境中，意见领袖是"信息的加工者""信息的扩散者""舆论的引导者""虚拟社区的维系者"，占有绝对的话语权优势。资源建设中的意见领袖往往是教学能力强、工作积极热心，在学校中能够得到大多数教职员工支持的学校教师。因此，学校应充分发挥优秀教师的带头作用，创造条件让他们长驻资源创建平台，成为资源创建的排头兵和生力军。

此外，由于资源接收管理人员是资源的创建和应用的技术支持和服务保障，同样也是资源建享的变革代表。学校同样也要重视这个环节和这些人员，使他们成为"保姆型"意见领袖、"双料型"意见领袖，帮助提高资源的"软"质量、"周边"质量。

2. 产生觉悟，引导示范

首先，提高教师运用的自觉性、主动性，转变教师从"要我用"到"我要用"。其次，加强培训与引导，提高师生的资源运用的素养。最后，强化资源的可用性，提高资源的质量。

针对培训与指导，学校要制定行之有效的资源应用培训方案，建立科学规范的信息化教育资源使用与管理制度，形成学校校际间教育资源共建共享合作机制，建立资源应用的督导机制与反馈机制等。从人的角度入手，组织一线教师参加不同形式和内容的培训，提高其对资源的应用能力。及时向教师介绍资源应用模式、流程，并提供资源应用实例。

去技术化也是学校在信息化资源共建共享中采用的一种手段。大多数学科教师往往不喜欢复杂和烦琐的技术手段，教育资源在使用和操作上越简单、方便，其推广的速度就越快，效果就越好。如果技术操作难度大，又无法获得及时的技术支持就会阻碍其在教育教学中的应用。因此，在资源推广应用过程中，尽可能降低技术门槛，将操作的便利性作为资源应用推广过程中重点考虑的因素，教师只要经过简单培训，就可以轻松使用资源进行教学。

3. 制定措施，激励应用

为推进资源的有效应用，学校应采取各种有效措施，引导资源推广。

第一，介绍应用优质教育资源的途径和方法，提出推进的策略与措施。采取"以硬件投入为保障、以引导教师积极参与为关键，以构建科学的运行机制为重点，以不断的学习研究为动力"的推进思路，要求教师根据实际高质量落实，要突出重点、分层要求、科学应用，追求应用的最大效益。

第二，做好技术设备的操作使用培训，通过培训提升教师的操作使用技能。防止因畏怯拒用的现象发生。例如，当前大多数学校教室都已配备了播放设备，这就要求任课教师必须学会并掌握使用设备的技能，特别要求掌握关键设备播放机功能键（遥控器）的使用，以保证课堂教学的流畅，消除教师对设备"复杂"的印象和疑虑。

第三，切实抓好优质教育资源的教学应用工作。学校教学主管部门应该拿出优质教育资源的全部目录发放到教师手中，让教师熟悉自己所任教的学科的资源内容，对照目录，方便地加以选用。

第四，结合教学检查，加强优质教育资源光盘应用的督查。学校可依据教学规定要求任课教师提供一份资源应用目录上交教学管理部门，目录包括资源编号、学科、内容、授课时间等，管理部门可以有选择和有针对性地进行指导。

第五，组织教师研究运用资源备课、上课的基本模式，提高课堂教学效率。各教研组利用集体备课等校本教研形式，组织教师在理解教材、解读资源、熟悉教材的基础上设计出比较合理的教学方案，供大家共享。

第四章

网络化教育资源共建共享

网络化教育资源是传统教育资源的有力补充，它的出现为教育信息化的发展提供了保障。学习者要善于利用网络教育资源"为我所用"，拓展知识、开阔思路、充实自我。那么，什么是网络化教育资源？网络化教育资源有哪些？如何获取、开发、利用网络化教育资源？将是本章重点探讨的问题。

第一节　认识网络化教育资源

网络化教育资源的出现，丰富了传统教育资源类型，扩展与延伸了传统教育资源。网络教育资源不仅资源海量且类型多样，方便了包括教师、研究者在内的一切资源使用者。只要有一台联网的计算机或智能手机，便可以足不出户轻松获取所需教育资源。

一、理解网络化教育资源的内涵

网络化教育资源是以网络为载体的一种数字化教育资源，它既可以是基于校园网（局域网的一种）的教育资源，又可以是基于 Internet 的教育资源。目前几乎所有的高校都组建了校园网，方便本校学习者利用校园网平台查阅各类期刊、报纸、电子图书、精品课程及其他教育资源。Internet 教育资源不计其数，类型丰富多样，且很多开放资源供学习者免费使用。常用网络化教育资源优质网站见表 4-1。

表 4-1　信息化教育资源优质网站

名称	网址
科学松鼠会	http：//songshuhui. net/
环球科学	http：//www. huanqiukexue. com/
NewScientist	https：//www. newscientist. com/
中国科普网	http：//www. kepu. gov. cn/
果壳网	http：//www. guokr. com/
网易探索	http：//discovery. 163. com/
新浪科技	http：//tech. sina. com. cn/disc overy/
腾讯科技	http：//tech. qq. com/science. htm
人民网科技	http：//scitech. people. com. cn/
搜狐科技	http：//it. sohu. com/science. shtml
新华科技	http：//www. xinhuanet. com/tech/
爆米花视频	http：Uwww. baomihua. com/
课堂派	https：//www. ketangpai. com/
问卷星	https：//www. wjx. cn/

二、掌握网络化教育资源的类型

网络化教育资源类型丰富，按资源组织形式的不同可将其分为数字化图书馆、数字化学术期刊、在线课程、在线教育资源、数字化学术百科、移动应用程序教育资源六大类。

（一）认识数字化图书馆

网络时代的到来，数字图书馆的问世，使得图书馆事业迎来了一次前所未有的跨越式发展。数字图书馆将数字技术运用到图书馆的各项业务中，实现了电子图书的数字化查询、阅读，不受时空约束，克服了传统图书印刷的限制，提供24小时电信级服务，极大方便了读者的阅读与使用，也为偏远山区的读者提供了与大城市市民享有同等阅读条件和受教育机会，极大扩大了知识的传播范围。数字图书馆除了电子图书外，还有电子期刊、报纸、论文、古籍和多媒体声像资料等其他类别数字资源。

世界数字图书馆是一个以互联网为载体、以多种语言呈现的免费提供世界各地文化重要原始材料的一个全球性公共数字图书平台，其主要目的是促进国际和文化间的相互理解与认识，为网民提供资源，缩小国家间的技术鸿沟。世界数字图书馆将资源以"地点、时期、专题、条目类型、语言、典藏单位"六大类目进行编排组织，每个资源既有详细文字介绍，也有与文字同步的音频介绍；录音制品可在线收听，除音像资源外的每类资源均可以"变焦、网格、全屏"的多种方式在线浏览，且馆内所有资源均可免费下载，为学习者了解国际世界提供了便捷途径。

中国国家数字图书馆是国家图书馆开发的在线图书系统，分为"资源、专题、资讯、国家典籍博物馆"四大栏目，资源栏目提供了图书、期刊、报纸、论文、古籍、音乐、影视、缩微等八类资源的查询与检索服务；专题栏目除了华夏记忆、科研参考、少儿天地等板块外，还特别开设了"中国残疾人数字图书馆"，该馆为我国残疾人群体充分享受数字化阅读提供了便利，也是党和国家对残疾人文化事业的关注与大力支持。另外，国家数字图书馆相继推出了"国图公开课""在线讲座""在线培训""在线展览""在线演出"等公益活动，为提高国民综合素质贡献力量。

超星数字图书馆（http://book.chaoxing.com/）是超星集团旗下的一个重量级数字化教育产品。超星集团专门从事图书、文献、教育资源数字化工作，该公司独立研发了包括平台（如超星发现、读秀、百链云图书馆、泛雅等）、资源（如期刊、超星数字图书馆、教育视频等）、客户端APP（如超星移动图书馆APP、学习通APP等）在内的三大类几十个产品。超星数字图书馆收录了1977年至今近百万种图书，涵盖教育、宗教哲学、自然科学、文学和计算机技术等15大类别书籍，超星数字图书馆的图书均为PDG格式，具有良好的显示效果适合在线阅读，所有图书分"阅读器阅读"与"网页阅读"两种阅读方式，阅读器阅读需要安装"超星阅读器"，不论使用哪种阅读方式，均可实现页面非线性跳转，但只有安装"超星阅读器"才能下载图书。除了各高校数字图书馆外，还有省、市级数字化图书馆、香港公共图书馆、澳门公共图书馆等，网址详见表4-2。

（二）了解数字化期刊库

学术期刊作为知识传播和学术成果展示的重要平台，越来越受到研究者的青睐。数字化学术期刊是一种将数字技术运用于期刊的各项服务，按一定规则组织、存储的便于读者查询与使用文献的一个网络数据库。典型的数字化学术期刊有中国知网（图4-1）。

表 4 - 2　国内外优秀数字化图书馆

名称	网址
世界数字图书馆	https://www.wdl.org/zh/
中国国家数字图书馆	http://www.nlc.cn/
大英图书馆	http://www.bl.uk/
美星外文数字图书馆	http://210.36.69.31/
数图外文电子图书馆	http://www.zst21.com/
Library Genesis	http://gen.lib.rus.ec/
ebooksread	http://www.ebooksread.com/
超星读书	http://book.chaoxing.com/
超星慕课	http://mooc.chaoxing.com/
澳门公共图书馆	http://www.Jibrary.gov.mo/zh-hant/
香港公共图书馆	https://sc.lcsd.gov.hk/TuniS/www.hkpl.gov.hk/tc/index.html

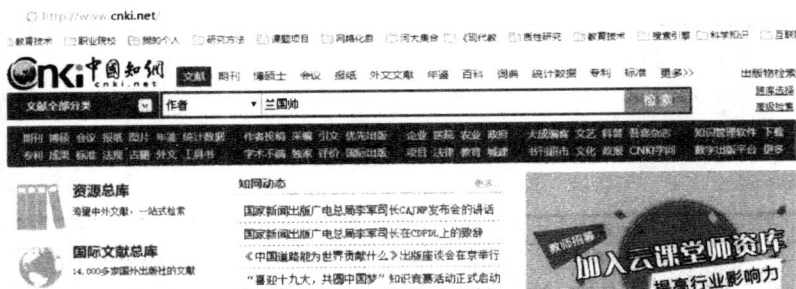

图 4 - 1　中国知网

中国知网的全称是国家知识基础设施（China National Knowledge Infrastructure，CNKI），始建于 1999 年，由清华大学、清华同方发起的以实现全社会知识资源传播共享与增值利用为目标的一个信息化建设项目。目前，CNKI 涵盖了基础科学（包括数学、物理学、生物学、天文学、地质学等）、工程科技（包括化学、建筑学、核科学、新能源等）、农业科技（包括农业、林业、园艺学、畜牧业等）、医药卫生科技（包括基础医学、临床医学、外科学、中医学、皮肤学等）、哲学与人文科学（包括哲学、心理学、中外文学、地理、历史、美学等）、社会科学（包括政治、经济、法律、教育等）、信息科技（包括计算机技术、互联网技术、档案学、新闻与出版学等）、经济与管理科技（包括工农业经济、金融、证券、管理学、领导学等）等八大学科领域。CNKI 学术资源类型丰富，不仅有中国期刊全文数据库，还有优秀博硕论文、国内外重要会议论文、中国重要报纸等全文数据库及学术知识图片库等其他资源库（表 4 - 3）。除了 CNKI 文献数据库，还有国内外其他优秀学术期刊数据库（表 4 - 4）。

表 4 - 3　CNKI 学术资源

名称	简介
CNKI 学术期刊库	该库是全球最大的动态更新的学术期刊数据库，收录了 1915 年以来出版的期刊，收录期刊总数可达 8207 种，全文文献总量 47 342 088 篇；提供全文下载和在线阅读服务

续表

名称	简介
CNKI 博硕论文库	该库是目前国内的博硕论文资源中最完备、质量高、动态更新的学位论文全文数据库，收录了全国 433 家培养单位的博士学位论文和 711 家硕士培养单位的优秀硕士学位论文，博硕学位论文总量达到 3 102 472 篇；提供分页下载、章节下载、整本下载及在线阅读等多种阅读方式
CNKI 会议论文库	该库文献是由国内外会议主办单位或论文汇编单位书面授权并推荐出版的重要会议论文。由《中国学术期刊（光盘版）》电子杂志社编辑出版的国家级连续电子出版物专辑
CNKI 知识图片库	该库收录的所有学术图片源自期刊论文图片、博硕论文图片和会议图片三类（包括形态图、谱线图、曲线图、系统图、分析图等五大类），便于读者对图片进行标识与分类。该库为用户提供图片检索和相似性图片检索及高级检索的服务；用户对检索到的图片不仅有图片的相关文字介绍，还可对其进行左右翻转、缩放和下载等操作
CNKI 工具书库	《中国工具书网络出版总库》是精准、权威、可信且持续更新的百科知识库，简称《知网工具书库》或者《CNKI 工具书库》

表 4 - 4　优质学术期刊数据库

期刊名称	官方网址
万方数据库	http：//www.wanfangdata.com.cn/
国家科技图书文献中心（NSTL）	http：//www.nstl.gov.cn/index.html
ERIC	http：//eric.ed.gov/
Springer Link	http：//link.springer.com/
中国科技期刊开放获取平台	http：//www.oaj.cas.cn/
中国科技论文在线	http：//www.paper.edu.cn/
国家哲学社会科学学术期刊数据库	http：//www.nssd.org/
中科院文献情报中心机构知识库	http：//ir.las.ac.cn/
中国社会科学期刊网	http：//qk.cass.cn/
国家科技图书文献中心	http：//prep.istic.ac.cnjmain.html？action＝index
开放阅读期刊联盟	http：//www.cujs.com/oajs/
Open Access Library（OALib）	http：//www.oalib.com/
中外文核心期刊查询系统	http：//www.cceu.org.cn/demo/findcoreej.htm
开放获取论文一站式发现平台	http：//gooa.las.ac.cn/external/index.jsp
汉斯国际中文开源期刊	http：//www.hanspub.org/
Directory of Open Access Journals	https：//doaj.org/
HighWire	http：//home.highwire.org/
Public Library of Science（PLOS）	https：//www.plos.org/
Intech 开放资源	http：//www.intechopen.com/
Project Gutenberg（电子书开放获取）	http：//www.gutenberg.org/
哥伦比亚大学开放获取资源	https：//academiccommons.columbia.edu/
麻省理工大学开放教育资源	https：//ocw.mit.edu/index.htm

　　除了掌握上述学术期刊数据库及其收录的学术期刊，还要学会如何追踪学术期刊研究前沿热点与研究趋势动态，即要掌握有效获得学术期刊的文章提要（RSS Feed 订阅功能）、订阅新期刊更新提醒（图 4 - 2）、添加收藏夹等功能，以实时追踪学科领域研究热点与前沿的最新研究动态。

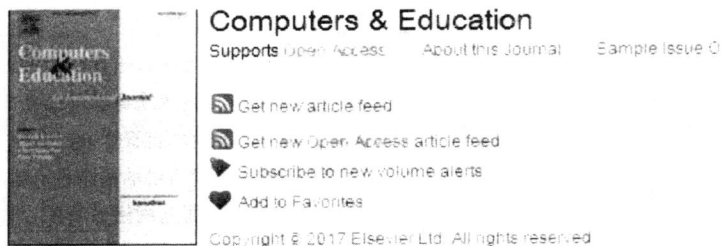

图 4-2　学术期刊的更新提醒订阅功能

（三）了解在线开放课程

教育部于 1999 年启动了新世纪网络课程建设工程，网络课程成为开展现代远程教育、终身教育不可或缺的一个教学平台。由于学者对网络课程的研究视角不同，形成了不同的网络课程观点。本书选用教育部 2002 年 2 月颁布的《现代远程教育资源建设技术规范和 11 项试用标准》中给出的定义：网络课程是通过网络表现的某门学科的教学内容及实施的教学活动的总和。它包括两个组成部分：按一定的教学目标、教学策略组织起来的教学内容和网络教学支撑环境[①]。由此可见，网络课程包含教学内容和网络教学支撑环境两大基本组成要素，"教学内容"具体指实现某门课程教学目标、体现教学策略的有内在逻辑的科学的内容知识体系；"网络教学支撑环境"指开展网络教学活动所需的网络平台，并且平台要具有课程介绍、教育资源管理、师生在线交流等功能。通过网络课程，学习者可以坐在家里、教室、宿舍或任意一个地方系统学习国内外著名学府开设的课程，听取国内外专家对某问题的个人见解，还可以和专家、名师、学生进行异地实时交流、协作，不仅扩大了个人视野，而且有的网络课程（如 MOOC）还提供课程结业证书、学历证书，这无疑为学习者获得第二学历提供了良好机会和方便快捷的途径。目前，我国教育领域的网络课程主要有三大类：一是依托教育部批准 68 所高等院校开展现代远程教育（或网络教育）试点形成的网络课程平台；二是依托"世界开放教育资源运动"形成的网络公开课与 MOOC（慕课）平台；三是依托我国精品课程建设项目形成的精品课程学习平台。

1. 高等院校开展现代远程教育试点形成的网络课程平台

1999 年初，国务院在颁布的《面向 21 世纪教育振兴行动计划》中明确提出，实施"现代远程教育工程，建设开放式教育网络，构建终身学习体系"之重任，我国开始了现代远程教育的实践探索。同年，教育部批准了 68 所高等院校开展现代远程教育试点，这些高校便紧锣密鼓开始筹建自己的网络教育学院，搭建网络教育平台，建设相应的网络课程，为此形成了面向网络教育的以高等院校为建设主体的网络课程平台。如国家开放大学的视频公开课、名师经典课、网络核心课、五分钟课程、国外公开课和国内精品课等系列课程（http://www.ouchn.edu.cn/）（图 4-3）。

2. 世界开放教育资源运动形成的网络公开课与慕课平台

开放教育资源运动的发展历程先后经历了开放课件项目、开放教育资源再到大规模在线开放课程三个阶段，开放的水平上已从提供静态的教育资源过渡到呈现完整的教学、学习环节，涉足的机构从麻省理工学院扩展到全球 45 个国家和地区的 250 余所大学和科研单位。

---

① 贾雪梅. 网络课程研究述评 [J]. 内蒙古师范大学学报，2007（9）：129-131.

图 4 - 3　国家开放大学网络课程平台

从性质上看，开放课件项目、开放教育资源、大规模在线开放课程都是以课程为载体和基本单位的教育资源开放共享行为，开放教育资源所涉及的范围要大于开放课件项目，大规模在线开放课程是开放教育资源的最新发展，故统称为开放教育资源运动。

（1）网络公开课。

1999 年，麻省理工学院（MIT）教育技术委员会本着"全世界都能公开、自由地分享知识并从中获益"的目的提出了大胆的设想：计划在未来 10 年内将该校各个院系所有的教育资源发布到本校网站上，供所有人免费使用。2001 年，麻省理工学院开始启动"开放课件项目"（Open Course Ware，OCW），通过网络平台发布了从本科生到研究生的将近 1800 门教育资源（包括每门课程的主讲教师简介、教学讲义、教学大纲、课外阅读书目、教学方法、课程作业等），截至 2012 年，MIT 免费公布了 2000 门课程。这一项目的实施使得"网络公开课"逐步进入公众的视野，并引发了一场"世界开放教育资源运动"（Open Educational Resource，OER）。紧随其后，美国、英国等一些国际知名高校（哈佛大学、耶鲁大学、牛津大学、剑桥大学等）纷纷加入到网络公开课建设中来，这样"开放教育资源运动"如火如荼地开展起来。世界范围内所有遵守"知识共享许可协议"（Creative Commons，CC 协议）的学习者都可以免费享用"开放教育资源运动"形成的丰盛资源大餐，另外，学习者还可以通过网络平台与其他国家的教师、学生进行交流互动。2008 年，以 MIT 为代表，共同致力于开放教育资源的诸多高等教育机构、研究机构及基金会等组建了"国际开放课件共享联盟"（OCWC），其使命是"促进全球开放共享学习资源，并利用自有、开放、高质量教育资源组成课程"，此举大大推动了教育资源的共享利用，截至 2012 年，OCWC 已拥有 250 多个成员，并提供了 20 多种语言版本的 14 000 多门课程。

2010 年 11 月，网易秉承着"开放、平等、协作、共享"的互联网精神，让知识无国界，率先推出了公益项目网易公开课（https：//open.163.com/）（图 4 - 4），免费为学习者翻译国际顶级学府的优秀课程并可在线免费观看，这个翻译工作解决了中国学习者由于语言障碍导致学习资源利用低的问题。网易视频公开课自上线以来，受到很多网民的青睐，尤其是高等院校的师生们。

2011 年 4 月，复旦大学和网易公开课频道合作，将该校的部分讲座视频资源陆续向社会公开，此举可谓是国内高校参与网络公开课的先河，同时也促进了国内其他高校开始与网易合作。

2012 年 12 月 25 日，网易云课堂上线（http：//study.163.com/），它是网易公司旗下的一个专门为致力于提升自身能力的人士开发的实用 IT 技能学习平台，提供免费课程和收

图 4-4　网易公开课

费课程两大类，均支持手机终端。该平台于 2015 年 2 月推出了以就业为导向的职业培训栏目——微专业（如《前端开发工程师》《大数据工程师》《移动开发工程师》等）。截至 2016 年 5 月，云课堂已经拥有近 20 万个视频课程，22 门微专业，注册用户已达 3000 万。

除了国内外视频公开课以外，还有 TED 和可汗学院推出的精彩演讲视频和开放视频课程。TED 是 Technology&Entertainment&Design 的简称，译为"技术、娱乐与设计"（ht-tps：//www.ted.com/），它以演讲著称，是全球最大且最具影响力的演讲平台，TED 演讲者均是来自全球各行业的专家、领军人物，其中不乏科学家、企业家、政治家、艺术家等。目前，网易、新浪等知名网站都与 TED 合作，向国内免费共享 TED 精彩演讲，使网民一睹专家风采。

可汗学院（Khan Academy）（https：//www.khanacademy.org/）是由孟加拉裔美国人萨尔曼·可汗创立的一个非营利教育机构，该机构以"加快各年龄学生的学习速度"为宗旨，在网络环境下发布教学视频短片（每段视频约 10 分钟左右）免费授课，授课内容从早期的数学、化学、物理扩展到历史、金融、化学、生物、天文学等 10 多个学科，视频短片已达到 2000 多个。虽然博学多才的萨尔曼·可汗未在他的教学视频中出镜，但是他的边讲边画的教学方式，缜密的逻辑思维，吸引了无数忠实的粉丝，成为各年龄阶段学习者提升自我的优质学习资源。

（2）MOOC（慕课）平台。

随着世界开放教育资源运动的不断发展，一种全新的在线教育模式——大规模在线开放课程于 2011 年进入公众视野。大规模开放在线课程（Massive Open Online Course，MOOC，简称"慕课"），它是任何人都可以免费学习的有别于传统课程的一种在线教育课程形式。MOOC 与传统课程的区别在于它的"大规模""在线""开放"。"大规模"指的是一门课程的班级容量能同时容纳上万名学员同时上课，这种课程规模是传统课程无法企及的；"在线"指的是每门 MOOC 课程均是在网络环境下进行的；"开放"顾名思义，指的是每门 MOOC 课程均是对外开放共享的，不论国别、种族、性别、职业，只要想学就可以免费注册成为 MOOC 学员。MOOC 与传统课程也有很多相似之处。例如，它也有固定的开课时间、结课时间，也有课程作业、课堂测验，还有师生、生生讨论交流环节，更有课程期末考试，若学员按时完成课程作业，顺利通过期末考试才能获得 MOOC 官方颁发的认证证书。MOOC 课程是面向高等教育的，教育资源相当丰富，涵盖人文、社科、理工、医学等几乎所有专业的课程。除此之外，MOOC 为了让在线学习者有更好的学习体验，课程内容以微视频为主，讲解视频中还会穿插若干思考题；另外，MOOC 还提供学习支持服务系统，它会通过注册的邮箱及时告知学员课程作业提交截止时间、讨论交流结束时间及其他课程开课时间等一些温馨提示信息，让学员倍感温馨。从 OCW 到 MOOC 的发展体现了学习中心的转移。OCW 以教师的单向传授为主，而 MOOC 以学习者为中心。MOOC 是传统课堂教学的变革，且是"互联网＋教育"的典型代表，它的出现为在线教育模式提供一种新的思路，使在线教育迎来黎明的曙光。

目前 MOOC 三大平台 Coursera、Udacity、edX 并驾齐驱，其中 Coursera、Udacity 是斯坦福多名教授创办的盈利性质的 MOOC 平台，课程是需要付费学习的；而 edX 是哈佛大学和麻省理工学院合作创办的非盈利性质的 MOOC 平台，平台上的所有课程都是免费对外开放的。2013 年 5 月 edX 平台迎来"黄金时期"，包括中国的清华大学、北京大学、香港大学、香港科技大学，日本的京都大学及韩国的首尔大学在内的 6 所亚洲高校及其他各洲的高校共 15 所国际名校加入到 edX，使得 edX 大放异彩，深受各国学子的青睐。为了推进中国 MOOC 的发展，2014 年 5 月，高等教育出版社"爱课程网"（http：//www.icourses.cn/home/）联手网易云课堂，成功推出"中国大学 MOOC"（http：//www.icourse163.org/），它是中国首个中文慕课学习平台，2015 年 12 月该平台的选课人次突破 700 万。截止到 2016 年 11 月，"中国大学 MOOC"汇集了 98 所高校优质的网络视频公开课程，已经有 1800 多万人注册学习。"中国大学 MOOC"为每一个自愿提升自身素质的学习者提供了国内知名高校的优质课程，学习者只要有一个网易账号，有台联网的计算机或智能手机便能非常方便地学习自己喜欢的课程。每门课程均提供纸质版或电子版证书，证书是由中国大学 MOOC 官方认证，授课老师电子签名，显示学校 LOGO，具有无可替代的权威性和纪念性；每一张证书都会绑定学习者的真实身份，审核身份证号和姓名的唯一性，可录入证书号和二维码进行验真查询；每一张证书皆证明学习者的能力与水平，这对学习者升学、求职、职业提升等多方面都有帮助。证书现已获得猎聘网、Linkedin（领英）、智联招聘等求职招聘渠道的认可，获得证书后可一键添加简历至这些网站。

目前很多网站汇聚了国内外视频公开课、中国大学 MOOC，表 4-5 和表 4-6 中列出了一些比较好的网络公开课与 MOOC 平台。

表 4-5 国外网络公开课与 MOOC 平台

平台名称	网址
Coursera	https：//www.coursera.org/
Udacity	https：//cn.udacity.com/
EdX	https：//www.edx.org/
Future Learn	https：//www.futurelearn.com/
Open2Study	https：//www.open2study.com/
Khan Academy	https：//www.khanacademy.org/
Iversity	https：//iversity.org/
Global Education	http：//www.globaleducation.edu.au/
Open Learning	https：//www.openlearning.com/
NovoED	https：//novoed.com/
Udemy	https：//www.udemy.com/

平台名称	网址
Canvas Network	https：//www. canvas. net/
OpenupEd	http：//openuped. eu/
Alison	https：//alison. com/
Course Sites	https：//www. coursesites. com/
Massive Open Online English Course	http：//mooec. com/
Academic Earth	http：//academicearth. org/
Ech0360	https：//ech0360. com/
Saylor	https：//www. saylor. org/
Stanford Online	https：//lagunita. stanford. edu/
Microsoft Virtual Academy	https：//mva. microsoft. com/
MOOC LIST	https：//www. mooc list. com/

表 4 - 6　国内网络公开课与 MOOC 平台

平台名称	网址
网易云课堂	http：//study. 163. com/
网易公开课	https：//open. 163. com/
新浪公开课	http：//open. sina. com. cn/
慕课网	http：//www. moocs. org. cn/
中国大学 MOOC	http：//www. icourse163. org/
清华大学学堂在线	https：//www. xuetangx. com/
爱课程	http：//www. icourses. cn/home/
学堂在线	https：//www. xuetangx. com/
超星慕课	http：//mooc. chaoxing. com/
华文慕课	http：//www. chinesemooc. org/
MOOC 学院	http：//mooc. icve. com. cn/
精品课	http：//www. jingpinke. com/
好大学在线	http：//www. cnmooc. org/home/index. mooc

3. 我国精品课程建设项目形成的精品课程开放学习平台

随着国际开放教育资源运动的兴起与发展，我国教育部于 2003 年启动了以视频公开课和资源共享课为中心的国家精品课程建设项目，成为中国开放教育资源的新起点，也是"国家高等学校教学质量与教学改革工程"的重要内容。

国家精品课程建设项目秉承着"五个一流"（一流的教师队伍、一流的教学内容、一流的教学方法、一流的教材、一流的教学管理）的理念，计划在 2003—2007 五年间建设 1500门国家级精品课程，并全部在互联网上免费开放、共享，最终形成了"国家精品教育资源平台——精品课"（http：//www. jingpinke. com/）（图 4 - 5），以信息技术为支撑，以海量学习资源和先进的课程体系为核心，开设了课程、学习、资源三个频道，共提供两万余门课程、百万条学习资源，内容横跨 5 大领域、46 个类别，包含 53 个行业、311 个岗位学习课程，涉及 73 个学科，涵盖了从理论到实践、从生活到职场、从个人成长到社会发展的全方位学习内容，充分满足各个年龄、层次人群的学习需求，致力于为人民群众提供充足、优质的教育资源与信息资讯服务，努力打造成为终身学习领域的重要服务平台。

图 4-5　精品课程平台

(四) 认识在线资源网站

网络中除了以特定规则组织起来的数字图书馆、数字化期刊、网络课程,还有很多零散的以个人或机构建设的甚至是各种大赛形成的在线资源网站,此处将其统称为各级各类在线教育资源网站 (表 4-7)。

表 4-7　在线教育资源

平台名称	网址
中国社会科学网	http：//www. cssn. cn/
中国社会科学院	http：//cass. cssn. cn/
中国教育在线	http：//www. eol. cn/
中国研究生招生信息网	http：//yz. chsi. com. cn/
中国社会科学杂志社	http：//sscp. cssn. cn/
中国人民大学学术期刊社	http：//xsqks. ruc. edu. cn/CN/volumn/home. shtml
中国高校人文社会科学文献中心	http：//www. cashl. edu. cn/portal/
科学网	http：//www. sciencenet. cn/
五分钟课程	http：//www. 5minutes. com. cn/Defauh. html
我要自学网	http：//www. 51zxw. net/

不同级别教育资源网站是指专门针对某年级或某阶段的学习者开发的面向特定群体的资源网站,如基础教育网站、高等教育网站、研究生考研网等。这类网站使用群体明确,很容易做到为学习者量身定做各类资源。不同类别网站是指面向某一特定学科领域而专门开发的教育资源网站,如语文专题网站、物理专题学习网站等。这类资源网站不但内容针对性非常强,而且内容知识体系完整、系统化,有助于学习者系统地学习与把握。各级各类教育资源网站,多以教学课件或教学材料为主,如 Flash 课件、PPT 课件、教育故事、教学大纲、教案、历年测试题等;还有的网站提供一些辅助教学的素材,如图片素材、视音频素材、PPT 模板等,甚至还相继推出了网络课堂和移动课程。表 4-8 中列出了一些有代表性的基础教育资源,供师范生和基础教育教师参阅。

随着教育信息化的发展,教育部及各省市都在积极开展了全国多媒体课件大赛、全国高校微课教学比赛、"挑战杯"全国大学生课外学术科技作品竞赛、"iTeach"全国大学生数字化教育应用创新大赛、全国师范院校师范生教学技能比赛、全国职业院校技能大赛、全国职业院校信息化教学大赛等大赛项目,通过大赛的方式形成了相应的在线资源平台 (表 4-9),通过比赛形成的资源库便于学习者学习与强化,也利于同行教师相互学习、彼此进步。

表 4 - 8   典型基础教育资源

网站名称	网址
资源狗	http：//www. ziyuangou. com/
K12 教育空间	http：//www. k12. com. cn/
学科网	http：//www. zxxk. com/
考拉必过	http：//pc. koalapass. com/Login/index. html
好课网	http：//www. class. cn/index/stu
微课	http：//pds. vko. cn/
高考网	http：//www. gaokao. com/
简单学习网	http：//www. jd100. com/
7C 教育资源网	http：//www. 7cxk. net/Index. html
清大学习吧	http：//www. eee114. com/
超级课堂	http：//www. cjkt. com/
沪江英语	http：//www. hjenglish. com/
Codecademy	https：//www. codecademy. com/
OpenupEd	http：//openuped. eu/
Khan Academy	https：//www. khanacademy. org/
The DART - Europe E - theses Portal	http：//www. dart - europe. eu/basic - search. php

表 4 - 9   全国性各种比赛

大赛名称	网址
"挑战杯"全国大学生课外学术科技作品竞赛	http：//www. tiaozhanbei. net/
"iTeach"全国大学生数字化教育应用创新大赛	http：//iteach. ccnu. edu. cn/index. html
全国师范院校师范生教学技能比赛	http：//qgjxjn. zjnu. edu. cn/
全国职业院校技能大赛	http：//www. nvsc. com. cn/
全国职业院校教师教学能力比赛（信息化教学大赛）	http：//www. nvic. com. cn/

（五）了解百科全书与学术百科

百科全书是对人类一切知识门类的汇总，在涉猎内容和规模上都超过了其他工具书，被称为工具书之王，也被人们誉为"没有围墙的大学"，它是人们查阅事实材料所需的权威型参考书。随着网络技术的快速发展，电子百科全书逐渐进入人们视野。例如，《大英百科全书》于 1996 年就推出了在线服务（https：//www. britannica. com/）。电子百科是一种采用超文本、超媒体方式组织起来的，基于 WIKI 技术的多人共同创作、编辑的新型资源形式，它的出现使得多人共同创作、完善一个知识条目成为可能，如果你是一个知识渊博且乐意分享的一位学者，那么电子百科就是一个很好的创建知识与人分享的平台。

维基百科（https：//en. wikipedia. org/wiki/Main _ Page）是电子百科的典型代表，它于 2001 年由美国的吉米·威尔士创办，它是一部用不同语言写成的人人都可编辑的网络百科全书，其宗旨是为地球上的每一个人提供自由的百科全书。截至 2016 年 11 月，维基百科中的英文条目已经突破 520 万，并且相继推出其他的维基项目，如维基语录、维基教科书、维基学院、维基共享资源、维基新闻、维基词典、维基物种等。

目前国内在电子百科领域做得比较好的有百度百科（https：//baike. Baidu. com/），百度百科是百度公司推出的一部内容开放、自由的网络百科全书平台。截至 2017 年 9 月，百度百科已经收录了超过 1500 万的词条，参与词条编辑的网友超过 630 万人，几乎涵盖了所有已知的知识领域。百度百科旨在创造一个涵盖各领域知识的中文信息收集平台。百度百科强调用户的参与和奉献精神，充分调动互联网用户的力量，汇聚上亿用户的头脑智慧，积极进行交流和分享。同时，百度百科实现与百度搜索、百度知道的结合，从不同的层次上满足用户对信息的需求，开发了知识百科（图4-6）、人物百科（图4-7）等专栏。

图 4-6　百度百科的知识百科

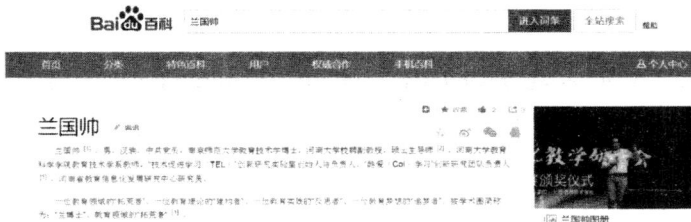

图 4-7　百度百科的人物百科

除此之外，还有专门面向青少年的百科全书——"十万个为什么"及中文百科在线、搜狗百科等其他电子百科，详见表4-10。

表 4-10　有代表性的学术百科

网站名称	网址
世界百科全书	http：//www. country reports. org/
大英百科全书	https：//www. britannica. com/
中文百科在线	http：//www. zwbk. org/
中国知网百科	http：//www. cnki. net/
十万个为什么	http：//www. 10why. net/
维基百科	https：//en. wikipedia. org/wiki/Wiki
百度百科	https：//baike. Baidu. com/
360百科	https：//baike. so. com/
搜狗百科	http：//baike. sogou. com/Home. v
中国百科	http：//www. chinabaike. com/
互动百科	http：//www. baike. com/

（六）了解移动应用程序教育资源

随着无线网络的快速发展，移动学习悄然而生，由于移动学习更加灵活、自由，不受时空限制，支持碎片化学习，给人一种全新的学习体验，深受大学生青睐。移动学习的健康发展离不开移动教育资源的支持，移动教育资源是教育资源家族体系中的新生力量，它的存在为学习者获取知识、开展学习开拓了新的途径。移动教育资源指以移动智能设备，如智能手机、iPad、可穿戴设备等为载体的教育教育资源。本书将移动教育资源分为移动应用程序 APP 教育资源和微信公众号教育资源两大类。

常见的移动应用程序 APP 教学软件有 APP 教学软、每日英语听力、英语教学、嘻阅英语、小芳老师、家长帮、小木虫、经管之家、知乎、网易公开课、e 学大等。

移动 APP 教育资源指承载教育教学信息、传递教学内容的移动应用程序。部分 APP 是专门针对某一学科来设计的，如"每日英语听力""百词斩"等，"百词斩"就是一款非常好的英语学习类 APP。它涵盖了初高中英语、大学四、六级英语，专业四级、八级英语，考研英语、GRE、托福、雅思、SAT、GMAT 等各类英语单词库，不仅为每个单词都设计了一个与单词词意非常相似的有趣的象形图，还为每个单词提供单词发音及典型例句，刺激学习者的视听觉多个感官，有助于学习者对单词的理解记忆与运用。"百词斩"还能帮学习者根据自己的英语水平制订学习计划，还支持学习者与其他学习者进行单词大比拼，还可以定期进行单词词汇量的测试等。部分 APP 教育资源是益智类的，例如，"看图猜成语"APP、小学数学 APP 等，这类 APP 是让使用者以游戏参与者的身份在玩游戏的过程中学知识，有的游戏采用"竞争机制"或"激励机制"，如闯关成功或在规定时间内答对几道题才可以进行一下关或是获得奖励，这种益智类 APP 体现了"玩中学""寓教于乐"的教学理念，很受中小学生欢迎。

近年来，订阅微信公众号成为人们获取移动类教育资源的新方式、新途径。微信公众号是个人或单位在微信公共平台上申请的一个应用账号，它分为订阅号、服务号和企业号三大类，其中服务号和企业号主要面向企业，为企业提供服务、管理的一个平台。订阅号是面向个人开放的提供信息传播、互动的一个应用平台。与教育教学相关的订阅号种类丰富多样，有的订阅号是关于某学科的，如"学术拓荒者""中国学术圈""小木虫"等；有的订阅号是关于某学科中某一研究热点的，如"微课时代""MOOC""幻方秋叶 PPT""互联网思维"等；有的订阅号是某高校、科研单位或杂志社开通的微平台，如"微言教育""人民教育""学术中国"等，这类订阅号是账号主体在顺应数字化微时代，不仅延伸了自身实体服务功能，又扩大了自身影响力。很多教学类微信订阅号不仅是学术文章，还有很多优秀作品、案例，供学习者学习、观摩，微信订阅号已逐渐成为移动学习者获取资源的又一新大陆。

常见的微信公众号与微信群有学术拓荒者、小木虫、博士联盟、社科学术圈、科学网、科研圈、职教圈、科研 sci 绘图、现代教育科学高教研究、学术中国、中国教育青年学术群、质化研究、量化研究方法、青塔、教育技术学、博士中国、中国学术圈、教育技术学博士群、教育技术国际论坛、学术微联盟、教育技术论坛、研究客等。

第二节　获取网络化教育资源

网络化教育资源类别多种多样，其获取方式也不尽相同。教育资源需"取之有道"，只有掌握了恰当的方法，才能高效而准确地获取到所需资源，方能服务于教与学。

一、会用数字化图书馆获取教育资源

信息素养和信息检索能力是师范生必备的专业素养和能力之一。如何利用数字化图书馆中的数据库快速、高效检索学科领域的教育资源、研究文献等信息资源，如何进行信息资源的批量下载，如何进行信息资源的批量管理，下面从基本操作和实践操练两个方面详述。

（一）运用数字化期刊获取研究文献

要学会利用数据库的高级检索功能进行核心期刊文献的检索，运用批量下载和导出参考文献功能进行核心文献的批量下载与管理。

1. 锁定核心期刊库，输入检索条件词

首先在"来源类别"中勾选"核心期刊"和"CSSCI"；然后在"输入检索条件"中选择"作者"，输入"兰国帅"进行检索，共检索出 24 篇核心文献（图 4-8）。

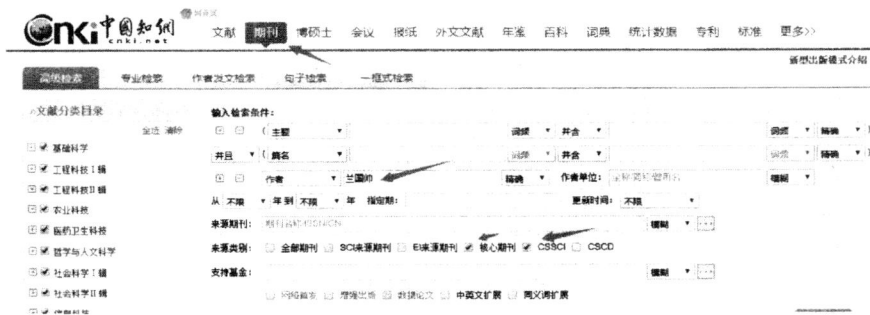

图 4-8　锁定核心期刊数据库

2. 选择核心文献，导出核心参考文献

首先勾选"核心期刊"命令；然后单击"导出/参考文献"按钮，进行核心期刊参考/引用文献的批量导出（图 4-9）。

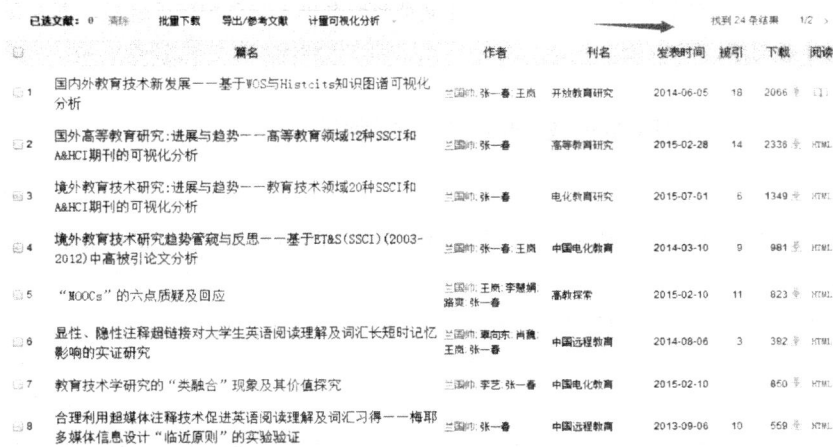

图 4-9　选择核心期刊文献

3. 审阅文献输出，筛选核心参考文献

首先审阅核心文献输出；然后筛选核心参考/引文文献（图 4-10）。

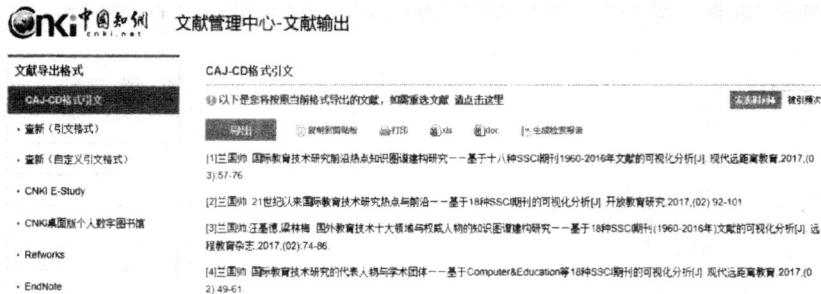

图 4-10　审阅文献输出

4. 选择编辑软件，批量导出参考文献

首先选择"文献编辑软件"（如 E-Study）；然后单击"导出"按钮，进行核心参考文献的批量导出（图 4-11）。

图 4-11　选择文献编辑软件

（二）运用数字化图书馆获取电子书

数字图书馆的使用方法大同小异，一般提供了类目检索、普通检索和高级检索三种检索方式，在实际检索书目时，可以综合使用上述几种方式。本书以超星数字图书馆为例进行介绍，具体操作如下。

超星数字图书馆主要提供了类目检索、普通检索和高级检索三种检索方式检索电子图书。

（1）利用"图书分类"，缩小检索范围。在超星图书左侧的"图书分类"中找到所需图书所属的类别，例如，要查询教育技术学专业课外读物北京大学出版社出版的《数字化学习》这本书，需在图书分类中逐级找到"教育"→"电化教育"。

（2）使用检索条件，输入检索词条进行普通检索。超星数字图书馆提供"书名、作者、目录、全文检索"四种检索条件，使用者可根据对查询书目的了解情况按需设置检索条件。如按"书名"检索，检索词条输入栏内输入"数字化学习"，对检索结果可按出版日期、书名升序或降序排列，方便使用者查找。如果检索结果很多无法快速找到所需书籍，可在检索结果中进行"二次检索"，只需限定检索条件、输入其他检索词条即可。

（3）使用高级检索，高效精确"一步到位"。如果使用者知道查询书籍的书名、作者、出版年代的话，可以直接使用检索词条右侧的"高级检索"，在相应输入栏内输入已知信息，单击"检索"按钮即可完成书籍的精确检索。

通过上述多种方式查找到所需书目时，使用者要结合实际选择"阅读器阅读"还是"网页阅读"等阅读方式。"阅读器阅读"需要用户事先安装超星阅读器才能阅读或下载电子书。笔者建议用户使用"超星阅读器"阅读，因为超星阅读器不仅具有数字化阅读的功能，还具有资源管理、网页采集、电子书制作等功能于一体的国内技术成熟、创新点多的专业阅览器，使用它会有意想不到的收获。

二、会用搜索引擎获取教学研究资源

互联网是覆盖全球范围的广域网，被人们称为网际网，它是一个信息的海洋，如何在信息海洋中更快、更准地获取到自己所需的资源呢，最常用的办法就是运用搜索引擎技术。搜索引擎是 Web 服务中使用频率最高的一项技术，它是将各个网站中的信息搜集起来并按某种方式加工处理后建立信息数据库和索引数据库，提供搜索引擎的服务器根据用户的检索词条在其服务器上搜索并将检索结果反馈给用户。搜索引擎目前有三大类：元搜索引擎、目录型搜索引擎和全文搜索引擎。

元搜索引擎依据用户的检索词条同时在多个搜索引擎中进行检索，实现了"一次输入，多个搜索引擎检索"，大大提高了网络查询效率，国内的元搜索引擎首推 360 搜索（https：//www. so. com/）。

目录型搜索引擎是通过人工或半人工的方式将获取到网站信息按信息类别进行分类整理，最终形成了分门别类的网站目录的链接索引，用户通过目录导航完全可以找到所需信息，这种搜索引擎适用于关键词不明确时，利用它的高质量且清晰明了的导航准确定位信息。目前常用的目录型搜索引擎如表 4 - 11 所示，其中拇指搜是全球最大的手机搜索引擎，它是 Google 研发的专门针对手机用户的目录型搜索引擎。用户若要下载某些软件，可在下列的目录搜索引擎中找到"软件"类别，再单击目标网站按软件所属类别查找或直接输入软件名称下载即可。

表 4 - 11　学术搜索引擎列表

搜索引擎	网址
ResearchGate	https：//www. researchgate. net/
Academia. edu	https：//www. academia. edu/
Microsoft Academic	http：//academic. research. microsofi. com/
谷粉搜搜	https：//gfsoso. xz95. top/
Questia	https：//www. questia. com/
Goole	http：//www. goole. com/
CNKI学术搜索	http：//scholar. cnki. net/
CNKI数字图书馆	http：//elib. cnki. net/
CNKI学者成果库	http：//papers. cnki. net/
CNKI互联网学术资源	http：//Webinfo. cnki. net/index. htm
CNKI学者圈	http：//xuezhe. cnki. net/
CNKI学术趋势	http：//trend. cnki. net/TrendSearch/

搜索引擎	网址
CNKI 数字搜索	http：//number. cnki. net/index. aspx
CNKI 工具书馆	http：//gongj ushu. cnki. net/refbook/default. aspx
CNKI 科研项目数据库	http：//projects. cnki. net/
CNKI 学术图片库	http：//image. cnki. net/
CNKI 概念知识元库	http：//define. cnki. neUWe bForms/WebDefault. aspx
CNKI 科研助手	http：//ep ub. cnki. net/grid2008/Library/assistant/assistant. aspx
MedSci 梅斯	http：//www. medsci. cn/sci/
中国科技论文在线	http：//www. paper. edu. cn/
道客巴巴	http：//www. doc88. com/
豆瓣读书	https：//book. douban. com/

全文搜索引擎是通过一个被称为"网络机器人"（Spider）或称为"网络蜘蛛"（Crawlers）的软件，根据网站链接自动获取网页信息内容，并按某种规则加工整理成实时更新的数据库，检索与用户关键词相匹配的记录并将检索结果返回给用户。全文搜索引擎检索的结果包括"网站标题、网站摘要、网站 URL 地址"三项内容，当单击网站标题时，网页便会跳转到本网站。谷歌（Google）、百度（Baidu）是非常典型的全文搜索引擎。下面以"百度"为例介绍全文搜索引擎的使用妙招。

（一）全文搜索引擎的使用方法

全文搜索引擎的搜索技巧多种多样，网络用户应根据检索内容和要求合理选择下面列举的几种检索方法。

1. 添加关键词，检索结果准确定位

使用全文搜索引擎时，可以通过设置多个关键词的方式，由于它们之间形成一种"与""并且"的关系，所以通过添加多个关键词的方式能够大大缩小检索范围，进而能够准确检索到查找信息，其检索方式为："关键词 1 关键词 2"，注意关键词之间要有空格。例如，要检索"教育技术学领域的南国农"，可以提炼出这样的检索词条："教育技术学南国农"，如图 4-12 所示。

图 4-12 "添加多个关键词"示例

2. 删除关键词，检索结果准确定位

用户在使用搜索引擎时，如果事先对某方面信息有所了解，不希望这个信息出现在检索结果中防止对其他信息的干扰，这时用户可以通过删除关键词的方式在检索结果中剔除不需要的内容，其检索方式为："关键词1—关键词2"，关键词2前面的"—"是"不包含""排除"的含义。例如，要检索关于"混合式学习但又不包含混合式学习的教学模式"时，可以采用"混合式学习—教学模式"的检索公式，其检索结果中均是关于混合式学习的概念、意义以及与传统教学的区别，检索结果中前几项如图4-13所示。

图 4-13 "删除关键词"示例

3. 使用 filetype 限定文件的格式

有时，用户为了工作、科研或学习需求需要在网络中查找某种特定格式的文件，如关于某方面内容的 PPT 课件、pdf 文件、doc 文件、exe 文件等，为了能使检索结果精确到所需的文件格式类型，可以使用限定词"filetype"进行文件格式的限定，其检索方式为"关键词 filetype：文件格式"，例如，要检索关于"荷塘月色的 PPT 课件"，使用 filetype 限定词的方式便能实现精确搜索，检索结果如图4-14所示，在每条检索结果的标题前面都有一个红色的 PPT 文件标识，这说明检索的每条结果都是 PPT 文件。通过 filetype 限定文件格式的检索方式不仅大大提高了检索效率，而且解决了用户的特殊需求。

图 4-14 使用 filetype 限定文件格式

4. 使用 site 限定网站或网站域名

很多情况下，人们会在某一领域或某一指定的网站中查找信息，如果直接输入关键词，检索结果不会聚焦于某个领域或某个网站，这种情况下，使用 site 限定词将检索结果定位在某个网站或某个指定领域，其检索方式为"关键词 site：网站名称/域名"，其中教育域名为 .edu，

军事域名为 .mil，非盈利组织域名为 .org，政府部分为 .gov。例如，在网易 163 网站中检索"可穿戴技术"，检索词条为"可穿戴技术 site：163.com"，检索的每条结果均源自网易，如图 4-15 所示。

图 4-15　使用 site 限定网站

上述的四种检索技巧，均是在网页中搜索信息，即查找的信息资源来自网页。有些时候，人们需要专门搜索图片、音乐、地图、视频、新闻等，此时需要先选择某一类别，再在搜索栏内输入检索词条，这样搜索引擎将搜索结果按内容类别返回给用户。

5. 用"高级搜器"综合设置一步到位

如果你认为上述的四种检索技巧太公式化了，不容易记忆，需要一种更简单、更实用且高效的检索技巧，不妨使用百度的"高级搜索"试一试。高级搜索融合了前面所讲的四种检索技巧，通过综合设置检索条件使检索结果接近"一步到位"，但是它的位置不太显眼，不经常使用的用户很难找到。在百度主页（https：//www.baidu.com/）右上角单击"设置"按钮，选择其中的"高级搜索"即可。进入"高级检索"界面后，按照各个要求在输入框中填写相应的关键词、域名或网站，在下拉三角中选择搜索网页的时间和文档格式。例如，在教育网站中搜索有关大数据的 pdf 文档，其检索设置如图 4-16 所示。

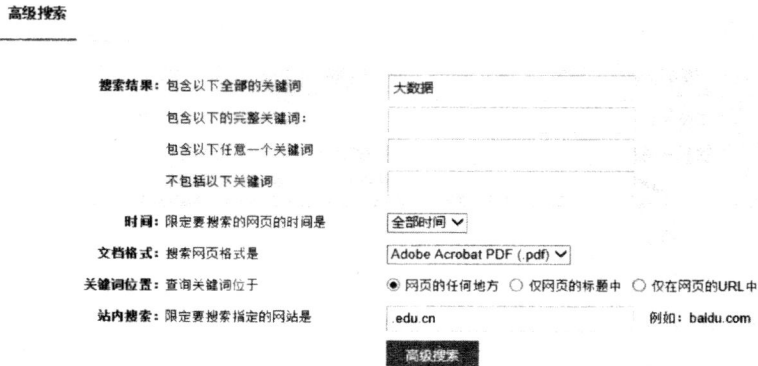

图 4-16　百度"高级搜索"

共检索到 4 页计 40 条检索结果，前三条检索结果见图 4 – 17。在检索结果页面的文本输入框中，有这样一行"filetype：pdf site：（. edu. cn）大数据"文字，它就是依据高级检索设置的检索条件自动生成的检索词条，如果用户自己输入确实是比较麻烦的，而且还容易出错。通过实例，可见"高级搜索"需要用户合理设置各个检索项目，效果事半功倍。

图 4 – 17　百度"高级搜索"的检索结果

（二）全文搜索引擎的实践操练

学习了百度全文搜索引擎的五种检索方式，请完成如下练习。

（1）搜索南京师范大学教育技术学专业的相关信息。

（2）在学术网站搜索关于知识图谱技术的相关信息。

（3）搜索关于"深度学习"的 Word 文档。

（4）在教育网站搜索关于"混合式学习"的 pdf 文档。

三、会用在线网站获取教学视频资源

21 世纪不仅是数字化、网络化时代，还是视频影像化时代，随着网络宽带的不断提速、流媒体传输技术、视频压缩技术的快速发展，在网络环境下传输视频影像难题早已破解，目前视频播客、视频新闻、教育视频以及各大视频网站（如土豆网、优酷网、爱奇艺、腾讯视频等）推出的电影、电视剧、综艺视频节目、在线视频直播等已成为网民热捧的"耀眼明珠"。

（一）在线教育视频的下载方式

视频教育资源是网络化教育资源的重要组成部分，它们形象直观，易被学习者掌握，网络中有很多值得学生学习与借鉴的有教育价值的在线视频资源，可是如何下载在线视频成为很多学习者面临的问题。目前，各大视频网站均推出了自己的客户端软件，只要用户下载并安装了该视频网站的客户端软件，才能将它们发布的在线视频下载到本地计算机中，但是各个视频网站推出的客户端软件并不兼容，这样为用户下载来自不同视频网站的资源带来了麻烦。下面的几种方案能够帮你解决问题，但是要根据自己的实际情况选择。

1. 使用第三方软件下载视频

第三方软件下载在线视频，要求视频用户需要在本地计算机中事先安装专门下载在线视频的软件，目前这类软件很多，例如，硕鼠 FLVCD 视频下载软件、维棠 flv 视频下载软件、VSO Downloader 在线视频下载器等，其实在线视频难下载的主要原因是视频在发布时被隐藏了真实地址，而使用第三方软件不仅能快速解析出在线视频的真实地址，还能帮用户将在线视频下载到本地，操作方便快捷。不要以为安装第三方软件很麻烦，其实不然，这是一件一劳永逸的事情，它确实解决了不需分别安装每个视频网站的客户端，实现了跨各大视频网站都能下载在线视频的难题，第三方软件让在线视频不再难下载。在硕鼠官网（http：//www. fivcd. com/）得知，硕鼠 FLVCD 视频下载软件已经支持包括主流视频网站、网络电视台、综合视频网站、教程视频网站、游戏视频网站、音乐 MV 网站和国外视频网站在内的共 86 个网站的视频下载服务；而维棠 flv 视频下载软件（http：//www. vidown. cn/）支持视频下载的网站数量更是惊人，目前已达到 195 个网站，包括"综合、主流、网络电视台、教育、音乐、动漫、体育艺术、游戏、广场舞、国外、短视频、新闻资讯、社交"等13 类网站。

如果用户想要下载央视网中"地震发生时应如何逃生"的在线教育视频，下面以"硕鼠 FLVCD 视频下载软件"为例说明在线视频下载的步骤。

【第 1 步】安装硕鼠 FLVCD 视频下载软件，并将其打开。

【第 2 步】将视频所在的网站地址复制到硕鼠软件的地址栏内，单击输入框右边的"开始"按钮（图 4 - 18）。

图 4 - 18　硕鼠官网

【第 3 步】软件进入到视频解析界面（图 4 - 19），我们能清晰地看到视频所在的真实地址以及视频的文件格式，这时用户可以选择用硕鼠下载，也可以选择用右键单击该地址选用"目标另存为"的方式下载。

图 4 - 19　在线视频解析界面

2. 使用临时文件夹下载视频

使用临时文件夹下载在线视频是一种不需要安装第三方软件，且稳妥、有效的在线视频下载方式，就是使用浏览器缓存。浏览器为了提高查询效率，将网页中所有信息，包括视音频、图形图像、动画、Web 文档在内的所有对象都暂时存放在浏览器的缓存区中，当用户再次访问该网站，浏览器首先从缓存区中调用，这样在很大程度上提高了用户访问网页的速率，所以利用"浏览器缓存"下载在线视频不失为一种良策，对于使用 Windows XP 系统的用户请不要错过，对于 Windows 7 及以上系统的用户，目前这种方法不太适用下载在线视频，因为操作系统对临时文件夹进行深度隐藏，不方便查找视频文件。其具体操作步骤如下。

【第 1 步】播放在线视频，让视频缓冲到百分之百。

【第 2 步】找到浏览器的临时文件夹并打开。打开浏览器，单击"选项"按钮，选择"Internet"选项，单击常规选项卡中"浏览历史记录"下的设置，再单击查看文件，即可看到该文件夹下缓存了很多种类型的文件。

【第 3 步】查找在线视频。在临时文件夹中综合文件类型（视频文件一般为 FLV 格式或 MP4 格式）、文件大小以及访问时间，找到视频文件，将其复制到其他路径下再使用。

3. 使用火狐浏览器下载视频

使用火狐浏览器下载在线视频，需要安装 Video Download Helper 插件，这个插件会自动侦测网页中是否有视频存在。当用户使用火狐浏览器访问到有视频的网页时，Video Download Helper 插件会转动，单击此转动图标后面的下拉箭头选择下载视频即可。

（二）在线教育视频的下载实践

上述在线教育视频的下载方式简单易学，请选择一种方式来尝试。

第三节　管理网络化教育资源

网络化教育资源类型丰富多样，获取方式各异，对于获取到的网络化教育资源如何存储、管理，成为网络化时代人们考虑的现实问题。本地计算机的数字化资源通过"资源管理器"分磁盘、按文件夹的方式将资源分门别类地整理，在需要时能够快速找到，下面介绍在网络资源中如何高效存储与管理。

一、熟用"云盘"存储学习资源

网盘，全称网络硬盘，是近几年网络公司推出的一种网络存储服务，它为网盘用户免费提供了几 G 到几 T（1 T＝1024 G）不等的存储空间，允许用户上传、整理（包括新建文件夹、删除、移动等操作）、查看、下载、备份、共享文件等诸多服务。网盘用户不论使用哪种设备，计算机还是智能手机，只要能够连接到网络就能访问网盘查看文件，实现了网络资源的随时随地存储、整理与分享。

目前，网盘有多个版本，有网页版的，不用安装其他软件只通过网页便能实现文件的各种操作，但是效率较慢；有客户端版本的，需要网盘用户下载并安装客户端软件，通过这个软件能快速实现文件的各种操作，在手机和计算机上都能安装使用。目前，国内可以使用的网盘有"百度云盘""腾讯微云"等（表 4－12）。用户在网盘存储资源时，一定要合法使用，不要用网盘存储、共享黄色信息、非法信息和盗版信息，共同为创建绿色、安全的网络存储环境贡献力量。

表 4 - 12　网络资源收藏夹工具

名称	网址
360 收藏夹	http：//www. se. 360. cn/
IE 收藏夹	http：//ie. microsoft. com/
百度网盘	https：//pan. baidu. com/
腾讯微云	http：//www. moocs. org. cn/
新浪微盘	http：//vdisk weibo. com/
有道云笔记	http：//www. icourse163. org/
募格编辑	http：//www. mogoedit. com/
新浪微博	http：//www. weibo. com/
新浪博客	http：//blog. sina. com. cn/

　　掌握浏览器收藏夹、云盘或网盘、云笔记、微博、博客、社会性软件（RSSFeed 订阅）等软件工具的注册方法，并能够利用 360 浏览器收藏夹、IE 浏览器收藏夹、百度网盘、腾讯微云、新浪微盘、有道云笔记、新浪微博等网络收藏工具进行网络化学习资源的分类存储、归类管理与资源分享。

　　下面以"360 浏览器"为例，重点介绍如何注册 360 浏览器，如何使用 360 浏览器的网络收藏夹功能进行有效的知识管理（图 4 - 20）。

图 4 - 20　360 浏览器网络收藏夹

二、巧用"网络书签"收藏资源

　　我们在浏览网页时，有时会无意间发现一个很有价值、有意义的网站。如何保存它们便于随时随地访问呢？很多人因这个问题而困惑，因而这个问题成为很多人共同的诉求。先来讨论一下使用浏览器的收藏夹能不能解决这个问题。每一款浏览器都有收藏夹，用于用户将发现的网站收藏起来并加以整理，但是它存在诸多问题，例如，收藏夹不能跨浏览器使用，即使在同一计算机中安装两个浏览器，在 IE 浏览器中收藏的网站在 360 浏览器收藏夹中却找不到；收藏夹只能在当前计算机中使用，即便是同一办公室的两台计算机都安装同一款浏览器，但是在其中一台计算机收藏的网站却在另一台计算机的收藏夹中找不到；计算机重装系统后，原收藏夹保存的网站会全部丢失，除非事先将网址导出；在网吧等公共场所上网，使用收藏夹不方便保存网站。鉴于此，使用浏览器的收藏夹不能随时随地访问收藏的网站，有没有其他的解决方案呢，下面一起认识一下网络书签。

网络书签也被称为社会化网络书签、网络收藏夹或网摘，它是一种以超链接的方式收藏网址的独立网站，它收藏网址非常方便，可以对资源进行个性化描述，也可以与浏览器进行整合应用，可将浏览器事先收藏的网站导入到网络书签中，也可将网络书签收藏的网址导出到浏览器收藏夹中；还可以帮用户管理大量收藏，对网址进行分类整理；同时提供会员认证管理，保证网站资源的安全性。下面以"方片收集"网络书签为例（图 4 – 21），重点介绍如何使用网络书签进行有效的知识管理（图 4 – 22）。

图 4 – 21 "方片收集"网络书签

图 4 – 22 "方片收集"网络书签的编辑功能

社会化网站大致分为 SNS 类、微博类、书签类、工具类等网站。SNS 类媒体，如 QQ 空间、百度空间、人人网、开心网、搜狐白社会等；微博类媒体，如新浪微博、腾讯微博、网易微博、搜狐微博等；书签类媒体，如 QQ 书签、百度搜藏、新浪 vivi 等；工具类媒体，如 Gmail 邮箱、Hotmail 邮箱、抓虾、鲜果等；有了网络书签，网络用户只要能链接到网络就可以随时随地看到自己收藏的网站，通过收藏的网站还可以帮助用户不断发现网络资源，形成资源库，逐渐扩大自己的阅读范围。目前，好用的社会化网络书签有很多（表 4 - 13）。

表 4 - 13　优质社会化网络书签

书签名称	网址
歌德书签	https：//www. gede123. com/
源泉书签	http：//www. yuanquanshuqian. com/
收趣云书签	http：//shouqu. me/
ITSEQ 云书签	http：//www. erlyun. com/
收藏吧	http：//www. sc8. cn/
人人网络收藏夹	http：//www. zq－rencaiwang. com/
百度搜藏	https：//wenzhang. Baidu. com/
勺子收藏夹	http：//shaozi. info/app/home
方片收集	http：//funp. in/
36 镇	http：//www. 36zhen. com/
易集	http：//www. yijee. com/
分享家	http：//www. ifxj. com/

第四节　捕捉网络化教育资源

　　社交媒体工具大致分为工具类媒体、微博类、SNS 类媒体、学术论坛类等，工具类媒体如网易邮箱、QQ 邮箱、Google 邮箱、新浪邮箱等；微博类媒体如新浪微博、腾讯微博、网易微博、搜狐微博等；SNS 类媒体如微信、QQ、Facebook. Twitter 等；学术论坛类如科学网、经管之家、小木虫论坛、知乎、豆瓣、豆丁等（表 4 - 14）。

表 4 - 14　社交媒体

媒体类型	名称	网址
工具类社交媒体	网易邮箱	http：//mail. 163. com/
	QQ 邮箱	https：//mail. qq. com/
	Gmail 邮箱	http：//www. gmail. com/
	新浪邮箱	https：//mail. sina. com. cn/register/regmail. php
	139 邮箱	http：//mall. 10086. cn/
微博类社交媒体	新浪微博	http：//www. weibo. com/
	新浪博客	http：//blog. sina. com. cn/
	搜狐微博	http：//t. sohu. com/
	腾讯微博	http：//t. qq. com/
	科学网博客	http：//blog. sciencenet. cn/
	网易博客	http：//blog. 163. com/
	人民网微博	http：//t. people. com. cn/indexV3. action
	凤凰网微博	http：//t. ifeng. com/
	和讯网微博	http：//blog. hexun. com/
	新华网微博	http：//www. xinhuanet. com/
	有道云笔记	http：//note. youdao. com/

媒体类型	名称	网址
SNS 类社交媒体	微信	https：//wx. qq. com/
	QQ	http：//www. qq. com/
	人人网	http：//www. renren. com/
	Facebook	https：//www. facebook. com/
	Twitter	https：//twitter. com/
	Linkedin	http：//www. linkedin. com/
学术论坛类社交媒体	科学网	http：//www. sciencenet. cn/
	经管之家	http：//bbs. pinggu. org/
	小木虫	http：//muchong. com/
	知乎	https：//www. zhihu. com/
	豆瓣	https：//www. douban. com/
	豆丁	http：//www. docin. com/
	爱问共享	http：//ishare. iask. sina. com. cn/
	考研帮	http：//download. kaoyan. com/
	考研论坛	http：//bbs. kaoyan. com
	考试点	http：//bbs. kaoshidian. com/
	专属微吧	http：//www. zhuansoo. com/vbar/

　　掌握邮箱、微博、博客、SNS 社交媒体、学术论坛等软件工具平台的注册方法，并能够利用网易邮箱、新浪微博、科学网博客、微信、QQ、小木虫、经管之家等社交媒体工具进行网络化学习资源的分类存储、归类管理与资源共建共享。新浪博客、新浪微博也是目前互联网中使用率最高的网络交流工具之一。

　　教师之间、学生之间、学生与教师之间都可以通过新浪微博、新浪博客进行学习反思交流、学习资源分享、生活琐事倾诉等。

　　下面以"新浪博客"为例，重点介绍如何注册一个新浪博客，如何设定新浪博客，如何利用新浪博客交流学习心得、分享学习资源、记录青春痕迹。

　　【第1步】填写注册信息，注册新浪博客。首先，选择注册何种新浪博客，可从手机注册、邮箱注册中进行选择；其次，选择博客类型，填写相关信息，即可完成新浪博客的注册（图 4－23）。此外，还可在手机上下载一个"新浪博客 APP"，实现移动化学习资源分享。

　　【第2步】设定新浪博客，分享学习资源。新浪博客注册完成后，可利用"设置"菜单中的修改个人资料功能对个人信息、头像昵称、登录密码和博客地址等信息进行个性化设置（图 4－24）。

　　新浪博客设置完成后，可利用新浪博客进行学习反思交流、学习资源分享、成长痕迹记录，以留住宝贵青春中的美好瞬间（图 4－25）。

　　【第3步】设定新浪微博，传播学习正能量。新浪博客注册完成后，可利用"设置"菜单开通相应的新浪微博（图 4－26）。

　　利用新浪微博来结交学术友人、交流学习心得、分享学习资源、倾诉生活琐事、记录成长痕迹，以传播学习、生活正能量，留住生活中的美好瞬间（图 4－27）。

　　掌握移动 APP 应用程序软件进行移动化、泛在化学习，如 Google 应用程序 APP 软件工具（图 4－28）。

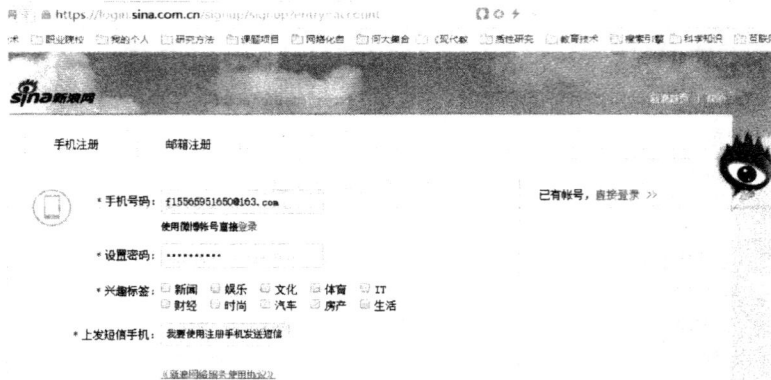

图 4 - 23 注册新浪博客

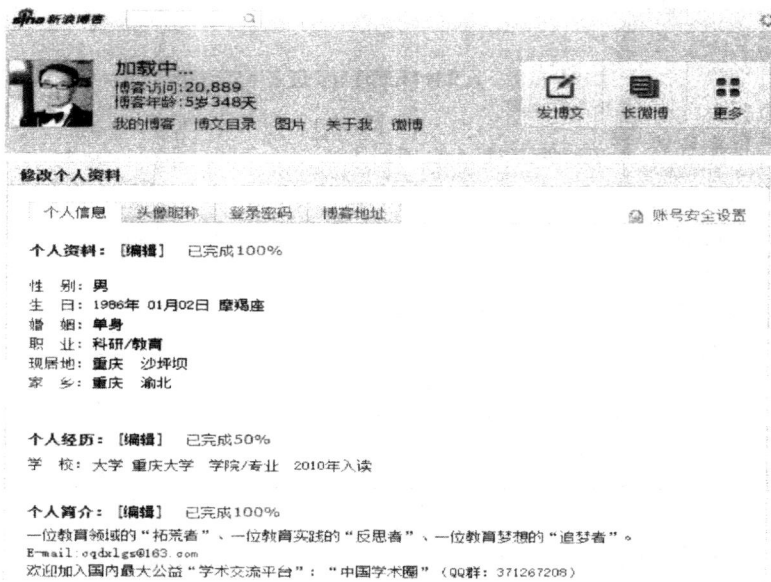

图 4 - 24 设定个人资料

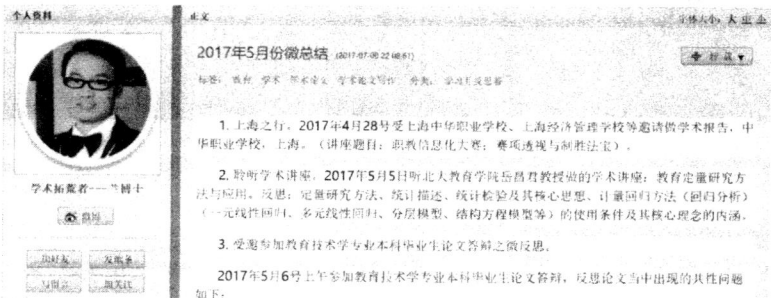

图 4 - 25 分享学习资源

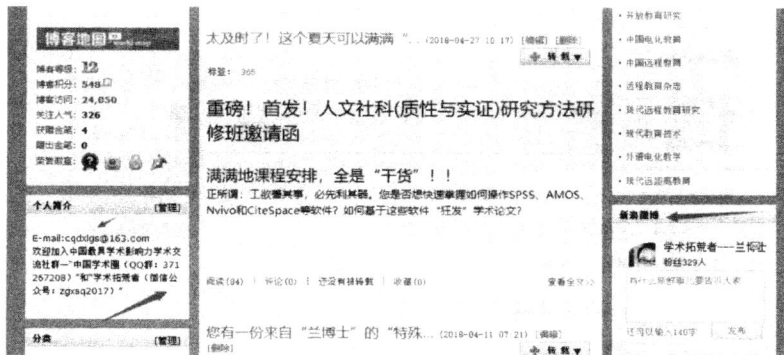

图 4 - 26　单击新浪微博

图 4 - 27　记录成长轨迹

Google Chrome、Google Maps、YouTube、Google+、Google Play、Google Search、Google Voice Search、Gmail、Google News、Google Drive、Google Docs、Google Translate、Google Earth、Google Books、Google Photos、Hangouts、WordPress、Pocket、Facebook、Twitter、500PX、Flickr、Quora、Pinterest、Yanoo、Yanoo Email、BuzzFeed、Instagram、feedly、极客快讯、Flipboard、SmartNews、Hi-Q MP3 Recorder、RecForge Pro、随身乐队、练耳大师、Piano Ear、The One、soundcloud、网易云音乐、QQ音乐、Poweramp、Skype、TED、多邻国、Tumblr、Fuubo、Ask.fm、推酷、微博、QQ、微信、淘宝、UC、豆瓣、知乎、快图浏览、豌豆荚、优酷、中国象棋、KungFu、Doodle Jump、数独

图 4 - 28　移动 APP 应用程序软件

第五章

专题学习网站共建共享

第一节　专题学习网站的理论基础

专题学习网站是近年来我国教育研究者对信息技术与课程整合模式的一种有益的探索和尝试。"这种整合模式主要适用于在因特网环境下，对某一专题进行较广泛、深入的研究学习，并借此培养学生创新精神和实践能力，提高学生的综合素质。"是教育研究者根据我国教育改革实际需要，在教育改革中创造性地应用网络技术的一种具体方式。

一、专题学习网站的考察

网络通信技术拓展了学生的学习空间，创设了交互式的学习环境，为教师与学生提供了丰富的教育资源，基于网络的学习应运而生。近些年来，国内外教育学者陆续设计开发出"知识资源型网站""WebQuest 学习网站""专题学习网站"等网络学习方式。这些网站有着相同的特征（例如，都充分利用了网络即时通信的便利条件），也存在着一定的差异（例如，对教育资源的利用方式各不同）。但是，它们之间并不是割裂的，而是研究者在对网络学习实践过程中，逐步形成的一个网络学习连续体，后者继承前者的优点，克服前者的不足，依据教育需求逐渐完善网络学习环境。因此，在对专题学习网站的考察过程中，就有必要从"网络学习连续体"的角度进行分析和归纳，以更好地理解专题学习网站的意义和特征。

（一）知识资源型网站

知识资源型网站是由社会机构开发的具有丰富多样学习资源的网站。例如，数字化图书馆、网络报刊、多媒体电子书、网络博物馆等。这些网站为学习者提供了海量的学习资源。例如，中国国家数字图书馆（http：//www.nlc.gov.cn/）既安排了数字图书、期刊、论文等文本内容，也增加了音乐、影视等音视频信息。学习者在学习过程中，通过查询网络资源来解决学习问题，通过网络检索机制获取自己所需要的知识，进行自主学习。

基于知识资源型网站的学习是学习者基于现实问题对网络资源进行搜索和应用的一种学习方式。它不仅限于学校教学，在日常学习生活中，学习者也都可使用相应的网络资源开展学习，解决问题。其应用过程主要为：学习者遇到学习困难，利用网络搜索引擎在网络中搜索相关知识，将相应的内容应用于学习过程中，解决现实的学习困难，进一步开展学习。这种应用方式的优点主要表现：其一，学习资源的多样性。网络为学习者提供了多样的学习资源，如文本、图片、声音、视频等，有利于学习者通过多种学习媒体理解学习内容。其二，学习资源的链接性。通过超链接技术，学习者可以按照个人的思维方式进行资源应用，便于学习者的深度学习。其三，学习资源的便捷性。利用网络搜索引擎学习者比较便利的获取所需要的学习资源。利用搜索到的网络资源解决学习过程中的问题。

知识资源型网站有着资源丰富、媒体多样的优势，但其中也存在着一些不足甚至危险。例如，网站资源的真假难辨。有些网络资源存在着欺骗性和虚假性的内容。由于很多网络资源是由网络应用者共同建设和发展起来的，没有像书刊出版物那样经过必要的审核和检查，这要求"网络使用学习者必须要具有一定的信息分析和判别能力"，无疑加大了学习者对网络信息使用的难度；网络资源下载和复制的便利性也容易使学习者盲目地引用他人的成果，养成惰性，而缺少对资源的深入研究；此外，网络中连续的超链接也容易使学习者在网络资源中迷失学习方向，浪费宝贵的学习时间。所有这些不足都表明，基于网站资源的学习并不是简单的搜索和复制，在应用过程中同样还需要教学者对网络资源进行设计和导引，帮助学习者按照学习需要使用网络资源，提高学习的效率。基于上述问题，一些教学设计者又开发了基于网络资源的学习设计。其中，基于 WebQuest 的学习很为国内外的教育界人士接受和认可。

中国国家数字化图书馆

国国家图书馆是全世界最大的中文文献信息收藏基地，同时也是我国最大的外文文献收藏基地。2000 年，为了适应全面建设小康社会对文化事业的必然要求，形成全民学习、终身学习的学习型社会，国家图书馆开始了"国家数字图书馆工程"的建设。如今，国家数字化图书馆已经形成了集电子图书、电子期刊、影音资源、特色资源于一体的数字化资源库。同时还提供：资源列表、工具书在线、网上咨询、工具下载、在线展览、在线培训等远程服务。此外，国家图书馆还专门针对儿童学习的需要，建立了国家少儿数字图书馆，为儿童成长提供了丰富的学习资源。随着师生对教育资源认识的深入，国家数字化图书馆已经成为我国中小学教育资源的一个重要来源。

图 5 - 1　中国国家数字图书馆

（二）WebQuest 学习网站

WebQuest 学习网站是一种基于网络资源的授课计划或课程单元。一定程度上，它是对知识资源型网站的创造性改造和发展。这种学习模式不仅强调学生搜索和应用网络资源，同时也对学生学习和资源应用的过程进行有针对性地设计和开发。从学习者的角度链接学习资源、设计学习过程。

20世纪90年代，圣地亚哥州立大学的伯尼（Bernie Dodge）等人通过研究网站来支持学生开展探究学习，并将此活动模式定义为WebQuest。其特点表现：①有一个明确的主题，活动过程中学生可根据需要生成多个具体的研究问题；②学生通过寻求网络信息来解决活动问题，完成学习作品；③问题的解答并没有唯一性，同学可以通过小组合作方式完成具有个性化的学习作品。

WebQuest可以是一种短期性的探究活动（1～3课时完成），也是一种较长期性的探究活动（1周至1个月完成）。为了使这种学习模式有效地展开，伯尼等人将该模式设计为6个主要组成部分，分别为情境介绍、任务描述、活动过程、网络资源、活动评价和教学总结等。各部分设计要点如下。

（1）请进介绍（Instruction）：是对所"探究"问题的一种简要说明。一般来说，设计者将问题设置于一个真实的情境中，通过现实的问题来激发学生的活动兴趣，引导学生做好研究的准备。

（2）任务描述（Task）：是对于学生学习过程中所要完成的任务和结果的表达。通过任务说明帮助学习者把注意力集中于他们将要进行的活动上，使学生明确最终的学习目标和活动结果。

（3）活动过程（Process）：简述学习者的活动过程，其中包括活动过程的基本步骤，每个步骤中的建议和策略。活动过程中的设计如同活动过程中的"脚手架"一样，帮助学习者有节奏的开展活动。

（4）网络资源（Resources）：主要是指学习者完成活动任务所必需的信息导航资源。这些资源包括符合学生学习需要的第一资源，代表不同观点的信息，网络文本和数据库信息等。通常这些资源以链接方式出现。

（5）活动评价（Evaluation）：给出与学习任务相一致的评价标准，说明学生活动过程和活动结果所需要的评价方式。评价量表（Rubric）和活动记录表是活动评价经常采用的评价工具。通过这些评价工具，教师、学生、家长都可参与评价。

（6）教学总结（Conclusion）：活动完成后师生对学习活动的共同及总结。总结活动有利于学习者实现对学习到的知识与技能系统化，也可帮助学生对学习内容作更深一步的思考，促进学生将活动经验扩展到其他活动领域。

WebQuest学习网站和相应的学习模式之所以在教育界受到关注是因为它依据现代教育理论，对学习者的学习活动进行了整体的设计和开发，充分发挥了网络学习资源丰富性和多样性的优势。相对于早期基于知识资源型网站的学习模式，这种有针对性的学习设计模式，提高了学生的学习效率，帮助学生有目的地开展学习，快捷地应用网络资源，避免了网络迷失现象。近年来，随着WebQuest的推广和应用，研究者发现WebQuest的学习模式也还存在着一些的不足和需要完善的地方，主要表现在：其一，网站缺少师生的互动设计。由于缺了师生、生生之间即时性的学习研讨，学生出现学习问题时难以得到及时的学习帮助。即使网站设计时渗透了学习"脚手架"的思想，但缺少了外在力量的帮助，有些学生依然难以进行自我攀登；其二，无法实现生成资源的及时共享。学生的学习作品，学习过程中的新观点、新理念无法通过网站实现师生共享。学生生成性的学习资源难以得到有效的利用和开发。由此可见，WebQuest 学习网站在网络活动交互性和网络资源生成性方面都还有待进一步的加强。

WebQuest 学习网站案例

《杂志设计》是奥本大学（Auburn University）埃伦教授等人共同创建的基于学生探究的 WebQuest 学习网站。其组成部分包括：介绍，任务，过程，评价等七个部分。网站中的"介绍""任务"和"评价"较强地反映出 WebQuest 学习网站对学生探究活动的支持作用（图 5－2）。

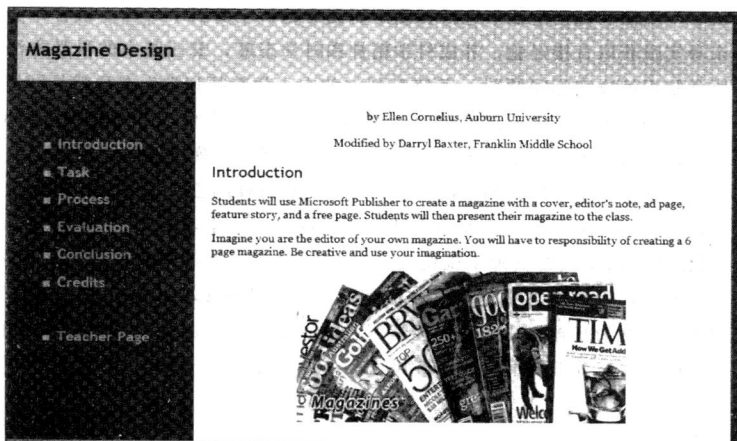

图 5－2　WebQuest 学习网站案例

"介绍"页面分析了本次学习活动的基本背景和活动意义，指出"在日常生活中，我们会看到各种各样的期刊杂志，有科学研究的，也有生活指导的，现在您是某种杂志的主编，请您设计一期，有意义的、吸引人的杂志"。

"任务"页面限制了期刊的主题范围，如将杂志的主题限制为文体活动、商业卫生、学校教育等范围。同时也描述了本次活动的任务。指出"您需要设计封面页、杂志说明、内容页、广告页等六个页面内容"。

"评价"页面采用量表的方式对杂志内容的语法、结构、汇报、综述等方面的等级要求做了详细的描述。评价量表的设计对教师评价、自我评价、学生相互评价起到指导作用。也有利于学生对自我作品的完善和改进。

（三）专题学习网站

近年来，网络资源在我国中小学得到快速发展。尤其是"校校通"工程的逐步推进、校园网的建设、教师教育技术能力的培训为基于网络的教学创设了良好的实施环境。网络教学成为当前教育改革的一个热点课题。例如，上海宝山区开展的 WebQuest 教学实验，广州天河区开展的基于网络资源的学习教学设计等。与此同时，网络资源建设与应用的实践，也让我国一些教育学者认识到其中的问题和不足："虽然网络教育资源内容繁多，但存在资源冗余现象，师生难以快速获取所需信息等问题。"不能有效解决这些实践中的伴随问题，成为制约网络有效应用的"瓶颈"。我国第八次课程改革中，"研究性学习"的提出也加强了教育界对信息技术应用方式的思考。研究性学习是以"学生自主性、探究性学习为基础，从学生生活和社会生活中选择和确定研究专题，主要以个人和小组合作的方式进行，通过亲身实践获取直接经验，养成科学精神和科学态度，掌握基本的科学方法，提高综合运用所学知识解决实际问题"。而阵容强大的中小学教师和学生本身就是网站学习资源和开发和建设的强大力量。通过专题学习网站，一方面师生可以有效地利用网络资源；另一方面也可以生成和创造网络资源，提高学生的研究能力，实现网络学习资源的共建和共享。我国中小学专题学习网站的建设与应用，正是在这样的宏观背景下开展的。

为了更好地运用网络资源，开展研究性学习，我国一些学者提出了"专题探索—网站开发"的学习模式。该模式建议师生围绕一个特定的主题，进行网站和内容的整体架构，在此基础上以研究性学习的方式组织、查阅相关资源，生成具有一定结构化专题知识网站。师生以专题网站为基础，开展研究性学习，随着学生过程的深入和学习作品的完成，专题学习网站的学习资源得以不断的丰富和完善，实现网络学习资源的再生和共用。支撑这种模式开展的专题学习网站主要包括四个组成部分。

（1）展示与学习专题相关的结构化的知识，把与课程学习内容相关的文本、图形、图像、动态资料等进行知识结构化重组。

（2）将与学习专题相关的、扩展性的学习素材资源进行搜集管理，包括提供学习工具（字典、辞典、读音、仿真实验）和相关资源网站的链接。

（3）根据学习专题，构建网上协商讨论，答疑指导和远程讨论区域。

（4）搜集与学习专题相关的思考性问题、形成性练习和总结性考查评测资料，让学习者能进行网上自我学习评价。图5-3是这一模式的结构模型。

分析"专题探究—网站开发"的学习模式可以看出，专题学习网站是一种资源型的学习网站，但它又不同于传统的学习资源网站。它整合了学习资源及学习过程的学习软件，借助现代信息技术与网络，提高学生的信息素养，培养学生的学习能力；专题学习网站是一种有针对性学习活动设计，但它又不同于WebQuest模式化教学设计。它不仅围绕某一主题安排网

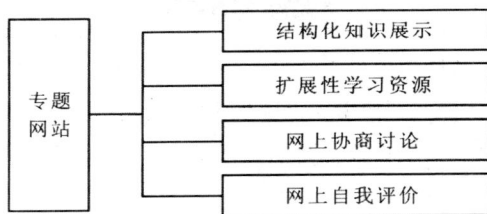

图5-3 专题学习网站结构模型

络资源，提供网络链接资源，还有针对性地设计了开放性的交互平台，便于师生对教育资源的开发和共享。由此可见，专题学习网站是对知识资源型网站和WebQuest学习网站的继承和发展。它围绕某一专题进行的详细而深入的资源建设，通过资源呈现、动态交互、资源再生等功能帮助学生自主学习、合作学习、探究学习。引导学生在网络创设的学习情境中（例如，真实的问题情境，虚拟现实等）收集信息、分析信息，利用信息工具进行知识重构，生成信息，实现资源专题化组织和接续式的渐行渐深的累积。

二、专题学习网站的教学功能

专题学习网站以丰富的站内资源和灵活的信息处理平台为研究性学习提供了一个广阔的空间。网站内部技术工具的多样性和互动交流的便捷性也便于学习者开展合作学习。专题学习网站的教学功能主要表现为：情境创设、资源提供和互动交流等方面。

（一）专题学习网站的情境创设功能

情境教学是指创设含有真实事件或真实问题的情境，学生在探究事件或解决问题的过程中自主地理解知识、建构意义。为了能使每一个学习主体基于自身的经验积极主动地学习，

教学活动就有必要为学生创设一种开放的、充满选择机会的情境。但是，在现实教学中一些学习事件或现实问题难以在课堂教学中真实发生，还有些事件也不可能在课堂中真正实现（例如行星的运行，日、月食的发生等）。但是，通过专题学习网站的媒体资源和远程传输功能，教师就可以为学生呈现一种模拟真实的学习情境，学生同样也可感受到真实情境中的现实问题。

"地球与月球"专题学习——月相的变化

通过专题学习网站教师为学生呈现月球围绕地球运行的模拟情境，学生通过观看月球与地球的模拟运行过程，感受两者之间的运行规律，理解月食的形成过程。

1. 情境创设，问题引入

学生观察专题网站中月球自转与公转的模拟运行图，感受月球在转动过程中"月相变化的规律"。

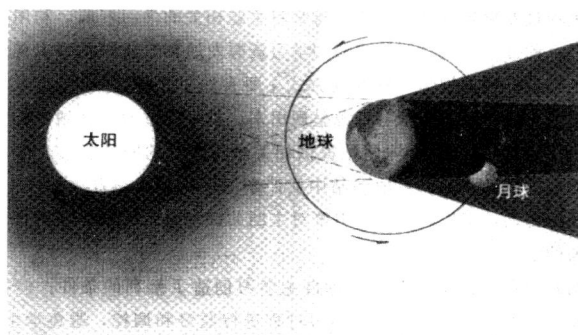

图 5－4　月-地-日运行模拟演示图

2. 基于网站，探讨规律

学生基于专题网站中提供的学习资源，分析月相变化的规律，探究月—地—日之间的位置关系（表 5－1）。

表 5－1　月-地-日之间的位置关系

月相	日期	看到的形状	月出时间	月落时间	见月情形
新月	初一	不可见	清晨	黄昏	彻夜不见
上弦	初七、初八	右半个	正午	半夜	上半夜西边
满月	十五、十六	整个	黄昏	清晨	通宵可见
下弦	廿二、廿三	左半个	半夜	正午	下半夜东边

3. 分组研讨，教师总结

小组一；　　　　　小组二；　　　　　小组三

教师总结：月相变化的周期：新月→蛾眉月→上弦月→凸月→满月→凸月→下弦月→蛾眉月→新月：即朔→望→朔。朔望月≈29.5 天（农历月）

专题网站为学生提供的多媒体性质的学习资源，一定程度上也可以为学生创设模拟真实的学习情境。在学习情境中学生发现问题，激发学习兴趣，利用网站中相关的资源解决问题，自主地开展研究性学习。

（二）专题学习网站的资源提供功能

专题学习网站可以突破学生获取教育资源的时空限制，为学生提供适当的学习资源和参考信息。学生通过专题学习网站，搜索与学习主题相关的学习资源，利用相关的资源解决学习中的问题。此外，学生也可将相关的学习资源发送到专题网站中实现网站资源的共建和共享。专题学习网站提供学习资源的方式主要有如下几种。

（1）专题学习网站通过视频、图片、文本等方式可直接将学习资源呈现出来。学生通过专题网站中的搜索引擎直接进行信息搜索和应用。

（2）专题学习网站提供相关学习资源的网址链接，学生通过网站链接的方式进入相应的资源网站，获取网站中支持学习活动的学习资源。

（3）专题学习网站提供相关的主题关键词，学生利用搜索引擎对主题关键词进行搜索，在因特网中获取更多与学习主题相关的学习资源。

专题学习网站的资源提供功能为学生自主学习创造了便利的条件。但是在实际教学中，教师还需要对学生基于网络资源的学习过程进行监督和调控，避免学生出现"网络迷失"现象。例如，学生在开展《桥》专题网站学习时，最初还能依据学习问题对"桥"的类型、特征、发展历史、建造方式开展资源搜索。随后，学生在资源搜索过程中发现了以《桥》命名的电影，并开始欣赏节目。但是在观看影片的过程中，学生却忘记当时活动的主题，花费很多的时间关注其中的故事情节。活动结束时，学生却迷失于电影剧本之中，没有完成相应的学习任务。因此，学生基于专题网站资源搜索的过程，同样也是教师指导教学的过程，教师应及时发现学生的学习问题，帮助学生完成学习任务。

"桥"专题网站的学习资源

"桥"专题学习网站以扩展资源的方式创设了与《桥》内容相关的多种多样的学习资源。这些资源包括"桥的结构""桥的电影""桥的音乐""桥梁与人物""桥梁邮票"等内容。相关资源的设计与组织，不仅激发了学生的学习兴趣，也提高了学生的学习效率。如下是教师在《说不尽的桥》综合活动中通过专题网站提供的分类学习资源。

图 5-5　专题网站中的学习资源

1. 关于桥的知识

梁桥：梁式又称梁柱式，是在水中立桥柱或桥墩，上搭横梁，连而成桥，有单跨多跨之分。

浮桥：用舟或其他浮体作中间桥脚的桥梁。

吊桥：古时设置在城壕上的桥，现在为悬索桥和斜拉桥的统称。

……

2. 古今中外形形色色的桥

中国古代桥梁之最：

现存最古老的敞肩拱石桥是河北赵县赵州桥。隋朝开皇十五年至大业元年（595—605年）建。

现存最早的也是桥洞最多的联拱石桥是江苏苏州宝带桥。

……

（三）专题学习网站的互动交流功能

协作是学生进行知识建构的一种有效方式。学习合作可以促进同学间互通有无，分享相互的知识。师生之间的合作，可以为学习创造一种积极思考的氛围，激发学生的学习兴趣。尤其是随着网络技术的发展，专题学习网站的互动交流功能为学生创建了跨时空合作的机会。协作主要表现为如下特征。

（1）交流活动主动性。基于专题学习网站的活动是以学生为中心的，学生协作能否发生以及如何发生，完全取决于学生根据自己学习需要而定。学生是学习的主体，学生控制着协作学习的过程。

（2）交流方式灵活多样。专题学习网站环境为学生提供了多种交流方式与交流手段，学生可通过 BBS、E－mail、问题栏等异步通信方式进行交流，也可通过在线会议、聊天室等同步方式进行交流。

（3）交流对象多样性。专题学习网站的交流空间是一种广泛的交流空间。它不受人数的限制，也不受时空的局限。教师、学生、家长以及其他人员等具有网站注册资格的成员都可针对学习问题进行交流，发表个人的观点和想法。

（4）交流具有独立性和拓展性。专题学习网站不仅提供了公共的交流平台，如 BBS、信息栏、问题栏等，也提供了小组独立交流空间和个人拓展交流空间。通过专题学习网站，小组同学可以建立小组活动室，组织小组研究，开展合作学习。个人也可以建立自己的活动室，组织和吸引其他成员进行交流。专题学习网站跨时空、大范围、灵活性的交流特征为学生的合作学习开辟了新的舞台。

三、专题学习网站的教学应用模式

近些年来，为了适应基础教育课程改革需要，实现信息技术与课程的有效整合，基于专题学习网站的教学研究成为一个热点话题。"十五"期间，中央电教馆组织开展的《基于现代信息技术环境下的学与教的理论与实践研究》，倡导专题学习网站的建设和应用，并指出"作为一个跨学科的、以专题形式建立的教育网站，不仅可以解决学科教学中的信息技术应用问题，而且还为综合实践活动和研究性学习提供了解决的途径和方法，通过专门设计建设的专题学习资源，以网站的形式表现出来，借助于专题学习网站提供的平台，开展自主学习、合作学习"。事实上专题网站应用过程中，由于存在着地区、学校、网站结构和内容的变量因素，专题学习网站应用模式和方法也多种多样。总结我国专题学习网站教学研究的成果可以发现一些卓有成效的专题网站教学应用模式。

（一）基于专题学习网站的自主探究学习

基于专题学习网站的自主探究学习突显了专题学习网站的认知工具特征。通过专题学习网站能创设主题学习情境，引导学生发现问题，思考解决问题的方法和策略，建构个人知识体系。其教学过程的基本环节为：首先，教师利用专题网站创设与学习主题相适应的学习情境（例如，社会文化情境、自然情境、问题情境、虚拟实验情境等），引发学生对情境的观察、思考与操作。其次，教师指导学生观察事物的特征、事物之间的关系及内在规律，发现主题情境中蕴涵的学习问题，引导学生进行思考。学生对呈现的主题情境进行操作实践，利用网络资源寻求解决问题的方法和策略，形成学习观点（例如，提出学习观点、形成个人知识体系），向其他同学解释个人观点，听取他人意见。再次，教师和学生一起对学习成果进行归纳和总结，帮助学生形成科学的知识体系，进行个人知识建构。最后，通过专题学习网站设计以及相适应的学习问题，巩固学生学习，为学生学习创设多元学习评价的时机。

在基于专题学习网站的自主探究学习过程中，专题网站为师生的教学过程创设了与学习主题相适应的学习情境，提供了 NetMeeting、BBS 等互动交流表达工具，以学习主题为主线引导学生开展问题交流，表达学习体会，帮助教师及时发现学生学习过程中的问题。此外，专题学习网站中的试题数据库，可用以检验学生的学习成果，分析学生知识掌握程度，提供评价反馈信息。

分析上述教学设计过程和专题学习网站所创设的学习功能可以看出，专题学习网站为学生的自主探究学习提供了丰富的学习资源和有利的学习工具，学生在教师指导下，在专题学习网站环境中进行了知识的自我建构。图 5-6 是基于专题学习网站自主探究学习模式。表5-2 是"核能和核能的利用"网站自主探究学习的内容。

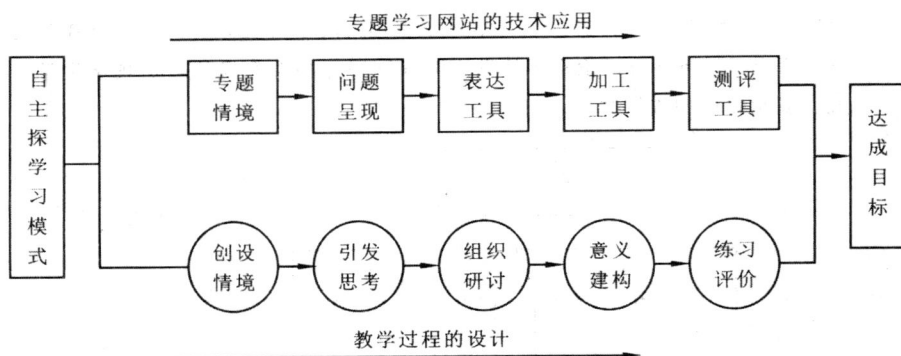

图 5-6　自主探究学习模式

表 5-2　"核能和核能的利用"网站自主探究片段

教师导学活动	学生自主探究活动
1. 在大屏幕上显示并介绍"核能"教学专题网站，提示学生首先浏览"学习目的"和"问题讨论"栏目，并根据老师提出的问题，进行"自主探究"，进入学习情景。 2. 引导学生进行自主研究性学习，并提供适当帮助和指导，对学生学习中碰到的问题作个别辅导	查阅"核能"教学专题网站"资料"库和相关链接，探索、思考相关问题： 问题一：为什么说核能是取之不尽、用之不竭的能源 问题二：核能将是 21 世纪的主要能量来源之一，21 世纪我国为大力发展核电，需要新建一批核电站，你认为我国新建核电站应该建在什么地方

(二) 基于专题学习网站的小组合作学习

基于专题学习网站的小组合作学习充分发挥了专题网站的合作交流功能。通过专题网站，教师设计学习任务，组织学生合作学习；小组成员通过协作、分工、研讨的方式解决学习问题，完成学习任务，培养小组成员的合作精神、交流能力和集体观念。

这种学习过程的基本环节为：教师介绍学习主题、专题网站特征和功能，提出学习目标和任务要求，帮助学生组织学习小组，设计合作活动方式。学生按照任务要求选择确定学习活动的子主题，制订主题学习计划（包括学习目标、小组分工、计划进度等）。学生利用专题网站中的学习资源合作完成学习任务，开展小组学习讨论，完成学习作品。最后，教师组织学生展示学习作品，实施多元评价，促使小组每位成员得到发展。

在基于专题学习网站的小组合作学习过程中，专题学习网站呈现了学习活动的整体设计（如学习目标，任务要求等），提供了与学习主题相关的学习资源，为小组合作学习开发NetMeeting、BBS、网络学习讨论室等活动空间和网络作品发布模块，实现学生学习作品的合作完成、多元评价和成果共享。

分析上述教学设计过程和专题学习网站所提供的学习功能可以看出，专题学习网站为小组合作性学习提供了交流平台和合作空间，在专题网站学习环境中，小组成员利用网络资源合作完成学习作品，提高小组成员的合作能力和共享意识。图5-7是基于专题学习网站小组合作学习模式图。

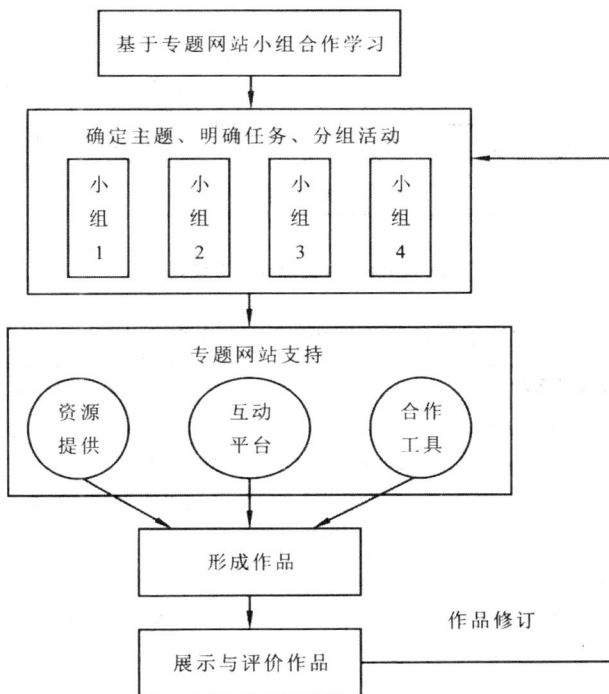

图5-7 小组合作学习模式

"和氏璧之谜"专题学习网站小组合作学习
——再现激动人心的旷世奇珍"传国玉玺"

任务：玉玺是我国古代帝王权力的象征。在我国历史上有着很多玉玺制造的传说。信息化高速发展的今天，计算机成为一种新的辅助制造的工具。今天，你需要与小组同学合作，根据你在网站上对相关的历史背景的学习了解，利用计算机技术来再现一枚数字化"传国玉玺"。

具体步骤：

公告板上公布任务，分配角色（这项任务需要"资料员""玉匠""书篆"等角色协作完成）。

学习者提交申请报名。

确定分工，明晰工作程序，制定工作日志，形成测评量表（投票、调查、讨论）。

各自开展活动：交流工作进展，从网络中获取帮助。"资料员"收集有关玉玺的各种信息并提出建议，"书篆"根据建议，拟书玉玺的篆文交由网上发布并投票表决，"玉匠"提出玉玺制作思路设想交网上讨论表决。完成玉玺制作的各项要件。

综合意见，修改、确认最后整合方案。

"玉匠"完成数字玉玺的制作。

对照"协作学习量表"小组评价。

作品发布，共享共用。

（三）基于专题网站的远程协作学习

基于专题网站的远程协作学习是在专题学习网站环境中，不同地区的学习者组成各自的学习小组，围绕同一个主题分别开展学习研究。团队成员将学习作品发布于专题网站中，丰富网站的学习资源，交流学习经验，共享研究成果的一种远程协作学习方式。

远程协作学习的过程包括如下几个基本环节：不同地区的学习者按照共同的学习兴趣组成学习团队，协商确定共同的学习主题；团队成员分别开展主题研究（或子任务研究），在专题网站中发布阶段性学习成果，全体成员共享学习成果；进行阶段性学习评价和学习总结，汇总各地区成员的学习成果，形成共享性学习资源。

专题学习网站在远程协作学习过程中，为不同地域的学习成员提供了交流互动的学习工具和作品发布的开放空间，全体学习成员通过专题学习网站进行学习交流和成果共享，为不同地域成员的合作学习创设了学习空间和协作氛围。其学习活动模式如图 5-8 所示。

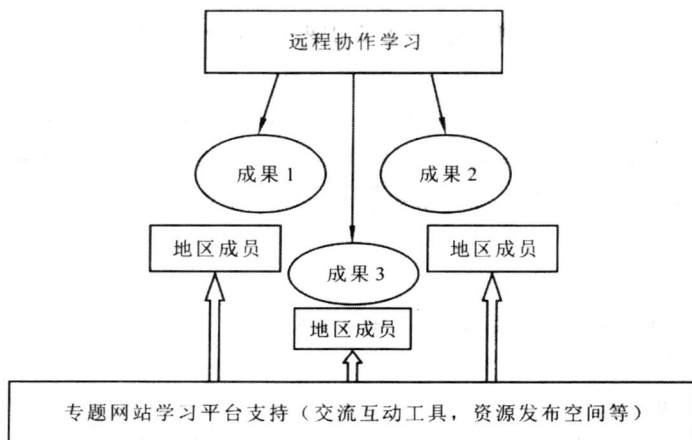

图 5-8　远程协作学习模式

生物课程远程合作研究设计

向日葵的成长

研究者分别在广东、吉林、江西选择三所基于专题网站教学的实验学校，组建跨地区的生物课题研究小组。小组成员共同设计搭建生物专题学习网站，远程合作开展三地向日葵成长项目研究。

研究目的：

（1）三地向日葵成长的过程中生物特征的差异。

（2）找出三地向日葵成长差异的原因。

（3）三校共享研究资源，分享研究中的快乐。

研究过程：

（1）三校"向日葵"研究小组在当地适时的情况下播种向日葵种子。

（2）小组成员每十天记录一次向日葵的生长情况，填写成长记录表。将图片和记录内容发布于专题网站，进行共享。

（3）远程交流向日葵成长的过程特征，分析不同地区成长差异的原因。

研究成果：

整理研究资料，合作撰写研究论文。

第二节　专题学习网站的设计与实现

网站的设计与开发是一项富有挑战性的工作。一个内容充实的专题学习网站从诞生到良好运行是一个复杂的系统工程。其建设包括选题、内容设计和系统设计几个步骤，涉及教育、技术、网络、管理等各个领域，需要各类专业人员（项目负责人、学科教师、技术开发人员、平面设计人员、教学实验教师）通力合作，共同完成。

一、专题学习网站的设计与架构

专题学习网站为学习者提供了丰富的学习资源，将学习资源按照学习主题进行适应性设计与开发，针对学习问题设计网络交流空间，为学生研究性学习的开展提供了一种新的支持环境。为了更好地实现专题学习网站的合作、开放、互动等网络学习功能，网站建设过程中，可由师生共同、合作开发研制，师生集体确定网站学习主题，以研究性学习的方式设计专题学习网站结构，组织、建设相关学习资源，生成具有一定结构化程度的网络专题学习环境。在基于专题学习网站开展研究性学习过程中，师生还应不断地丰富、改进网站的资源和内容。

（一）专题学习网站的主题选择与资源组织

专题学习网站是以"专题"为导向，以"专题"研究为学习过程的。专题学习网站主题的选择应反映出研究性学习的特征，促进学习者进行探究性、合作性和生成性学习，帮助学习者在相应的学习情境中形成具有个性化的学习成果。因此，网站主题制定时应遵循教学性、整合性、拓展性和开放性的原则。

（1）教学性原则。专题学习网站的一个重要目标是促进学生更全面地学习，帮助教师更好的开展教学。网站的"教学性"也正是专题学习网站区别于其他类型网站（如娱乐网站）的一个关键特征。因此，专题学习网站设计时要避免主题与学生学习内容相脱离的情况，而应充分考虑教学目标、教学内容、教学方法和教学评价等教学设计的各个要素（例如，通过对教科书的分析，对其中的一些教学内容适当加工后成为专题学习网站的学习主题），使专题学习网站成为学生创造性学习的网络空间。

（2）整合性原则。专题学习网站的设计理念是"围绕特定主题，从不同的角度入手，进行多方面知识的有机整合，形成专题知识库，让学生从整体来认识事物"。因此，专题网站主题的设计还应注重多学科知识之间的综合。主题的选择要体现知识的统整性和宽泛性，将不同学科的知识进行统合设计，帮助学习者进行知识学习的迁移和整合，培养学生知识的综合应用能力。例如，A校设计的"和氏璧之谜"专题学习网站就综合了历史、地理、语文、化学等多学科的知识。学习者通过该专题网站可以将多学科的知识进行综合运用，创造出具有个性化的学习成果。研究性学习过程中，学生不仅掌握了不同学科内部的原理性知识，也了解了学科之间相互融合的应用关系，发展了学生综合知识的应用能力。

（3）拓展和开放性原则。专题学习网站为研究性学习的开展创设了一种跨时空的学习空间，也为学生自主探究活动的开展搭建了相适应的"脚手架"。为了能拓宽学生的学习视野，培养学生自主探究意识，专题网站的主题在体现知识性和综合性特征的基础上，还需具有拓展性和开放性，为发展学生的创新思维留下足够的学习空间。例如，"虎门销烟"专题学习网站在呈现了历史课本中的知识内容外，还补充了"虎门销烟"的国内外历史背景、人物特点、当时清朝对外贸易特征等背景材料，从中设计出探究性问题，作为学生探究性学习的"抓手"。

基于上述原则，师生共同确定好专题网站的学习主题后，就可依据现实的学习需要组织学习资源，以网页的形式呈现出来，架构专题学习网站。从现代学习理论角度来考虑，专题学习网站学习资源大体有"知识主线"或"活动主线"两种组织方式。

以学科知识为主线的组织方式。美国认知派心理学专家奥苏伯尔（David P. Ausubel）将学生的认知结构描述成一个与理论性课程中概念结构相类似的信息加工和贮存系统。他认为认知结构是一个分层组织的观念系统，已有观念为新知识和概念提供了固着点，促进新知识的形成。并指出"新的观念只有在它们能与已有的、起固定作用的观念联系起来时，才能有效地学习和保持"。依据此原理组织的专题学习网站比较注重知识的系统性和内容的逻辑性，按照知识结构原理将教科书中的学习内容进行适当地拓展、延伸，对学科知识点进行相应的补充和深入，帮助学生对学习内容进行梳理、实验和应用，建构学生个人的知识体系。例如"电磁世界"专题学习网站就是按照电磁波的原理特征来组织网络学习资源，将学习问题按系列、分步骤地渗透到知识主线之中，帮助学习者对电磁知识的认识、理解和应用。

以项目活动为主线的组织方式。该种类型专题学习网站通常以项目活动或任务驱动的方式设计学习情境、组织学习资源。将知识点蕴含于活动任务之间，通过活动内容串联和组织知识体系。活动过程中，学生利用网络资源解决活动任务中的各个问题，实现对知识的理解和掌握。例如"虎门销烟"专题学习网站设计了"林则徐在虎门""虎门乡土文化""虎门一日游"等不同的项目活动任务，提供相应的学习资源，学生通过分析专题网站的学习资源，完成活动任务，实现对虎门的人文历史、风土人情、地理特征以及信息技能等知识的理解和掌握。

事实上，专题网站在学习资源组织过程中，学科知识体系与任务活动组织方式并不是隔裂的。只是师生在专题网站设计过程中根据学习内容特点、实际学习需要，对资源组织形式的侧重有所不同而已。因此，资源组织过程中，师生应按照学习内容的特点、学生学习特征以及现有的教育资源采用最合理的组织方式达成最好的学习效果。

"和氏璧之谜"专题学习网站的主题选择

学习主题是专题学习网站的核心因素，网站主题关系到学习资源的选择与组织，主导着学习支架的设计与建构。从专题学习网站的建设与应用来看，网站主题应符合教育性、开放性、整合性等原则。A校师生依据上述原则确定以"和氏璧之谜"作为专题学习网站的建设主题。其一，"和玉"故事是中国人思想观念的一个形象直观的隐喻，是民族精神的一个寓言；其二，"和氏璧之谜"学习主题综合了语文、历史、地理、科学等多学科的知识内容，有利于学生将所学知识内容用于解决现实问题，提高学生综合解决问题的能力；其三，"和氏璧之谜"学习主题是一个开放性的研究主题，借此可引申出多维度的研究子主题。

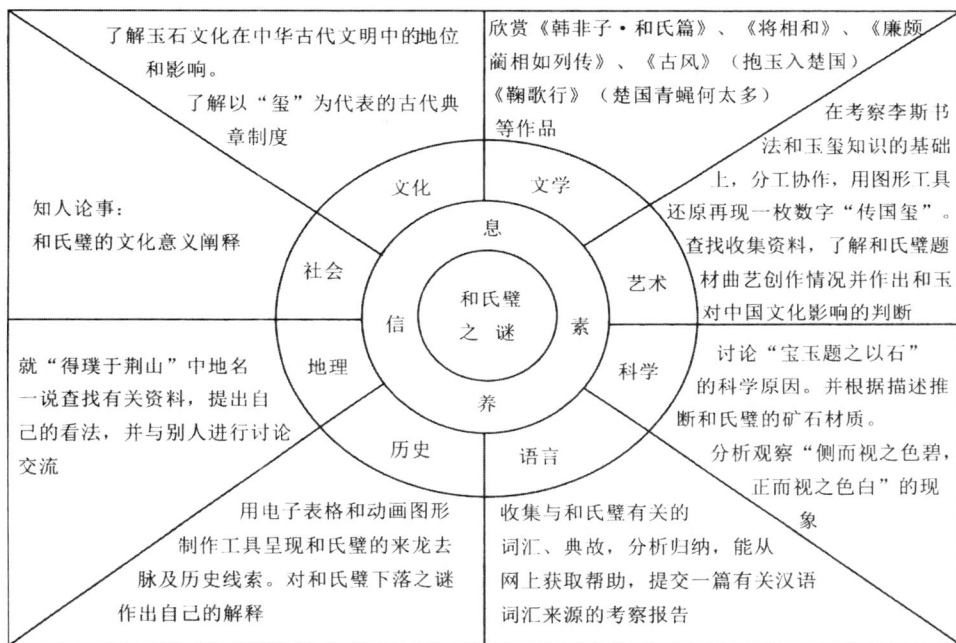

图 5-9　"和氏璧之谜"专题学习网站主题的综合特征

（二）专题学习网站的资源模块结构和系统功能设计

1. 框架模块结构分析

不同的专题学习网站有着不同的资源模块结构。从专题学习网站的通用功能来看，"专题学习网站可包括四个基本的组成部分：结构化知识模块、扩展性学习资源模块、协作交流模块和专题学习评价模块"。专题学习网站四个学习模块相互补充、互相支撑，为学习者的知识学习、交流互动、多元评价提供了资源环境和技术支持。

结构化知识模块。结构化知识内容是供学习者直接学习的学习资源。网站建设者根据学生特点和学习内容特征，按照一定的学习策略对学习资源进行合理的组织和安排，消除知识结构的冗余部分，以适应性的结构体系组织学习资源，并以网页形式呈现给学习者。从媒体类型上看，结构化知识模块可包括文本、图片、动画、音频、视频等学习资源。从知识内容来看，可包括教学设计、教学实录、问题答疑等资源性内容。结构化知识有机的将"学习脚手架"理念渗透于知识体系中，帮助学生形成自己的知识结构体系，加强学习目标的明确性，提高学生学习的针对性。

扩展性学习资源模块。扩展性学习资源是对结构化知识的扩展和延伸。师生可在学习活动过程中根据当前实际学习需要对该模块的资源库进行补充和完善。其中的学习资源较易实现动态更新。从表现形式来看扩展性学习模块可分为实库和虚库两种表现形式：实库指的是学习资源以物理形式存在于专题网站中，可以是一个海量的、按元数据规范开发的、与本专题相关的资源数据库，也可以是一些经过整理和归类的网页的集合；虚库指的是学习资源以非物理的形式存在于专题网站，但网站提供了这些学习资源的链接和索引，帮助学习者及时获取相关资源。从应用功能来看，扩展性学习资源模块具有如下特征：其一，数据资源维护功能，主要包括学习资源的查、录、删、改等特点；其二，远程传输功能，学习者可以通过互联网进行远程资源下载和提交；其三，学习帮助功能，网络资源提供相应的学习工具，如电子浏览器，视频播放软件等。扩展性学习资源模块的合理应用避免了专题学习资源的重复开发，为学习者提供了开放性的学习资源。

协作交流模块。协作交流模块是学习者在资源学习的基础上，提供与专题相关的学习问题实施研讨交流的网络平台，是一个基于电子公告板（BBS）、站内短消息、电子信箱、小组会议室等交流工具的远程学习交流研讨系统。按照交流的形式，这些工具可分为异步交流工具（例如，电子信箱）和同步交流工具（例如，小组会议室）。学习成员通过协作交流平台可随时将自己的学习困难，个人心得等过程性的学习内容发布于交流平台上，与其他成员进行研讨交流。在开展小组合作学习过程中，小组成员还可将活动计划、组员分工、活动日志、学习成果、评价交流等内容公布于交流平台上，实现学习资源的共建、互评、共享，创设和谐的学习氛围，促进每个成员的发展。

专题学习评价模块。专题学习评价模块是一个基于数据库和互联网的学员学习综合评价系统。其中既包括教师编制试题，学员应答的结果性学习评价；也包括记录学员的学习过程，以电子量表方式综述学员研讨成效、阶段性学习成果的过程性学习评价。专题学习评价模块可包括网络试题库和电子档案评价等评价工具。网络试题库是一种基于关系式数据库上的应用软件，其中存储有专题学习内容相关的学习试题和试题的分析信息，通过智能工具试题系统可自动生成试卷，完成答题评价，开展试卷分析，为学员进一步的学习提供建议。电子档案系统是对学生学习过程的记录，其中包括学生登录情况，阶段性学习信息、学习时间等内容，为过程性评价提供详实的信息。专题学习评价模块的综合设计对学生的过程性评价、多元性评价和真实性评价提供了条件。

"和氏璧之谜"专题学习网站的架构

"和氏璧之谜"专题学习网站依托校园网，以探寻"和氏璧"下落为主线，以各类型的文学、历史、地理及艺术文物资料为基础，开发有关"和氏璧"的文本、视频、声音、动画等教育资源。网站的整体定位是"力求从学习角度对中国文化史上一个饶有兴趣的话题'和氏璧之谜'作一次文化探寻，以此创造一个特定的学习情景，生成一些刺激、促进高级思维的活动，通过角色赋予和分工协作实现利用网络资源的探究性学习"。因此，专题学习资源的提供和功能模块的布局设计是网站建设的关键环节。

"和氏璧之谜"专题学习网站以一种凝重、深邃、遥远、神秘的古文化氛围作为网站的引导渲染。专题学习网站的框架结构主要包括四个主功能模块和多个子功能模块。其中，主功能模块包括资源模块、学习专区、功能区和兴趣广场。子功能模块包括本地资源、定点导航资源、任务发布系统、讨论专区、测评系统、电子作业系统、总结反思区、管理数据库等模块。对应上述模块内容，课题组将每一模块下的具体细化内容以资源性质的形象化表述命名。例如，资源模块中的本地资源形象命名为"情境史线"，学习专区中的历史专区、化学专区、地理专区等分别形象命名为"史踪寻玉""剥璞析玉""抱荆说玉"等，功能区细化为"网上调查""公告区""反思区"等。综上所述，"和氏璧之谜"专题学习网站的三层模型结构如图 5-10 所示。

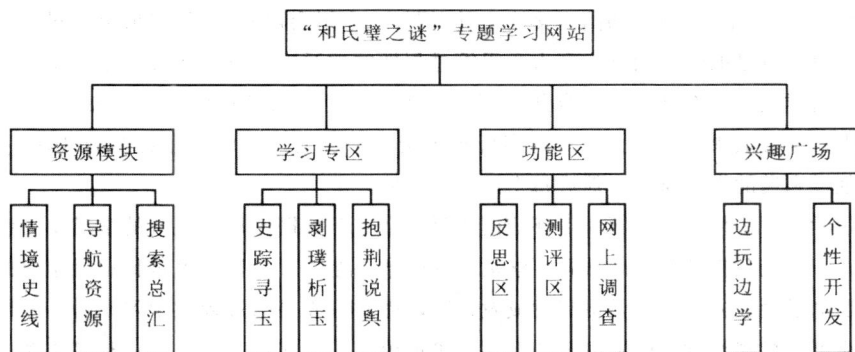

图 5-10　"和氏璧之谜"专题学习网站的结构

2. 专题学习网站功能系统设计

为了有效实现学习资源管理和教学活动开展，网站管理系统建设过程中，设计者还需要针对专题学习网站的用户特征进行相应的子系统设计。一般来说，专题学习网站的主要用户包括学生、教师和管理员，因此，网站平台需要提供三种不同的访问入口，并依据用户特征对教师教学系统、学生学习系统和服务管理系统分别进行设计。虽然三个子系统在资源呈现方面有一些相同之处，但在应用功能开发和界面结构设计层面却各有各的特点。教师教学系统是为教师提供网络教学服务的综合性系统。教学应用过程中，教师通过身份验证登录教师教学系统，开展教学设计、发布学习资源、组织学习研讨、进行作业点评、完成学业评价等教学活动。图 5-11 是教学系统的功能结构示例。

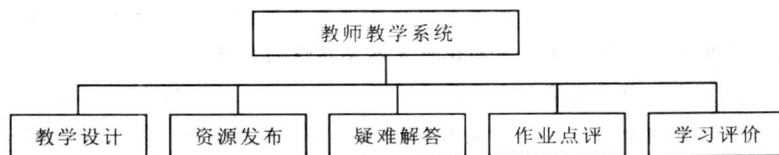

图 5-11　教学系统功能结构

学生学习系统是学生开展网络学习的主要平台。学生登录专题学习网站后，可在学习系统中进行课程内容学习、问题讨论、完成作业、发布作品等学习活动。此外，学习系统还可记录每位学生的学习活动，保存学生参与学习、讨论、完成作业情况的过程性学习信息，为学生自评、互评、教师评价提供相应的学习证据。一般来说，学生学习系统应包括课程学习、问题研讨、阶段作业、综合测试、作品发布等学习板块。图 5-12 是学生学习系统的功能结构示例。

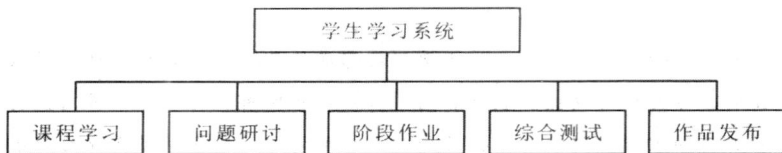

图 5-12 学习系统的功能结构

"和氏璧之谜"专题学习网站学习模块设计

"和氏璧之谜"专题学习网站（图5-13）对每一学习专区设计了网站应用的通用功能模块。通过这些功能模块师生在每一学习专区中都可方便地进行资源搜索、作业上传、师生互动和多元评价。网站中这些功能模块包括：

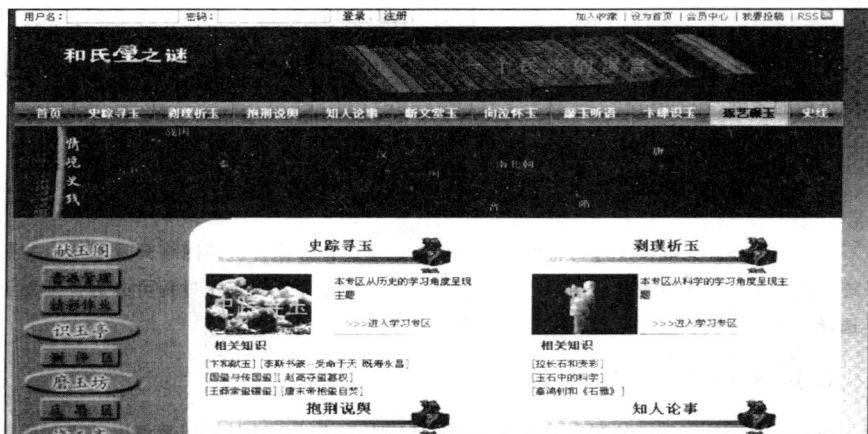

图 5-13 "和氏璧之谜"专题学习网站学习模块

导航功能模块（"和氏场"）。这是一个有助于学习者完成任务的网址清单。一般是在发展性学习过程中作为超链接指向因特网上的信息。资源建设者对其中的资源进行了整理，将这些资源进行了分类梳理，提高了资源的应用效率。

最新探报。该内容包括了师生最新上传素材和撷取学习痕迹中有价值的部分。师生共同对此进行整理，快速发布，转化成本地的学习资源，以文档的方式分类陈列，实现最新资源的共建和共享。

测评区（"识玉亭"）。测评区的主要功能是用来评价学生学习过程，记录学生的学习行为，以测评量表的方式开展学生自评、师生互评。测评量表涉及学生表现的多个方面。例如，学习活动过程中的访问点击率、上传资源的质量等，其中，资源的建和享是测评的重要指标。

作业展区（"展玉台"）。主要展示学生学习后形成的各种电子作业。通过该模块学生可将学习作业上传至专题学习网站。教师和同学共同浏览所有上传内容，并对上传作品进行多元评价，提出各自的修改建议，并提炼固化成本地资源，实现学习资源的共享与共用。

咨询室（"浇玉园"）。是师生交流的一个互动平台。其中包括学生提出的典型性问题和答问的专用模块。通过该模块学生可将学习过程中遇到的学习困难进行反映，教师可以针对学生学习困难进行个性化指导和交流，帮助学生解决学习困难。

综合管理系统是管理员对专题网站进行宏观调控的管理系统平台。其功能包括用户管理、论坛管理、教育资源库管理以及网络故障和安全维护。通过用户管理系统，管理员可以添加或注销专题网站用户，赋予用户合法身份，查看用户的详细信息，修改用户状态等管理操作。在教育资源库管理系统中，管理员可以维护资源库的查询、修改等功能，支持资源的上传功能，完善网站导航功能，实现网站资源的动态更新。论坛管理系统为管理员提供了建立新论坛、指定论坛版主、规定论坛权限等功能。专题网站的综合管理系统可使专题学习网站安全、高效的运行。

3.专题学习网站系统体系结构

为了保证网站建设的统一风格和应用的时效性，在对网站资源模块和网站管理系统分析的基础上，设计者还需理顺网络用户、网页设计和资源数据库之间的关系，完成专题学习网站的系统体系结构，建构专题学习网站系统实现模型。图 5-14 是专题学习网站系统模型结构的示例。

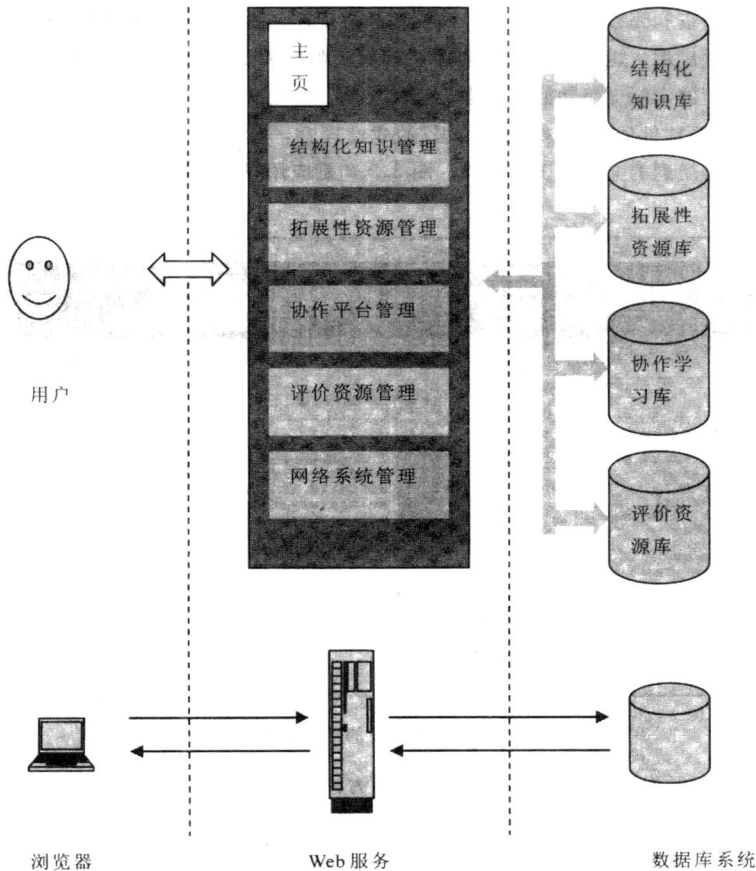

图 5-14　专题学习网站系统结构模型

二、专题学习网站的开发与实现

网站模型设计完成及经过可行性分析后，网站建设者选择合适的网络开发环境，按照系统设计模型，实现专题学习网站的构建。专题学习网站开发与实现过程可分为：开发工具选择，站点建设和发布调试三个主要步骤。

（一）选择网站开发工具

当前，专题学习网站的开发大体可采用两种开发方式。一种是采用数据库技术和程序设计语言的综合开发，例如 SQL SERVER 数据库、ACCESS 数据库与动态发布技术 JSP 和 ASP 的组合。另一种是采用工具软件直接进行开发，例如，SPIRIT 专题学习网站系统、Moodle 课程管理系统。前者有较高的技术专业要求，注重网页界面和后台数据库关系的开发，比较适合技术专业人员应用；后者是针对教育网站特点设计的开发工具，应用便捷、容易学习、针对性强，比较适合学科教师对专题学习网站的开发。下面简单介绍我国中小学教师经常采用的 SPIRIT、Moodle 以及其他常用的网站开发工具。

SPIRIT 软件是我国软件工作者针对我国专题学习网站建设的需求开发的一个工具性软件。通过它可以实现"网站导航、专题信息、拓展资源、在线测试、开放学习"等功能模块的设计与开发。近些年来，SPIRIT 软件研发小组根据教师应用过程中的建议对该软件进行了不断的改进和完善。使得软件界面模板灵活多样，提供了个性化编辑功能，满足了普通教师的教学应用，也符合技术专业水平较高教师的需要。此外，SPIRIT 网站开发软件还加强了学生的实际应用功能，加强了师生互动、生生交流、资源上传、内容更新等技能开发。SPIRIT 软件体现了"所见即所得"的建站理念，使设计者在设计屏幕上就可以体验在线学习所感受到的文本和图像界面。图 5-15 是应用 SPIRIT 软件开发的一个专题网站示例图。

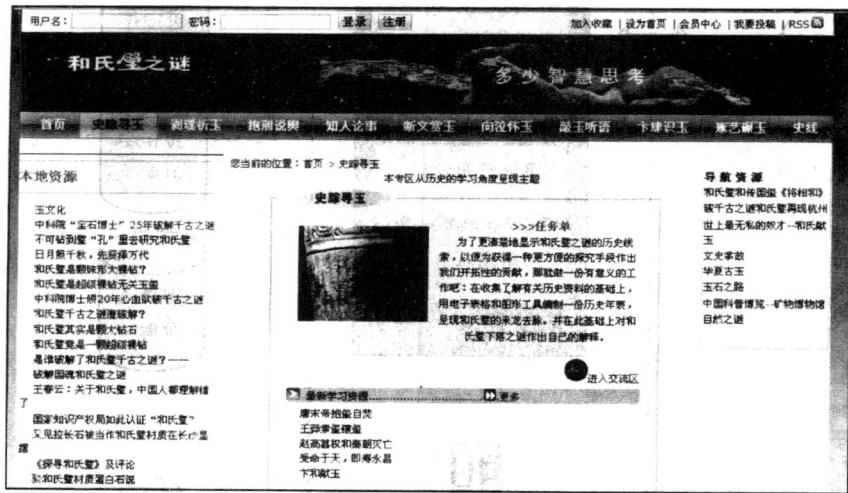

图 5-15 SPIRIT 开发的专题学习网站

SPIRIT 软件开发专题网站的主要功能表现为：能方便用户展示与学习专题相关的结构化知识，把课程学习内容相关的文本、图形、图像、动态资料等进行知识结构化重组；用户可以将与学习专题相关的、扩展性的学习素材资源进行收集管理，包括学习工具（字典、辞典、读音和仿真实验）和相关资源网站的链接。用户可根据学习专题，构建网上协商讨论、答疑指导和远程讨论区域。学习者收集与学习相关的思考性问题，形成性练习和总结性考查的评测资料，让学习者能进行网上自我学习评价。

Moodle 软件是澳大利亚教师道哥拉斯（Martin Dougiamas）基于建构主义教育理论而开发的课程管理系统，是一个免费的开放源代码的软件。其原意是 Modular Object-Oriented Dynamic Learning Environment，即模块化面向对象的动态学习环境。是用来建设基于 Internet 的课程和网站的软件包。Moodle 平台界面简单、精巧。使用者可以根据需要随时调整界面，增减内容。课程列表显示了服务器上每门课程的描述，包括是否允许访客使用，访问者可以对课程进行分类和搜索，按自己的需要学习课程。从应用技术角度看，Moodle 平台具有兼容和易用性特征，具有全面的数据库抽象层，支持当前主流的数据库（除了初始定义）。从教学角度来看，Moodle 提供了强大的创建教学活动的功能。其中包括学习资源提供、教学互动交流、作业设计、试题开发、问卷调查、讨论区等丰富的课程教学活动。此外，它还实现对学习者历程记录功能，为教师们深入分析学生的学习历程提供了证据。

课程管理模块。教师可以全面控制课程的所有设置（例如学习主题、社区讨论等），进行灵活的课程配置（例如论坛、资源、测验、作业、问卷调查等设置），跟踪课程进行的动态，记录学生的学习过程等。课程中的文本可以使用所见即所得的文本编辑器编辑，提供全面的用户日志和跟踪——在同一页面内可以统计每个学生的活动，显示图形报告，反映出每个学生最后访问的时间、阅读次数，还有参与讨论的情况等。

资源模块。资源模块主要用来呈现课程所需的各种教学内容和资料。资源模块支持电子文档、Powerpoint、Flash、视频、图片、音频等多种文件类型上传，并在服务器中进行管理。还可链接到 Web 上的外部资源，将相关资源包括到课程界面中。

作业模块。作业模块允许创建者指定提交作业的截止日期和最高分。学习者可以上传作业到服务器，所上传文件的格式不受限制。上传作业的时间会被自动记录下来；教师还可根据学生实际情况规定学生交作业的期限，利用网页界面表单对学生作业进行评价。教师对学生作业的反馈会及时显示在每个学生的作业页面上。

讨论区模块。利用 Moodle 软件可设计多种类型的讨论区。例如，课程公告、开放空间、教师专用等。讨论区可以以嵌入、列表和树状方式浏览话题，也可根据发帖时间对讨论内容进行排序。此外，还可以根据需要设置讨论区的订阅功能。

投票模块。投票模块为教师提供了调研学生学习情况的环境。通过 Moodle 平台教师可以设置希望了解的学生问题，输入提出的问题和所设置的各个选项，设置权限，简单易用。通过投票模块，教师可以查看学生的投票结果，了解投票的情况。

测验模块。教师根据教学需要定义题库，在不同的测验里反复使用。题目可以分门别类地保存，易于使用。也可以为测验指定开放时间，根据教师的设置，测验可以被多次应用，并能显示反馈，呈现正确答案。图 5-16 是应用 Moodlc 软件开发的专题学习网站示例。

专题学习网站建设过程中，Dreamweaver、Flash、Fireworks 是三款经常用到的网页制作软件。利用 Dreamweaver 软件可以高效、快捷地编辑制作网页。通过 Flash 软件可以增加媒体的动态效果，丰富媒体信息。Fireworks 则是当前比较流行的一种网页图片处理软件。它们操作简单、功能丰富的特征，为教师开发和完善专题学习网站提供了便利的条件。

Dreamweaver 软件将动态网站和传统的静态页面功能进行了整合，具有强大的网页编辑功能，是当前网页制作的常用工具。其特征主要表现为：①网页制作模板，嵌套模板支持自定义的布局控制，可编辑和可选择的部分允许开发人员灵活地输入编辑内容；②增强代码编辑方式，软件使用预置的代码库创建插入、更新表单、记录导航页和用户认证页，通过用现场数据填充设计视图来测试布局；③支持 XML 和 Web 标准，增强兼容性，通过 XHTML 输出的默认创建及标准 HTML 到 XHTML 的简单转换，确保标准一致性；④强大的级联样式表（Cascading Style Sheet）支持。Dreamweaver 软件级联样式表是一系列格式规则，用

图 5-16　Moodle 开发的专题学习网站

它们可以控制网页内容的外观。例如精确的布局定位、特定的字体、样式等。简洁、高效的 Dreamweaver 网页创建软件，已经受到越来越多教师的青睐，并将其作为专题学习网站建设的一个重要工具。

Flash 软件是一种网页矢量交互动画软件。它支持动态视频和应用程序组件，具有图形绘制、动画制作、流式播放、体积短小等优势。随着版本的不断更新，使从前具有高深莫测的多媒体创作变得极具亲和力。也成为当前教师开发专题学习网站的一项重要工具。与其他动画软件相比，Flash 具有如下特征。

（1）矢量图形系统。图片制作时，只需存储少量的向量数据就可以描述一个外表相当复杂的对象，图片的形状也不会随着大小变化而失真。

（2）应用程序服务器。新版本 Flash 软件允许开发人员使用 XML 结构的数据制作应用程序和直观的用户界面，创建表单、调查表、各类图表，并能允许关键信息及时更新和显示。

（3）内置用户界面组件。软件还包含了一组最常用的应用程序界面预置组件，例如，滚动条、丰富文本域、输入按钮、单选按钮和复选框、列表、组合框等。这些组件的架构减轻了开发者的工作负担，确保了界面组件在应用程序中的统一。

（4）插件方式工作。用户端浏览器只需安装一次插件，以后就能快速启动并观看 Flash 动画。

Fireworks 软件是一款用来设计网页图形的应用程序。它可以创建从简单图形按钮到复杂变换效果的多种网页图形内容，具有流畅的开发环境。新版本软件不仅简化了网页导航栏的制作手段，也优化了用户对图形的控制方式，丰富了弹出菜单属性的特征。此外，软件提供的操作向导也可以通过自动生成图形和 Javascript 代码的方式，帮助用户快捷地制作 Web 导航栏。Fireworks 软件的网页图形制作功能主现表现如下。

（1）矢量图和位图编辑。在软件中选择合适的"工具""对象""层"等方式可平滑地实现位图和矢量图之间的过渡。

（2）数据驱动图形向导。运用数据驱动图形向导，可减少重复性图形制作的时间，连接图形文件和 XML 文件可自动生成图形，提高网页图片处理的工作效率。

（3）属性检查器。为用户提供了一个灵活、集成的工作设计区，集中进行对象属性的快速检查和更改，根据需要对面板进行组合、扩展和折叠，提供了平滑、高度可配置的工作流。

（4）脚本编写环境。该环境用以创建和执行复杂的命令，扩展 Fireworks 软件的编辑功能。

（二）开发专题学习网站

创建 Web 站点是建设专题网站的重要环节。从网页的组成来看，Web 站点是保存网页的一个主文件夹。新建的网站最初是保存在本地硬盘上，网站建设好后将其移植于服务器中进行发布。为了提高网站的应用效率，科学管理网站，专题网站建设过程中，建设者需要根据网站的整体结构和建站需要设计网站目录结构，创建站点的目录体系。通常，站点目录结构应遵循一些必要的建设规则。

按网站栏目内容建立子目录，用于存放相应栏目的网页文件。主页文件存放在网站的根目录中。

网站中使用脚本语言，其脚本文件通常存放在对应的目录中，例如，网站中使用了 Javascript 或 VBScript，就需要在根目录下建立 Scripts 子目录。

通常每个网站的根目录下都建立了一个 images 子目录，用于存放在网站中使用的图片文件。如果图片文件很多，可以在每个网站栏目对应的文件目录中建立 images 子目录。

网站目录或文件的命名应能直接反映相适应的功能，可采用英文单词或汉语拼音来命名，避免使用中文文件名。命名时也不要出现"空格""&.""?"等专用符号。

网站结构和网页内容建设过程中，网站建设人员还需要按照网页之间的相互联系设置网站内部的链接结构，建立网页链接顺序。网站链接结构通常采用"一对一"和"一对多"的链接形式；网页链接插入时，可根据需要设置网页链接色彩的变化，突显链接符号，实现网页之间的跳转和往复。

（三）专题学习网站的测试与发布

专题学习网站开发完成后，网站建设者还需要依据设计目标对网站进行综合性地调试和检测。其测试内容主要包括网站内容的正确性和网页链接的准确性。网页内容检测包括文字拼写检测、内容与栏目一致性检测等；网页链接检测包括网页链接、跳转是否准确有效等功能。网站检测可在网站编辑软件中直接检测，也可通过服务器发布后，采用浏览器的方式进行检测。前者易于及时更新和完善，后者更能体现网站检测的实效性。测试过程通常需要几轮才能完成，即测试—记录—修改—再测试—再记录—再修改等往复阶段。

专题学习网站制作、测试完成后，根据需要将站点文件夹上传到服务器中进行发布，创设基于专题学习网站的教学环境。网站发布成功后，网络管理人员还需要对其进行相应的维护和完善，对上传的学习资源进行审核，保持网站资源及时更新，实现专题学习网站的共建和共享。

三、专题学习网站的使用与管理

专题学习网站作为一种新式的网络学习空间对应用者的技术能力提出了新的要求。除了要求应用者具有熟练的网络操作技能，还要求应用者熟悉专题学习网站的框架结构和应用流程。因此，网站建设完成后，网站管理者还需要根据网站的特征和应用对象制定相应的使用说明。其中，网站介绍、注册说明、应用流程、安全防范措施是使用说明的主要组成内容。

例如"和氏璧之谜"专题学习网站根据网站的内部结构和特征研制了专题学习网站的应用说明。

专题学习网站"应用说明"

1. 网站介绍。"和氏璧之谜"专题学习网站为师生提供了和氏璧相关的学习资源，其中既包括与其相关的文学知识，也包括相关的历史知识、科学分析，还包括相关的典章掌故，是师生开展研究性学习的一个开放空间。

2. 注册网站用户，登录学习网站。"和氏璧之谜"专题学习网站建立有用户管理系统。用户在最初登录网站前，应先在专题学习网站进行注册，用户通过用户名和个人密码的方式登录学习网站，获取相应的网站操作权限。

3. 应用专题学习网站。用户在权限范围之内应用专题学习网站。学生用户可查看学习任务、下载学习资源、应用网络工具、上传学习作品、进行网络讨论等活动；教师用户可通过专题学习网站进行设计教学任务、追踪学生学习过程、评价学生作品、回答学生问题等活动；网站管理员可进行用户注册管理、讨论区监测、网站资源维护、资源的梳理固化等活动。

4. 退出网站界面。用户在专题网站操作任务完成后，应以"退出"的方式离开学习网站。避免他人以登录用户身份进行非法操作。

此外，为了能使"和氏璧之谜"专题学习网站真正成为师生教育资源共建共享的网络空间。保持专题网站资源的动态更新，方便使用，课题组还从资源类型、规格形式、标注说明等方面制定了资源的共建和共享的说明。

毋庸置疑，专题学习网站的建设实现了资源开放、动态生成的目标。它既体现了学科与课程整合的要求，也有利于培养学习者的信息素养，成为学生自主学习、协作学习、研究性学习的一种数字化支持系统。

第三节　专题学习网站的共建与共享

专题学习网站是一个资源共建与共享平台。学校专题学习网站从建站开始就是团队的共同努力，团队的"共建与共享"意识始终贯穿网站建设和应用的全过程。教学活动中，教师在引导学生进行网站主题探究的同时，也在不断丰富和完善网站资源，形成资源循环生成态势，呈现出"边建边用""共建共享"的学习景观。下面阐述从"师生""学科""学校与社会"三个角度在专题学习网站上实现资源共建共享的方法和策略。

一、"师生"共建共享专题学习网站

专题学习网站为师生共建教育资源创设了一个开放的网络平台。运用专题学习网站，教师、学生不仅可以利用现有的网络资源开展研究性学习，也可以将有意义的、学习过程中新发现的主题资源补充于专题学习网站，还可将师生共同创造的学习资源发布于网站平台与大家共享。

（一）背景分析与资源设计

在一定程度上，专题学习网站的资源、教师的教学理念和学生的学习基础都会影响着专题学习网站的应用和发展。因此，在基于专题网站的学习过程中，教师首先应分析活动的起因和资源的支持程度，提高活动实施的可行性。例如 A 校何海东老师通过"和氏璧之谜"专题学习网站引导学生积极应用网站的学习资源开展"和氏献玉——史与思"的写作活动，根据学生的学习需求和学习进度对网站的资源进行补充和完善，并将学生的学习作品作为生成性资源与其他同学分享。教学实施过程中，教师、学生不仅是网络资源的应用者，也是网络资源的创设者。专题学习网站从传统的静态储存转变为动态资源生成。

"和氏献玉——史与思"活动背景

"改变课程过于注重知识传授的倾向，强调形成积极主动的学习态度，使获得基础知识与基本技能的过程同时成为学会学习和形成正确价值观的过程"是我国当前课程改革的一个重要目标。活动设计者基于当前我国课程改革的需要和学校的现实状况阐释了本次活动的设计背景。并指出这是一次师生基于专题学习网站实现资源共建共享的有意义尝试。

多媒体和网络技术能提供界面优质、形象直观的交互式学习环境，有利于激发学生的学习兴趣，便于进行协商对话、合作学习；能提供图文声像并茂的多种感官综合刺激，有利于创设教学情境，获取与保持大量信息。目前在 Internet 上按这种方式组织建构的知识库、信息库浩如烟海，这些信息共享资源，有利于学生主动发现、主动探索，培养学生的多种思维品质。显而易见，现代化的网络学习观念与《中学语文新课程标准》所提倡的"自主、合作、探究"的学习理念相一致，语文课堂教学与网络技术"联姻"，和传统教学相比，其优势是革命性的。

新的《中学语文课程标准》明确指出，写作教学应贴近学生实际，让学生易于动笔，乐于表达，应引导学生关注现实，热爱生活，表达真情实感。"为学生的自主写作提供有利条件和广阔空间，减少对学生写作的束缚，鼓励自由表达和有创意的表达。""应抓住取材、构思、起草、加工等环节，让学生在写作实践中学会写作。重视引导学生在自我修改和相互修改的过程中提高写作能力。"

但是，我们发现传统的作文教学给予老师和学生的空间并不开阔，关注的是少数人的写作能力发展，难以解决大部分学生的写作差异。特别是就学生的写作过程而言，它的教学重点多集中在对写作结果的评析上，教师很难深入学生写作全程。事实上，大多数学生的写作困难恰恰是在过程当中。怎样解决这些问题，我们想到了网络。它开放的空间和互动的方式、资源的广阔和共享、多维的评价和创新、使用的方便和快捷等都给我们的教学带来了无限契机。在写作教学与网络的结合上，我们结合学校的"和氏璧之谜"专题学习网站，利用校园局域网资源共建共享的优势作了一些尝试。

点评：活动设计者从现实状况和教学需求的角度分析了开展"基于专题学习网站"教学活动的必要性和现实性。其一，传统语文作文教学的不足促使教师为学生寻找更开放、更具挑战性的作文训练方法；其二，从资源共建共享角度切入应用，抓住了专题学网站应用的关键。

（二）分析学情，组织专题资源

如何将"发展学生综合实践能力，增强学生探究和创新意识"落实到实处是当前基层教师面临的一个难题。"和氏献玉——史与思"写作活动的设计者从学校现有教学条件和活动内容两方面分析了活动的可行性。其中，现有教学条件分析包括学校的技术支持和学生的学习基础；学习内容分析包括本次活动的知识特征和整体目标。此外，教师还从网络技术方面说明了本次活动的意义，指出专题学习网站有利于师生开展教育资源的共建和共享、对研究性学习起到了积极的支持作用。

活动条件和活动内容分析

参与本活动的学生大都具有较好的计算机基础知识和操作能力，有些学生已为班级制作了专门学习网页，建立师生 QQ 群。学生学习心得体会、教师课件等资料的上传下载已逐步实现。尤其是近年来学校数字化校园的成功建设和多媒体教学的普及，在各学科的教学中，促使教师广泛地运用多媒体资源进行教学。师生对网络资源共建共享的参与热情高涨。学生对于语文新课程内容的学习和探究意识明显增强，对新的教学方式的适应能力和参与兴趣明显提高。

本次活动的内容特征是进行以专题或问题为中心的探究性写作。培养学生从多角度进行思考和分析，体验学习活动的开放性、实践性和探究性。体验活动过程中自主、合作、快乐学习的愉悦，真切感受语文写作对于自身建设和发展的重要作用。

本次运用和氏璧故事作文的学习活动设想不单单是为了完成一次写作教学活动，也是为了尝试在网络环境中，实现网络资源和文本资源、教师与学生、人与网络等互动促学的目的，以期真正实现师生资源的共建共享。

点评：教师从学生的信息技能掌握程度和学校的技术支持状况分析了"基于专题学习网站"开展本次活动的可行性。学校拥有电教改革的优良传统，学生具有较高的信息操作应用技能。学校"和氏璧之谜"专题学习网站的搭建，为学生利用信息资源、开发信息资源、创建信息资源创设了条件。良好的网络学习环境，为师生开展基于专题学习网站的作文活动提供了可能。

（三）依托专题网站，安排活动目标，设计活动过程

"和氏献玉——史与思"写作活动的设计者在分析活动条件和活动内容的基础上，从知识与技能、过程与方法、情感态度价值观的维度综述了本次活动的三个教学目标。为了更好地实现这些目标，教师将学习活动设计为四个阶段，分别为：情境分析与主题确立；资源应用与互动交流；完成作品与多元评价；资源共建和集体共享。通过这四个活动阶段，教师利用专题学习网站资源激发学生写作灵感，帮助学生完成个性化的学习作品。在师生共同研讨的基础上，将学习作品发布于专题学习网站，生成新的网站资源，实现资源建享的良性循环。

活动目标与活动过程设计

目标一：通过运用"和氏璧之谜"专题学习网站，学生能够将课堂学习与网络学习进行有机的结合，以实现师生之间、学生之间的网上互动，实现混合式学习，形成多重交互——人机交互、师生交互、生生交互。这种特性可以充分调动学生的主动性、积极性、创造性，有利于实施探究性学习模式、协作式学习模式和专题研究性学习模式，培养学生的创新意识、创新思维和创新能力。

目标二：通过此次运用和氏璧故事作文的活动，学生能够在活动中真正感受到自己才是学习的主宰者和受益者，最大限度地驰骋自己的想象力，激发创作潜能。学生不仅能够在活动的过程中充分展示自己的阅读和写作才华，还能够在与同学、老师的合作探究中实现共进。提升自己的能力，丰富自己的情感。借助主体自我的体验、感悟、被唤醒来实现语文课程的人文目标、知识目标和能力目标。

目标三：通过学习活动，留下活动痕迹，固化学习成果，丰富学校的教育资源库，形成本次活动的专题网页，支持学校倡导的优质资源的共建共享。

活动过程见表 5-3。

表 5-3　设计过程

活动阶段	学生活动行为	教师活动行为	师生共建共享资源
活动阶段一	1. 进入"和氏璧之谜"专题学习网站，搜索《韩非子·和氏篇》、《将相和》、《廉颇蔺相如列传》、《古风》（抱玉入楚国）、《鞠歌行》（楚国青蝇何太多）等文献资料，了解和氏璧的故事 2. 了解故事在这些文献中的作者原意，并与同学交流 3. 针对故事作多角度的立意探究，并形成自己的认识看法	1. 布置此次写作活动的内容和要求 2. 明确学习小组的合作伙伴和负责人 3. 与电教老师合作，进行资源协调与技术指导 4. 精心策划与备课	1. 师生共同登录 A 校网站，进入"和氏璧"专题学习网站 2. 师生共同学习和氏璧的故事，在网站论坛中留言 3. 请管理员与老师一起对师生的留言进行整理
活动阶段二	1. 依据组合的学习小组，组织学生共同浏览师生的网上班级留言簿 2. 各学习小组选择并明确自己的主要观点，先讨论，后形成各自的观点 3. 学生在明确各自的观点后，共同探究论据的选择和运用或结合生活实际作更深入的研究	1. 利用课堂教学时间围绕明确的材料组织学生探讨问题 2. 走进各小组参与讨论、点评 3. 适时记录下讨论的心得体会。与学生一起形成主旨明确的观点	1. 师生继续在班级留言簿上表达自己的观点或看法 2. 师生在论据、论证，结构、语言等方面进行探讨
活动阶段三	1. 学生形成文字书面材料，并与同学交流；与老师讨论、交流 2. 小组互相评议，并推荐优秀习作	教师形成书面文字材料	1. 老师整理并评定学生的作文 2. 学生参与评定
活动阶段四	1. 学生重新登录"和氏璧之谜"学习网站，在指定的学习专区里上传自己的文章 2. 小组组织阅读交流，修改再上传 3. 在班级论坛中写下适量的写作杂感	1. 教师上传"下水"作文，与学生共同交流写作心得 2. 在班级论坛中写下适量的写作杂感	1. 与管理员合作整理上传的资源，并共建规范的共享资源 2. 与管理员合作共建本期优秀作品集，并在学习网站流通共享 3. 设置班级点评栏，欢迎其他班级学生的参与

点评：基于专题学习网站的作文活动设计为学生提供了丰富的作文素材和多种交流的机会。学生通过专题学习网站的学习资源开展活动，一定程度上节省了资源搜索的时间。通过专题学习网站学生可以进行自我反思、与同学交流、与教师沟通，也为教师及时了解学生的学习进展，实现学生作品的多元评价、知识共享创造了条件。基于专题学习网站的作文活动在实施过程中，学生是专题学习网站的受益者，也是专题学习网站的贡献者。他们受益于前者创设的资源，也为后者留下宝贵的财富。教学活动过程是教师引领学生学习的过程，也是教师自我发展的过程。教师通过引领学生创造性的完成学习作品，也能发现和学习新的教育资源，探索新的教学方法和技能。因此，基于专题学习网站的作文活动实现了资源更新、检索管理、教学应用的融合，对学生、教师、学校都产生了范式变革上的意义。

（四）丰富专题网站，开展教学反思

任何教学设计与教学实施都会存在一定的差异，同样每次活动也都会产生不同的学习成果。因此教学实施后，教师还需要针对具体的实施过程进行反思和总结，公布学习成果，丰富网站资源。例如，在网络环境中进行作文教学的尝试，学生学习成果如何共享？网络存储技术的记录功能是否促进学生的再学习？这些问题都需要师生在教学结束后进行整理、反思和研讨。"和氏献玉——史与思"写作活动的任课教师在活动结束后，整理学生学习成果，征得学生同意后，进行成果共享。针对学生的活动表现、学习作品，依照活动的安排进行了活动反思。在与传统作文教学比较的基础上，分析了基于专题学习网站教学的情境特征、互动优势与学习表现，从教学指导方式上思考了活动过程中师生信息技能方面的不足和今后需要发展的方向。

活动总结与反思

本次活动的主题是结合和氏璧的故事，引导学生针对材料运用多种思维，多角度提取信息，探究材料的多层面涵蕴。活动的第一、第二阶段，学生上网查询和氏璧故事的由来及与和氏璧相关的故事，学生从相关的学习网站的网页中分享到了书本上没有过的大量资源，扩大了视野，加深了认识。学生运用这些资源，结合自己的所思所想，从不同角度逐渐形成了自己的看法和内容表述，在班级论坛中纷纷留下了自己的片言只语。如有的学生从是非角度，结合卞和献璧的行为，推导出对"愚"的认识，对"坚持"的认识，对"勇气"的认识，对"心灵孤寂"的认识；有的学生从卞和献璧事件的社会环境角度，推导出对"苦难、困境"的认识，对"逆境、顺境"的认识，对"人微言轻"的认识；有的学生从楚王的角度，推导出对"打开一扇门"的认识，对"宽容、包容"的认识，对"如何慧眼识材"的认识；有的学生从和氏璧这一异宝的角度，运用说明、记叙、描写等表达方式，想再现和氏璧的制作过程，想以和氏璧的流传为线索编写一部剧本，想为和氏璧记录下一件件动人心魄的传说，也有想为和氏璧再画一部精彩的连环画或网络卡通画等。学生的奇思妙想彰显出了课堂上难以企及的思维广度和深度，为网络资源共建积累了鲜活的素材，也让教师和其他同学分享到创生的网络资源……

点评：事实上，基于专题学习网站的学习，学生既是网络资源的应用者，也是网络资源的创造者。在学习过程中，学生将生成的学习成果发布于网站，一方面激励了学生的学习动力；另一方面也丰富了网站学习资源。教师的活动设计和教学反思都体现了基于学习网站的学习是一种参与、对话和资源共享的活动性质。专题学习网站帮助实现了师生由"单向只说只练"向"双向写作交流"、由"单向资源享用"向"资源共享共建"的转变。这种以学习任务或问题为驱动，师生全员参与，师生互动、生生互动、课内互动、课外互动，大信息、大视野、"深度"学习的实践也为活动课型（背景知识准备课、资源初建交流课、师生习作评价课、资源共建分享课）的提升归纳提供了实例参考。

二、"学科"共建共享专题学习网站

专题学习网站为信息技术与课程整合提供了可能和便利。它改变了学生的学习方式，也改变了教师的教学方式。促进了教师从"个体户教学"向"合作教学"的转变。例如，"虎门销烟"专题学习网站为师生共建共享教育资源搭建了平台，也为教师学科之间的合作创设了条件。

这里以 A 校多门学科（语文、地理、美术、信息技术）开发的以"和氏璧文化之谜探寻之旅"串联的学科共建综合活动为案例进行说明。

（一）制订学习活动的主题

多学科合作教学过程中，学生学习活动的主题应与专题学习网站的资源内容相一致，符合多学科综合教学的要求，以便于综合性教学的开展。"和氏璧文化之谜探寻之旅"综合性教学正是在研究了"和氏璧"的认识价值、文化意味、历史地理、文学艺术、语言典故、书法篆刻、印章玉玺、勘探鉴别、考古发现等多个观照视角后，结合学生的学习特点确定的。

选题背景和原由

师生在专题学习网站上进行"和氏璧文化之谜探寻之旅"活动，目的就是要借助网站有关和氏璧的文本、视频、声音、动画等信息资源和网络导航资源，呈现一次中国文化之谜的探索之旅。引发学生对文学、语言、历史、地理、科学、文化、艺术等课程的学习。同时开展问题、项目的自主研究，使之成为自主引导、多元探究性主题拓展活动。如，要了解和氏璧你必然要接触《和氏篇》《将相和》《廉颇蔺相如列传》等课文，它们是中小学语文的传统篇目，这样你就关涉到了语文课程；和氏璧是一块历史之璧：卞和献玉、李斯书篆、国玺与传国玺、赵高夺玺篡权、王莽索玺镶玺、唐末帝抱玺自焚……你探寻和氏璧的存世线索，实则便纵览了一部上千年风云际会的历史活剧，这样你又关涉了历史课程；探寻和氏璧就要考辨和氏璧的出处产地，必然要研究玉的地理成因，于是又涉及地理、化学课程……事实上，和氏璧及围绕和氏璧的典故已经浓缩为中国文化的一个经典的意义符号，成为民族心理历程、民族情绪的一段独特记忆。话题价值保证了本次活动的兴趣动力。

（二）案例设计

"和氏璧之谜文化探寻之旅"活动是由不同学科教师合作完成的，它是由一系列探究项目组成。在"探寻之旅"主题下，着眼于不同学科教师的合作和分工，将项目细分为不同的子项目，并通过一条逻辑主线将这些子项目贯串起来，由此开展学科之间的资源共建。表 5-4 是活动实施的整体设计和分工情况。

表 5-4　活动设计与分工

项目	负责人（教师）	任务
边走边问——"卞和献玉缘何不琢？"学习活动（历史）	教师 1	1. 按活动方案网上搜索资源 2. 完成历史教材相关史实脉络梳理，在置顶的"活动方案"帖下进行上传操作 3. 在置顶的"活动方案"帖下提交讨论，复帖
边走边探——"矿石成因探"学习活动（地理）	教师 2	1. 按活动方案网上搜索资源 2. 开展实地考察活动并实录 3. 在论坛置顶的"活动方案"帖下上传、复帖
边走边赏——古典"读、写、评"学习活动（语文）	教师 3	1. 按活动方案网上搜索查找资源 2. 开展名篇《廉颇蔺相如列传》的朗读活动并录音 3. 命题作文 4. 录音文件 mp3、作文上传到置顶的"活动方案"帖下。帖下交流赏析感受，知人论事

续表

项目	负责人（教师）	任务
边走边画——再现"和氏璧"学习活动（美术）	教师 4	1. 相关资源搜索查找 2. 网上美术创作 3. 作品上传，相关论坛的交流、讨论
技术处理（信息技术）	教师 5	1. 剪辑、整理活动的学习痕迹并整理固化 2. 上传发布为本地资源，同时刻录制作成光盘 3. 实施过程和资源建设

（三）实施过程和资源建设

活动的师生在分工与合作的基础上，集体完成综合性教育资源的建设。全体成员从资源内容，到页面设计，再到技术支持进行广泛的合作，通过各个子主题的完成，达成学科共建目的。下面是"边走边探"和"边走边赏"子主题的过程设计。

专题一 "和氏璧之谜文化探寻之旅"之边走边探

定位创意：人在"旅途"。

网站提供探索帮助。

任务：借助网站资源，完成地理角度的主题探究学习。

问题情境：和氏璧是一种玉，玉石也是矿石，在地质变迁中，玉石是怎么形成的？地理成因如何？和氏璧为什么产于荆山？

专题二 "和氏璧之谜文化探寻之旅"之边走边赏

定位创意："途"中触景生情。

网站提供交流。

任务：借助网站论坛，完成文学文化欣赏角度的主题探究学习。

问题情境：许多东西弄得错综复杂，多少事乃转述之过，以讹传讹，致使面目全非，恍然回头才发现迷失在本源。直接读取原著，不仅意在识文断句，看看还能不能找回灵感和属于自己的自由独立的解读。

文人志士，古今同怀。兴咏寄托，悠悠怡然。读《和氏篇》，既读和氏也读古文。有人说和氏其人其事，其实是传达民族心性的一个寓言，是一个文化意义符号，你同意这种说法吗？知人论事，那就快快加入我们的讨论。

另外，学习团队还不忘将活动成果和学习过程中生成的新资源发布于专题学习网站中，以本地资源的方式呈现出来，供后来者使用，实现资源共建和共享螺旋式上升。

图 5-17 和图 5-18 是综合实践活动网络平台和相应的学习成果。

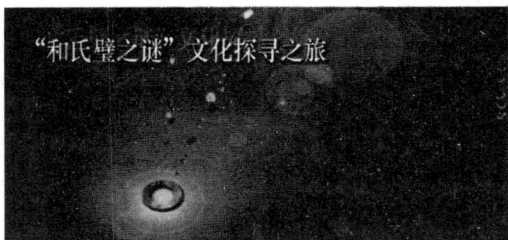

图 5-17 综合活动实践平台

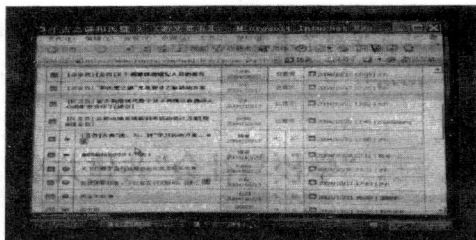

图 5-18 综合活动方案

（四）阶段性的反思和总结

"和氏璧之谜文化探寻之旅"综合活动实施过程中，活动全体成员对活动的协作形式、资源特点、教师个人成长、学生活动感受进行了交流与反思，对活动作品和活动效果进行了提炼和总结。下面是该校教师在这项活动中的反思片段。

教师6：专题学习网站为学科教师之间搭建了一个合作平台。通过专题学习网站，教师可以互通有无，相互支持。例如，在此次综合实践活动中，语文教师从历史的角度来帮助学生理解和氏璧的背景知识，和历史教师一起设计教学；美术教师则从"玉"文化背景进行教学设计，和语文教师一起开展教学。显然，专题网站已经成为开展综合实践活动的一种有效方法。在活动过程中我们也发现：不管什么样的主题活动，它必须要符合学生的学习兴趣，适合学生的学习需要，这样才能较好地获得学生的支持。具体实施过程中，教师必须要有相互合作的意识，这样综合性实践活动才能得以顺利实现。此外，专题学习网站只是提供了一些资源，但绝不是全部，还需要师生不断地对其完善和补充。

教师1：活动的切入点、契合点对活动具有特殊重要的意义。例如："卞和献玉缘何不球？"活动利用专题学习网站主题故事作为导引切入"春秋社会发展"课程，将网络学习活动与学科课程结合起来，找到一个较为理想的资源运用方式。教师的合作要有针对性、目标性，并不是随意地进行组合，例如基于现有的专题网站资源，数学教师和语文教师的合作教学的切入点还比较少，盲目性的综合不仅会降低教师的教学效率，更会浪费学生的学习时间。也就是说综合的切入点要从现有资源、教学内容特点和学生学习基础等多方面进行考虑。

教师2：通过这次活动，我们更加意识到，活动要有基础来承托，要有讨论参与的群体氛围，要有思想的碰撞。例如，在综合活动过程中，我们才发现历史课堂中可以采用那么多的文学知识进行支持，学生可以以论文的方式表述自我观点等。过去教师之间交流比较少，真正的教学合作更谈不上，而"和氏璧之谜文化探寻之旅"综合活动，教师之间有合作、有分工，共同创建设资源，共同分享成果。不仅克服了这一弊端，还让学校的专题学习网站也得到了丰富和完善。

三、"学校与社会"共建共享专题学习网站

社会资源是学校教育资源的一种重要补充来源。博物馆、图书馆、社区文化等资源经过合理改造成后都可以成为学生学习资源的一部分。因此，专题学习网站的建设也不只限于校内师生的力量，同样可以根据网站发展的需要引进校外资源，实现开放与发展的统一。例如，随着"和氏璧之谜"专题学习网站研究的深入，其应用者已不再仅限于在校师生，也吸引了更多社会学者的关注。其中既有我国知名的玉文化研究学者，也有来自美国、日本、斯洛文尼亚、新西兰、印度等国外的友好访问者。专题学习网站在为广大"玉文化"研究者创设交流互动空间的同时，也拓展了专题学习网站自己的资源。校内外资源共建与共享已成为学校专题学习网站发展的一种重要方式。

学校与社会学者合作

"和氏璧之谜"专题学习网站的开发引起了社会的关注。中国科学院广州地球化学研究所的王春云博士在他的《破解国魂：和氏璧之谜》一书中对"最具余响、最富底蕴、最让人回味不已并给人无尽思索的和氏璧之谜"的研究，引用了该校师生的研究成果。对其中的观

点"事实上，和氏璧及围绕和氏璧的典故已经浓缩为中国文化的一个经典的意义符号，成为民族心理历程、民族情绪的一段独特记忆，玉的故事折射出中国人的精神态度、价值观和独特的思维方式"进行了肯定和赞赏。同样，王春云博士的研究成果也为越来越多的师生感兴趣。王春云博士与该校师生在互惠互助的基础上开展了网站资源共建共享合作。

从教学实践角度来看，社会资源的引入不仅表现为对专题学习网站的丰富上，更重要的是师生充分利用这些资源，将相关资源应用于问题解决中，促进自身的成长和发展。例如，A校师生在与王春云博士交流合作过程中，借鉴了他近期的研究成果，并就"玉文化"延伸出来的社会生活中的一些现实问题开展研究性学习。

研究问题：有人说和氏其人其事，其实是传达民族心性的一个寓言，是一个文化意义符号，你怎样看待上述观点呢？结合专题网站中的学习资源，谈一谈您对"和氏献玉"的看法。

学习资源一：和氏璧解惑——王春云博士论和氏璧

"璧"这个字早在商代的甲骨文中就已经创立，到了3000年前的西周早期才在《周礼》确定的礼制中被用来特指中空圆环的礼器。东汉许慎的《说文解字》继承了这一说法。但是，中空圆环的璧形与璧的原始文字象形没有任何关联，与庄子时代"日月连璧"、"日月合璧"形容的天文形象更是牛头不对马嘴，说明从周代以至于汉代，璧的原始文字含义已经失传了。

和氏璧价值连城，这是司马迁记载下来的战国时代的信史，有秦昭王给赵惠文王的国书以及蔺相如献璧时举行的九宾之礼为证。和氏一璧价值15城，如果材料是月光石、拉长石、蓝田玉等玉料，战国时的人可以轻易找到100块、1000块以及更多，依照价值连城来推理，岂不可以买尽天下之城？"物以稀为贵"，这是古今皆然的不二法门。

在"和璧三献"以至最终定名的整个过程里，和氏璧都是卞和最初发现的那块璞，没有经过任何形式的加工。也就是说，在《韩非子》的记叙里，"璧"就是"璞"。而且，楚文王用发现者的氏来命名和氏璧，这本身说明和氏璧是独一无二的，是不可复制的，而且在当时也是不可加工的。

学习资源二：……

学校与社会资源的组合，既是一种资源重组的过程，也是资源沉淀的过程。师生在应用专题学习网站资源过程中，也创造出丰富多彩的学习成果，这些学习成果丰富了专题网站资源，也是全社会的宝贵财富。例如，"玉文化"研究这个案例，学生分析专题学习网站提供的学习资源，以小组为单位对研究问题进行思考与探讨。组长总结出小组同学的观点，将组内同学共同的研究结论发布于网上共享。

小组1（组长）：我们不能说历史是什么，但这个世界上却永远有着一件"珍宝"能见证着历史。我想和氏璧或许就是这件"珍宝"，或许就能在一定程度上反映出中华民族自古以来所拥有的一种风骨。最美的事物，最有内涵的思想往往是需要经过一番磨砺的，和氏璧的曲折象征着它的生命力，象征着历史的内容及对后人的警示！

小组2（组长）：造成卞和断足的原因，是对玉认知上的差异造成的。春秋时期对玉的规定，并不太严格，许多地方的精美温润的美石，也算作玉的范围，而且经过琢磨，的确非常美观，有文物可以证明当时采用材质优秀的美石当作玉来加工的。但在"玉璞"阶段，也就是原材料阶段，只能分辨出它是石还是玉，而看不到里面的材质是否精美，现在也是如此，相信接触过玉石的朋友对此会有些经验。所以，两代楚王的玉人都断定卞和所献乃"石也"也就不足为怪！

小组 3（组长）：我认为其实卞和献玉的根本动机是要得到楚王的嘉奖，要楚王给他封官加爵。因为他是一个小臣，很难得到楚王的提拔和器重。在他得到那块玉后便积极献上，可惜遇人不敏，他碰上的前两个君主不懂得鉴赏真正的宝贝，反以为他是欺君。第一次献玉后被砍脚他还不死心，结果，算盘打错了，又被砍了另一只脚。在这样的严重的惩罚下，付出重大代价之后他才认识到自己对名利的过分追求是错的，才在被证实冤枉后而不接受官职。我想卞和是一个例子，是追求名利的典型代表，这个故事不仅仅是简单告诉我们要真正地认识事物，更告诫我们要追求名利就会有付出。

专题学习网站是信息技术与课程整合的一种新型模式，也是将以教材为中心的传统学科教学与以培养学生的创新能力和实践能力为目标的研究性学习相结合的一种尝试。以专题学习网站为平台，开展师生、师师、学校与社会教育资源共建共享，能为学生的学习和发展提供丰富多彩的教育环境和多样的学习机会。专题学习网站还是一个开放可塑的系统，能容纳很多东西，可以建成很多类型，可以服务很多需求。开发者和建设者应依据自身的条件"量身定做"，发挥它的最大功能，不断探索其各种应用的可能和适切方向，突出建设重点，把它打造成各种变革范式学习的"试验田"，进而有意识地放大其在资源创建和共享上的优势，承载起学校信息化探索中多维度资源共建共享尤其是师生共建共享的使命。

第四节　专题学习网站建设的反思与展望

当前，专题学习网站正日益受到教育技术界的广泛关注。随着教育信息化的蓬勃发展，人们对专题学习网站寄予了越来越高的期望，要求专题学习网站的设计更加符合学习者的认知规律，更能促进学生的思维发展，更能发挥资源共建共享的优势。设计是专题学习网站开发的基础，也是专题学习网站创新的源头，因此正逐渐成为人们讨论的焦点。可以预料未来的专题学习网站的突破必将首先表现在设计上的突破。因此，对已开展的实践进行归纳提炼和分析总结，有助于我们弄清努力的方向，克服缺点和弊端，同时作出预设和前瞻。

一、专题学习网站建设的思考

自 2001 年以来，我国许多中小学校掀起了创建专题学习网站、开展专题网站教学的信息技术与课程整合的热潮，形成具有特色的整合模式和教学策略。分析专题学习网站的建设和应用过程，我们也发现，网站的建设理论、资源应用机制、管理与维护技术等方面还有待进一步的改进和发展。

（一）依据现代教育理论发展专题学习网站

专题学习网站是基于网络资源的专题研究和协作学习系统。它通过网络学习平台向学习者呈现专题学习资源、提供协作学习交流工具，为学习者确定研究主题、收集信息、解决问题创设学习环境。但是，基于专题学习网站的学习毕竟不同于传统教学环境中的学习，其信息获取、互动交流、作品完成等方式与传统教学环境都存在着差异。如果将传统的教学方法简单地应用于基于专题网站的教学环境中，也会出现学生"网络迷失""资源堆积"甚至"电灌化"的教学问题。因此，为了更有效地发挥专题学习网站资源丰富、互动灵活等优势，就需要依据现代教学理论，对基于专题学习网站的学习策略、评价方法、合作方式进行研究，对专题网站与学科整合的理论进行深入探讨。

（二）加强专题学习网站资源的共建和共享

近年来，一些专题学习网站的开发注重固定资源的建设，却忽视网站综合性应用和后续资源的建设。某些专题网站一旦审核通过，就容易处于一种保留状态，框架结构固定不变，学习资源静止不再更新（即便有所更新，也是由教师主导内容的变动，学生只能被动接受，无法主动的参与到教学内容的建设、丰富和完善中来）。"资源更新慢、实用性不足"成为了专题学习网站发展的一个瓶颈和难题。基于这一认识，网站建设的开放性研究，师生对网站资源的共建和共享应该成为专题学习网站发展的一个趋势。实现网站的开放性，专题学习网站的资源就需要不断地更新和丰富。在教师指导下，师生共同开展资源的建设工作，当学生由被动的资源接受者转化为资源建设者和应用者时，也就更能发挥学习的积极性以及资源建设的主动性。

（三）实现专题网站的智能化管理

专题学习网站的智能化管理是指利用数据仓库技术、联机分析处理技术和数据挖掘技术，通过对数据的收集、管理、分析与转化，采用关联分析、时序模式、特征发现、关键字匹配等手段，从大量的网络应用数据中挖掘出有用的学习信息，发现潜在的规律及内在趋势，为学生进行信息处理提供智能化支持，为教师教学设计提供针对性的服务。例如，智能化站内搜索，学生通过站内搜索引擎及时找到需要的学习资源，提高学习效率；又如，学习过程处理系统。通过该系统跟踪学生学习进度，记录学生学习情况，自动生成学生学习趋势图表，为教师分析学生学习状况，进行教学设计，开展学习补充提供依据。再如，智能评价系统，通过该系统可自动生成相关的学习评价试卷，分析学生答题结果，给出个性化的学习建议等。随着现代信息技术的提高，专题学习网站也需要引入先进的管理技术，提高网站管理效率。

专题学习网站为学生的自主学习、小组合作学习、远程协作学习提供了一种新的学习环境，借以培养学生创新性思维，提高学生解决问题的能力。但是，专题学习网站的建设决不仅是一种技术的开发和网站的发布，更重要的应是专题学习网站与学校教育的深度整合，通过专题学习网站提高学校教学效率，实现学生的有效学习，推动每一位学生发展。

二、专题学习网站的展望

我国专题学习网站是在信息技术高速发展和当前课程改革大背景下创建出来的，是"课改实验"的产物，其所表现出的形态，获得的经验都非常典型，有代表性，具有总结和前瞻的参考意义。

（一）专题学习网站建设的内在动力探究

专题学习网站的建设与应用实验延续至今，历时已有 10 余年，实验学校和教师艰辛备尝，但不曾放弃，师生合作、校校合作共同走过了一段溢彩流金的岁月，其可持续的动力值得探究。

1. "兴趣"是网站保持关注的原动力

专题学习网站之所以为师生所接受、创建和应用，师生的浓厚的研究兴趣是其原动力。例如，"和氏璧之谜"专题学习网站之所以受欢迎，能延续下去，就在于选择了"和氏璧之谜"作为专题学习网站的主题。一方面是该主题与学科教学有着深入的联系，另一方面是师生对"和氏璧"有着浓厚的兴趣，有着探究"和氏璧之谜"的欲望。

一块小小璞玉竟然纵跨中国千年历史！与中国历史上那么多对进程产生深远影响的事件、人物联系在一起，引出多少出反复曲折、风云际会、荡气回肠的活剧。其间，献玉、辨玉、识玉、夺玉等令人唏嘘不已、感慨万千的峰回路转的过程凝聚多少跌宕起落的人生命运，包蕴多少福祸真假的辩证哲学，记录了多少千秋功罪的史鉴评说，留下多少知人论事的畅说空间，寄托了多少人生智慧，带来多少命题思考。从来没有哪个器物像和氏璧那样，因其曲折来历更多是其精神附载而成为牵系社稷国体，身可倾城、人人欲得的重宝，"随侯之珠""卨氏之璧"已浓缩成天下至珍的代名词。为它而创造出来的词汇丰富着中华语库，和氏璧的故事孕育积淀出千百年争相习诵、广为传播的篇章精华。围绕和氏璧产生出的诗书掌故、典章制度、人文器物、地理方舆、考古鉴别，上演的郡国山川、巧夺纷争、世态人相，见证的刀光剑影、烽火狼烟、朝代更迭，尤其是它扑朔迷离谜一样的身世吸引千百年来人们不停的探索目光。至今，人们还对和氏璧采得何处、和氏璧的下落等问题悬疑待解。由这一主题派生出来的学习问题很容易激发学生的学习欲望。专题学习网站藉此维持着不竭的吸引。

2. "合作"是专题网站建设的促进策略

专题学习网站建设的合作主要表现如下。

（1）校内教师合作。网站建设过程中，信息技术教师与学科教师就网站内容、框架结构、组织方式进行互助协作，从技能操作方面对学科教师进行培训；网站应用过程中，学科教师之间从课程整合、活动实施、学习评价等方面进行合作，开展学术研讨活动。为了提高网站开发与应用效率，还可以采取"课题研究推动网站建设，网站资源满足教学需要，教师教学与时俱进"的组织方略。

（2）教师与专家的合作。网站开发与应用过程中，总会遇到这样或那样的困难。在研究进程趋缓、推进乏力时，可以积极联系相关的研究专家，采取"走出去、请进来"的方式，听取研究学者的建议，借鉴其他地区的优秀成果。

（3）师生合作。专题探究的过程，也是师生、生生之间合作的过程。探究过程中，教师基于学习问题提供学习资源，及时解决学生研究过程的困难。学生或以小组的方式进行实践调研、信息收集、集体研讨、完成作品，开展多元性的学习评价和反思。这些合作从方方面面支持专题学习网站的确立、充实和拓展。

3. "师生发展"是专题网站建设的终极追求

师生共同努力可以创造出优异的研究成果，专题学习网站也能让师生收获一路惊喜。这种惊喜不仅表现在网络建设本身上，更重要的是师生在研究过程中得到共同发展。

（1）"任务"驱动，可以带出一支网站开发队伍。专题学习网站具备一般网站的一切特征，把专题学习网站的开发当"任务"推动，能够练就开发网站的真本领，因而锻造出一支熟练的网站开发建设队伍。

（2）网站的"研究性学习"能转变教师的教学理念。基于专题学习网站的教学，教师可以将理论性的教学理念转化到教学实践中。通过项目活动引导学生学习，教师可以体验从"授课者"向"学习引导者"的角色转变。

（3）网站的"基于问题的学习"改变了传统的学习方式。学生通过专题学习网站开展研究，分析任务情境中的问题，搜索网络资源，完成学习任务，促进搜集和处理信息、分析和解决问题、交流和合作等能力的提高。

（二）专题学习网站改进与完善的思路

当前我国专题学习网站的开发在结构设计、资源建设、教学应用方面取得了一些成绩。但是，在研究过程中也感觉到，专题学习网站技术层面还需不断地完善和发展，应用层面也还有潜力待挖掘。扩展专题学习网站、形成网络学习共同体，建设网络学习文化是今后专题学习网站建设的主要努力方向。

1. 加强校际合作，丰富专题学习网站资源

研究性学习是学生在教师指导下，从学习生活和社会生活中选择和确定研究专题，主动地获取知识、应用知识、解决问题的活动。研究性学习的内容丰富多样，它并不局限于某一主题、某一领域。例如，"和氏璧之谜"专题学习网站尽管综合了多学科的知识，但更多的还是语文、地理、美术等相关学科的内容。而对数学、化学、物理等学科的学习未能很好地体现，学生很难对这方面的知识进行自主探究和合作学习。因此，学校专题学习网站的主题内容还有待扩展，以便更广泛地开展多样化的主题学习。

（1）拓展专题学习网站的主题，丰富学习网站资源。像"和氏璧之谜"专题学习网站，还可以开发其他主题网站。比如，让教师针对理科教学特征，组织相应的学习资源，开发数理化生方面的专题学习网站，形成专题学习网站系列，做到学科覆盖，最大限度地满足学生基于网络的研究性学习需要。

（2）加强专题学习网站的校际共享。为了适应我国课程改革，"十五"期间，中央电化教育馆组织开展了基于现代信息技术环境下的"学与教"的理论与实践研究。在这个过程中，有126所学校的学生和教师参与了专题学习网站的建设工作，完成了"跨学科的、综合的专题学习网站""知识点的拓展或延伸形成的专题学习网站""面向学科的专题学习网站"三大类100多个专题学习网站的开发。但是，当前这些网站更多地还只是局限于各学校校内应用，未能发挥其社会效益。如果能加强校际之间的交流，互通网站资源的有无，实现现有专题网站资源共建共享，无疑会提高专题学习网站资源的利用效率。

2. 研究教学策略，提高专题学习网站的学习应用效率

基于专题学习网站的教学是学校教学的一种特殊方式。它既要符合教育规律，也要适合学习者的学习心理。因此，教师就需要根据教学情况研究相应的教学方法和策略。近些年来，我国中小学教师运用学校专题学习网站开展教学活动，强调了学生探究、自主、合作学习。但从活动实效来看，也还存在着教学方法单一（大多采用"提出问题""给予资源""引导探究""学习总结"的教学模式），教学过程僵化，对学生在学习过程中的闪光点不能及时引领的问题。教师对为何要开展基于专题学习网站的教学，如何更好地运用专题学习网站的认识还不够深入，教师的教学专业能力还需要不断的提高。其一，基于专题学习网站教学的理论学习。其内容包括专题学习网站的特征、基于专题学习网站的教学理念、与传统教学理念的区别、网络教学中的管理策略等。其二，专题学习网站新技能的应用。随着专题学习网站的成熟和发展，不断有新的网络技术融入至专题学习网站中，例如网络会议、过程跟踪、远程监控等。教师需要及时跟上专题网站技术的发展。其三，网络学习资源的积累。教师在教学过程中还需要有意识地收集网络学习资源，对资源进行分类管理，突出资源在专题网站中的地位，从资源的设计上强化对网站的支持。

3. 加强学术交流，创建网络学习共同体

学习共同体是跟随学习的课题在某一学习空间多元地、多层次地产生的共同体。例如，"和氏璧之谜"专题学习网站突出"玉文化"的学习主题，师生开展了丰富多彩的学习活动。

但是，课题组也应该注意到这些活动更多的是一种学校正式的、组织性的学习活动。一定程度上，学生还缺少自我学习的积极性和主动性，学习过程中的合作性和创造性还需要加强。因此，专题学习网站今后的发展，还需要为学生创造自主组织学习团队的空间，形成学习共同体，提高学生自我管理能力。

（1）在技术层面上，专题学习网站可为学生提供更广泛的交流空间。在原有 BBS 交流工具的基础上，继续开发网络小组会议室、主题公共讨论室、个人主页等交流空间。学生基于此空间，可以研究个人感兴趣的主题，组建个人网络研究团队，自主、独立地开展研究学习。

（2）在管理方面，加强监督、扩大开放。在当前专题学习网站普遍只是校内共享的基础上，学校可以逐步向社会开放专题学习网站。通过用户注册、身份通过、实时审核的方式管理网站学习成员，吸引更多的社会学者共享专题学习网站资源，建设专题学习网站资源。提高学习成员的多样性。

（3）在文化方面，创建和谐的网络学习氛围。网络文化可概括为三个层面的内涵：其一，网络文化表现为一种缄默的、尚未用语言表达的信念、理解、感觉等内容，是学习者长期网络活动中形成的潜在文化；其二，网络文化表现为制度层面的内涵，指维系网络关系的规范和准则；其三，网络文化也具有外化的特质形态，例如技术特征等。"和氏璧之谜"专题学习网站在显性的技术建设、管理策略等方面有了一定的经验和成果，但在团队精神、共同理念等隐性文化建设方面还需要加大力度，以此形成专题学习网站内在凝聚力，促进专题学习网站文化的发展。

在我们的工作、生活与学习过程中，经常需要获取、利用和管理多种形态的文本资源来为我们的工作、生活和学习服务。那么，数字化文本资源的内涵、特征与分类是什么？如何处理各种数字化文本资源？如何转化各种数字化文本资源？这将是本章重点探讨的问题。

第六章

数字化文本资源共建共享

在我们的工作、生活与学习过程中，经常需要获取、利用和管理多种形态的文本资源来为我们的工作、生活和学习服务。那么。数字化文本资源的内涵、特征与分类是什么？如何处理各种数字化文本资源？如何转化各种数字化文本资源？这将本章探讨的重点。

第一节 认识数字化文本资源

"互联网＋"时代的数字化文本资源呈现多种样态，如电子书、Word 文本、Excel 表格、记事本文档等。它们是承载教学、研究、生活与学习等方面信息的载体。所以，理解数字化文本资源的含义、特点、分类，掌握处理数字化文本资源的方法与技巧尤为重要。我们需要多阅读相关文献，以理解数字化文本资源的知识内容。

一、理解文本数字化与数字化文本

数字图书馆是阅读的网络空间，图书信息的全面数字化已成现实。将传统文本转换为计算机能够识别和处理的数字文本的过程是文本的数字化。文本数字化过程对应的是将印刷载体上声、光、电的模拟信号转化为二进制编码的数字信号。常用的数字化文本编辑软件如表 6-1 所示。

表 6-1 数字化文本编辑软件

名称	网址
Word	http：//jiaoshiqun. cn/332
WPS	http：//www. wps. cn/product/wps2016/
NVivo	http：//www. sciencesoftware. com. cn/Newsoftware _ detail. aspx？ sid＝214
E - Study	http：//estudy. cnki. net/
福昕 PDF 阅读器	https：//www. foxitsofiware. cn/

越来越多的人习惯于数字化阅读，通过各种电子化设备阅读电子出版物来获取信息，电子书就是一种流行的载体。电子书是指将文字、图片、声音、影像等信息内容数字化的出版物，也包括植入或下载数字化文字、图片、声音、影像等信息内容的集存储和显示终端于一体的手持阅读器。电子书代表着人们所阅读的数字化出版物，区别于以纸张为载体的传统出版物。经过数字化处理之后的文本是通过数码方式记录在以光、电、磁为介质的设备中，必须借助于特定的设备来读取、复制和传输。电子书是当下流行的阅读方式。

二、掌握数字化文本格式转换方法

由于编码方式的不同，当前存在着众多数字文本格式，不同类型的数字文本格式需要不同的阅读器进行解码。格式间的兼容问题也就浮现了出来。为了实现数字文本格式的相互转换，很多文本格式转换软件被开发出来，同时各种主流处理软件也开始兼容更多的数字文本格式，并能够实现格式间的相互转换。微软办公系统的字处理软件 Word 即具备把文档转换为多种其他文本格式的功能（比如 PDF 或 XPS），其中 XPS 格式是微软为对抗 PDF 而开发的文件格式，不需要下载专门的阅读器即可打开。那么，如果我们有很多份（多到成百上千份）的 Word 文档要转换成一个 PDF 文件时，通过手工转换会消耗太多的时间和精力，那么有没有更加快捷的方式来完成这项工作呢？我们可以使用 Adobe Acrobat 7.0 Professional 软件、福昕 PDF 阅读器、Word 批量打印助手和虚拟打印机来完成将多份 Word 文档转换成一个 PDF 文件的工作。

第二节　处理数字化文本资源

一、掌握数字化文本处理技巧

为了提高学术论文的效率、增强学术论文的审美效果，需要掌握如下论文中的排版技巧：标题目录自动编排、图表目录自动编排、引文参考文献自动编排、审阅批注修订功能、大纲视图标题级别功能等排版技巧。

（一）标题目录自动排版

标题目录自动编排，实现目录自动生成，避免目录与正文标题的不匹配，使得作者在写作过程中保持写作的"整体感"。"标题目录自动排版"的具体操作方法与步骤如下：首先，设定与调整"各级标题的级别"；其次，插入"不同页码"；最后，单击"引用"按钮，选择"目录"进行自动目录或自定义目录的自动生成。

（1）设定与调整"各级标题的级别"。其步骤如下：①单击"视图"按钮；②选择"导航窗格"；③选择"大纲视图"；④选择"级别"进行各级标题的级别调整；⑤单击"关闭大纲视图"按钮（图 6-1）。

（2）插入"不同页码"。其步骤如下：①选择"插入"和"页码"；②单击"设置页码格式"按钮；③选择"页码"和页码插入位置，详见图 6-2 底部；④单击"布局"按钮，选择"分隔符"和"分节符"中的"下一页"；⑤选择"插入"和"页码"；⑥单击"设置页码格式"按钮；⑦选择"页码"和页码插入位置，详见图 6-3 底部。

（3）单击"引用"和选择"目录"进行"自动目录"或"自定义目录"的自动生成。其步骤为：①选择"引用"和"目录"；②单击"自定义目录"按钮；③选择"样式"和"显示级别"；④单击"确定"按钮（图 6-4）。

（二）图表目录自动排版

图表目录自动编排，实现图表目录的自动生成，避免图表目录与正文中的具体图表的不匹配。"图表目录自动编排"的操作步骤如下：首先，选择"引用"和"插入题注"；其次，选择"引用"和"插入表目录"；最后，对图表目录的"格式"和"样式"进行设置，单击"确定"按钮，实现"图表目录自动编排"。

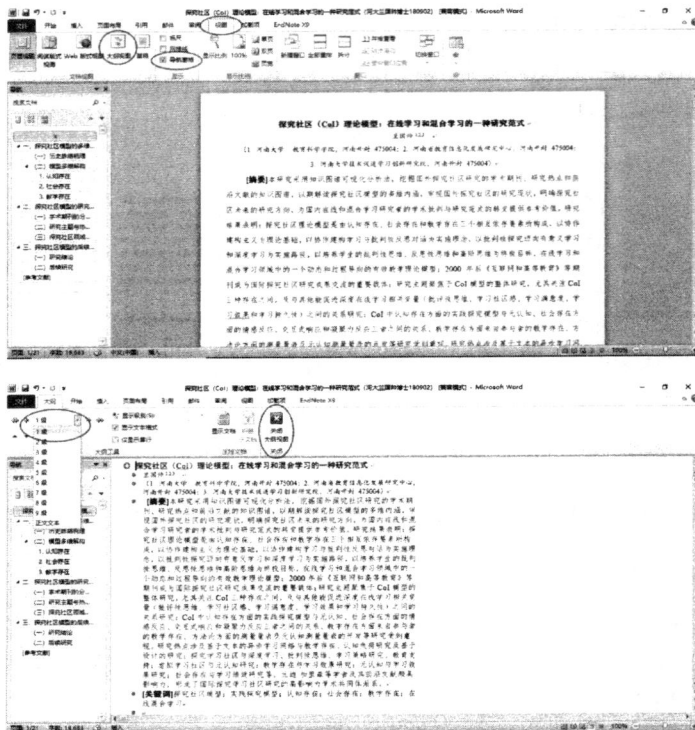

图 6-1 "标题级别"的设定与调整

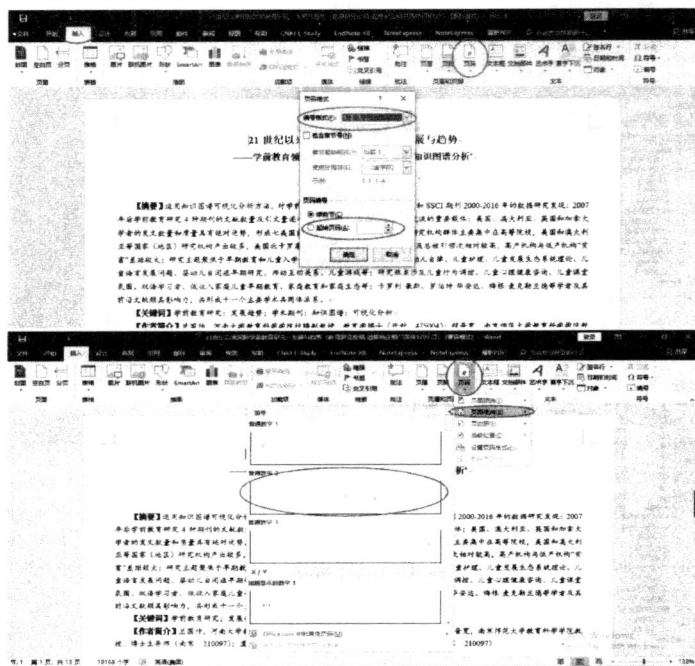

图 6-2 设置页码格式

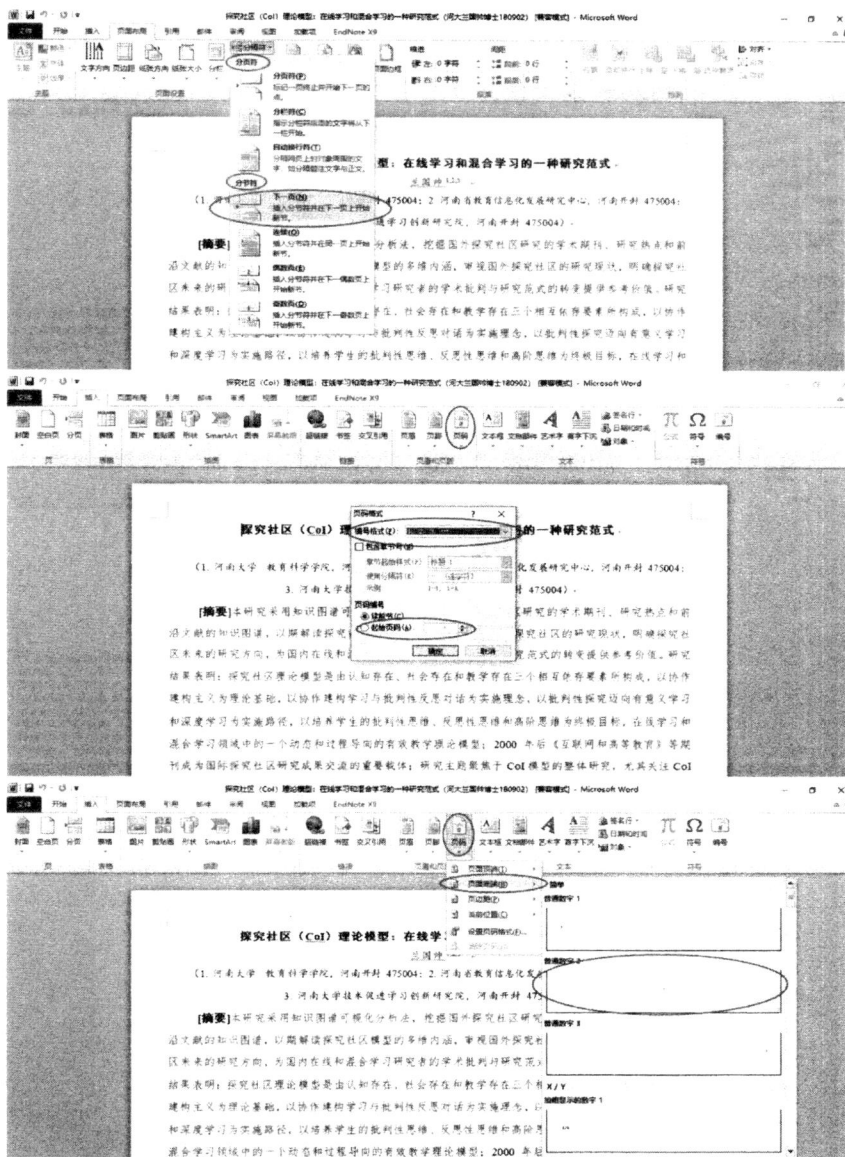

图 6-3 "不同页码"的设定与插入

（1）选择"引用"和"插入题注"菜单。其步骤为：①单击"引用"按钮；②选择"插入题注"；③逐次进行"题注信息输入"；④单击"确定"按钮（图 6-5）。

（2）选择"引用"和"插入表目录"。其步骤为：①单击"引用"按钮；②选择"插入题注"；③对图表目录的"格式"和"样式"进行设置；④单击"确定"按钮，实现"图表目录自动编排"（图 6-6）。

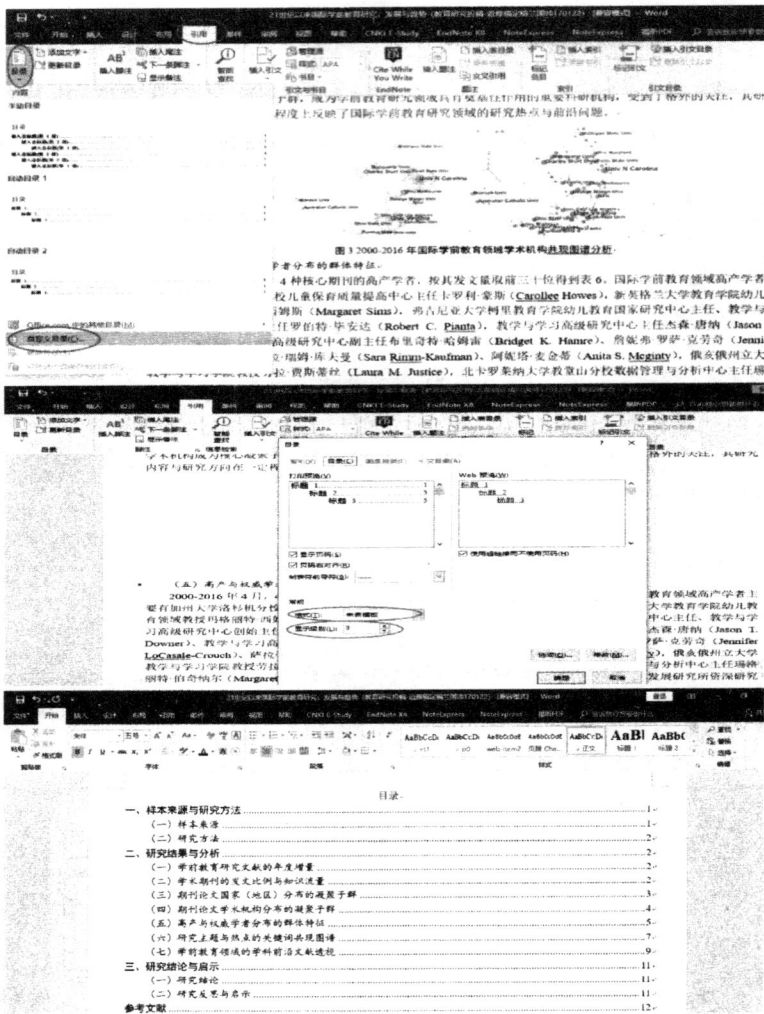

图 6-4 "自动目录"的生成

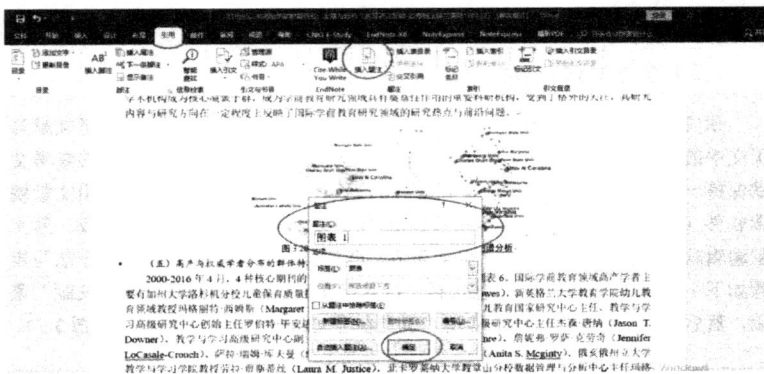

图 6-5 图表题注的设定

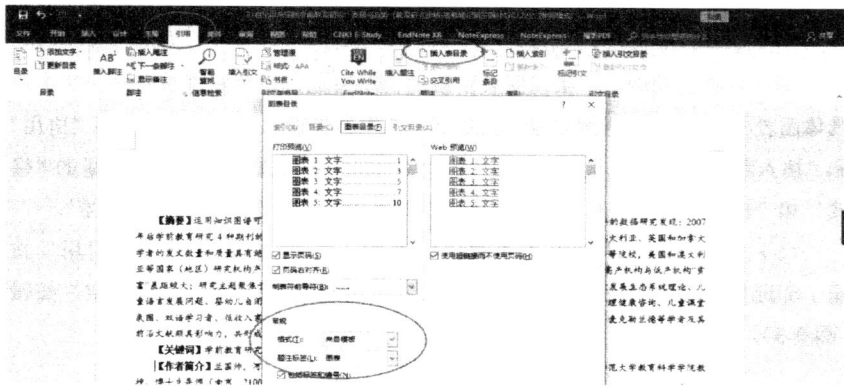

图 6 - 6 "图表目录"的自动生成

（三）参考文献自动排版

引文参考文献自动编排，实现引文参考文献的自动生成，避免参考文献与正文中的具体引用文献的不匹配，使得文后的参考文献与正文中引用的参考文献保持一一对应，并保持参考文献格式的正确性。学术论文写作中常用文献编辑软件（如 E - Study/EndNote/NoteExpress 等）进行参考文献的自动生成。用文献编辑软件"E - Study"进行"引文参考文献的自动生成"的具体操作方法与步骤如下：①选择"E - Study"；②选择"插入引文"菜单；③选择"引文文献"菜单，然后单击"确定"按钮，实现"引文参考文献自动编排"的生成（图 6 - 7）。

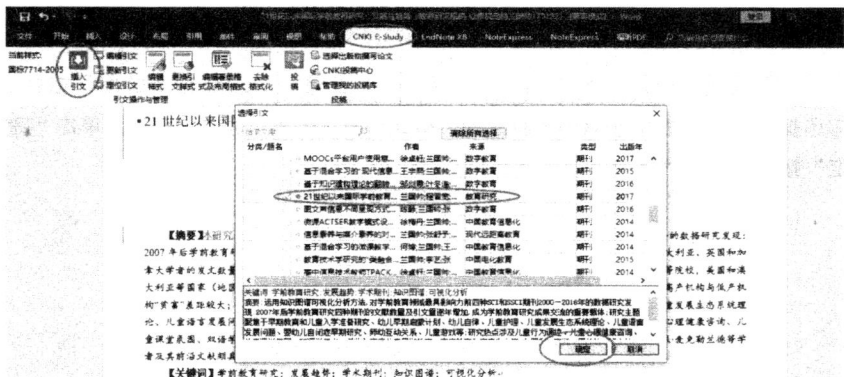

图 6 - 7 引文参考文献的自动生成

引文参考文献自动生成后的结果：［1］兰国帅，汪基德，梁林梅. 国外教育技术十大领域与权威人物的知识图谱建构研究——基于国外 18 种 SSCI 期刊（1960—2016 年）文献的可视化分析 ［J］. 远程教育杂志，2017（2）：74 - 86.

参考文献的排列主要有 3 种方式：①按照作者姓名的音序排列，这是常见的方式；②按照作者姓名的笔画排列，它仅适用于汉语文献；③按照文献出现的先后顺序排列。

（四）审阅批注修订功能

正文内容的审阅批注修订功能，实现论文正文内容的批注与修订，以提醒他人最近在哪些方面做了修改。"正文内容的审阅批注修订功能"的操作步骤：首先，选择"审阅"和

"修订";其次,选择"审阅"和"新建批注";最后,对文档内容进行相应的"修订"或"批注"。

(1) 选择"审阅"和"修订",对文档内容进行相应的"修订"(图6-8)。

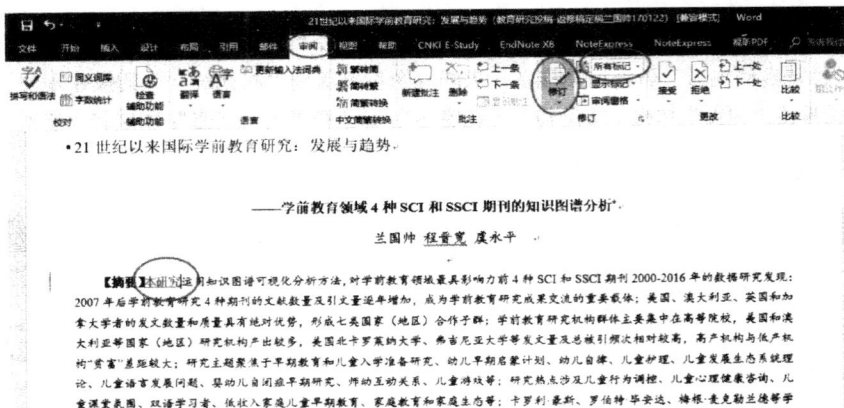

图6-8 正文内容的审阅修订

(2) 选择"审阅"和"新建批注"。

(3) 对文档内容添加相应的"批注"(图6-9)。

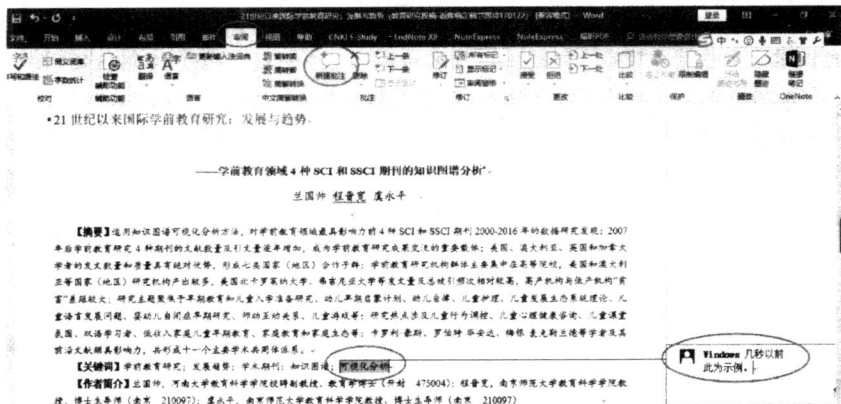

图6-9 正文内容的审阅批注

(五)标题级别排版功能

大纲视图标题级别功能,实现论文正文标题的自动编排,避免目录与正文标题的不匹配,使论文正文中各级标题的"格式统一"与"规范",为"目录自动生成"做好前期准备。大纲视图标题级别"格式统一"的操作步骤:①单击"视图"按钮;②选择"导航窗格";③选择"大纲视图";④选择"级别"进行各级标题的级别调整;⑤单击"关闭大纲视图"按钮(图6-10)。

二、进行数字化文本处理实战

练习1:在Word中写一篇主题为"教育技术研究热点与前沿"的小论文,为论文设置三级标题,并为论文自动生成目录、图表和插入引文参考文献。

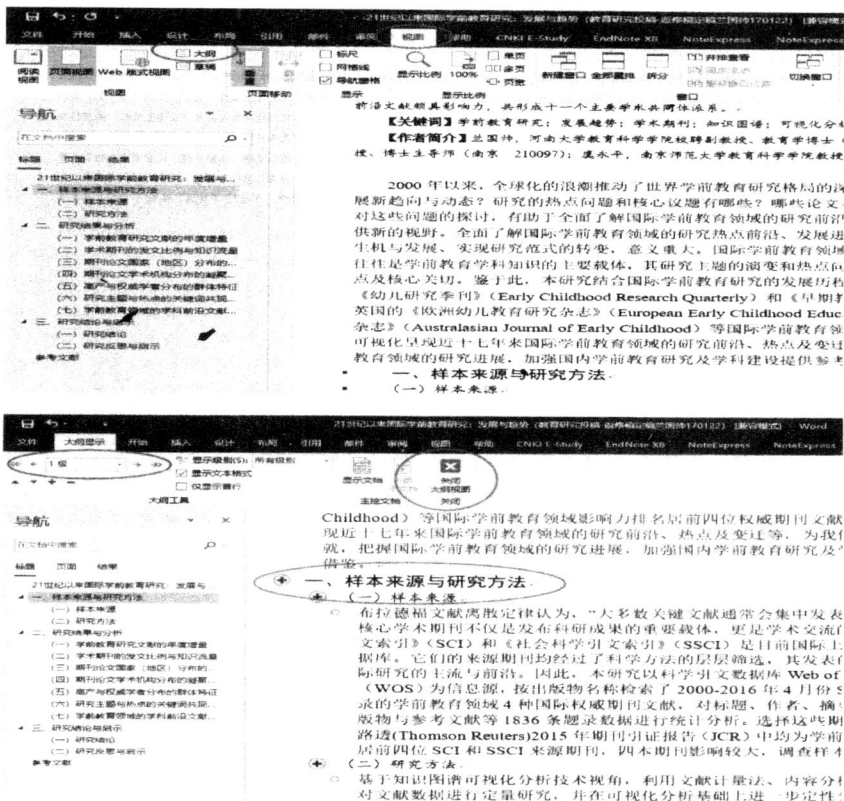

图 6－10　大纲视图中标题级别"格式统一"的操作

　　练习 2：为上述完成的小论文添加封面，为正文添加页码，使用分页功能使封面和目录分别单独成页。

第七章

数字化图像资源共建共享

在我们的工作、生活与学习过程中，经常要获取、利用和管理多种形态的数字化图形、图像资源来为我们的工作、生活和学习服务，那么，数字化图形、图像资源的内涵、特征是什么？如何全面掌握各种数字化图形、图像资源的软件工具及其操作技巧，从而为信息化教学提供各种多媒体的图片素材，这将是本章重点探讨的问题。

第一节　认识数字化图像资源

数字图像，又称数码图像或数位图像。由数组或矩阵表示，其光照位置和强度都是离散的。数字图像是由模拟图像数字化得到的、以像素为基本元素的、可以用数字计算机或数字电路存储和处理的图像。数字化图形的两种形式为：矢量图和位图。在日常的工作、生活与学习过程中，我们需要掌握不同数字化图形、图像教育资源的获取方法，并掌握常用的数字化图形、图像处理软件工具的操作技巧。

常用的数字化图形图像编辑软件有序号名称、百度脑图、红蜻蜓抓图精灵、可牛影像、图片工厂、光影魔术手、美图秀秀、百度魔图、印象笔记、Visio、Snagit、Photoshop、Photoworks、Illustrator 等。

第二节　处理数字化图像资源

数字化图形、图像教育资源能够以直观、形象的形式呈现教学信息。因此，掌握数字化图形、图像资源的内涵与特征，理解数字化图形、图像资源的分类与获取方式，精通各种数字化图形、图像资源的编辑软件工具等，是大家必备的信息素养。

一、会用软件工具获取图像教育资源

专业性的数字化图形、图像编辑软件工具主要有 Photoshop、Visio、红蜻蜓抓图精灵、Snagit、百度脑图等。下面来介绍如何利用这些编辑软件处理数字化图形、图像的教育资源信息。

（一）利用抓图软件捕捉图形图像教育资源

下面以"红蜻蜓抓图精灵"软件为例，讲解如何利用抓图软件捕捉图形、图像教育资源信息。

【第1步】安装"红蜻蜓抓图精灵"软件并打开（图7-1）。

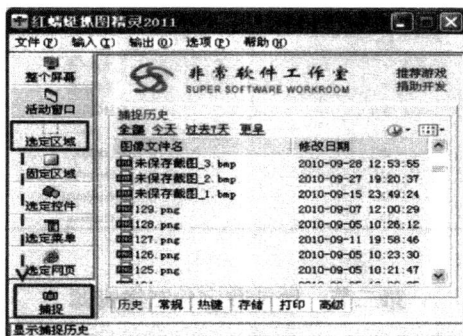

图7-1 安装"红蜻蜓抓图精灵"

【第2步】打开"红蜻蜓抓图精灵"，选择捕捉区域按钮，如"选定区域"或"整个屏幕"，然后单击"捕捉"按钮，进行图形、图像信息的抓取（图7-2）。

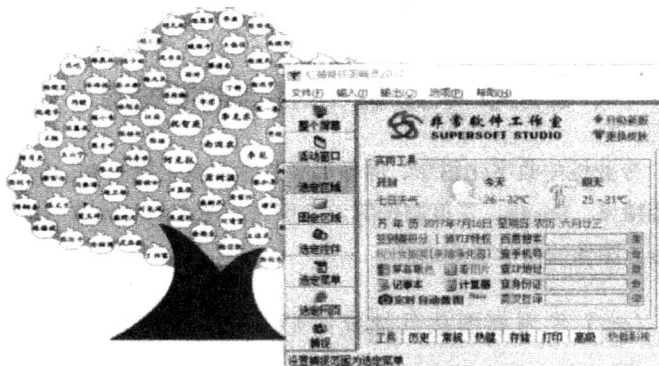

图7-2 打开"红蜻蜓抓图精灵"并捕捉图形图像

【第3步】将捕捉后的图形、图像进行"另存为"操作，选择合适格式并保存（图7-3）。

图7-3 保存捕捉后的图形、图像

（二）运用专业软件处理图形图像教育资源

下面以"百度脑图"软件为例，来讲解如何利用该软件快速制作思维导图。

【第1步】打开"百度脑图",新建脑图,然后选择脑图样式(图7-4)。

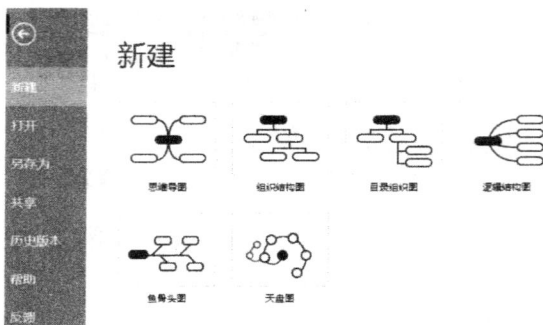

图7-4 新建文件脑图

【第2步】单击"外观"按钮,选择脑图类型,如"紧凑粉"(图7-5)。

图7-5 选择脑图类型

【第3步】选择"思路",并单击"插入下级主题"或"插入同级主题",然后输入主题文字(图7-6)。

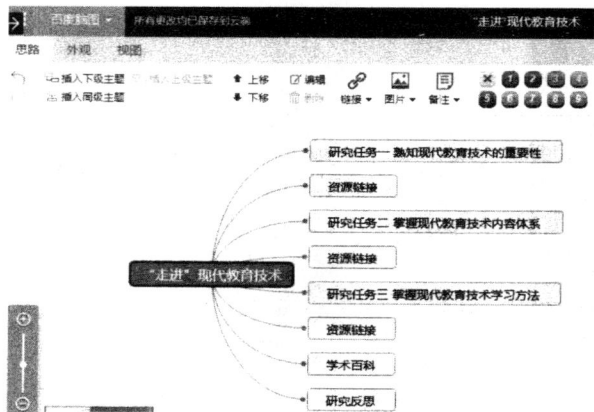

图7-6 设计主题级别

【第 4 步】单击"外观"按钮，选择文字类型，设定文字大小（图 7 - 7）。

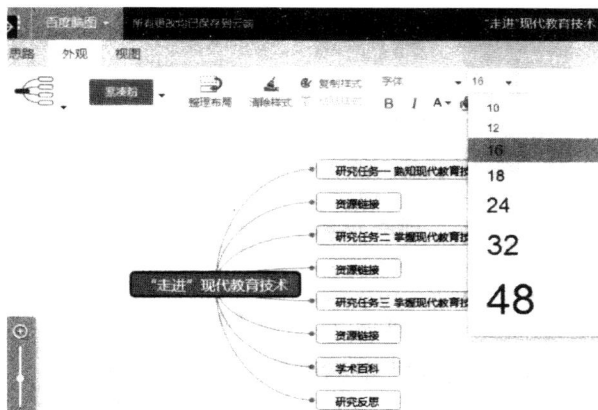

图 7 - 7　保存图形、图像

【第 5 步】单击右键，选择"节点"排序（图 7 - 8）。

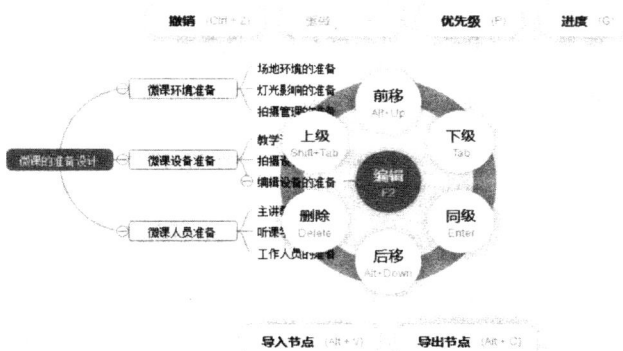

图 7 - 8　进行"节点"排序

【第 6 步】单击"百度脑图"按钮，选择"另存为"和"导出"，选择合适格式，保存图形、图像（图 7 - 9）。

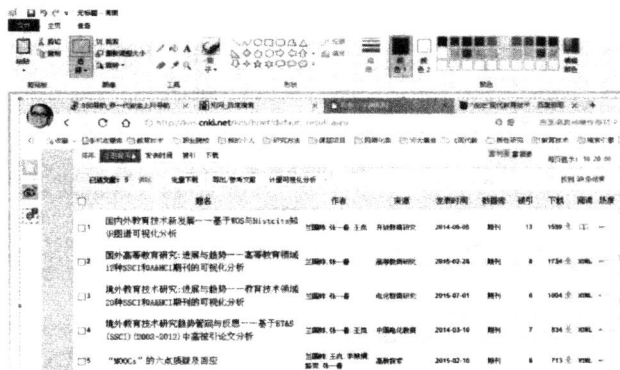

图 7 - 9　保存图形、图像

二、会用"快捷键"截取图形、图像教学资源

在日常学习和生活中，我们经常要利用笔记本的不同快捷键来快速抓取图形、图像，下面以笔记本的快捷键为例，来讲解如何利用笔记本快捷键来快速捕捉图形、图像资源。

（一）使用 Ctrl＋PrScrm 组合键截取图像教学资源

【第 1 步】使用 Ctrl＋PrScrm 组合键截屏，获取整个屏幕图片（图 7-10）。

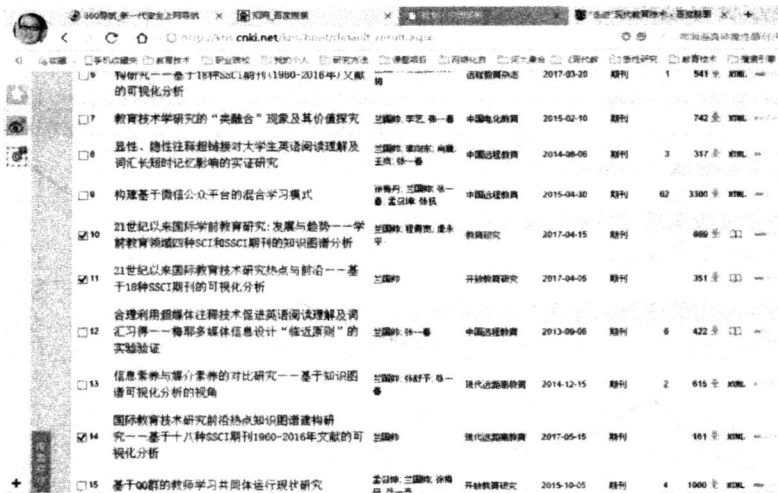

图 7-10　截取整屏图形、图像

【第 2 步】在桌面单击右键/新建/画图（或开始/附件/画图），然后按 Ctrl＋V 键粘贴所截取的图形、图像（图 7-11）。

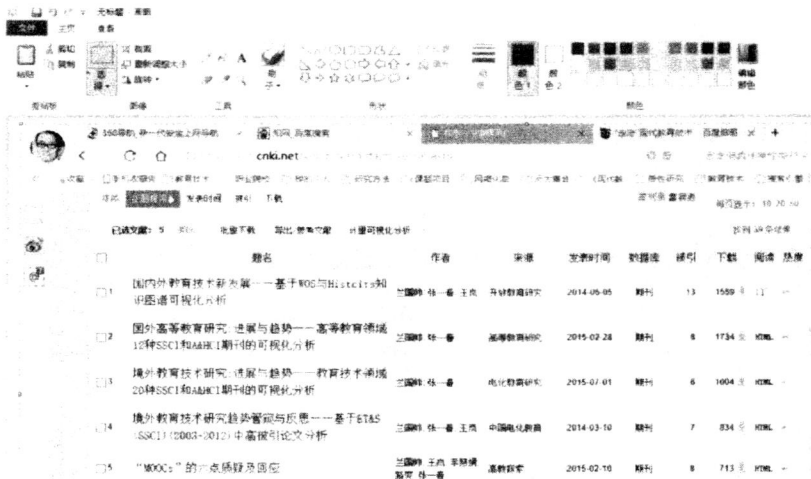

图 7-11　粘贴整屏图形、图像

（二）使用 Alt＋PrScrn 组合键截取图形、图像教育资源

【第 1 步】使用 Alt＋PrScrn 组合键截屏，获取当前窗口图形、图像（图 7-12）。

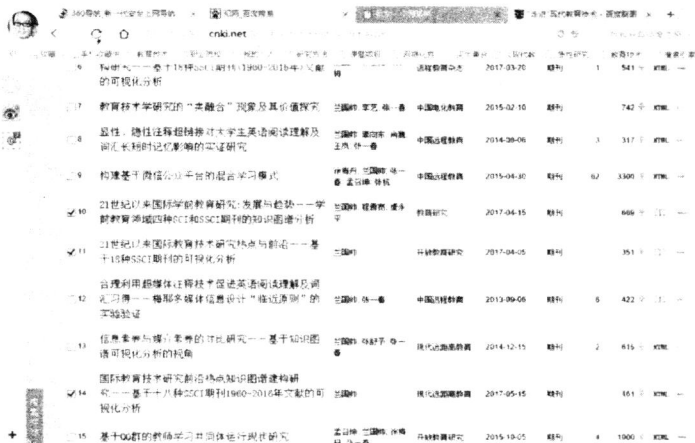

图 7 - 12　截取当前窗口图形、图像

【第 2 步】在桌面单击右键/新建/画图（或开始/附件/画图），然后按 Ctrl＋V 键粘贴所截取的图形、图像（图 7 - 13）。

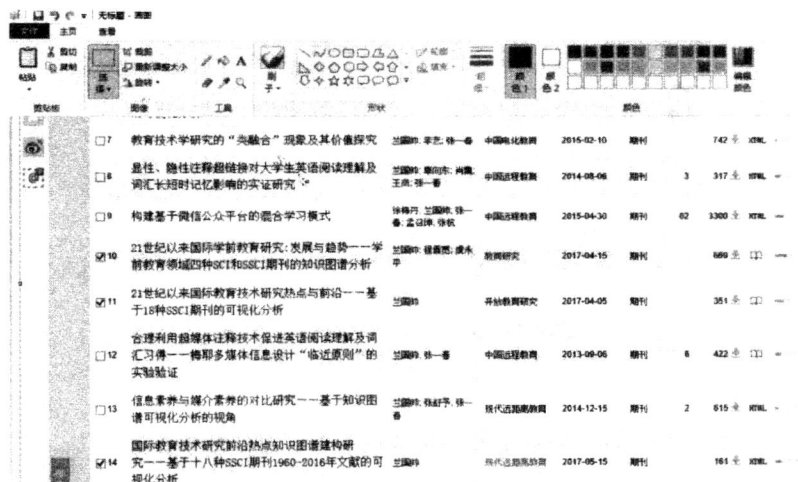

图 7 - 13　粘贴当前窗口图形、图像

第八章

数字化音频资源共建共享

在我们的工作、生活与学习过程中，经常需要获取、利用和管理多种形态的数字化音频资源来我们的工作、生活和学习服务。那么，数字化音频资源的内涵、特征有哪些？如何学会全面掌握各种数字化音频资源的软件工具及其操作技巧？为信息化教学提供各种多媒体的音频素材，这将是本章重点探讨的问题。

第一节　认识数字化音频资源

请阅读相关文献，并查找其他资料，以理解数字化音频资源的知识内容。能够获取不同的数字化音频资源，并掌握常用的数字化音频处理软件工具的操作技巧。常用的数字化音频编辑软件有 Cool Edit、Gold Wave、格式工厂、音频编辑专家、Adobe Audition、变声专家、Sound Edit 等。

一、了解数字化音频资源格式与特点

音频数字化有多种不同的存储格式，各类多媒体教学软件对音频格式的支持方式也不尽相同。在多媒体教学中，关于数字音频文件的存储有以下形式。

（一）WAV 格式

WAV 格式是微软公司开发的一种声音文件格式，叫波形声音文件，它是最早的数字音频格式，被 Windows 平台及其应用程序广泛支持。WAV 格式支持许多压缩算法，支持多种音频位数、采样频率和声道。采用 44.1 kHz 的采样频率，16 位量化位数。WAV 格式的声音文件质量和 CD 相差无几，也是目前 PC 机上广为流行的声音文件格式，几乎所有的音频编辑软件都"认识"WAV 格式。但在多媒体教学使用时，会加大声音文件的体积，因而在多媒体教学中使用起来不是很方便。

（二）APE 格式

APE 格式是目前较流行的，由 Monkey's Audio 出品的一种数字音乐文件格式，与 MP3、OGG 这类有损压缩方式不同，APE 是目前世界上得到公认的一种音频无损压缩格式。而现在越来越多的人将它在网络传播，因为被压缩后的 APE 文件体积要比 WAV 源文件小一半多，可以节约传输所用的时间，也更方便传播。APE 格式的这些特点，都是其他无损压缩格式争相效仿的。

（三）MIDI 格式

音乐爱好者应该常听到 MIDI 这个词，MIDI 格式是 Musical Instrument Digital Interface 的缩写，又称作乐器数字接口。mid 是 MIDI 的简称，也是它的扩展名。MIDI 最早是应用在电子合成器，即一种用键盘演奏的电子乐器。由于早期的电子合成器的技术不规范，不同的合成器的链接很困难。1983 年 8 月，YAMAHA、ROLAND、KAWAI 等著名的电子乐器制造厂商联合指定了统一的数字化乐器接口规范，也就是 MIDI 1.0 技术规范。此后，各种电子合成器以及电子琴等电子乐器都采用了这个统一的规范。这样，各种电子乐器就可以互相链接起来，传达 MIDI 信息，形成一个真正的合成音乐演奏系统。今天，MIDI 格式主要用于原始乐器作品，流行歌曲的业余表演，游戏音轨以及电子贺卡等。

（四）CD 格式

CD 格式是大家都熟悉的音频格式，它记录的是波形流，是一种近似无损的格式。普通 CD 唱片的采样频率为 44.1 kHz，量化位数为 16 bit。在多媒体教学中使用时，由于它几近完美的音效，往往能给教学带来理想的效果，并且能给学习者带来身临其境的感觉。

（五）MP3 格式

MP3 的英文全称是 Moving Picture Experts Group Audio Layer Ⅲ。简单地说，MP3 就是一种音频压缩技术，因为这种压缩方式的全称叫 MPEG Audio Layer3，所以人们把它简称为 MP3，它在 1992 年合并至 MPEG 规范中。MP3 格式能够以高音质、低采样率对数字音频文件进行压缩。因为它能够在音质丢失很小的情况下把文件压缩到更小。而且还能很好地保持原来的音质。因为 MP3 格式体积小，音质高的特点使得 MP3 格式几乎成为网络音乐的代名词，作为数字音频的格式在多媒体教学中也常常被使用。

（六）WMA 格式

WMA 的英文全称是 Windows Media Audio，是微软力推的一种音频格式。WMA 格式能够减少数据流量并保持优良音质，用这个方法来达到更高的压缩率的目的。其压缩率一般可以达到 1∶18，生成文件大小只有相应 MP3 格式文件的一半。WMA 格式文件还可以通过 DRM（Digital Rights Management）方案加入防止复制，或者加入限制播放时间和播放次数，甚至是播放机器的限制，能够有效地防止盗版。

（七）OGG 格式

OGG 英文全称是 OGG Vobis（OGG Vorbis），是一种新的音频压缩格式，类似于 MP3 等音乐格式。它还具有完全免费、开放和没有专利限制等其他独特的优点。OGG 有一个很出众的特点，就是支持多声道。OGG 文件的扩展名是 .ogg。这种文件的设计格式是非常先进的。现在创建的 OGG 格式文件可以在任何播放器上播放，是新生代音频格式。

（八）MP3Pro 格式

MP3Pro 格式是 MP3 格式的升级版本，由瑞典 Coding 科技公司开发。在保持相同的音质下可以把文件量压缩到原有 MP3 格式的一半大小，而且可以在基本不改变文件大小的情况下改善原先的 MP3 音乐音质。MP3pro 可以实现完全的兼容性。经过 MP3Pro 压缩的文件，扩展名仍旧是 .mp3。可以在老的 MP3 播放器上播放。老的 MP3 文件可以在新的 MP3pro 播放器上进行播放。实现了该公司所谓的"向前向后兼容"。

（九）VQF 格式

VQF 格式是由 YAMAHA 和 NTT 共同开发的一种音频压缩技术，它的压缩率能够达到 1∶18，因此同情况下，压缩后的 VQF 文件体积比 MP3 小 30％～50％，便于在多媒体教学中应用也有利于在网络传播，同时音质极佳，接近 CD 音质（16 位 44.1 kHz 立体声）。但

VQF 格式未公开技术标准，至今未能流行开来。

（十） DVDAudio 格式

DVDAudio 格式是新一代的数字音频格式，与 DVDVideo 尺寸以及容量相同，为音乐格式的 DVD 光碟，取样频率为"48 kHz/96 kHz/192 kHz"和"44.1 kHz/88.2 kHz/176.4 kHz"，可以选择其一。量化位数可以为 16、20 或 24 比特，它们之间可自由地进行组合。低采样率的 192 kHz，176.4 kHz 虽然是 2 声道重播专用，但它最多可收录到 6 声道。而以 2 声道 192 kHz/24 b 或 6 声道 96 kHz/24 b 收录的声音，可容纳 74 分钟以上的录音，动态范围 144db，整体效果出类拔萃。

（十一） FLAC 格式

FLAC 格式是一种非常成熟的无损压缩格式，FLAC 是 Free Lossless Audio Codec 的简称，该格式的源码完全开放，而且兼容几乎所有的操作系统平台。它的编码算法相当成熟，已经通过了严格的测试。该格式不仅有成熟的 Windows 制作程序，还得到了众多第三方软件的支持。

（十二） VOC 格式

在 DOS 程序和游戏中常会遇到这种格式文件，它是随声霸卡一起产生的数字音频资源文件，与 WAV 文件的结构相似，可以通过一些工具软件互相转换。

（十三） TAK 格式

TAK 格式是一种新型的无损音频压缩格式，它的英文全称是 Tom's Audio Kompressor。目前最新版本为 2.0。它类似于 FLAC 格式和 APE 格式。总体来说，压缩率类似 APE 格式，解压缩速度类似 FLAC 格式，综合了两者的优点。具有优秀的压缩率、较快的压缩速度和解压速度，可以和多种常见的音频格式互相转换。

（十四） AIFF 格式

AIFF （Audio Interchange File Format，音频交换文件格式）格式是苹果公司开发的音频资源文件格式，被 Macintosh 平台和应用程序所支持。

（十五） AAC 格式

AAC 的英文全称是 Advanced Audio Coding，翻译为高级音频编码技术。它是杜比实验室为音乐提供的技术，最大能容纳 48 通道的音轨，采样率达 96 kHz。开发于 1997 年，是基于 MPEG－2 的音频编码技术。一般认为，AAC 格式在 96 kbps 码率的表现超过了 128 kbps的 MP3 音频。AAC 格式另一个引入注目的地方就是它的多声道特性，它支持 1～48 个全音域音轨和 15 个低频音轨。另外，AAC 格式最高支持 96 kHz 的采样率，并且它得到了 DVD 论坛的支持，成为下一代 DVD 的标准音频编码。

二、会用软件工具获取音频教育资源

音频是记录声音的最直接形式，对记录与播放的环境要求不高，在多媒体教学软件中应用也相当多。音频包括音乐、语音和各种音响效果。音频属于过程性信息，有利于限定和解释画面。此外，在教学中利用音频传递教学信息，是调动学生使用听觉接受知识的必要前提。音频主要用于语言解说、背景音乐和效果音等，发音标准的解说、动听的音乐有利于集中学生学习注意力、陶冶学生情操、激发学生学习潜力。其缺点是数据量比较大，在课堂教学中，音频素材不易获取。专业性的数字化音频资源、常用的数字化音频处理软件工具主要有 Cool Edit、Gold Wave、格式工厂、魔影工厂、音频编辑专家、Adobe Audition、变声专家和 Sound Edit。下面以 Cool Edit 软件为例，来讲解如何利用音频软件捕捉处理音频教育资源。

【第1步】安装 Cool Edit 软件（图8-1）。

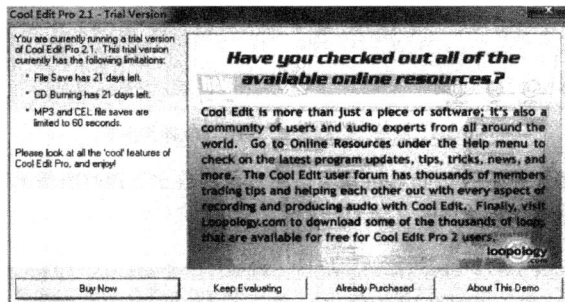

图8-1 安装"Cool Edit"软件

【第2步】打开 Cool Edit，简单了解它的操作界面（图8-2）。

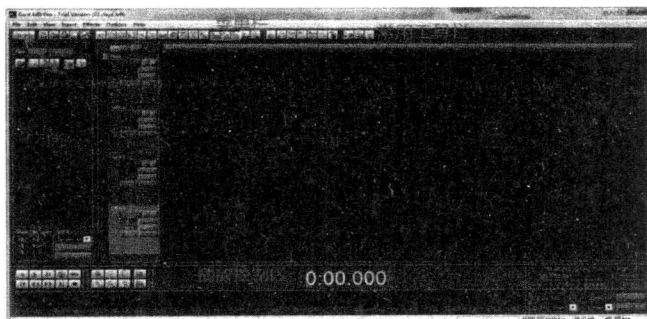

图8-2 打开 Cool Edit 的操作界面

【第3步】通过切换按钮我们来看一下单轨和多轨操作界面是怎样的（图8-3）。

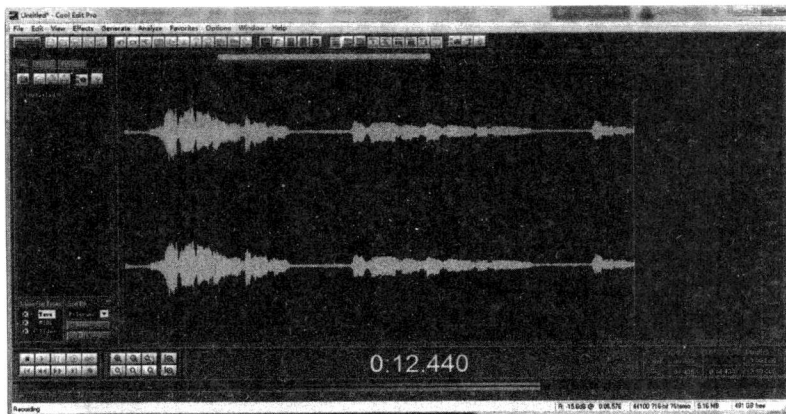

图8-3 打开"Cool Edit"的单、多轨操作界面

【第 4 步】开始用 Cool Edit 录音，可以录制自己上课时所需的教育资源也可以录其他的相关教育资源（图 8 - 4）。

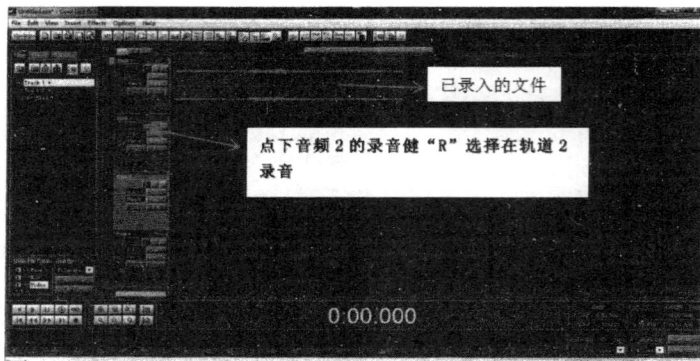

图 8 - 4　用 Cool Edit 录音截图

【第 5 步】录音完毕后，可以单击左下方播音键进行试听，看是否有严重错误，是否需要重新录（图 8 - 5）。

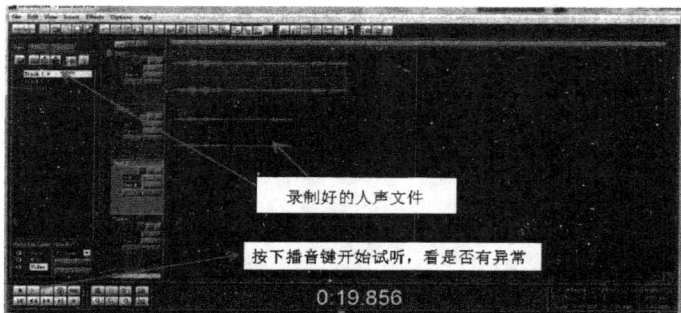

图 8 - 5　用 Cool Edit 录音完毕

【第 6 步】录音完毕后，保存成自己需要的格式，可以是 MP3 格式或者 WAV 格式（图 8 - 6）。

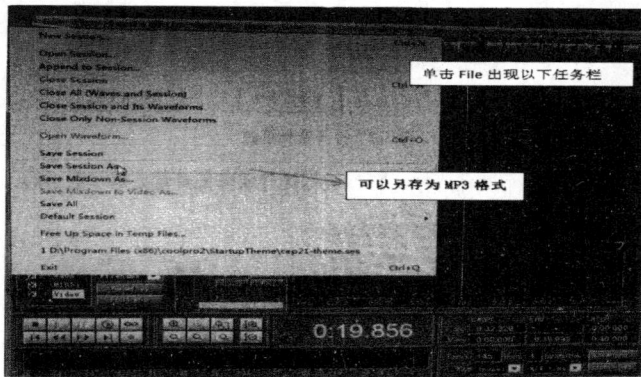

图 8 - 6　用 Cool Edit 录音完毕另存为

第二节　处理数字化音频资源

在日常学习和生活中，我们经常要利用一些专业性数字化音频软件工具，如 Cool Edit、Gold Wave、格式工厂、狸窝格式转换器等进行各种音频资源的数字化处理。如何利用这些编辑软件工具处理一些日常所需的音频资源信息呢？下面以 Cool Edit 软件为例，来讲解如何利用该软件快速处理音频资源信息。

【第 1 步】单击菜单项"文件"和"打开"按钮，选择要打开的音频文件，然后单击"打开"按钮（图 8-7）。

【第 2 步】打开波形振幅对话框，进行提升或降低音量处理（图 8-8）。

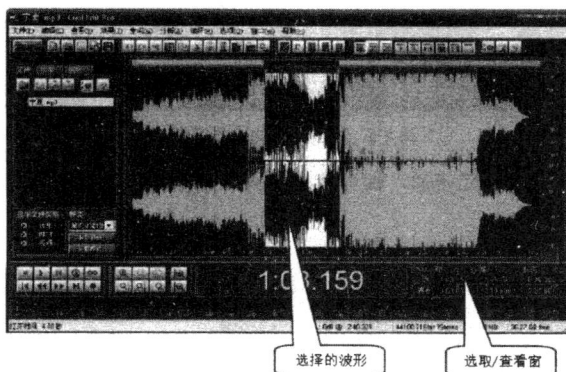

图 8-7　打开音频资源

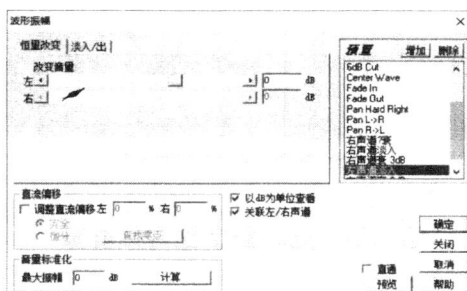

图 8-8　波形振幅对话框

【第 3 步】使用 Cool Edit 多轨编辑界面，进行音频合成（图 8-9）。

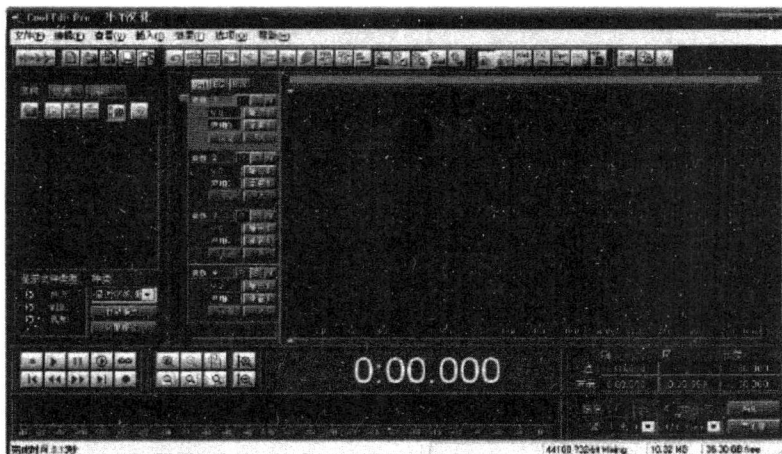

图 8-9　Cool Edit 多轨编辑界面

第九章

数字化视频资源共建共享

数字视频是一种非常重要的数字化资源，在数字化教育资源中，数字教学视频占据非常大的比重。在我们的工作、生活与学习过程中，我们经常要获取、利用和管理多种形态的数字化视频资源来为我们的工作、生活和学习服务，那么，数字化视频资源的内涵、特征与分类是什么，学会全面掌握数字视频资源的获取、转换、编辑和利用等技巧，为信息化教学提供各种多媒体的视频素材，这将是本章重点探讨的问题。

第一节　认识数字化视频资源

数字视频是一种重要的多媒体素材，利用数字视频技术对视频材料进行编辑制作和加工处理，是教学软件开发中的重要一环。下面将主要通过对数字视频的相关概念、数字视频的格式、网络在线视频的获取、数字视频格式的转换等问题的探讨，进一步认识数字化视频资源。

一、了解数字化视频资源的基础知识

视频，英文为 Video，泛指将一切动态影像静态化处理后，以图形形式加以捕捉、记录、存储、传输、处理，并进行动态重现的技术。视频的记录分为模拟信号记录和数字信号记录。模拟信号是由连续不断的且不断变化的物理量来表示信息，其电信号的幅度、频率或相位都会随着时间和数值的变化而连续变化。由于这一特征，使得任何干扰都能使信号失真；数字信号与模拟信号不同，其波形幅值被限定在有限数值之内，其抗干扰能力强，便于存储、处理和传输，安全性高。数字视频就是使用数字信号来记录、存储、编辑的视频数据。数字视频有不同的产生方式，存储方式和播出方式。比如通过数字摄像机直接产生数字视频信号，存储在数字带、P2 卡、蓝光盘或者磁盘上，从而得到不同格式的数字视频。

（一）数字视频相关概念

1. 扫描与场

扫描是指电子枪发射出的电子束扫描电视（电脑）屏幕的过程，它是电视机和显示器的基本原理之一，和我们的阅读比较相似，从左至右或从上到下。二者的区别在于，隔行扫描是隔行阅读，先把单数行的内容读完了，又开始读所有偶数行的内容；逐行扫描则是老老实实一行一行地阅读。例如，电视采用是隔行扫描的，而电脑是逐行扫描的。电视之所以采用隔行扫描是为了防止画面的闪烁和降低逐行扫描对硬件设备的苛求，电视系统采用了折中的隔行扫描方式，将一帧画面抽分为两帧。但是，采用隔行扫描是以牺牲分辨率为代价的。

而电脑的显示器则不同，人在近距离长时间观看，而且有时要查看静止的图像，所以，隔行扫描不仅对人眼造成伤害，还有损于静态图像的显示。因此一般都采用逐行扫描的方式，同时计算机的显示器与显示卡允许 60 Hz 以上的屏幕刷新率，有效避免运动画面的闪烁。

电视扫描的过程是电子束首先从左到右、从上到下扫描所有的单数行，这时形成了一个奇数场图像。然后，电子束再回到顶端，再次从左到右，从上到下扫描所有的双数行，形成了另一个偶数场图像。两次扫描完成后，由两场图像组成了一个完整的电视画面，称之为帧（frame），因此，每一帧画面是由两个场组成，如图 9-1 所示。连续的视频信息要利用人眼的视觉阈限和视觉暂留的特性产生运动画面的感觉，这就要求在每一秒内播放一定数量的画面信息，因此，每一秒钟扫描多少帧画面就称为视频的帧速率（frames per second，fps）。

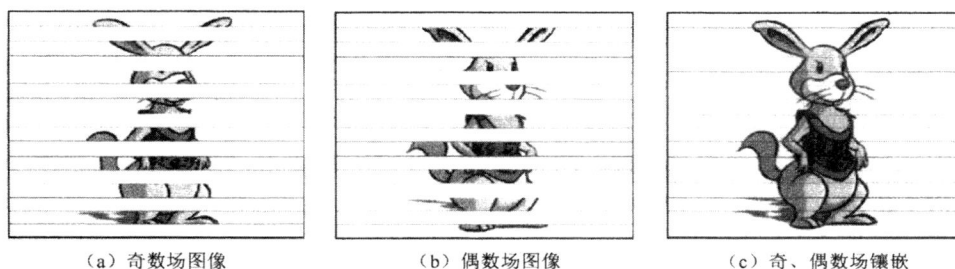

(a) 奇数场图像 　　　　　(b) 偶数场图像 　　　　　(c) 奇、偶数场镶嵌

图 9-1 电视隔行扫描示意图

2. 电视制式

电视制式决定了视频、音频信息的传输、存储等方式，目前世界上常见的电视制式包含 PAL 制式、NTSC 制式和 SECAM 制式三种。

（1）PAL 制式：中国和欧洲大多数国家采用，它的帧速率是每秒 25 帧，扫描线为 625 行。

（2）NTSC 制式：美国和日本常使用，它的帧速率是每秒 30 帧，扫描线为 525 行。

（3）SECAM 制式：俄罗斯、法国等国家常使用，它的帧速率是每秒 25 帧，扫描线为 625 行。

3. 像素、像素比、图像分辨率和画面的宽高比

（1）像素：显示器或电视上"图像成像"的最小单位。实际上它也是由许多更小的点组成的，只不过在进行图像处理时，一般把像素作为最小的单位。

（2）像素比：是指一个像素的长宽比例，也就是组成像素的点在纵横方向上的比。计算机产生的图像，它的像素比永远都是 1:1，而电视设备所产生的视频图像，它的像素比就不一定是 1:1。在 PAL 制式下，图像的像素比是 16:15，约等于 1.07，这也就是为什么在计算机上是一个正方形，到了电视上则成为一个长方形的原因。

什么是 PAL 制式下的分辨率呢？由于电视采用的是隔行扫描，一般电子束从屏幕的左上角按照从左到右从上到下的顺序进行扫描的过程称为行正程扫描，完成后它还要从屏幕的右下角按照从右到左从下到上的顺序扫描回去，不过这时它不进行图像的传送，所以我们看不到它。这个过程称为"行逆程扫描"，在 PAL 制式下，电子束每一帧要进行 625 行的扫描，去掉其中 49 行逆程扫描，实际上进行画面显示的只有 576 行，即屏幕水平方向的分辨率为 576 像素。同时 PAL 制式还规定画面的宽高比为 4:3。根据此来推算，PAL 制式的图

像分辨率应该是 768×576，但这是在像素比为 $1：1$ 的情况下，实际在 $1：1.07$ 的情况下，PAL 制式的图像分辨率应该是 720×576。

（3）图像分辨率：它是指图像中包含像素的数量，也叫图像清晰度或图像分解力。常常把分辨率用每平方英寸中图像所含像素的数量来表示，简称 dpi（dots per inch）。计算机显示器和电视的分辨率都是 72 dpi。720×576 的分辨率意味着屏幕垂直方向有 720 个像素，水平方向有 576 个像素。

（4）画面的宽高比：是组成画面图像的像素在纵横方向上的个数比，比如 800×600 的分辨率下，画面的宽高比为 $4：3$。

4．帧与帧速率

帧，是电视的一个概念。人们在显示设备上看到的视频都是由一幅幅画面快速播放而形成的一种错觉，这就是人眼的视觉暂留效应，当眼前的画面消失，人眼中的画面不会立即消失，图像会在人眼中保留一小段时间。研究表明，当每秒播放的画面达到 12 帧以上时，人眼就不会感到明显的画面跳动感[1]。

帧速率又称帧率，即每秒钟播放的帧数。12 fps 以上的动画或视频，人眼感觉不到画面的卡顿，高的帧率可以得到更流畅、更逼真的动画。一般情况下，各种影片的实际播放帧率要比 12 fps 高得多，下面是一些常用的 fps 规格。

（1）电影：每秒 24 幅画面，但对于电影，严格说不应该叫帧，而应该叫格，即每秒钟 24 格。

（2）PAL 制式：每秒 25 幅画面，25 fps，每秒 50 场，这个数据叫场频。

（3）NTSC 制式：每秒约 30 幅画面，30 fps，每秒 60 场。

（4）网络动画：每秒 15 幅画面，15 fps。

5．视频编码

所谓视频编码方式就是指通过特定的压缩技术，将某个视频格式的文件转换成另一种视频格式的方式。如果要在不同的播放设备上传输和播放各种格式的文件，这些文件播放前首先要进行必要的压缩。比如无损 AVI（Uncompressed AVI）每秒钟数据量有几十兆，这样的数据量不适合在网络上播放和传输，必须进行一定的压缩，改变文件的大小。这里的压缩，就是一种转化编码的过程，选用一个高压缩比的编码，可以得到比较小的数据文件，如果这个编码算法比较好，压缩前后画面质量基本无损耗，人眼难以分辨差异。

目前，视频流传输中最为重要的编解码标准有国际电联（ITU－T）的 H.261、H.263、H.264，运动静止图像专家组（Moving Joint Photographic Expert Group）的 M－JPEG 和国际标准化组织（ISO）运动图像专家组的 MPEG 系列标准，此外在互联网上被广泛应用的还有 Real－Networks 的 Real Video 系列、微软公司的 WMV 系列以及 Apple 公司的 Quick-Time 系列等。

（二）数字视频常用格式

1．AVI 格式

AVI（Audio Video Interleaved，音频视频交错）格式是一种可以将视频和音频交织在一起进行同步播放的数字视频文件格式。AVI 格式由 Microsoft 公司于 1992 年推出，随 Windows3.1 一起被人们所认识和熟知，AVI 格式文件扩展名为 .avi。它采用的压缩算法没

---

① 张天骐. AFFER EFFECTS 影视合成与特效火星风暴 [M]. 北京：人民邮电出版社，2014.

有统一的标准，除 Microsoft 公司之外，其他公司也推出有自己的压缩算法，只要把该算法的驱动加到 Windows 系统中，就可以播放该算法压缩的 AVI 文件。AVI 格式的优点是图像质量好，可以跨多个平台使用，但是其缺点是体积过于庞大。

2. MPEG 格式

MPEG（Moving Pictures Experts Group，运动图像专家组）是 1988 年成立的一个专家组，其任务是负责制订有关运动图像和声音的压缩、解压缩、处理以及编码表示的国际标准。MPEG 格式是采用了有损压缩方法从而减少运动图像中的冗余信息的数字视频文件格式。目前 MPEG 格式有三个压缩标准，分别是 MPEG－1、MPEG－2 和 MPEG－4。

MPEG－1 制订于 1992 年，它是针对 1.5 Mbps 以下数据传输率的数字存储媒体运动图像及其伴音编码而设计的国际标准。使用 MPEG－1 的压缩算法，可以把一部时长 120 分钟的电影（视频文件）压缩到 1.2 GB 左右。这种数字视频格式的文件扩展名包括 .mpg、.mlv、.mpe、.mpeg 以及 VCD 光盘中的 .dat 等。

MPEG－2 制定于 1994 年，是为高级工业标准的图像质量以及更高的传输率而设计的。这种格式主要应用在 DVD 和 SVCD 的制作（压缩）方面，同时在一些 HDTV（高清晰电视广播）和一些高要求视频编辑、处理上面也有较广的应用。使用 MPEG－2 的压缩算法，可以把一部时长 120 分钟的电影压缩到 4～8 GB。这种数字视频格式的文件扩展名包括 .mpg、.mpe、.mpeg、.m2v 等。

MPEG－4 制定于 1998 年，是为播放流式媒体的高质量视频而专门设计的，它可利用很窄的带宽，通过帧重建技术，压缩和传输数据，以求使用最少的数据获得最佳的图像质量。MPEG－4 能够保存接近于 DVD 画质的小体积视频文件，还包括了以前 MPEG 压缩标准所不具备的比特率的可伸缩性、动画精灵、交互性甚至版权保护等一些特殊功能。使用 MPEG－4 的压缩算法的 ASF 格式可以把一部 120 分钟的电影（视频文件）压缩到 300 MB 左右的视频流，可供在线观看。这种数字视频格式的文件扩展名包括 .asf 和 .mov。

3. RM/RMVB 格式

这是 Real 公司主推的两种音视频编码格式，RMVB 是由 RM 视频格式升级延伸出的新视频格式，它的先进之处在于 RMVB 视频格式打破了原先 RM 格式那种平均压缩采样的方式，在保证平均压缩比的基础上合理利用比特率资源。也就是说，静止和动作场面少的画面场景采用较低的编码速率，这样可以留出更多的带宽空间，而这些带宽会在出现快速运动的画面场景时被利用。这样在保证了静止画面质量的前提下，大幅提高了运动图像的画面质量，使图像质量和文件大小之间就达到了微妙的平衡。这种数字视频格式的文件扩展名为 .rmvb 和 .rm。

4. MOV 格式

由美国 Apple 公司开发，是苹果系统上标准视频格式，同时能被大多数 PC 机器上视频编辑软件识别，具有较高的压缩比率和较完美的视频清晰度等特点，可以提供文件容量小，质量高的视频。MOV 格式视频文件的扩展名为 .mov，默认的播放器是 QuickTime Playero 它有多种压缩方式，并且可以带有 Alpha 通道，便于抠像合成，在视频编辑软件中广泛应用。

5. FLV 格式

FLV（Flash Video）流媒体格式是一种新的视频格式。由于它形成的文件小、加载速度快，它的出现有效地解决了视频文件导入 Flash 后，使导出的 SWF 文件体积庞大，不能在网络上很好地使用等缺点。除了本身资源占用率低、体积小等特点适合网络发展外，丰富、多样的资源也是 FLV 视频格式统一在线播放视频格式的一个重要因素。现各视频网站大多使用的是 FLV 格式。提供 FLV 视频的有两类网站：一种是专门的视频分享网站如美国的 YouTube，国内的优酷网、土豆网等；另一种是门户网站提供了视频播客的板块、视频频道，如新浪视频播客就是使用 FLV 格式。此外，百度也推出了关于视频搜索的功能，里面搜索出来的视频基本都是采用了流行的 FLV 格式。

6. WMV 格式

WMV（Windows Media Video）是微软开发的一系列视频编解码和其相关的视频编码格式的统称，是微软 Windows 媒体框架的一部分。WMV 文件一般同时包含视频和音频部分。视频部分使用 Windows Media Video 编码，音频部分使用 Windows Media Audio 编码。WMV 是在"同门"的 ASF（Advanced Stream Format）格式基础上升级延伸得来。在同等视频质量下，WMV 格式的体积非常小，因此更适合在网上播放和传输。

二、掌握数字化视频资源获取与转换

（一）数字视频网络获取

网上有很多在线视频教育资源，对于这些视频的获取，主要通过下面四种方法。

1. 采用视频资源官方工具下载在线视频

比如优酷、爱奇艺、腾讯视频，这些视频网站都是有自己的客户端，在它们的网站上也可以看到"下载"按钮。当然也可在视频门户网站的网页中找到想要下载的视频，打开之后在视频的下方可以看到"下载本视频"相关提示，单击之后会提示下载客户端，将其下载下来。下载并安装好客户端之后，就可以下载视频了。在优酷客户端界面的左侧选择"下载"，在出现的界面里对下载的选项进行设置，包括文件下载的保存路径和下载文件的画质类型等。优酷中高清画质的视频，需要注册会员才能下载。如需要下载优酷网站的视频，可在"下载"界面中，选择"新建下载"，在弹出的菜单中，将含有视频资源的网址粘贴到"文件地址"栏中，单击"开始下载"按钮就可以了（图 9-2）。

图 9-2 新建下载任务界面

另外，下载的视频如需要进行格式转换的话，勾选"下载完成后自动转码"选项，可以进行设置转码的输出格式，包括 MP4、AVI、FLV 等。

2. 运用第三方的专用工具下载在线视频

推荐使用"维棠"或"硕鼠"进行下载，两者各有优势，也可以组合使用。这类视频下载专用软件非常好用，而且可分析到绝大部分视频网站的资源。

3. 使用浏览器的功能插件下载在线视频

一般浏览器，如360浏览器、傲游浏览器（Maxthon）等都有"嗅探"与下载在线视频的功能。在浏览器地址栏中输入在线视频网站，调用Maxthon提供的在线视频嗅探工具——网页嗅探器，即可嗅探当前页面的视频真实下载地址并可下载。Maxthon目前提供的"网页嗅探器"可以嗅探的媒体文件格式包括FLV（Flash视频文件）、RM、AVI、SWF、MP3、WMA（音视频媒体文件）等。因该方法使用简单，效果一般，有时不一定奏效，请读者自行尝试练习。

4. 通过浏览器"开发者工具"下载在线视频

这是一种不借助于任何第三方资源获取工具来实现资源下载地址的最有效方法。一般浏览器中按F12键可以快速打开"开发者工具"模式，或在浏览器的"工具"菜单下能找到（图9-3）。

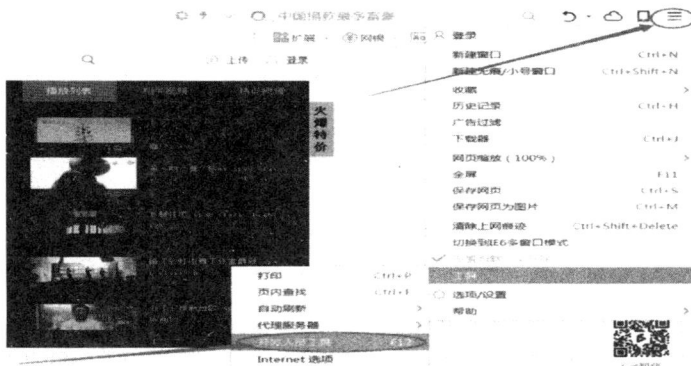

图9-3　浏览器"开发者工具"

默认出来的是网页代码浏览窗口，如图9-4所示。

图9-4　浏览器"开发者工具"界面

单击Network标签，如果以前打开过，系统就会默认直接打开。刷新页面，也就是页面重新载入（快捷键F5），并播放视频，如果不刷新，或者先播放视频，再打开"开发者工具"是捕获不到视频地址的（图9-5）。

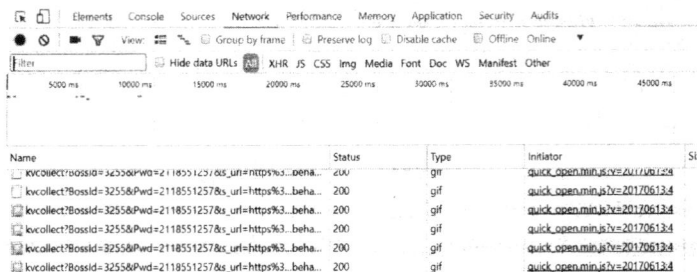

图 9 - 5　Network 标签界面

此时视频文件的地址已经暴露出来，只需在 Network 标签界面"Type"下查找与视频相关的类型就可找到。一般而言，网络上 MP4 格式文件使用较多，也有 FLV 格式（图 9 - 6）。

图 9 - 6　在线视频地址显示界面

在 Type 下方会显示文件格式，寻找你需要的视频格式。这里采用 FLV 格式举例。如果你不确定该网站的视频是 FLV 格式，可以使用过滤器来进行查找，在过滤器下方的"Filter"栏输入想要的视频格式（图 9 - 7）。

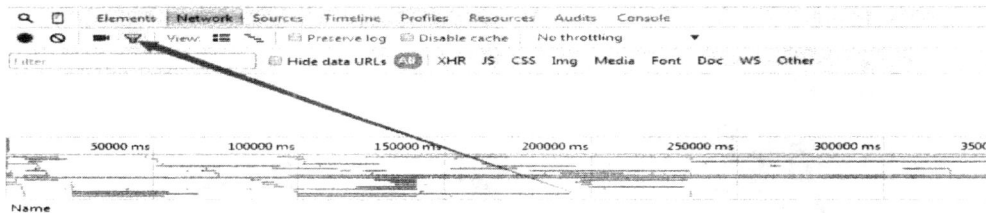

图 9 - 7　文件筛选器界面

开始复制地址，准备下载。在找到的视频地址上右键单击，选择"Copy Link Adderss"（复制链接地址）（图 9 - 8）。

将视频资源的地址复制到下载工具中，如迅雷等，即可实现在线视频资源的下载。当然，对于网络在线视频的获取，最核心的是获取在线视频的真实地址，有时单一的途径不一定奏效，此时就需要综合运用上述方法。

（二）数字视频格式转换

在进行多媒体课件制作过程中，为了保证课件制作工具对视频格式的支持、减小插入课件中视频数据的大小，也需要对视频格式进行转换与压缩。同时，在视频编辑处理中，如会

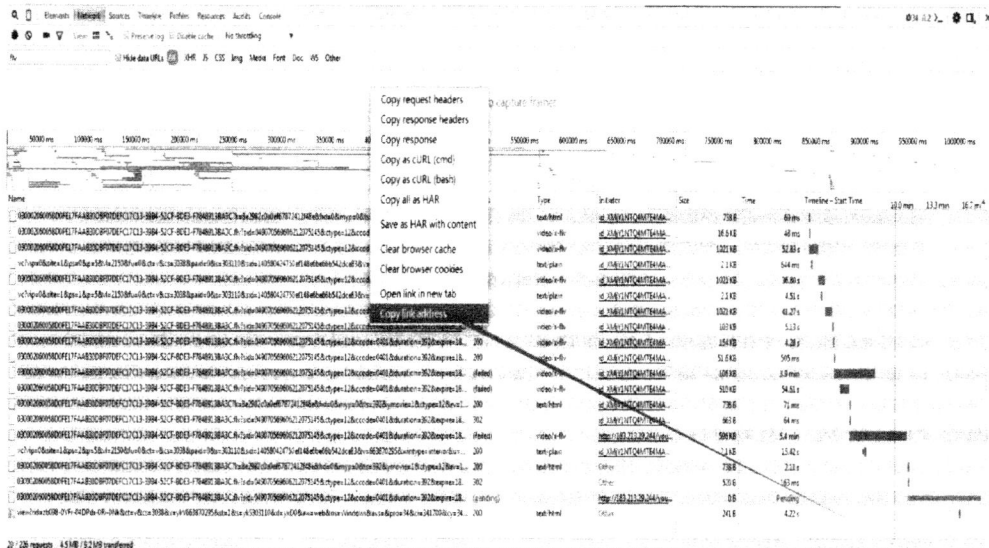

图 9 - 8　复制在线视频地址

声会影、Adobe Premiere 等非线性编辑软件来编辑处理视频，其支持的视频格式一般为
MPEG、AVI、MOV、MP4 等，需将网络下载的流媒体格式资源转换成视频编辑软件支持
的格式。目前，视频格式转换的软件非常多，如格式工厂、WinMPG Video Convert（视频
转换大师）、狸窝全能视频转换器、艾奇全能视频转换器、Canopus ProCoder 等。

　　格式工厂（Format Factory）是一款免费的、功能全面的格式转换软件，支持几乎所有
主流的多媒体文件格式转换，包括视频、音频、图片、文档等媒体形式，轻松转换到想要的
格式。视频格式包括 MP4、AVI、3GP、WMV、MKV、VOB、MOV、FLV、SWF、GIF
等格式互转；音频格式包括 MP3、WMA、FLAC、AAC、MMIF、AMR、M4A、M4R、
OGG、MP2、WAV 等格式互转；图像格式包括 JPG、PNG、ICO、BMP、GIF、TIF、
PCX、TGA 等格式互转；同时支持 DVD 视频、音乐 CD 抓取功能，轻松备份 DVD、音乐
CD 到本地硬盘；支持多个音频、视频文件的合并和音视频文件的混流等功能。

　　下面以利用格式工厂工具为例，转换多个 AVI 格式视频为 MPG 格式来简要说明格式
工厂的使用方法。格式工厂的界面比较直观。软件界面左侧列表是软件的主要功能区，如视
频、音频、图片、光驱设备 DVD/CD/ISO 等转换功能，以及高级功能的工具集（图 9 - 9）。
在主界面中，通过单击"输出文件夹"按钮可以打开转换的视频保存的文件夹，单击"选
项"按钮可以设置转换后视频输出的路径、转换完成后程序动作（包括关闭电脑，打开输出
文件夹）、界面音效等功能。

　　"视频"转换选项中列出了各类视频格式的转换按钮，实现各种视频格式的转换功能。
找到"MPG"按钮，单击打开如图 9 - 10 所示的窗口，用来实现任意格式到 MPG 格式的转
换功能。

　　单击"输出配置"按钮，在弹出的窗口中设置输出类型，包括 PAL 和 NTSC 制式的
VCD、SVCD、DVD 等格式选项，这里选择"DVD PAL Large"选项。单击"添加文件"
按钮，将要进行转换的文件添加到转换队列中，程序可以一次性转换多个视频文件，视频添
加完毕，则在转换队列中列出了待转换的文件列表（图 9 - 11）。

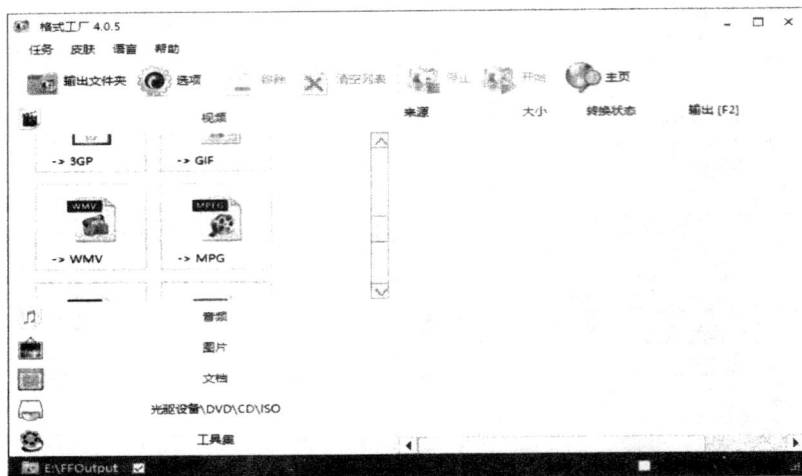

图 9 - 9　格式工厂软件界面

图 9 - 10　MPG 格式转换窗口

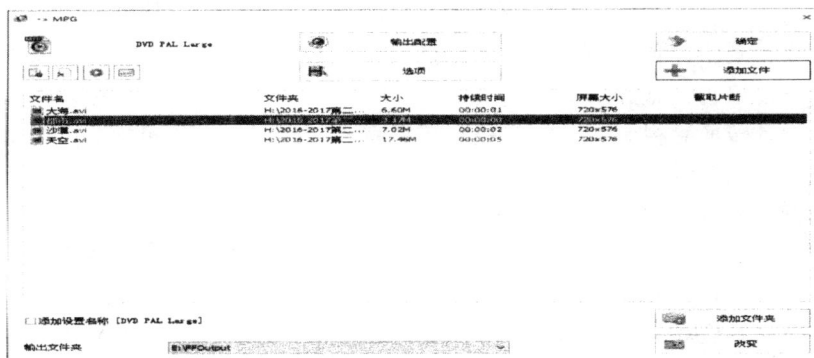

图 9 - 11　待转文件队列窗口

对转换列表中待转换的文件，还可以进一步进行设置，如对视频画幅进行裁剪、视频长短的截取等（图9－12）。

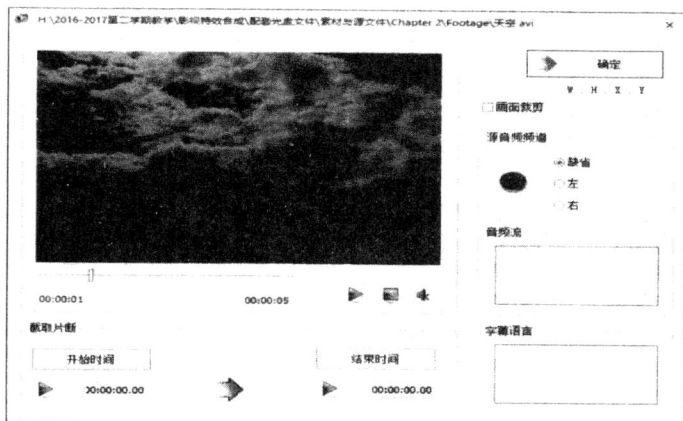

图9－12　待转文件裁剪窗口

在转换列表窗口中单击"确定"按钮，确认对转换选项的相关设定后，在主程序界面的任务栏中，会出现待转换的任务列表及其相关的属性，包括文件大小、转换后的文件类型、文件的输出路径等信息（图9－13）。

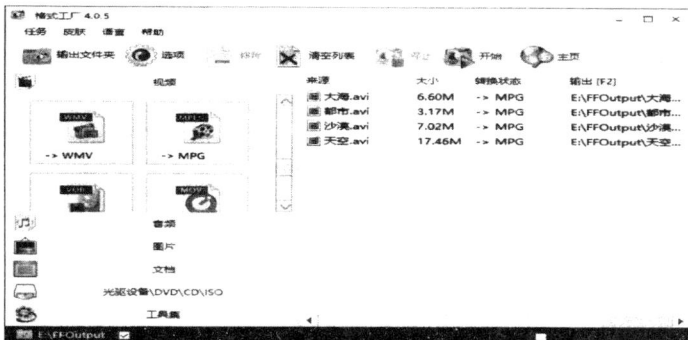

图9－13　主界面任务栏待转视频队列

单击主界面上方工具栏的"开始"按钮，程序将会对列表中的任务逐条进行转换，最终将转换后的结果信息显示在任务列表栏中，包括转换完成状态，转换后的文件大小及文件的压缩百分比、转换后的视频文件存放在位置等。视频转换后的信息显示如图9－14所示。

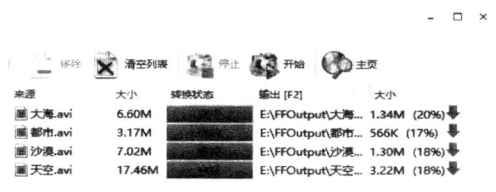

图9－14　任务完成列表

对数字视频格式进行转换，首先，需要对各视频格式有基本了解，知道各视频格式的基本特点与应用范围；其次，在视频格式的转换中，必然会有视频的编码和压缩，这些都会降低视频质量。故此在选择输出的视频格式时，需要明确输出视频格式的目的（如手机媒体、网络流媒体还是进行视频编辑处理），根据视频的目的与载体的不同进行选择。

第二节　处理数字化视频资源

视频制作与电脑技术的联姻是电影发展史上的一座里程碑。数字化的视频编辑技术不仅让人们体验到了前所未有的视觉冲击效果，数字视频的编辑和制作已经开始慢慢融入人们的日常生活，也为人们的日常生活带来了无穷的乐趣。

正是看好数字视频编辑在 PC 领域的广阔应用前景，国内外众多的专业厂商纷纷抢占这一市场，推出自己的视频编辑系统。

一、了解数字化视频编辑软件

常用的数字化视频编辑软件有会声会影、Vegas、Premiere、EDIUS、After Effects、Movie Maker、易企秀、初页、人人秀、百度 H5、MAKA 等。

（一）会声会影

初学视频处理，可以使用会声会影，英文全称是 Corel Video Studio，是一款功能强大的视频编辑软件。它具有图像抓取和编修功能，可以抓取、转换 MV、DV、TV 和实时记录抓取画面文件，并提供超过 100 种的编制功能与效果，可导出多种常见的视频格式，可以直接制作成 VCD 和 DVD 等光盘。支持各类编码，包括音频和视频编码，是一款简单好用的 DV、HDV 影片剪辑软件。会声会影主要特点有：操作简单、界面简洁明快、功能丰富。它提供了完整的影片制作解决方案，从编辑、设计、制作到分享，极大提高了用户的工作效率。其功能虽然无法与 Sony Vegas、Adobe Premiere 和 EDIUS 等专业视频处理软件媲美，但它更适合普通大众使用，在用户中形成了良好口碑，在国内普及度较高。

（二）Vegas

视频编辑进阶可以使用 Sony Vegas。Sony Vegas 是 PC 上使用最佳的入门级视频软件，合影像编辑与声音编辑功能于一体，具备强大的后期处理功能，让创造者可以根据需求对视频素材进行剪辑合成、添加特效、调整色彩、编辑字幕等操作，可以为视频素材添加音效、录制声音、处理噪声以及生产环绕立体声等。此外，Vegas 还可以将编辑好的视频迅速输出为各种格式的影片直接发布于网络、刻录成光盘或打印到磁带中。从普通的 MV 制作，到企业宣传片、婚庆片、纪录片、电视剧、微电影甚至院线电影，都可以胜任剪辑以及部分特效工作。而且 Vegas 的版本发展也是相当迅速，几乎一年就有一次重大的更新。在 1.0～3.0 的版本中，Vegas 本身对于视频的处理能力还是相当弱的。但是从 4.0 开始，Vegas 经历了一次重大的脱胎换骨式的更新，在视频处理能力方面实现了重大突破。得益于 Vegas 强大的导入、渲染导出、快捷的剪辑方式，目前使用 Vegas 的人已经越来越多。

（三）Premiere

更高阶的视频编辑可以使用 Adobe Premiere 或者 Grass Valley EDIUS 等软件。Premiere 是 Adobe 公司出品的一款用于影视后期编辑的软件，是数字视频领域普及程度最高的编辑软件之一。对于学生媒体而言，Premiere 完全可以胜任日常的视频新闻编辑，由于 Premiere 并不需要特殊的硬件支持，很多对视频设计感兴趣的人电脑里都安装了这款软件。目前常用的 Premiere 版本的有 CS4、CS5、CS6、CC、CC 2014、CC 2015 以及 CC 2017。

Premiere 是一款编辑画面质量比较好的软件，有良好的兼容性，可以与 Adobe 公司推出的其他软件相互协作。目前这款软件广泛应用于广告制作和电视节目制作中，是视频编辑爱好者和专业人士必不可少的视频编辑工具。它提供了视频采集、剪辑、调色、美化音频、字幕添加、输出、DVD 刻录等一整套流程，并与 Adobe 公司旗下其他软件高效集成，满足用户创建高质量作品的要求。

（四）EDIUS

EDIUS 是美国 Grass Valley（草谷）公司的优秀非线性编辑软件，专为广播和后期制作环境而设计，拥有完善的基于文件的工作流程，提供了实时、多轨道、多格式混编、合成、色键、字幕和时间线输出功能。软件支持当前所有标清、高清格式的实时编辑，是混合格式编辑的绝佳选择。EDIUS 因其迅捷、易用和可靠的稳定性为广大专业制作者和电视人所广泛使用。

（五）After Effects

After Effects 是 Adobe 公司推出的一套视频后期处理软件，功能上不同于视频剪辑软件，如 Premiere、EDIUS 等，其主要用于视频 2D 和 3D 合成、动画和视觉效果制作，适用于设计和视频特效等行业机构，包括电视台、动画制作公司、个人后期制作工作室以及多媒体工作室等，现也有越来越多的人在网页设计和图形设计中使用。After Effects 属于层类型（区别与节点型）后期软件，可以对多层的合成图像进行控制，制作出天衣无缝的合成效果；同时引入关键帧、路径等技术，使对二维动画的高级控制游刃有余；与 Premiere 一样，保留有与 Adobe 其他优秀软件的相互兼容性，实现使用者的各类艺术创意。

二、进行数字化视频编辑

完整的数字视频编辑流程一般包括以下 7 个基本步骤：①准备素材，依据具体的视频剧本要求，收集各类素材，包括视频文件、音频文件、动画文件、静态图像等；②剪切素材，对各类原始素材进行剪切，设置素材的入点和出点，选取一个素材中的一部分或全部作为有用素材导入到最终要生成的视频序列中；③编辑画面，运用视频编辑软件中的各种剪切编辑功能进行各个片段的编辑、剪切等操作，完成编辑的整体任务目的是将画面的流程设计得更加通顺合理，时间表现更加流畅；④添加视频特效，添加各种过渡特技效果，使画面的排列以及画面的效果更加符合人眼的观察规律；⑤添加字幕，一般做视频节目，比如电视节目、新闻或者采访的片段中，必须添加字幕，以便明确的展示画面的内容，使人物说话的内容更加清晰；⑥处理声音效果，在非编软件的声道线上，调节左右声道或者调节声音的高低、渐近、淡入淡出等效果；⑦生成视频文件，对时间线中编排好的各种剪辑和过渡效果等进行最后生成，渲染成一个最终的视频文件。

（一）利用"会声会影"进行视频编辑

下面将介绍利用会声会影软件制作一段摄影作品展示的视频，用以说明会声会影视频制作的一般方法。

【第1步】导入素材。打开会声会影，在视频轨上单击鼠标右键，弹出插入媒体菜单，选择需要插入的媒体类型，在打开文件的对话框内，浏览找到所需要的视频或者图片，单击"打开"即导入媒体文件到视频轨（图9-15）。

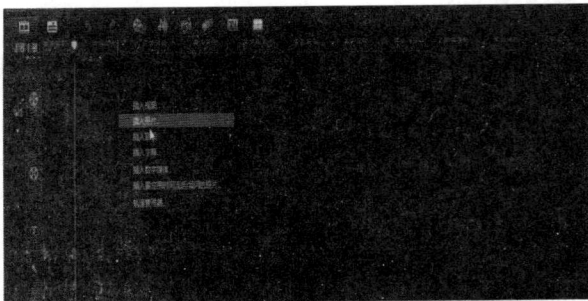

图9-15 插入图片

【第2步】特效。添加转场，将素材都添加到视频轨上之后，切换到故事版视图（图9-16）。

图9-16 切换故事版视图

在故事版视图中，单击视频预览窗口右方的"转场"图标，打开转场特效窗口（图9-17）。

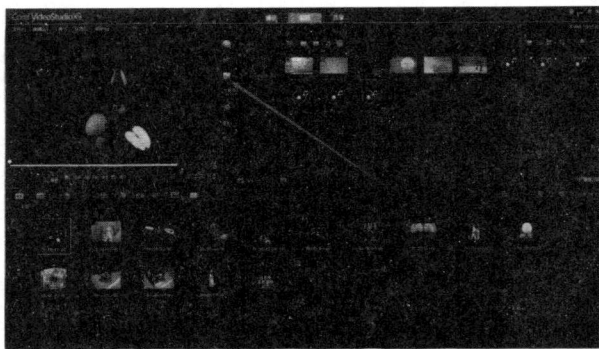

图9-17 转场视图

在特效窗口中，任选其中一个转场，按住鼠标左键拖到两个素材中间后松开，即为两段视频之间的过渡设置了转场特效（图9-18）。

图9-18　添加转场

【第3步】添加滤镜。会声会影软件中提供了多种滤镜效果，添加滤镜也就是通常所说的为视频添加特效。在对视频素材进行编辑时，只需将它应用到视频素材上。滤镜不仅可以掩饰视频素材的瑕疵，还可以令视频产生出绚丽的视觉效果，使制作出的视频更具表现力。单击"滤镜"图标，打开滤镜窗口（图9-19）。

图9-19　打开滤镜窗口

任选其中一个滤镜，按住鼠标左键拖到素材上面后松开，即为该素材添加了滤镜（图9-20）。

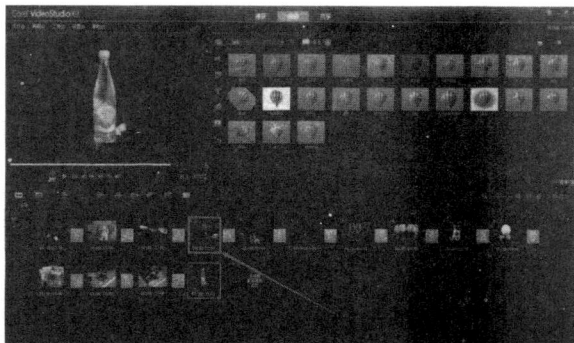

图9-20　拖动滤镜特效到素材

【第 4 步】添加字幕。切换到时间轴视图，单击视频预览区域右侧的字幕图标，打开字幕设计窗口（图 9 - 21）。

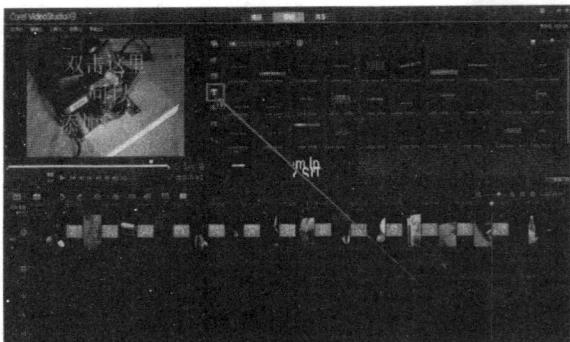

图 9 - 21　打开字幕设计窗口

在标题字幕中选择合适的标题格式拖入到标题轨道中，双击标题轨道中的标题，在预览窗口中输入文字内容，在文字外单击后可对标题进行拖动。在时间轴上将字幕长度调整到与照片一致，表征字幕长度与图片播放时间一致（图 9 - 22）。

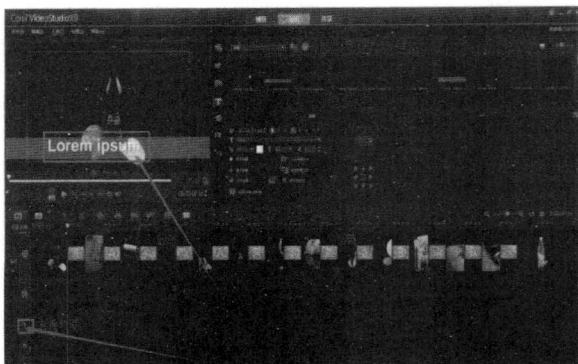

图 9 - 22　添加字幕

【第 5 步】添加音乐。在声音轨上单击鼠标右键，选择插入音频到声音轨，在对话框中选择一首音乐素材单击打开；拖动尾端，调整长度与照片素材一致（图 9 - 23）。

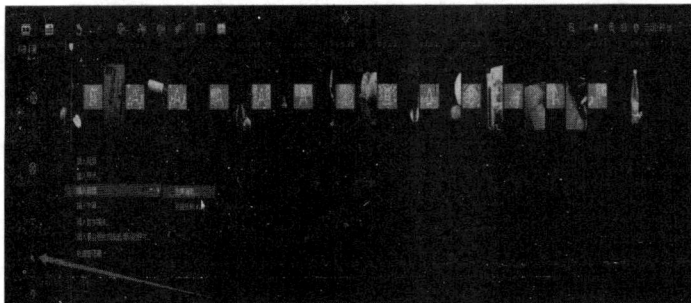

图 9 - 23　添加音乐

【第 6 步】渲染输出。保存工程文件，具体做法是：单击"文件"按钮，在下拉菜单中选择"智能包"（图 9 - 24）。注意：有些用户直接选择"文件"下的"保存"，这样保存工程文件是不对的，一旦素材移动存储位置或者删除就会出现文件无法打开的情况。

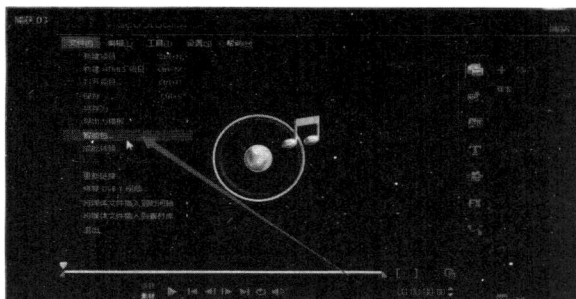

图 9 - 24　保存智能包

在"智能包"弹出的窗口内，选择保存文件格式，输入文件名称、主题、描述等内容，确定打包项目内容（图 9 - 25）。

图 9 - 25　保存文件名及保存类型

【第 7 步】保存文件。在程序主界面标题栏中间区域，单击"共享"标签，在弹出的窗口内选择"自定义"，在"格式"下拉菜单中选择视频输出格式为"MPEG - 4"，命名输出的视频文件，确定文件保存位置等，最后单击"开始"按钮，文件就会被渲染输出（图 9 - 26）。

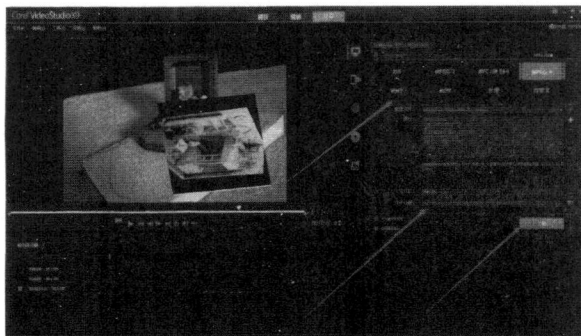

图 9 - 26　输出文件

由于会声会影软件使用方法简单，使用者不需要进行复杂的设计就能做出炫目的效果，软件内还集成包括影视片头、特效装饰等内容，制作过程中还可以根据需求给影片加上片头、特效装饰等，让影片画面更美地呈现。

（二）使用 Premiere 软件进行视频编辑实战

接下来，以使用 Premiere 软件来剪辑视频短片"我们的中国梦"为例，来介绍 Premiere 视频编辑的一般方法。

【第 1 步】启动软件。启动 Premiere 软件，弹出欢迎界面（图 9 - 27）。

单击"新建项目"按钮，弹出"新建项目"对话框，在"位置"选项中选择保存文件路径，在名称文本框中输入文件名"我们的中国梦"（图 9 - 28）。

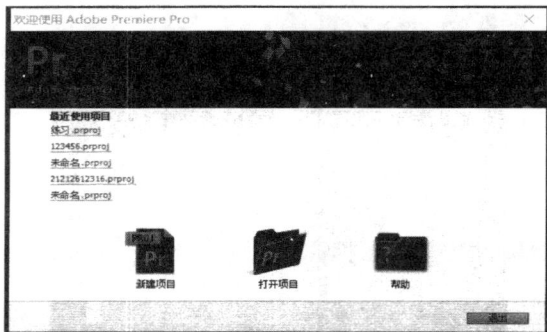

图 9 - 27 欢迎界面

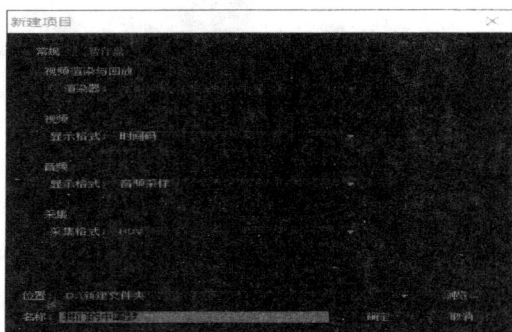

图 9 - 28 "新建项目"对话框

单击"确定"按钮，弹出"新建序列"对话框，在左侧的列表中展开"DV - PAL"选项，选中"标准 48kHz"模式，在序列名称文本框中输入序列名"我们的中国梦"，单击"确定"按钮，确认新序列的建立（图 9 - 29）。

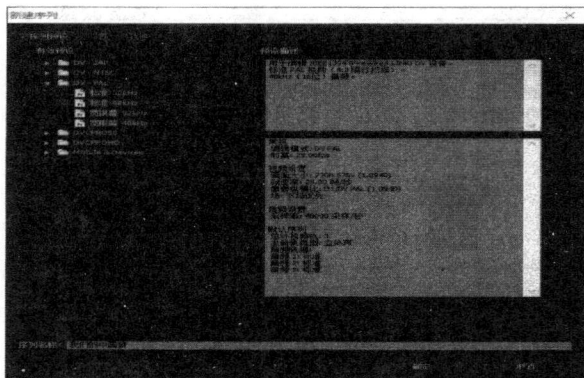

图 9 - 29 "新建序列"对话框

【第 2 步】导入素材。选择"文件/导入"命令，弹出"导入"对话框，选择相应文件，单击"打开"按钮，导入视频文件（图 9 - 30）。

导入后的文件排列在"项目"面板中（图 9 - 31）。

【第 3 步】剪切素材。按住"Ctrl"键，在项目面板中分别单击"01、02 和 03"文件并将其拖曳到"时间线"窗口中的"视频 1"轨道中（图 9 - 32）。

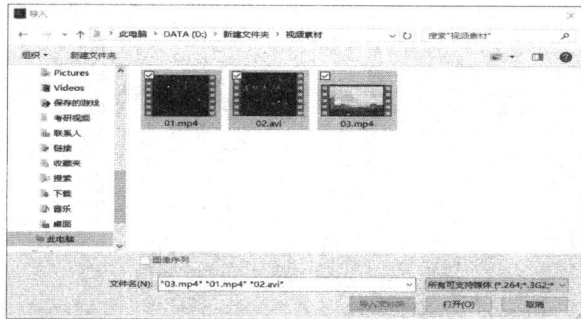

图 9 - 30　　"导入"对话框

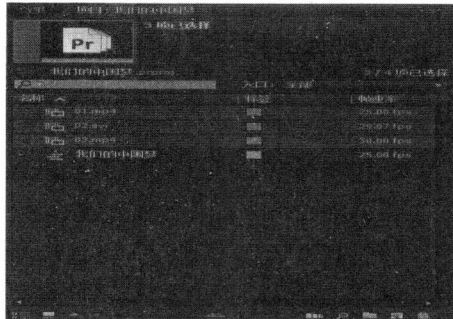

图 9 - 31　　"项目"面板

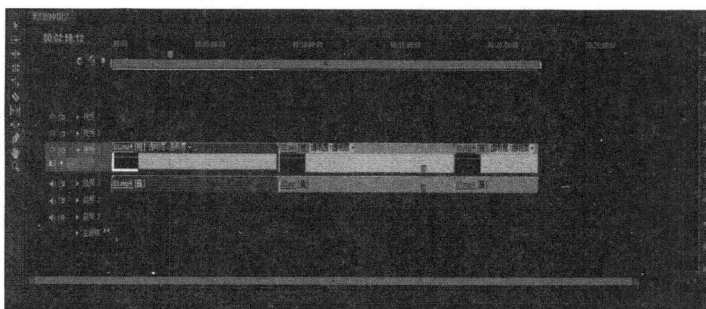

图 9 - 32　　"时间线"窗口

在"时间线"窗口中双击要播放的素材，素材就会自动显示在"源"监视器窗口中。使用"源"监视器窗口下方的工具栏可以对素材进行播放控制，方便查看剪辑（图 9 - 33）。

图 9 - 33　　"源"监视器窗口的工具栏

在工具面板中选择"剃刀"工具。将鼠标指针移到需要切割影片片段的"时间线"窗口中的素材上并单击，即可分割为两个素材。如此反复，最后选中不需要的素材，单击鼠标右键，在出现的下拉框中选择"波纹删除"，即可删除（图 9 - 34）。

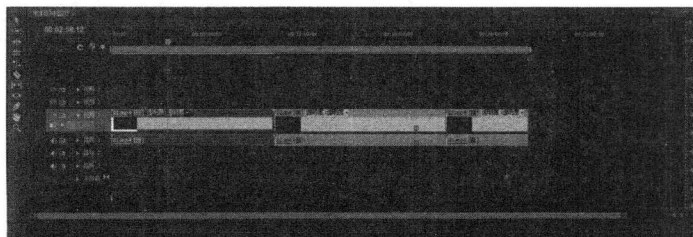

图 9 - 34　用"剃刀"工具剪切素材

在"时间线"上选择一个视频，单击鼠标右键，在出现的下拉框中选择"速度、持续时间"选项。弹出"素材速度/持续时间"对话框，将速度设置为100%，单击"确定"按钮（图9-35）。

【第4步】添加特效。选择"窗口/工作区/效果"命令，弹出"效果"面板，展开"视频切换"特效分类选项，单击"划像"文件夹前面的三角形按钮将其展开，选中"划像形状"特效（图9-36）。

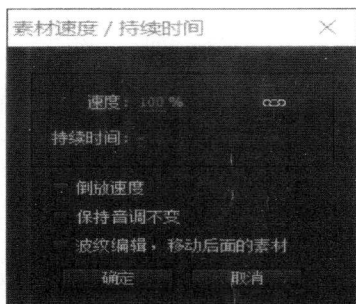

图9-35 "速度"设置对话框

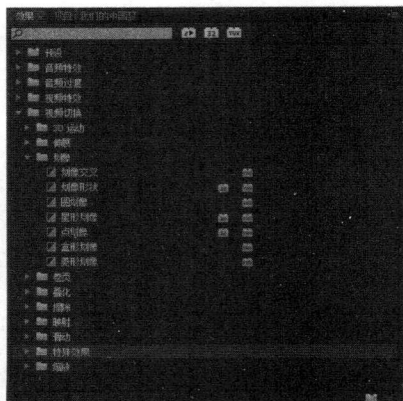

图9-36 "效果"面板

将"划像形状"特效拖曳到"时间线"窗口中需要添加特效的两个片段之间，即给两段视频中间加上了"划像形状"的视频切换特效，可在"节目"监视器中查看效果。单击"项目"面板下方的新建按钮，在弹出的对话框中选择"黑场"，弹出"新建黑场视频"对话框，单击"确定"按钮。再将其拖曳到两个素材之间，即添加了黑场效果，可在"节目"监视器中查看效果（图9-37）。

【第5步】添加字幕。选择"文件/新建/字幕"命令，弹出"新建字幕"对话框（图9-38）。

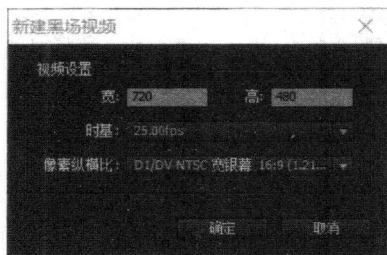

图9-37 "新建黑场视频"对话框

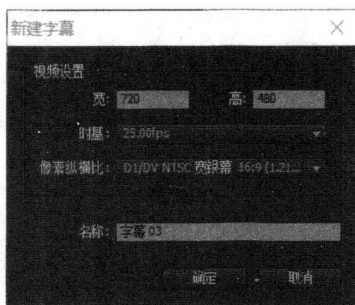

图9-38 "新建字幕"对话框

单击"确定"按钮，弹出字幕编辑面板，选择"输入"工具，在字幕工作区中输入所需文字，然后在"字幕属性"子面板中进行设置（图9-39）。

设置好文字的位置和属性后，关闭字幕编辑面板，新建的字幕文件自动保存到"项目"窗口中。在"项目"面板中选中编辑好的字幕并将其拖曳到相应的视频轨道上方。如此反复，直至添加完所有字幕（图9-40）。

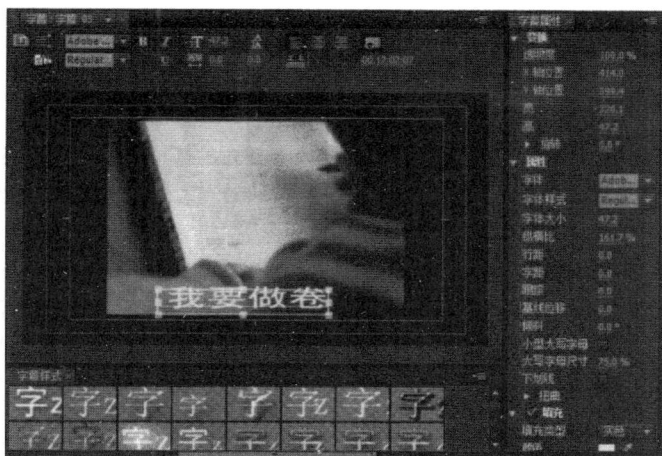

图 9 - 39 "字幕"面板

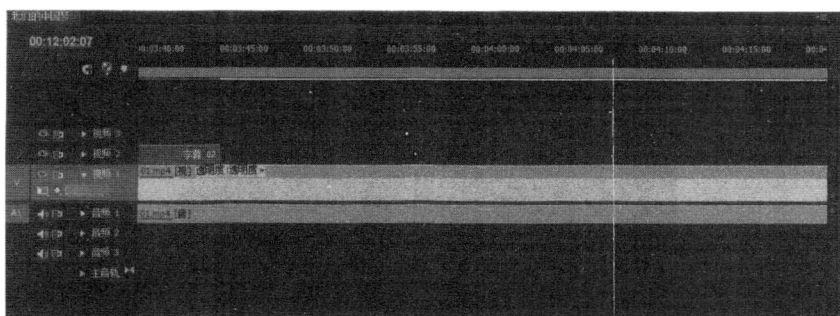

图 9 - 40 添加字幕

【第 6 步】处理音频。选择"文件/导入"命令，弹出"导入"对话框，选择需要的音频素材，单击"打开"按钮，素材就会被导入项目面板中（图 9 - 41）。

图 9 - 41 导入对话框

将音频素材拖曳到相应的视频下方，做到声画同步。选中一个音频素材，在效果面板中选择"音频特效"，在音频特效的下拉菜单中选择"低音"特效（图9-42）。

并将其拖曳到所选音频上，再通过"特效控制台"来设置参数（图9-43）。

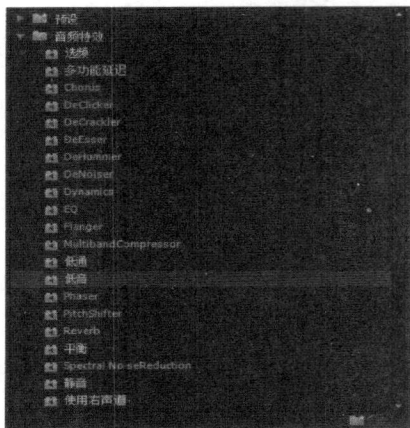

图9-42 "音频"特效面板

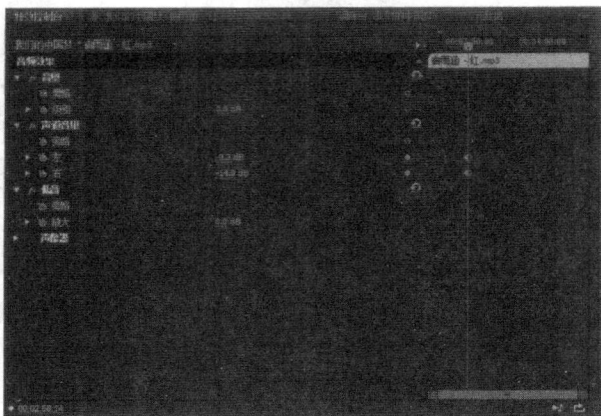

图9-43 "特效控制台"面板

【第7步】生成视频。选择"文件/导出/媒体"命令，弹出"导出设置"对话框，在"格式"一栏选择"AVI"格式，勾选"导出视频"和"导出音频"，单击"导出"按钮即可（图9-44）。

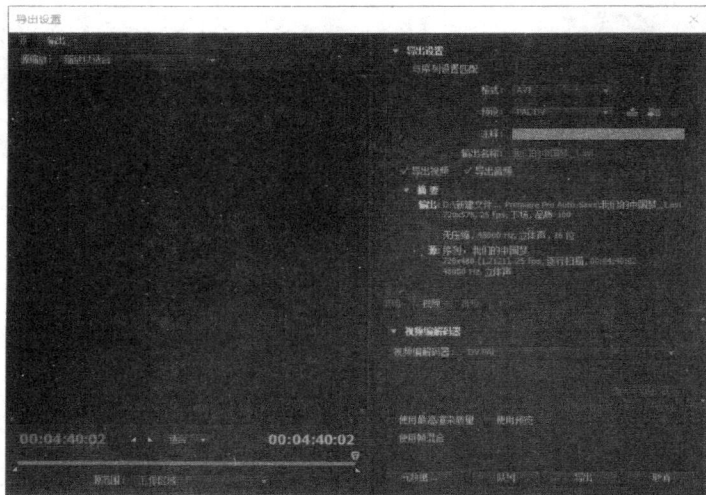

图9-44 导出设置对话框

在使用Premiere软件过程中，由于占用系统资源较大，容易发生系统假死的状况。在导入视频的时候，如果视频文件过大，Premiere会需要较长的一段时间进行匹配，也可能会出现假死，此时要安心等待。在编辑的过程中，记得随时用"Ctrl＋S"保存，以免系统突然假死，前功尽弃。最后在导出视频的时候，要选择合适的格式，并且保证硬盘有足够的空间。Premiere有很多华丽的应用，需要大家自己去尝试和总结，或者查看一些详细资料，正所谓"师父领进门，修行在个人"。

第十章

多媒体微课资源共建共享

多媒体教学的开展离不开多媒体课件、微课等教育资源，虽然多媒体课件和微课在教学中仅是起到辅助教师教学和学生学习的一种媒体、资源和工具，但它们的设计与开发质量在很大程度上会影响课堂教学效果。因此，在"互联网＋"背景下，了解多媒体课件的内涵、价值和特征，掌握多媒体课件的类型、设计、开发和工具，精通精品微课的设计与开发技巧，是每个教师必须具备的学科技术素养。那么，什么是多媒体课件与微课的内涵、价值和分类，如何学会全面掌握多媒体课件、微课的设计与开发技巧，如何为信息化教学提供各种多媒体课件及微课资源，这将是本章重点探讨的问题。

第一节　掌握多媒体课件工具

一、了解多媒体课件的特征

认识多媒体课件要先从认识课件开始。早在 20 世纪八九十年代，我国就提出了课件的概念，课件（courseware）是为实现特定教学目标，支持教学活动而开发的计算机软件[①]。从此概念出发，课件是一种计算机软件，而且是一种特殊类型的计算机软件，它因为要传递教学内容、支持教学活动、实现教学目标而具有与其他计算机软件不同的特殊身份。课件的规模可大可小，它可以是包含一门完整课程的大型课件，也可以是关于某一知识点的几分钟的小型课件。多媒体课件可看成是一种偏正结构的词语"多媒体的课件"，它是多媒体技术与课件相融合的课件形态。多媒体技术指的是能够综合处理图文声像的多种媒体信息的一种技术，所以，多媒体课件（multimedia courseware）是指为实现特定教学目标，支持教学活动而开发的能够综合处理图文声像的多种媒体信息的一种计算机软件。所以，多媒体课件也是定位在为教学服务的计算机软件。

多媒体课件的显著特征，一是信息呈现多媒体化，它通过集成处理视音频、图形图像、动画、文本等多种类型的信息，使其传递的教学内容是多样化的、能够刺激人的多种感官；二是信息组织非线性化，通过超文本、超媒体技术实现课件页面的非线性跳转，突破了知识顺序传播的局限性。

---

① 刘美凤，康翠. 多媒体课件教学设计［M］. 北京：高等教育出版社，2013.

二、掌握多媒体课件的类型

多媒体课件可依据不同的维度分为不同的类型，常见分类方式如下。

（一）按多媒体课件的运行环境分类

多媒体课件的运行环境主要分为单机环境和网络环境，所以多媒体课件分为单机版多媒体课件和网络版多媒体课件两大类型。单机版多媒体课件主要在本地计算机上运行使用，课堂教学中教师演示的课件绝大多数属于单机版课件，而网络版课件主要在网络平台上发布、使用的课件，如某一学科的专题学习网站则属于网络版课件。

（二）按多媒体课件的实现功能分类

多媒体课件按实现功能划分的话，分为课堂演示型、自主学习型、训练与复习型、教学游戏型、模拟实验型、资料工具型等六大类，这也是多媒体课件常用的一种划分方法。

1. 课堂演示型多媒体课件

课堂演示型多媒体课件主要用于课堂教学内容的传递，教学重难点的突破、课外知识的延伸以及提高教学效率，属于助教型课件。此类型课件制作难度较低，多是教学人员自制自用，它可以针对教学中某重点、难点进行制作，也可以是对一节课或一门课程进行整体制作。

2. 自主学习型多媒体课件

自主学习型多媒体课件侧重于指导学生自主学习，属于助学型课件。这类课件常借助于网站开发工具进行开发，属于网络版课件。这类课件具有系统、完整的内容体系结构以及经过精心设计的系统化教学过程；通过提问、探究等环节实现良好的人机互动或人际交互；丰富的教育资源或资源链接也是此类课件不可缺少的部分，学习者通过查阅资源不断深化自己对所学内容的理解和巩固。

3. 训练复习型多媒体课件

训练复习型多媒体课件主要是针对所学知识、技能的复习、训练与强化巩固，这类课件一般采用一问一答"配对"的形式，通过大量、分层级难易不同的习题、反馈与激励策略逐渐强化学生对所学内容的理解。此类课件制作难度较大，一般使用 Flash 软件结合 Action Script 语言（AS）编写脚本，才能很好地实现"问一答一反馈"链条式的人机互动，如果 AS 脚本较难，可以使用 PPT 触发器结合超链接制作简单的训练与复习型多媒体课件（图 10 - 1）。

4. 教学游戏型多媒体课件

教学游戏型多媒体课件属于人们常说的教育游戏，它以杜威的"做中学"理论为指导，以教学目标为宗旨，以游戏为手段，将教育性与游戏性融为一体，让学习者在做游戏过程中轻松愉悦地学到知识，体现了"寓教于乐"的教学理念，让学习者感到学习是一件有趣、好玩的事情。为了体现"寓教于乐"，开发人员要把游戏规则、游戏角色、竞争与激励机制等游戏元素与教学目标、内容有机融合在一起，所以，开发一款优秀的游戏型教学课件并不是一件简单的事情，需要团队精心的设计与策划。一线教师在使用教学游戏型课件进行教学时，要采用引导、启发、归纳等多种方式指引学生注意教育内容，从而才能达到教学目标。目前，多数教育游戏采用有趣故事、闯关升级的竞争机制吸引玩家的兴趣。图 10 - 2 是一款儿童学成语的教育游戏，采用动画片"喜羊羊与灰太狼"动物角色，以及逐级闯关式竞争机制增加游戏的可玩性，只有成语填答正确，才会出现成语的解释或出处，体现了教育游戏的教育特性。

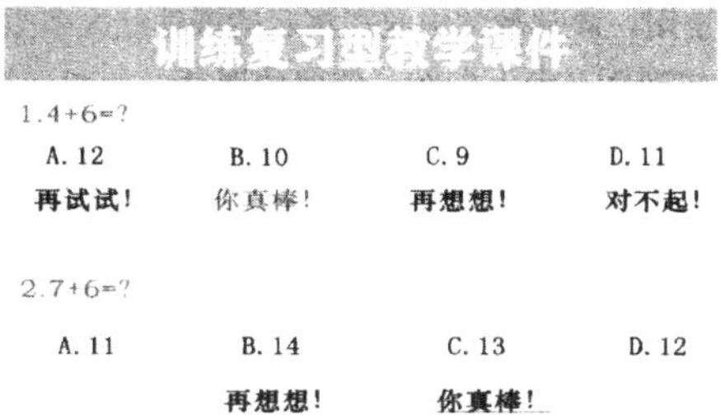

图 10－1　训练复习型多媒体课件范例 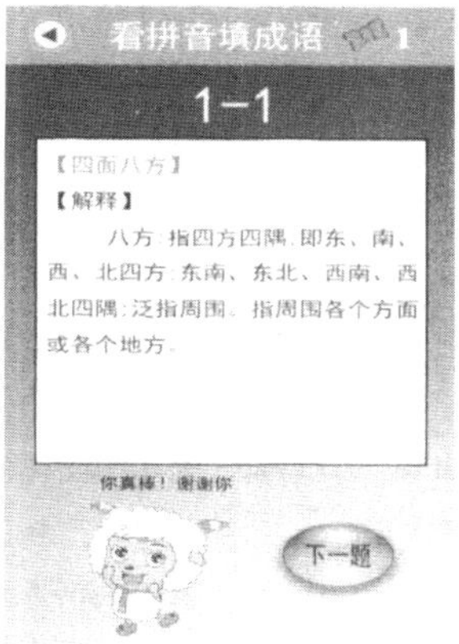　　　图 10－2　教学游戏型多媒体课件

5. 模拟实验型多媒体课件

模拟实验型多媒体课件主要针对那些危险性实验、微观实验及难以控制实验条件的实验专门设计而开发的，主要运用计算机技术、仿真技术、虚拟现实技术模拟各种实验现象、实验过程，让学生形象直观地观察、分析实验数据，进而深入理解实验的原理和本质。此类课件主要用于物理、化学、生物、地理等自然学科的课程教学中，制作难度较大，简单模拟实验可用 Flash 软件与 AS 脚本共同完成，而复杂高仿真、给人一种身临其境且有沉浸感的高级模拟实验需要高级的仿真技术、虚拟现实技术等才能完成。一线教师在使用此类课件时，自己需事先熟悉课件的使用方法；在进行实验演示时，要引导学生注意观察实验现象，认真分析实验数据，尽量鼓励学生自己得出实验结论。图 10－3 中"凸透镜成像"模拟实验是用 Flash 软件开发的，当移动蜡烛时，物距发生改变，像距也随之发生变化，而且像的大小也时刻发生变化，根据这一实验现象，教师引导学生分析现象背后的原因，最后得出结论。

6. 资料工具型多媒体课件

资料工具型多媒体课件，顾名思义，是一种数字化资料工具书，也被称为资料工具包，是关于某一学科学习资源的集成，针对性强，知识较为全面、完整，一般采用检索或菜单的方式便于使用者查询。资料工具型多媒体课件一般是软件开发团队或计算机爱好者专门开发的，工作量和制作难度较大，开发成品可供教师教学之用，也可供学生自学、复习之用。图10－4 是在网上查询到的程仁刚开发的资料工具型多媒体课件《初中物理课件大全》。

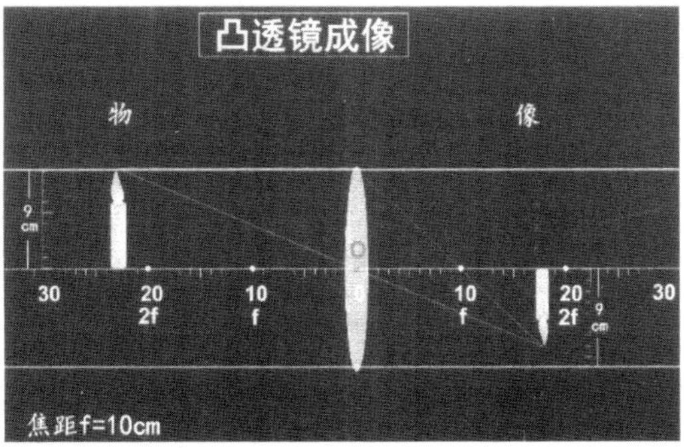

图 10－3　"凸透镜成像"模拟实验课件截图 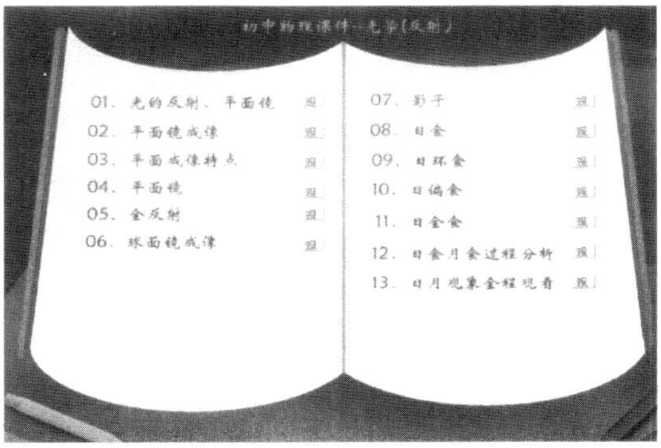　　　图 10－4　资料工具型多媒体课件示例

（三）按多媒体课件的使用对象分类

多媒体课件若按其使用对象来分，可分为助教型课件、助学型课件及教学两用型课件三大类。助教型课件的使用对象一般是教学人员，这类课件主要用于辅助教师教学，如辅助教师课前导入、课堂讲授、课堂练习与课外知识的延伸等教学环节，上述涉及的课堂演示型多媒体课件便属于此类。助学型课件的使用对象则是学习者，即学生，这类课件主要用于辅助学生学习，如何更好地激发学生学习兴趣、如何更好地保持学生学习积极性、如何更好地实现个别化教学成为这类课件重点考虑的问题，所以这类课件在设计上侧重从学习者的视角出发，具有完整的知识结构，能够体现一定的教学过程，具有良好的人机交互且提供及时强化与激励机制等多种策略融为一体，上述的自主学习型多媒体课件属于此类。教学两用型课件既适用于教学人员，也适用于学习者，这类课件适用性较强，内容更加丰富，对技术要求也更高。

三、了解多媒体课件的价值

多媒体课件在教学中的应用随处可见，小到基础教育的小学课堂，大到研究生教育的大学课堂及跨区域的合作交流，毕业生的求职面试都会看到多媒体课件的身影，可以说多媒体课件已成为教育工作者、学习者甚至是教育培训人员生活、工作、科研必不可少的一部分。多媒体课件的教学应用大致分为以下五个方面。

（一）基于多媒体性以创设情境

建构主义学习理论认为，人的学习是在一定的情境中发生，有效的学习是离不开情境、离不开实践的。所以，建构主义理论提出"情境化教学"，让学习者在真实的情境中或虚拟的情境中学习，主动构建对知识的理解。多媒体课件由于具有多媒体性，在课件中可以集成视频、音频、动画、图形、图像等多种媒体信息创设一种虚拟的情境，为"情境化教学"提供了一种很好的解决方案。利用多媒体技术创设情境是多媒体课件常用的一种教学应用，教学人员在课件中通过添加与课程内容相关的多媒体素材，创设一个类似于真实的虚拟情境，引导学习者在情境中思考问题，进而激发学习者学习兴趣、学习积极性，自然而然引入新课的教学。

（二）教学内容呈现的直观性

课程教学中有很多内容是抽象难懂的，也有很多是微观、宏观的，现实生活中是根本看不到的，这些内容如果学生看不到它们的"真面目"，学习者不仅不能真正明白它们的实质，而且会影响到后续内容的学习，最终会影响到学习效果。多媒体课件的存在可以帮助教师解决这一问题，将原本抽象的、微观的、宏观的事物通过图形、图像、动画、视频的方式展示、重现，让学习者一睹它们的真面目，对隐藏在其中的奥秘尽显眼底，这样直观化的教学内容有助于学习者对知识的深入剖析与强化。另外，很多教学内容之间存在着或多或少的逻辑关系，如果学习者真正理解各个内容之间的逻辑关系，有助于他们有意义学习的发生。奥苏贝尔认为当新知识与个体已有认知结构中的相关知识发生联系时，有意义学习才能发生。多媒体课件对有意义学习也有它的价值所在。在课件中，通过利用各种图形，或 PPT 中的 Smart Art 小工具绘制各个概念之间的层级逻辑关系图，美国康奈尔大学的诺瓦克将其称为"概念图"，这样的概念图会对学习者对某一章的内容有个全面、整体、直观的再认知，给学习者一目了然、恍然大悟的感觉，对促进学习者认知结构的建立以及有意义学习的发生都是有促进作用的。除此之外，多媒体课件可通过插入各种图表，不仅形象直观地展示各种数据，而且还起到数据分析论证的作用。

（三）模拟实验直观与安全性

有些化学实验危险、有毒，有些生物实验需要解剖青蛙等益虫，有些物理实验需要严格的受控条件，还有些实验的实验现象不明显、难以观察等问题，诸如此类的实验如果现场演示给学生，要么学校、老师承担很大的风险甚至取消危险实验，要么为了实验不得不杀害益虫，要么学生因没观察到实验现象而使学习兴趣大打折扣等现实问题。模拟型多媒体课件成为此类问题的"大救星"，利用各种先进技术（如仿真技术、虚拟现实技术等）制作出来的模拟实验既形象直观又安全，既保护生物又激发了学生的探究欲望。

（四）扩展第二课堂

多媒体课件不仅应用在课堂教学过程中，还能延伸第二课堂。教师事先将学习者课后学习的相关资料整理加工，再制作成一个多媒体课件发布到网络平台中或 QQ 群文件中，要求学习者课后阅读、思考并完成若干任务，这种方式不仅实现了课上与课下的有机联系，而且对培养学习者的自学能力有一定的促进作用。

（五）提高教学效率

课堂演示型多媒体课件的存在，使得一线教师在备课时将课堂教学中要讲解的重点教学内容事先写入到课件中，在实际讲授时不必再把某些概念、原理、观点原样地写在黑板上，只需要将内容提炼出关键词或画出概念图的方式书写板书，这样增加了课堂教学信息量，大大提高了课堂教学效率。

四、掌握多媒体课件的工具

多媒体课件开发工具又被称为多媒体创作软件，依据多媒体创作软件适用的范围可将其分为学科通用型多媒体课件开发工具和学科专用型多媒体课件开发工具两大类（图 10-5）。

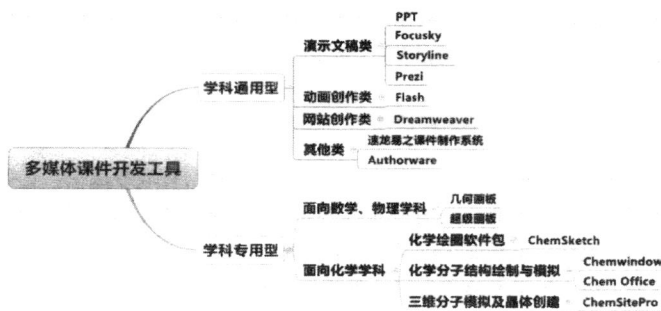

图 10-5 多媒体课件开发工具示意

（一）学科通用型多媒体课件开发工具

适用于各种学科的课件开发工具我们称之为"学科通用型软件"，可将其分为四种类型的开发工具：有演示文稿类创作工具，如 Power Point、Focusky、Storyline、Prezi 等软件；有动画类创作工具，如 Flash 等软件；有网站类创作工具，如 Dreamweaver 等软件；有面向多学科的"速龙易之课件制作系统"和实现良好的人机交互课件的创作工具 Authorware 等其他创作软件。

1. 演示文稿类工具

PPT 是微软公司研发的一款多媒体创作软件，它因操作简单、使用方便、功能较为完善、通用性、实用性较强等特点成为教学、学术研讨、会议报告、员工培训甚至是婚礼庆典等场合备受欢迎的多媒体制作工具，PPT 已成为全世界交流的一种语言。它以页面的方式呈现信息，以单线条、线性方式组织信息，支持视音频、动画、图片等多媒体素材的插入，2007 版及以上版本的 PPT 增加了图片的多种艺术效果、样式等艺术化处理，提供的"进入、放大、退出、动作路径"四种自定义动画方式为创造动态、精美的多媒体课件提供了方法，也为那些 PPT 动画爱好者创造炫彩动画提供了很好的平台。

Focusky 是一款免费的集演示文稿创作、动画创作于一体的多媒体创作软件，于 2013 年由广州万彩信息技术有限公司自主研发而成。该软件界面简洁直观，操作简单、即点即得，可轻松导入 PPT，与 PPT 完美融合；采用 3D 立体展示效果打破 PPT 传统切换方式，给人较强的视觉冲击力；画布局部可无限放大、缩小且不失真；手绘动画效果使演示文稿展示更加生动形象；还有丰富的模板、动画角色、动画特效、自定义动画路径、3D 背景模板、矢量素材等让你想象不到的优质素材。

Storyline 是 Articulate 公司于 2012 年 5 月发布的一款新的演示文稿创作工具，具有非常丰富的极具个性化的人物角色，足以让你创建一个感人的数字故事；采用图层化设计理念，具有强大的互动效果以及多样化的交互式测试题型供用户选择，同时还支持"屏幕录制"，成品可以发布成 html、swf 两种格式。Prezi 是由三位匈牙利学者合作开发的又一款演示文稿创作工具，它因炫丽、动感十足且给人很强视觉冲击力的展示效果赢得 TED 演讲者的青睐，它采用缩放式的界面展示效果，先展示界面全局再缩小至界面局部，体现了由整体到局部的思维方式，突破了 PPT 的扁平化界面展示方式，给人一种前所未有的观看效果。

2. 动画类创作工具

Flash 是由 Adobe 公司研发的专业制作二维动画的软件，它是以帧为单位创建动画的，因生成的动画都是矢量动画，文件容量小，所以 Flash 动画成为网络上流行的一种动画格式，用 Flash 软件还可以制作各种类型的多媒体课件，尤其是难度较大的模拟型教学课件、游戏型教学课件 Flash 软件也能胜任。

3. 网站类创作工具

Dreamweaver 是由 Adobe 公司研发的集网页制作和网站管理于一身的专业网页编辑器，是一款具有可视化界面、所见所得、跨平台、跨浏览器、执行效率高、功能强大的视觉化网页开发工具，结合数据库和 ASP 脚本可以开发可更新的动态网页，还可以开发移动应用程序，成为前端设计师、网页爱好者的首选。目前，Dreamweaver 已成为制作教学网络课程、专题学习网站的不二选择，而制作动态网站，ASP 动态脚本也是必不可少的。

4. 其他类创作工具

"速龙易之课件制作系统"（SLArt）是北京速龙软件科技有限公司研发的一款面向多学科的多媒体制作系统，它功能强大，操作简单方便，不需编程即可实现良好的人机交互功能；另外，超强的动画制作能力能让使用者轻松地定制各种运动轨迹；丰富的多学科素材资源库多达几百个，根据需要还可升级扩展；矢量绘制图形，压缩比较大，课件容量可小至几 KB，所以支持网络发布与浏览；除此之外，还支持高级的脚本编写功能，与 Javascript 完全兼容，这对于擅长脚本的用户来说无疑是一个惊喜。

Authorware 软件是 Macromedia 公司开发的一款多媒体课件制作软件，强大的交互功能是它的最大特色，提供了包括菜单交互、按键交互、鼠标交互、限时交互、本文输入交互等多达十几种交互类型，使用系统变量和函数还可实现更高级、更复杂的交互方式。Authorware 采用独特的流程图方式搭建课件框架，用户按需可任意控制流程走向，生成的课件还可存为 .EXE 可执行文件，便于课件跨操作系统运行使用。

（二）学科专用型多媒体课件开发工具

制作多媒体课件除了使用上述提到的学科通用型软件外，还有很多专门面向某一学科的多媒体课件开发工具，将其称之为"学科专用型多媒体课件开发工具"。这类软件具有很强的学科针对性，实现的功能、内置的工具、素材库均与学科特点紧密结合，方便了学科教学人员设计课件与开发课件。

专门适用于数学、物理学科的多媒体课件制作软件，有几何画板、超级画板等。几何画板（Geometer's Sketchpad）是美国 Key Curriculum Press 公司开发的可用于数学、几何、物理的矢量作图与分析、函数作图与分析的软件，是一款难得的能够动态显示几何对象的位置关系以及运动变化轨迹，利用此类课件便可以引导学生认真观察对象的运动轨迹进而分析运动规律。超级画板是中国科学院张景中院士开发的一款免费的制作数学课件、几何课件、物理课件的"利器"，集作图、动画演示、有趣变换、超强计算、模拟运动轨迹等功能于一身。

该软件不仅在平面几何、解析几何、函数图像等领域有其魅力所在，而且在代数运算、概率统计、算法编程等领域也有其强大的用武之地，超级画板与几何画板均成为优秀的教育软件。

化学学科主要研究微观的分子、原子等各种物质结构、各种化学实验、化学反应等等，使用通用型多媒体课件开发工具绘制各种化学元素、物质结构、实验装置图、图谱分析等并不是游刃有余，而这些制作化学课件的专业软件 ChemSketch、Chem Window、ChemOffice（包括 ChemDraw、Chem3D、Chemfinder）、ChemSite Pro 等很好地解决了这一问题。这些常用的化学软件各有特色，ChemSketch 是化学绘图软件包，可以绘制各种化学结构、化学反应；ChemWindow、ChemOffice 主要用于化学分子结构绘制与模拟，其中 Chem3D 用于三维结构模拟和计算；ChemSitePro 用于三维分子模拟及晶体创建。

第二节　精通多媒体课件开发

制作一个实用、优质的多媒体课件，需要遵循多媒体课件的设计原则与多媒体信息的呈现原则，并按照课件开发的流程进行设计与制作。

一、了解多媒体课件的设计原则

多媒体课件是为了实现教学目标、支持教学活动而专门设计的教学类软件，它既要遵循教育教学的基本原则，也要遵循多媒体软件具有的基本原则。

（一）教育性原则

教育性是多媒体课件首要遵循的原则，它要求多媒体课件定位准确、针对性强，多媒体课件是专门针对学习者设计、开发的学习资源，是为学习者服务的。另外，多媒体课件体现的教学目标务必清晰、明确，要突出教学重点，突破教学难点；为了与教学活动有机融合，课件设计形式要灵活多样，既能教学演示，也能讨论探究，既能练习强化，也能延伸第二课堂，这样才能使课件与教学合二为一。

（二）科学性原则

科学性原则指的是多媒体课件呈现的教学内容、素材等要科学，符合客观规律，准确无误。各种媒体表达的信息要统一；阐述的概念、原理、动画演示等要符合逻辑；引用的观点、数据要真实、具体、可靠；选取的图片、视听素材要反映客观事实。

（三）启发性原则

任课教师不仅要借助课件传递教学知识，还要借助课件引导学习者思考问题、分析问题、解决问题，这样课件才是教师的得力助手。所以，多媒体课件在设计时要遵循启发性原则，这样设计出来的课件才是有价值的。设计课件时，可设置多个难易不同的问题逐级引发学生思考；可依据学习者的兴趣、爱好引导启发，调动其学习积极性；可通过创设情境的方式，让学习者在虚拟情境中体验、观察，引导其分析现象背后的本质；也可采用比喻、类比、比较等方式启发学习者积极思维，让学习者不再被动、机械式地学习。

（四）技术性原则

技术性原则指的是课件要尽量做到程序结构简单，操作简便，导航清晰，交互、控制可靠，易学易用。不要秉承"技术至上"的理念，认为技术越高级的课件展示效果越好，这种观点太偏激，因为课件技术的难易取决于教学过程设计、教学内容的性质以及教师操作技能等多种因素。另外，多媒体课件要有良好的通用性、兼容性，便于跨操作系统或跨浏览器使用。

（五）艺术性原则

如果说启发性原则体现多媒体课件的实用性，而艺术性原则体现多媒体课件的美观性。开发任何一款计算机软件都要注重外在界面的美观设计，为学生服务的多媒体课件更不例外，制作精美的课件会在第一时间抓住学生的眼球，播放结束后会让学生久久回味，可想而知这样的传播效果多么强大。多媒体课件的艺术性主要体现在 5 个方面：界面设计要简洁大方；色彩搭配要对比和谐，整体给人赏心悦目之感；课件不是电子书、演讲稿，设计者事先要将教学内容提炼加工，将原理、概念、公式等思想要点、关键词等经过美工设计、突出显示；图片、图示、图表要清晰、逼真，图文排版整齐且不拘一格；解说、背景音乐要悦耳动听。

二、掌握多媒体信息的呈现原则

在设计多媒体课件时，除了一定要遵循上述提出的五条基本设计原则外，还要以美国当代著名教育心理学家理查德·E·迈耶（2006）提出的七条"多媒体信息呈现原则"为指导，只有这样才能充分地利用多种媒体组合有效地传递教学信息，促进学习者深度学习。

（一）多媒体认知原则

多媒体认知原则指的是学习者通过图文组合（即文本和图像组合）学习，要比只通过单一的文本学习效果要好得多，所以在设计多媒体课件时，应该用文本和与之对应的图像组合呈现教学材料。如图 10－6 所示，在讲"光的色散"时，色散的概念与示意图组合起来呈现，使得抽象的概念和直观的示意图相辅相成，利于学习者对内容的理解和掌握。

（二）空间临近原则

空间临近原则指的是，如果同一界面中文本和画面共存时，那么文本和画面临近呈现要比隔开呈现更能促进学习者学习，所以在设计多媒体课件时，图文应该临近放置在同一页面中，避免图文被放置在不同页面、分隔呈现给学习者带来不必要的猜测、想象等额外的认知负荷以及注意力分散等诸多弊端，如图 10-7 所示，在利用多媒体课件讲解大气压强时，以人们如何喝掉瓶中的饮料为例，页面左边是喝饮料的图片，而右边则是喝饮料过程的文本信息，这样一图一文临近呈现，使学习者对如何喝到饮料这一日常生活现象理解地更加深刻、透彻。

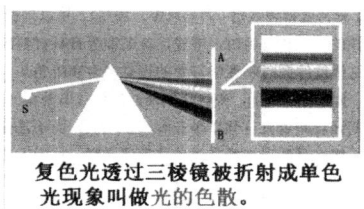

图 10-6　"多媒体认知原则"示例　　　　图 10-7　"空间临近原则"示例

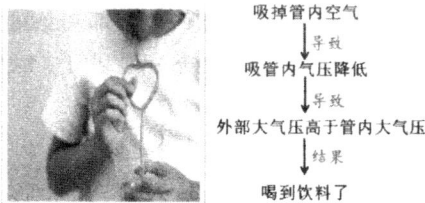

（三）时间临近原则

时间临近原则指的是同一界面中，视觉材料与语音材料在时间上同时呈现，并不是分别呈现，这样更有利于学习者学习。记忆的编码理论认为，当学习者能够同时在视觉工作记忆中保持一个视觉表征而在语言工作记忆中保持对应的语言表征时，意义学习就得到强化[1]。所以依据时间接近原则，在设计多媒体课件的视听说材料时，解说、诗朗诵等音频材料应与音频的文本信息同步呈现，这样能够同时刺激学习者的视觉器官和听觉器官两种通道，学习效果得到强化。如图 10-8 所示，来自优酷网的一段《山的那一边》配乐朗诵，视频画面与配乐朗诵音频以及音频字幕三者同步呈现，而不是先播放朗诵音频再呈现课文原文，或先呈现课文原文再播放朗诵音频，使学习者边看边听，对课文内容的理解进一步加强。

（四）内容一致原则

一致性原则指的是当界面中与学习内容不相关的文字、图形图像、声音被排除而不是被包含时，学习者的学习效果反而会更好。因为只有排除掉与所学内容无关的材料，才能避免它们对学习者注意力的分散和干扰。所以，在设计多媒体课件时要注意：①教学内容与选取的媒体素材要统一、保持一致，为保持学习者的注意力提供环境；②给枯燥的课文添加有趣但无关的细节，并不会改善学习者对课文的学习（王小明，2005）。心理学中，将与教学内容无关但又非常醒目、有趣的材料称为"诱惑性细节"。如图 10-9 所示的界面中共有 3 处均是与所学内容无关的材料（红色方框框起来的部分），其中左边最下角那个色彩鲜艳的小动画便是"诱惑性细节"，课件设计者殊不知添加这种材料对学习者有害无益，多此一举。

（五）多种通道原则

理查德·E·迈耶的"多媒体教学信息设计原则"是依据他提出的 3 个假设和 5 个步骤为前提进行的，其中"双通道假设"是指人类的信息加工系统包括视觉加工和言语加工两个

① 刘美凤，康翠. 多媒体课件教学设计［M］. 北京：高等教育出版社，2013.

通道，"容量有限假设"指的是人们在每个通道中进行一次加工的信息容量是有限的。通道原则指的是由动画和解说组成的呈现，比由动画和屏幕文本组成的呈现能使学生学得更好（理查德·E·迈耶，2006）。这是因为动画和解说分别作用于人的视觉加工通道和言语加工通道，而动画和屏幕文本则是同时作用于人的单一的视觉加工通道，又因为每个通道的容量有限，所以后者的呈现方式很可能会造成视觉通道超载，而视觉通道超载，势必会影响有意义学习的进行。所以在设计多媒体课件时，若同一界面中有视频或动画时，文本信息最好通过音频的方式呈现。另外，每页文字与图片不宜过多，文字且不要使用难以分辨的字体，以免造成视觉通道超载或视觉材料加工受阻。

图 10-8　"时间临近原则"示例　　　图 10-9　"一致性原则"示例

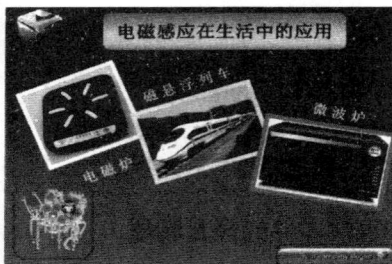

（六）信息冗余原则

冗余原则指的是由"动画（或视频）加解说"构成的二者组合呈现要比由"动画（或视频）加解说再加文本"构成的三者组合呈现会使学生取得更好的学习效果。依据这一原则，在设计多媒体课件时，要把与教学内容相关但重复的材料排除掉，避免内容的重复。

（七）个体差异原则

个体差异原则指的是在设计多媒体教学课件时要充分考虑学习者的个体因素，如学习者的学习风格、学习策略、学习者能力水平等。有研究显示，课件设计好坏对知识水平低的学习者来说影响较大。所以在设计多媒体课件时，要多关注学习水平低的学习者，课件要设计得更为精细、更为严密，从整体上提高学习者的学习效果，争取不让每一个学生掉队。

三、掌握多媒体课件的开发流程

开发多媒体课件是一项复杂、自顶向下的系统化工程，它需要开发人员有一个全局、整体、清晰的思路全盘考虑。一般来讲，多媒体课件的开发包括"选题、设计、脚本编写、素材采集、课件制作、课件评价与修改"等六个环节，如图 10-10 所示。

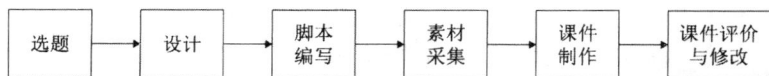

图 10-10　多媒体课件的开发流程

（一）进行选题

选题，顾名思义，选择什么样的题材、主题，是开发多媒体课件的第一个环节，起到对课件进行定位、把脉的作用，是课件开发中最基础、最重要的环节。选题明确，有助于后期工作有的放矢；选题模糊，在很大程度上会影响后续工作顺利进行。另外，主题选择的恰当与否决定了课件是否符合教学要求这一重要指标，所以选题成为课件开发者务必慎重考虑的一项任务。一般情况下，任课教师依据课程教学大纲进行粗略选题，这样是不会偏离教学目标的。课件选题的基本原则是选择那些适合于用多媒体技术表现的题材，一般选择：①教学中的重点、难点、易错点、易混淆点等；②抽象的概念、原理、微观、宏观等不易观察的事物以及发生在过去、未来的事件等；③危险性，实现现象不明显的、受控条件严格的各类实验；④选择需要提供以个别化自主学习、模拟操练与练习、寓教于乐、综合扩展等为教学目标的教学内容。

（二）展开设计

设计是多媒体课件开发的第二个环节，是对课件在内容分析、教学策略以及课件结构、界面设计三方面进行整体的规划与设计。所以，设计环节又具体包括教学设计、结构设计及界面设计三部分。

1. 教学设计

多媒体课件的教学设计主要包括内容分析和教学策略两方面内容；对于已经确定好主题的多媒体课件，意味着教学内容已经明确，接下来要进行内容分析。内容分析首先要考虑的是将已确定的教学内容分解成若干个教学单元，即教学知识点的划分，一个教学单元可以是一个概念、一个原理；一个教学单元还可以再细分为几个细小的次教学单元，各个教学单元的先后顺序要按着知识点的逻辑关系层级排列。除此之外，还要区分出哪些教学单元是教学重点、教学难点、易错点、易混淆点等，内容分析对于课件设计者来说要做到心中有数。

如图 10 - 11 所示的《荷塘月色》多媒体课件，将教学内容分为"作者简介、课文背景、配乐朗诵、课文分析、课堂练习与课后讨论"六个教学单元，其中"课文分析"又细分为二级和三级教学单元。

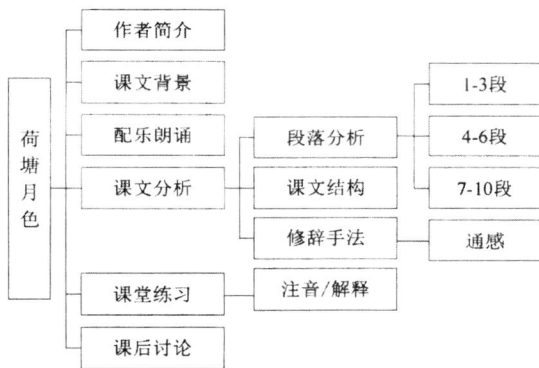

图 10 - 11　教学知识点的划分课件示例

教学设计环节仅划分知识点还远远不够，设计人员还要重点考虑每个知识点如何讲、如何教的问题，即"教学策略"，每个知识点是讲授式教学，小组探究、游戏等"做中学"式教学，一问一答"练习与操练"式教学，还是模拟一观察一分析讨论式教学，需要设计人员根据教学目标、学习者特征、教学环境、教师本人技能等方面综合考虑。

2. 结构设计

多媒体课件的结构设计分为外部框架设计和内部逻辑结构设计两部分。多媒体课件的外部框架设计（图 10 - 12），主要包括标题页、扉页、导航页、教学单元页和结束页等五部分。

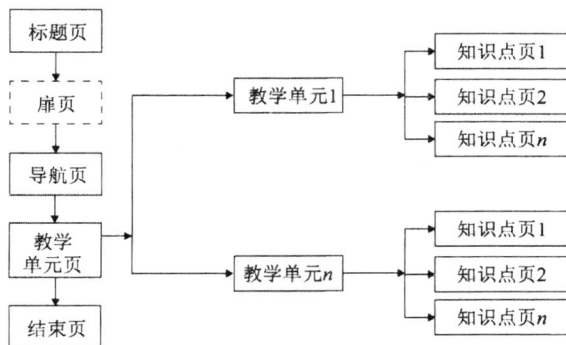

图 10 - 12　多媒体课件的外部框架结构

（1）标题页是多媒体课件的首页，也被称为封面。此页中一般以大号字呈现多媒体课件的标题或名称，制作者等相关信息也可放在此页。

（2）扉页是多媒体课件的第二页，它类似于一本书的序言部分，或每章节的单元导读部分。主要用于简要说明课件的主旨和创作意图，此页是可以省略的，实践中设计者可根据实际情况确定是否需要扉页。

（3）导航页类似于一本书的目录部分。主要向学习者呈现课件的整体内容体系结构，使学习者对课件所涉及的内容有所了解，防止使用者在信息流中迷航。

（4）教学单元页是多媒体课件的主要部分，也被称为课件的内容页。包括教学单元模块和知识点页，教学单元模块一般用来呈现教学内容的一级概念，而知识点页主要用来呈现一级概念涉及的具体教学内容。

（5）结束页是多媒体课件的最后一页，也被称为封底。主要说明课件的制作者、制作单位、制作日期及致谢等信息。

多媒体课件的内部逻辑结构设计是按教学主题与教学单元之间、各个教学单元之间，教学单元与知识点之间，以及各个知识点之间的四级逻辑关系，共同构成的内在逻辑严密的层级结构，这种各层级的逻辑关系可以是顺序的、递进的、并列的甚至是网状的。常见的内部逻辑结构有线性结构、树状结构、网状结构和混合结构四种，如表 10－1 所示。

表 10－1　多媒体课件的内部逻辑结构类型及特点

内部结构名称	结构特点	结构图
线性结构	内容顺序呈现，结构固定，学生按顺序开展学习活动	
树状结构	教学单元分成多个分支，各分支又按照知识的内在逻辑排列、形成下一层级，各分支可以是并列关系，也可是顺序结构，若是并列关系，学习者可以从任何一个分支展开学习活动	
网状结构	采用超文本、超媒体技术使得教学内容呈非线性分布，没有预置路径的约束，学习者便可在各个教学内容之间自由展开学习活动	
混合结构	上述三种结构的组合，学习者可以在一定范围内自由航行，但受到主流信息的线性引导和分层逻辑组织的影响	

注：字母代表各教学知识点。

3. 界面设计

界面是计算机设备（如计算机、手机、iPad 等）、计算机软件、多媒体课件等与使用者进行交流、对话的窗口，多媒体课件的界面设计指的是课件每一页面的设计，包括色彩配置设计、导航设计、页面布局设计、交互设计、页面信息呈现设计等五个方面（图 10－13）。

另外，多媒体课件的界面设计需遵循两条基本原则，即统一风格原则和易用性原则。所谓统一风格原则，要求整个课件界面尽量统一，如所有页面色彩配置要统一；字体、字号、字形要统一；实现同一种人机交互控制的按钮位置、按钮外观等要保持一致；另外，在统一中求变化，给课件使用者一种落落大方、不失单调的整体感觉。易用性原则指的是界面中各种信息、操作按钮要直观、简单明了，便于使用者学习使用。

（1）色彩配置设计。色彩配置设计包括界面的背景颜色设置以及图形、表格、文本等材料的色彩设置。多媒体课件的色彩对学习的促进作用主要体现在认知作用和动机作用两方面[①]。色彩的认知作用体现在多媒体课件使用的视频、动画、图片呈现物体真实色彩；使用不同颜色的文本、图表不仅可以区分不同的事物、概念等，还可起到重点强调、提示的作用。色彩的动机作用主要体现在两点：一是色彩的变化容易引起人的注意，二是不同的色彩会给人产生不同的情绪、感觉，即色彩的情感特征。所以，色彩配置是否合理会直接影响多媒体课件的使用效果，进而影响学习者的学习效果，由此可见，色彩的配置对于多媒体课件设计者来说是一项很重要的事情。

图 10-13　多媒体课件界面设计

在进行色彩配置时，需要注意以下几点要求。

第一，注意色彩的选择要与多媒体课件表达的主题联系起来。若课件要传达一个庄重、严肃的主题，界面的背景颜色最好选择冷色调，如黑色、蓝色等，给人呈现一种冷静、严肃的氛围和环境。例如，全国人大代表会议或新闻发布会的展示屏都是蓝色背景白色字体；若课件要传达一个积极向上、关于青春、关于奉献的主题等，最好选择暖色调作为界面的背景颜色，如红色、橙色、浅绿色等，因为暖色给人一种温暖、热烈、祥和的感觉。

第二，注意色彩的选择要与社会习惯和文化差异联系起来。红色在中国人心目中是喜庆、吉祥、幸福、热情的象征，但在英美民族眼中，红色则意味着血腥、暴力、恐怖、危险，甚至会使人联想到淫荡、低级趣味。白色在英国人心目中是上帝、天使、幸福、纯洁的象征，而白色在中国则有不祥之意。

第三，注意色彩的搭配要体现对比、和谐之美。色彩有色相（颜色的色别）、明度（颜色的深浅）和纯度（颜色的彩度、饱和度）3 个基本属性，可采用色相配色（同一色相配色、邻近色相配色、对比色相配色等）、色调配色（同一色调配色、类似色调配色、对比色调配色等）以及有彩色与无彩色配色等 3 种搭配方法。不管采用哪种配色方法，要体现色彩的对比、和谐之美，使观看者的愉悦感油然而生。

第四，注意色彩的使用要遵循一致性原则，整个课件的界面背景使用相同的背景颜色，每个界面的标题、正文字体尽量统一。

第五，注意界面背景色彩与文本色彩要对比鲜明，突出主体，保证文本的清晰、易读。另外，文本信息中，用作区分、强调、指示的色彩种类要少，一般 2～3 种即可，因为同一界面中有 4～5 种不同色彩，使学习者难以区分教学要点、难点，容易给学习者带来认知负荷。

（2）导航设计。导航设计对于大中规模型多媒体课件是必要的，这类课件教学信息量大，且内容层次关系错综复杂，避免师生在使用过程中迷航或不能快速找到所需页面，这就需要提供一种指引位置的措施，即导航设计。导航帮助使用者了解多媒体课件的层次结构并

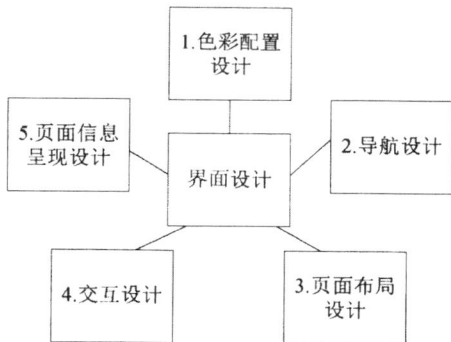

---

①　秦丹，罗发奋. 现代教育技术基础［M］. 北京：电子工业出版社，2012.

清楚自己位于信息流的哪个位置。多媒体课件中常用的导航策略有关键字、组织结构图、提供检索、提供帮助手册，以及更高级的诸如预演学习路径、记录学习路径并允许回溯、使用电子书签等其他方式。

（3）页面布局设计。页面布局设计指的是页面呈现各个对象的位置安排，如每个页面的标题、正文、图表、实现人机交互的功能按钮等。为页面中的每类对象安排适当位置被称为"屏幕功能区的划分"，如标题区、文本区、图表区、操作提示区等（图10-14），将有限页面空间分成多个不同的区域，各类信息便有各自较为固定的位置，各得其所，人机间容易形成一种默契，便于学习者在大量的信息流中集中注意力。

（4）交互设计。交互设计是自主学习型、训练与复习型、教学游戏型、模拟实验型与资料工具型课件制作过程中必不可少的一项任务。因为人机交互不仅激发学习者的学习兴趣、求知欲望，也为学习者积极参与学习活动，引发学习者思考，促进学习者积极思维提供了良好的途径。设计交互要遵循友好、灵活多样、可靠运行等基本要求，交互设计的好坏也成为衡量一个课件技术含量高低的一个方面。实现交互需要有设备（或系统）、人、界面三个要素。多媒体课件交互指的是使用者与课件系统之间通过界面产生一次互动过程，这种互动过程可以理解成一次输入和输出的过程，即用户通过界面向课件输入指令，课件将指令处理后再把结果输出给用户。人机之间的输入、输出过程是多种多样的，因此交互方式也是多样化的，有按钮交互、热区交互、菜单交互、文本输入交互等多种方式，图10-15是利用PPT触发器制作的一个单项选择题，当单击任何一个选项时，会自动出现与选项对应的反馈信息。图10-16和图10-17使用Flash中的AS脚本分别实现了热区交互和文本输入交互。

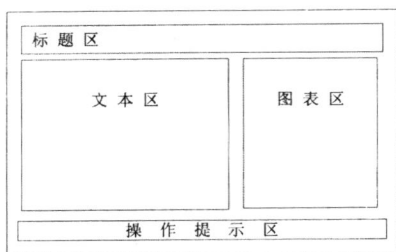

图 10-14　屏幕功能区的划分

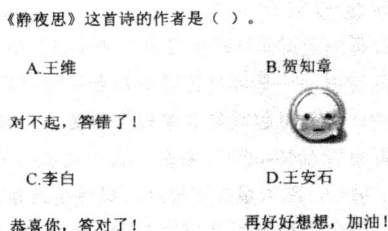

图 10-15　按钮交互示例

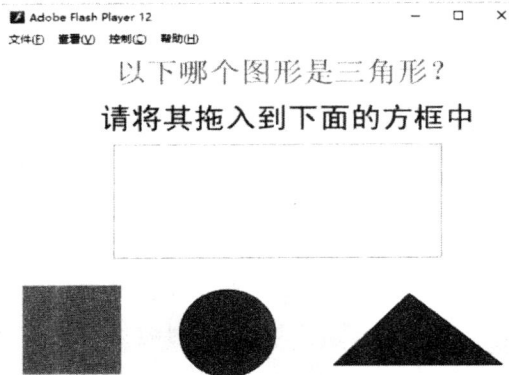

图 10-16　热区交互示例

图 10-17　文本输入交互示例

（5）页面信息呈现设计。页面信息呈现设计指的是页面呈现信息量的多少以及信息呈现方式的设计。一页呈现的信息量不能过多：一是容易造成学习者认知过载；二是文字密密麻麻地拥挤在一个页面中，容易引起观看者的视觉疲劳。一般而言，呈现信息的页面大小应占到整个页面的 40%～60%。若是一页中文字过多，如何解决呢？这里提供 3 个解决方案：第一，将大量文字概括、提炼出几条思想要点或关键词，放在一页即可。第二，若文字信息不能概括浓缩，可将文字分出几个条目，分别放在不同的页面并均匀分布。第三，可使用滚动条，采用一定的技术将文字放置在可滚动的方框内，但是对于重要信息不宜采用滚动方式呈现，因为对于大多数人来说，翻页阅读还是比较自然；另外，只有滑动鼠标才能看见全部文字，费力且不方便。

信息呈现方式还涉及页面整体布局设计以及媒体信息的呈现方式。多媒体课件的页面整体布局应干净、整齐、均衡，文本不能放置在一页的最上部或最下部（图 10–18），而是应均匀分布在页面中，若是图文混排的页面，最好将文本放在一个与图片近似等大的框中，这样页面看起来更加整齐、和谐（图 10–19）。

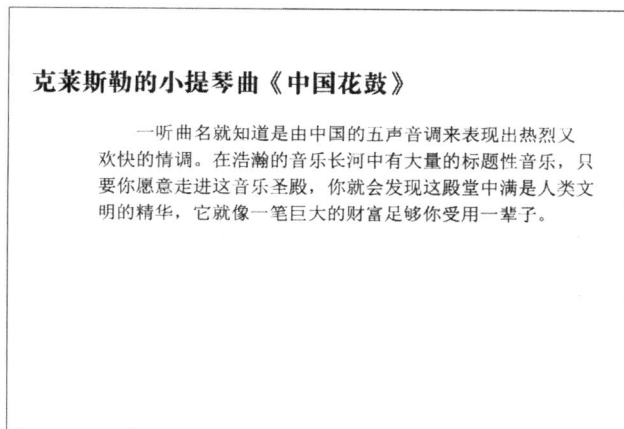

图 10–18　文字分布不均衡示例

图 10–19　图文混排示例

　　文本、图形、动画、视音频等各类媒体信息呈现应是清晰、合理、恰当的，选用的图形不能扭曲变形、模糊；文本信息最好采用跨平台、兼容性强且可读性强的字体呈现；同一字体有普通、粗体、斜体、底线、阴影等多种属性，起到强调、区分、美化的作用，设计者应在特殊情况下合理使用，不要千篇一律没有发挥特殊字形的独特作用。对于文本字号的选择要考虑到多媒体课件类型和学习者特点，若是自主学习型网络课件，页面文字可以较多，字号可适当小些；对于演示型课件，每页文字不能过多，字号要大，最好使坐在多媒体教室最后一排的学生能看到页面中最小的文字，PPT 课件推荐标题文字至少使用微软雅黑 32 号字，正文文字至少使用 28 号字。

（三）编写脚本

建设高楼要打地基，制作高质量课件是需要编写脚本的，脚本是课件开发的蓝图、基础。脚本类似于拍摄电影的分镜头稿本，它是将前期课件选题、教学设计、结构设计以及界面设计、交互设计等具体细化到课件的每一页面并付诸到文案中。脚本分为文字脚本和制作脚本两种类型，文字脚本是课件设计者，一般是学科教师按照教学目标对课件所要表达的内容及层级结构以及媒体类型、媒体呈现方式进行文字描述，文字脚本虽然没有统一格式，但是涉及的基本内容却是一致的，常见的文字脚本形式如图 10 - 20 所示。

图 10 - 20　文字脚本的常见格式

制作脚本是在文字脚本基础上改写而成的适合用计算机实现的一种形式，作为课件开发的直接依据，一般是技术人员或课件开发者编写制作脚本。对于中大型规模的多媒体课件最好编写脚本，不要怕麻烦，只有这样才能为后期制作夯实基础。对于小规模课件，需要在设计者头脑中要进行教学、结构、界面的整体设计后方能着手制作。

（四）采编素材

素材是多媒体课件必不可少的元素，没有素材教学内容无法传递。素材类型多种多样，一般包括文本素材、图形/图像素材、音频素材、视频素材、动画素材以及可执行文件等其他类型素材，这些素材又根据扩展名的不同分为多种不同的文件格式，各种不同类型的素材的采集与编辑方式也是不同的（图 10 - 21）。课件中用到的不同类型素材的文件格式如表 10 - 2所示。

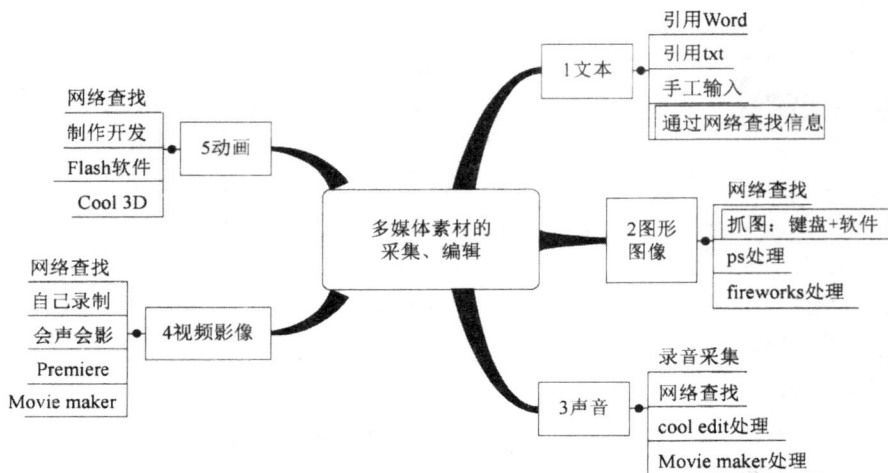

图 10 - 21　素材的采集与编辑示例

表 10 - 2　课件中用到的不同类型素材的文件格式

素材类型	扩展名	说明
文本	txt	纯文本文件
	doc	Word 文件
	wps	WPS 文件
	pdf	PDF 文件
图形、图像	bmp	Windows 位图文件
	jpg	JPEG 压缩的位图格式
	gif	图形交换格式
	png	针对 Web 开发的无损压缩格式
音频	mid	乐器数字接口的音乐文件
	mp3	MPEGLaver3 声音文件
	wav	标准的 Windows 声音文件
	ra	Real Audio 音频流文件
视频	mp4	MPEG 视频文件
	avi	Windows 视频文件
	mov	QuickTime 的动画文件
	rv	Real Video 视频流文件
动画	swf	Flash 文件
	gif	图形交换格式
	avi	Windows 视频文件
	mov	QuickTime 的视频文件

1. 文本素材的采集

对于文本素材，可以手工逐字输入，也可以引用 Word 或 txt 文件中的文本信息，还可以利用网络搜索。课件制作者务必要注意两个问题：一是对网络信息要怀有质疑、科学的态度，不要全然相信，也不要全然不信；二是对于网络信息不要全盘照搬到课件中，根据自己对信息的理解对其进行二次加工后再呈现在课件中，这是对教师神圣职业的基本要求。

2. 图形、图像素材的采集

对于图形、图像素材，一般通过网络查找，找到图片直接"另存为"到本地计算机；还可通过相机、手机的拍摄功能获取到图像素材。但有些时候，网页中的图片不支持"另存为"，数码设备也拍不到所需素材怎么办呢？有一个非常好的"杀手锏"——"截图"，也被称为"抓图"，抓图又分为键盘抓图和软件抓图两类。

键盘抓图利用键盘上的截屏键进行抓图，PC 机键盘的截屏键一般是带有 Print Screen 或 Print Scrn 或 PrtSc SysRq 标识的按键，而电脑笔记本一般是具有 PrtSc SysRq 标识的按键。截屏键的功能是抓取全屏，只要在键盘上按下截屏键，计算机系统就自动将显示器当前界面全部抓取下来存在剪贴板中，然后操作者可在 Word 或 PPT 文件中直接粘贴即可完成抓图任务。键盘抓图操作很简单，但仅是截取全屏，若要截取部分区域就得使用抓图软件。

抓图软件分为专业抓图软件和具有抓图功能的其他软件。专业抓图软件均可提供抓全屏、抓部分区域、抓窗口、抓滚动页面（如网页）等多种抓获方式。Snagit（图 10 - 22）是一款集抓图、截取活动视频、图像编辑于一体的多功能专业抓图软件，操作简便易学。

红蜻蜓抓图精灵也是一款不错的抓图工具，使用方便快捷。专业抓图软件需要使用者事先下载并安装，若是觉得麻烦或占用计算机内存，可以考虑具有抓图功能的其他软件，如 QQ、360 浏览器、firefox 浏览器等。QQ 用户登录后，使用快捷键 Ctrl＋Alt＋A 便能抓取界面上任何区域，哪怕是 QQ 聊天界面覆盖的那一部分也能被轻松抓取到。获取的图形、图像可用 Photoshop 或 Fireworks 等图像处理软件进行编辑，编辑好的图形、图像素材插入到多媒体课件时，特别注意保持图片素材的原型原貌，不能失真、模糊甚

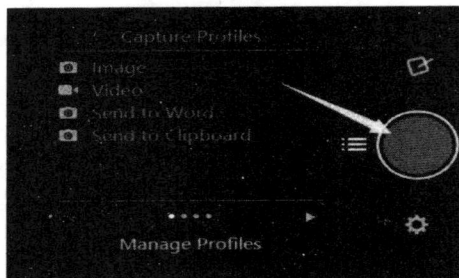

图 10-22　Snagit 抓图软件

至变形。若要保持图片放大后不变形，使用最简单有效的一招——按住 Shift 键，用鼠标拖动图片的一角处缩放即可。

3. 音频素材的采案

采集音频素材可以利用录音设备即时获取，省去了"大海捞针"式的搜索，如语文课文的诗朗诵、诵读采用录音方式即可；而课件的背景音乐一般从网络下载或从 CD 盘中获取，但是 CD 盘存放的是 CD 曲目，也就是 .cda 文件，该文件包含的并不是真正音频信息，而是 CD 轨道信息，所以从 CD 盘复制的音频素材并不能在计算机中正常播放，需要进行文件格式转换，通过 CD 抓轨软件（如 CD 音频抓轨软件等）将音频轨道信息转换成数字音频文件即可。若录制或搜集的音频材料需后期加工，可利用 Gold Wave、Cool Edit、Sound Edit 等音频编辑软件编辑处理。

4. 视频与动画素材的采集

对于视频素材不仅可以利用录像设备采集，也可以通过网络获得或从 VCD、DVD 数字光盘中采集。而视频材料的编辑与修改则需要使用视频编辑软件完成，如 Premiere、会声会影或更简单的 Movie Maker。

动画素材的采集，多数人选择利用网络下载获取，动画创作者最好自己开发制作。二维动画一般采用 Flash 软件编辑，三维动画使用 Cool 3D 编辑修改。

5. 制作课件

多媒体课件所需素材准备就绪开始进入课件的开发实践环节了。课件制作者要根据自己的技术能力、课件类型与质量要求等综合考虑选择哪种多媒体课件创作软件进行制作。课件在制作过程中，需要不断调试使之顺利运行，成为一个完整的课件成品。

6. 评价修正

多媒体课件成功制作完成，还要进行评价与修改环节，这是检验课件质量和教育效果的重要环节。对于多媒体课件可从两方面进行评价：其一，针对课件本身质量的高低进行评价，称为形成性评价，指的是课件在制作过程中的一种评价方式，即课件在制作过程中出现文字输入有误或界面设计不合理或人机交互有误等问题，及时发现及时修改，为保证课件质量打下坚实基础。其二，与形成性评价相对应的是总结性评价，从多个维度对课件进行整体评价，一般从教学内容、教学设计、技术性、艺术性四个维度进行评价，有的多媒体课件大赛侧重课件的创新与实用性，表 10-3 是中国教育发展战略学会教育管理信息化专业委员会举办的第十六届全国多媒体课件大赛评价标准（中国教育信息化网，2016），该标准分为 4 个一级指标，若干个二级和三级指标，每个指标又设置相应的分值，从分值可知教学设计和技术性是较为重要的衡量指标。

表 10-3　第十六届全国多媒体课件大赛评分标准

一级指标（分值）	二级指标（分值）	三级指标（分值）	指标说明
教学内容（20）	科学性、规范性（10）	科学性（5）	教学内容正确，具有时效性、前瞻性；无科学错误、政治性错误；无错误导向
		规范性（5）	文字、符号、单位和公式符合国家标准，符合出版规范，无侵犯著作权行为
	知识体系（10）	知识覆盖（5）	在课件标定范围内知识内容完整，知识体系结构合理
		逻辑结构	逻辑结构清晰，层次性强，具有内聚性
教学设计（40）	教学理念及设计（20）	教育理念（10）	充分发挥教师主导、学生主体的作用，注重培养学生解决问题、创新和批判能力
		目标设计（5）	教学目标清晰、定位准确、表述规范，适应于相应认知水平的学生
		内容设计（5）	重点难点突出，启发引导性强，符合认知规律，有利于激发学生主动学习
	教学策略与评价（20）	教学交互（5）	较好的人机交互，有教师和学生、学生和学生的交互、讨论
		活动设计（5）	根据学习内容设计研究性或探究性实践问题，培养学生创新精神与实践能力
		资源形式与引用（5）	有利教学内容配合的各种资料、学习辅助材料或资源链接，引用的资源形式新颖
		学习评价（5）	有对习题的评判或学生自主学习效果的评价
技术性（25）	运行状况（10）	运行环境（5）	运行可靠，没有"死机"现象，没有导航、链接错误，容错性好，尽可能兼容各种运行平台
		操作情况（5）	操作方便、灵活，交互性强，启动时间、链接转换时间短
	设计效果（15）	软件使用（5）	采用了和教学内容及设计相适应的软件，或自行设计了适合于课件制作的软件
		设计水平（5）	设计工作量大，软件应用有较高的技术水准，用户环境友好，使用可靠、安全，素材资源符合相关技术规范
		媒体应用（5）	合理使用多媒体技术，技术表现符合多媒体认知的基本原理
艺术性（15）	界面设计（7）	界面效果（3）	界面布局合理、新颖、活泼、有创意，整体风格统一，导航清晰简洁
		美工效果（4）	色彩搭配协调，视觉效果好，符合视觉心理
	媒体效果（8）	媒体选择（4）	文字、图片、音、视频、动画切合教学主题，和谐协调，配合适当
		媒体设计（4）	各种媒体制作精细，吸引力强，能激发学习兴趣

上述系统介绍了多媒体课件制作的一般流程，每个步骤都有各自不同的任务，需要课件制作者精心设计、认真制作。制作一款精美、高质量、实用性优秀课件不是一蹴而就、一朝一夕就能完成，而是需要不断学习、思考、总结经验及实践操练才能练就的本领。

四、进行多媒体课件的开发实战

依据开发技术的角度，可将多媒体课件分为：线性多媒体课件和非线性多媒体课件。线性多媒体课件的代表为 Power Point，非线性多媒体课件的代表为 Focusky 和 Prezi 等。

（一）优质 PPT 课件的设计与开发实战

PPT 被誉为 21 世纪人类新的世界语言，大到国际学术研讨会，小到中小学课堂以及大学生的求职面试处处可见 PPT 的身影，PPT 已成为人们工作、交流、学习形影不离的信息工具（表 10 - 4）。请思考您所知道的优质 PPT 模板资源网站有哪些？

表 10 - 4　优质 PPT 模板资源网站

网站名称	网址
Officeplus	http：//www. officeplus. cn//Template/Home. shtml
逼格 PPT	http：//www. tretars. com/
优品 PPT	http：//www. ypPPT. com/
51PPT	http：//www. 51PP'rmoban. com/
扑奔网	http：//www. pooban. com/
稻壳儿	http：//www. docer. com/
布衣公子 PPT	http：//teliss. blog. 163. com/
布衣公子的博客	http：//blog. sina. com. cn/cupidtdz
秋叶的博客	http：//blog. sina. com. cn/hopefulsvse
锐普 PPT 论坛	http：//www. rapidbbs. cn/
站长网 PPT 资源	http：//sc. chinaz，comfPPT/
教育技术秋记的博客	http：//blog. sina. com. cn/wy1611825
我爱 PPT	http：//www. ilovePPT. cn/forum. php？mod=forumdisplay&fid=51

制作任何课件先选题，再进行教学设计、结构设计、界面设计、脚本编写以及中期的素材采集与编辑，前期、中期工作全部准备完毕后才能进入课件制作阶段。此处假设课件的前期、中期任务已经完成，直接进入到 PPT 制作阶段。鉴于此，下面重点介绍 PPT 课件的制作方法与技巧。一个完整的 PPT 课件主要包括：封面、目录页、过渡页、正文页（整体设计、排版技巧、图形图表、动画设计、颜色搭配、辅助技能）、封底等五个部分（图 10 - 23）。

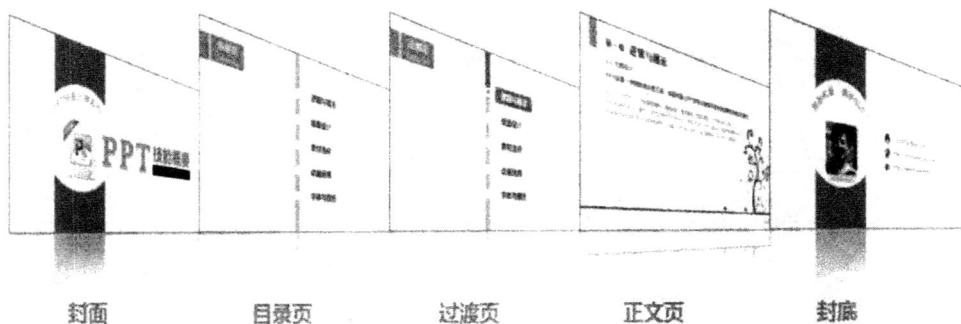

封面　　目录页　　过渡页　　正文页　　封底

图 10 - 23　优质 PPT 的结构框架

1. 设计大方、简洁的封面

（1）封面设计要素一般包括：图片/图形/图标＋文字/艺术字（图 10 - 24）。

（2）设计要求简约、大方，突出主标题（图 10 - 25），弱化副标题和作者信息，高端水平还要求有设计感或艺术感。

图 10-24 大方的封面

图 10-25 简约的封面

（3）图片内容要尽可能和主题相关或者接近，避免毫无关联的引用。

（4）封面图片的颜色也尽量和 PPT 整体风格的颜色保持一致。

（5）封面是一个独立的页面，可在母版中设计（如母版有统一的风格页面，可在其对应的母版页覆盖一个背景框）。

所以，要想设计一个有美感与艺术感的封面要做到：模仿＋微创新；查阅大量素材，激发灵感（图 10-26 和图 10-27）。

2. 设计醒目、清晰的目录

目录即课题纲要。别小看目录的设计，它往往能展示 PPT 设计者的真正水平（图 10-28～图 10-33）。

图 10-26 封面的内容要求

图 10‐27　封面的不同类型

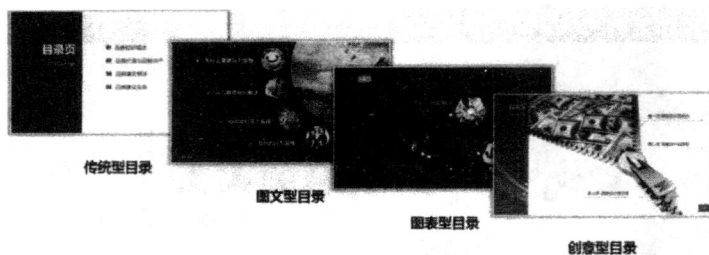

图 10‐28　目录的不同类型

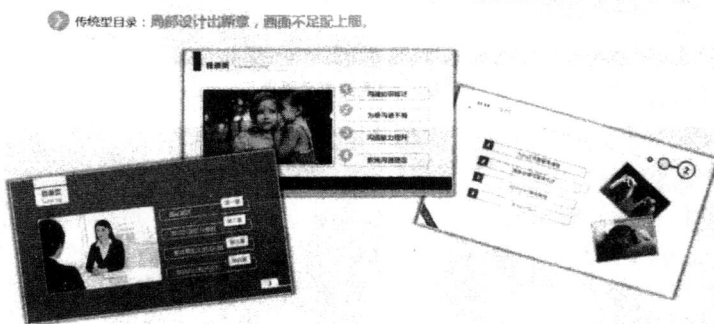

图 10‐29　传统型目录设计

图 10‐30　图文型目录设计

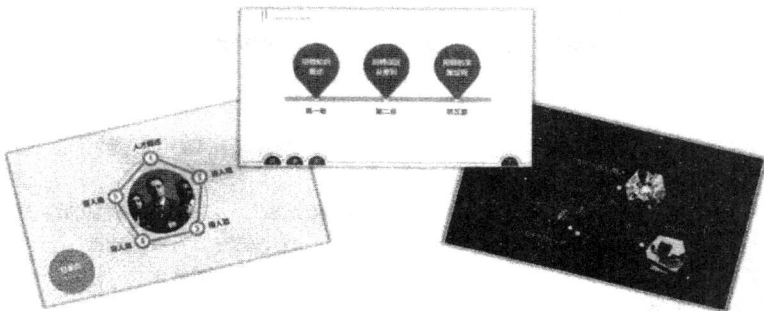

图 10 - 31　图表型目录设计

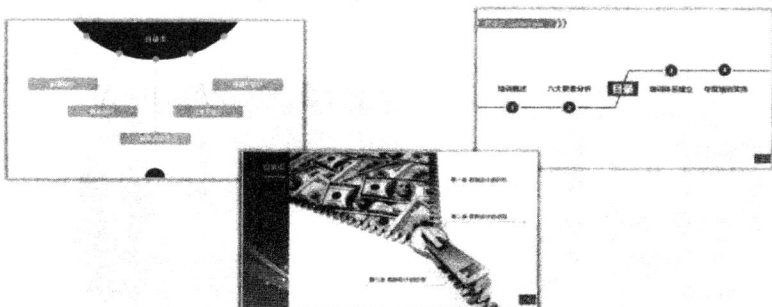

图 10 - 32　创意型目录设计

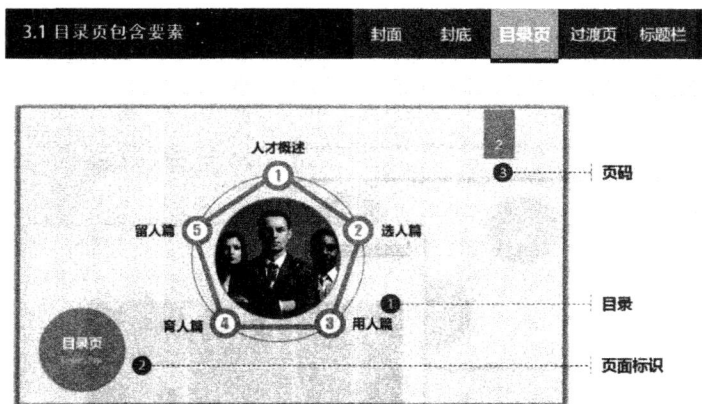

图 10 - 33　目录的内容要求

　　目录页标识设计的方法是：灵活利用 PPT 整体风格特征，将页面标识恰如其分地融入目录页当中。

　　【方法一】页面标识放在大色块中（图 10 - 34）。

　　【方法二】以边角点缀的形式呈现页面标识（图 10 - 35）。

　　【方法三】页面标识借助其他页面要素融入版面（图 10 - 36）。

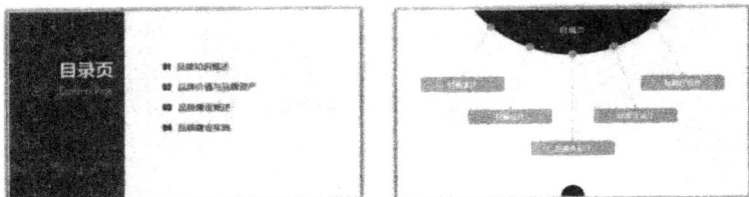

图 10 - 34　页面标识设计一

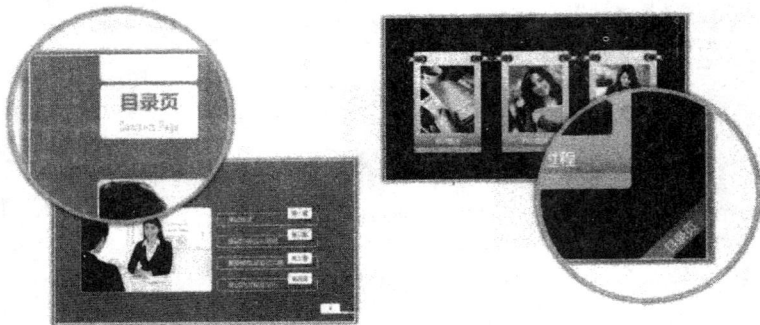

图 10 - 35　页面标识设计二

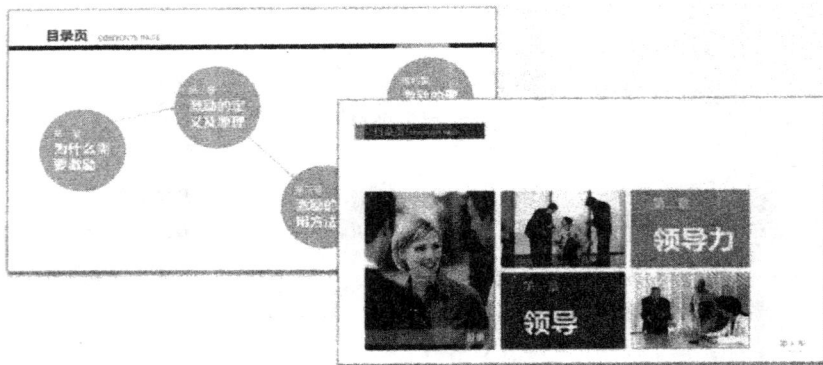

图 10 - 36　页面标识设计三

由于 PPT 页码要求能够自动显示当前页数，因此必须在母版中设计页码，目录页页码设计的方法如下。

【方法一】找一个有页码的 PPT，将其母版中页码所对应的"＜♯＞"符号，复制到自己 PPT 需要放页码的母版中对应位置就可以了（图 10 - 37）。

【方法二】页码的摆放位置或方式也时时刻刻体现创意。以下为页码放置的典型案例（包括正文页的页码摆放）（图 10 - 38）。

3. 设计美观、清晰和完整的过渡页

一个 PPT 中往往包含多个部分，在不同内容之间如果没有过渡页，内容之间缺少衔接，容易显得突兀，不利于观众接受。而恰当的过渡页则可以起到承上启下的作用（图 10 - 39）。

（1）过渡页的页面标识和页码一般和目录页保持完全的统一。

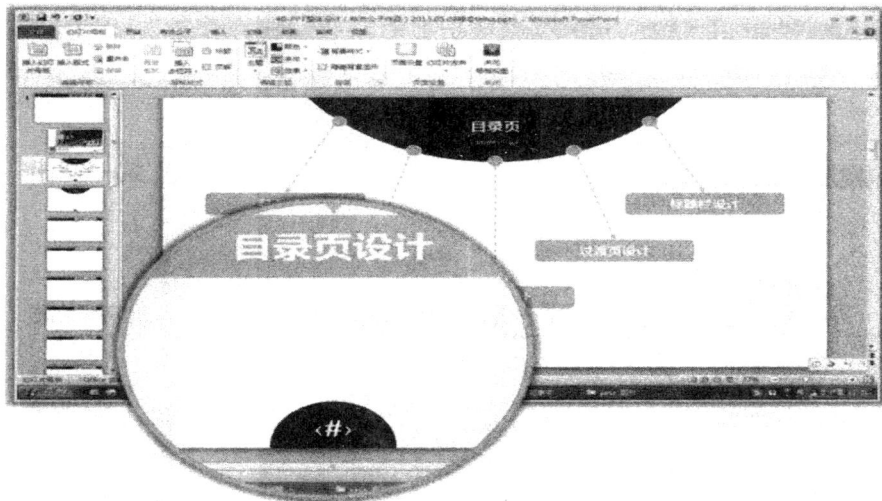

图 10 - 37　页码标识设计一

图 10 - 38　页码设计典型案例

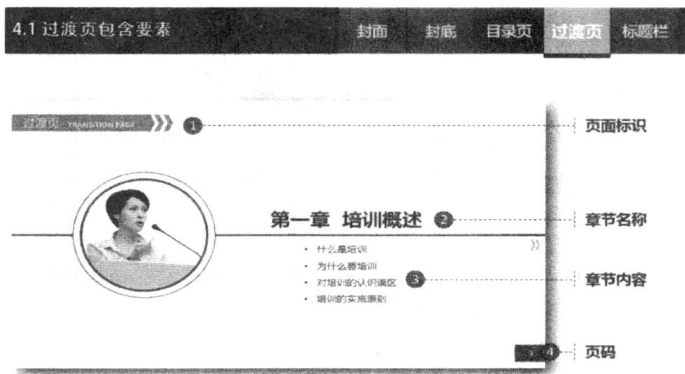

图 10 - 39　过渡页的内容要求

（2）过渡页的设计在颜色、字体、布局等方面要和目录页保持一致（布局可以稍有变化）。

（3）与 PPT 布局相同的过渡页，可以通过颜色对比的方式，展示当前课题进度。

（4）独立设计的过渡页，最好能够展示该章节的内容提纲。

所以，要想设计一个有美感与艺术感的过渡页要做到：模仿＋微创新；查阅大量素材，激发灵感（图 10-40 和图 10-41）。

①独特设计的过渡页，展示课程纲要；
②图文型目录对应的、颜色对比方式的过渡页；
③普通目录通过加背景色框的方式形成过渡效果。

图 10-40　过渡页的不同类型

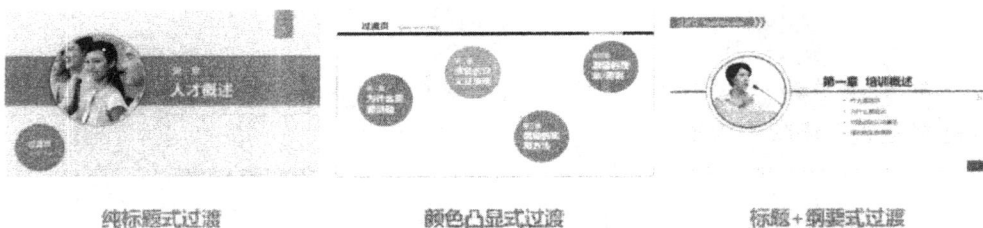

纯标题式过渡　　　　颜色凸显式过渡　　　　标题＋纲要式过渡

图 10-41　过渡页的不同形式

4. 设计清晰、简约和大气的正文页

标题栏顾名思义是展示 PPT 标题的地方。每一个内容页，都有明确的一级标题、二级标题甚至三级标题，就似网站的导航条一般，这样，可以让 PPT 的受众能够随时了解当前内容在整个 PPT 中的位置，仿佛给 PPT 的每一页都安装了一个 GPS，这样，PPT 的受众就能牢牢地跟上 PPT 表述者的思路了。标题栏是一个 PPT 主要风格的体现，设计要点如下（图 10-42）。

（1）各章节共同部分在母版中"Office 主题"上设置，具体章节标题根据需要选择是否在母版中设置。

（2）如果 PPT 课件逻辑层次较多，标题栏至少要设计两级标题。

（3）标题栏一定要简约、大气，最好能够具有设计感。

（4）标题栏上相同级别标题的字体和位置要保持一致，不要把逻辑搞混。

所以，要想设计一个有设计感的正文页要做到：模仿＋微创新；查阅大量素材，激发灵感（图 10-43）。

图 10 - 42　正文中标题栏的内容要求

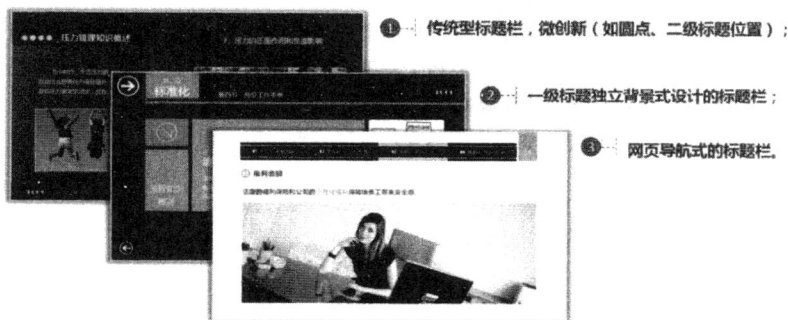

图 10 - 43　正文标题的不同类型

5. 设计大方、简洁的封底

　　一般人可能会忽略封底的设计，因为封底毕竟只是表达感谢和保留作者信息，没有太大的作用。但是，如果我们要让自己的 PPT 在整体上形成一个统一的风格，我们需要专门针对每一个 PPT 设计封底。封底设计要点如下（图 10 - 44）。

图 10 - 44　大方的封底

（1）封底的设计要和封面不同，避免给人偷懒的感觉。

（2）封底的设计在颜色、字体、布局等方面要和封面保持一致。

（3）封底的图片（非指作者照片）同样需要和 PPT 主题保持一致，或选择表达致谢的图片。

（4）如果觉得设计封底太麻烦，可以为自己精心设计一个通用的封底。

所以，要想设计一个有设计感封底要做到：模仿＋微创新；查阅大量素材，激发灵感（图 10 - 45）。

图 10 - 45　封底的不同类型

（二）优质 PPT 课件的设计与开发技巧

一个优质 PPT 课件的设计与开发，需要掌握一些方法与技巧。下面从正文页的整体设计、排版技巧、图表设计、动画设计、颜色搭配、辅助技能等 6 个方面讲解优质 PPT 课件的开发技巧。

1. 整体设计

一个优质完整的 PPT 课件至少有封面、目录页、过渡页、正文页、封底等五个部分。PPT 整体设计主要涉及组成元素设计、标题设计、文字设计等（图 10 - 46～图 10 - 50）。

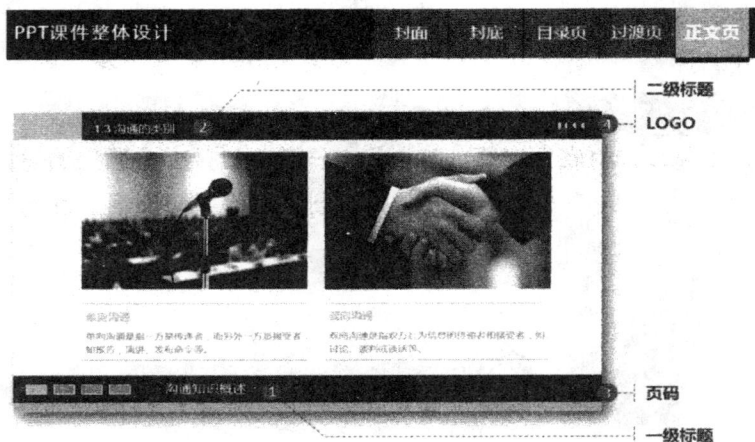

图 10 - 46　PPT 的整体设计

局部标题指除一级标题、二级标题、三级标题等逻辑标题之外的各局部内容的标题，也可以称为子标题。

图 10 - 47　PPT 的局部标题设计

图 10 - 48　PPT 的排列设计

标题字体：**华康俪金黑W8** + **微软雅黑**

正文字体：微软雅黑（强调处加粗）

字体大小：正文≥18号，标题或正文强调字体变大

图 10 - 49　PPT 的字体选择

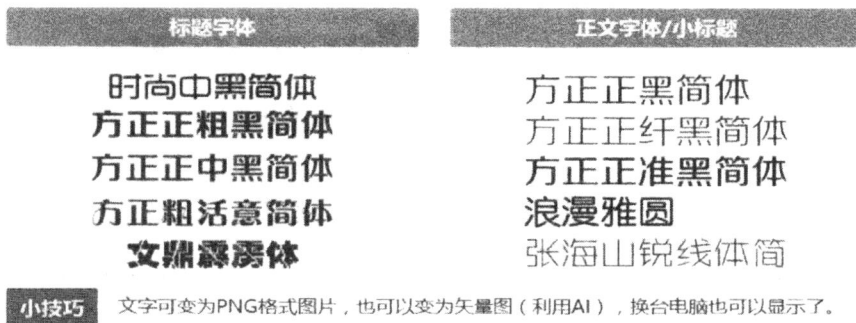

图 10 - 50　PPT 的热门字体展示

2. 排版技巧

PPT 课件的排版讲究"四美"，即距离之美、对齐之美、对称之美和留白之美（图 10 - 51～图 10 - 54）。

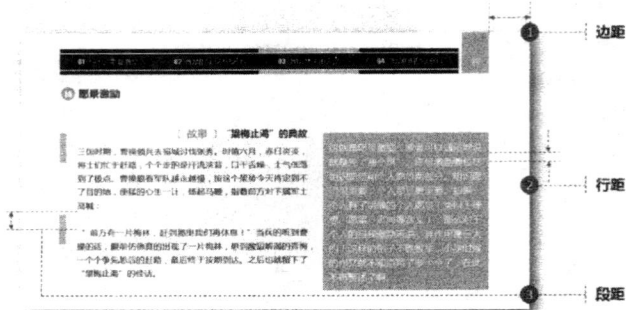

图 10 – 51　距离之美

图 10 – 52　对齐之美

图 10 – 53　对称之美

图 10 – 54　留白之美

3. 图表设计

PPT 中图表设计主要是指线、框、圈、面、色块、图形、图片和图表等八大元素的设计（图 10 - 55～图 10 - 68）。

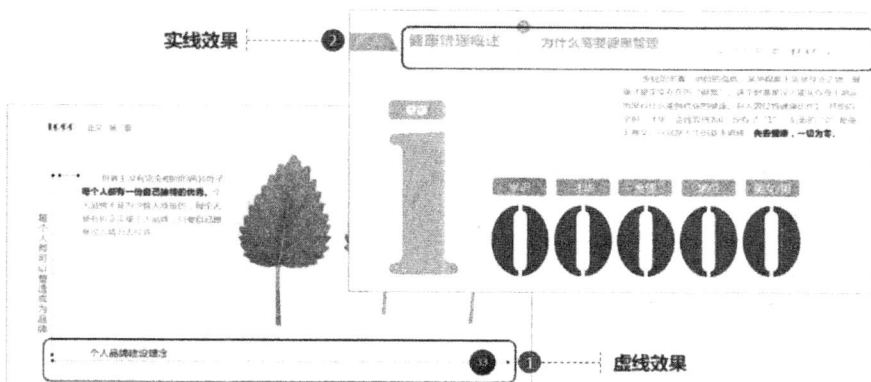

图 10 - 55　线在标题栏中的作用

图 10 - 56　线在正文中的区域分割作用

图 10 - 57　框的对齐效果

上图：用"框"展示案例；
右图：用"框"展示观点。

图 10-58　框的展示效果

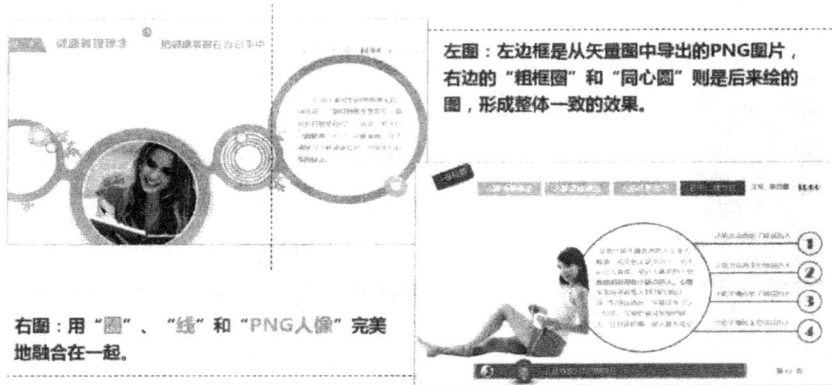

左图：左边框是从矢量图中导出的PNG图片，右边的"粗框圈"和"同心圆"则是后来绘的圈，形成整体一致的效果。

右图：用"圈"、"线"和"PNG人像"完美地融合在一起。

图 10-59　圈的灵活运用

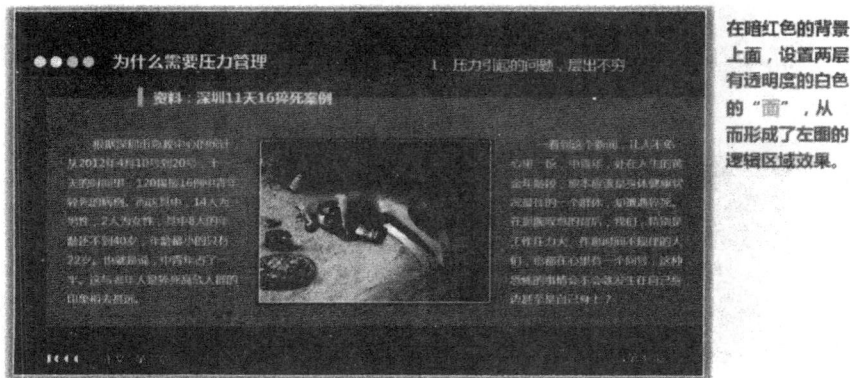

在暗红色的背景上面，设置两层有透明度的白色的"面"，从而形成了左图的逻辑区域效果。

图 10-60　面的展示效果

4. 动画设计

PPT 的动画设计主要涉及主标题、副标题、正文内容等文字效果的动画设计及页面切换效果的动画设计（图 10-69～图 10-71）。

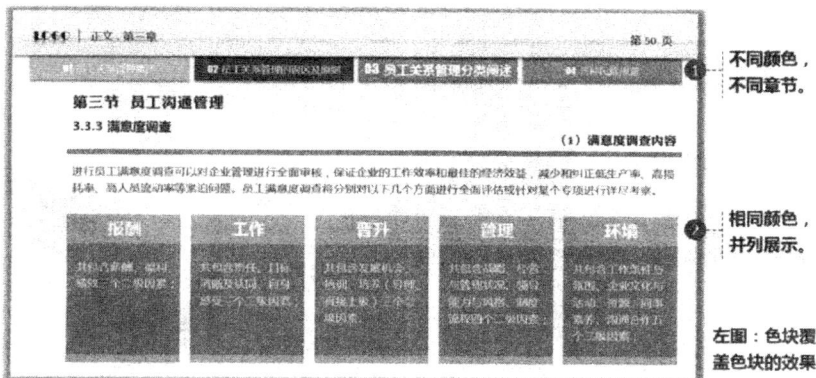

图 10-61 色块的展示效果

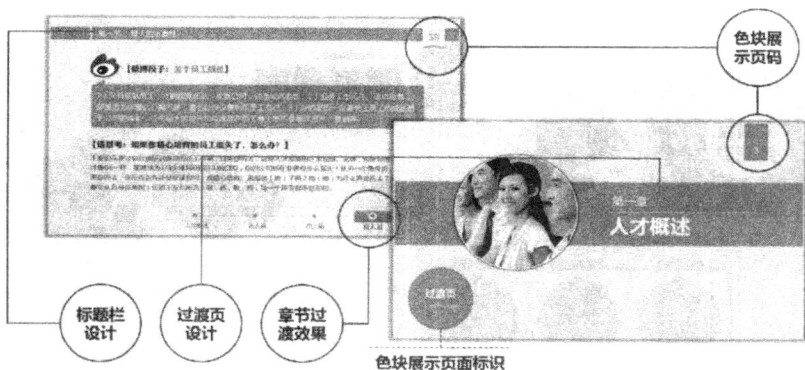

图 10-62 色块展示标题栏、过渡页、标识和页码

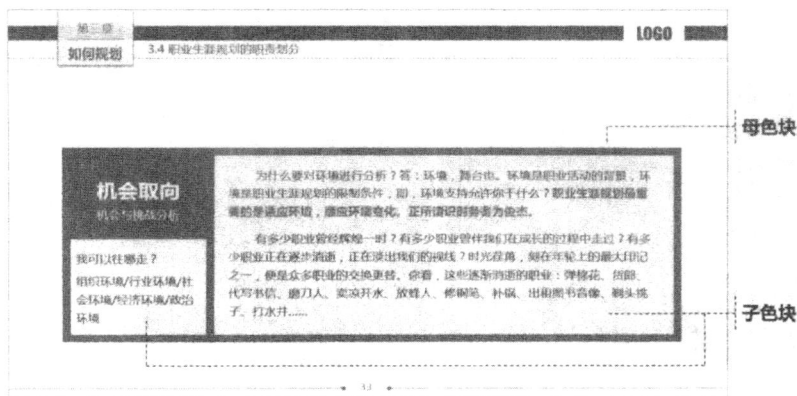

图 10-63 色块的叠加效果

5. 颜色搭配

PPT 的颜色搭配主要涉及色彩三要素及其调制、整体风格配色和文字内容配色等（图 10-72～图 10-75）。

图 10 - 64　图形的展示效果

图 10 - 65　图片的艺术处理

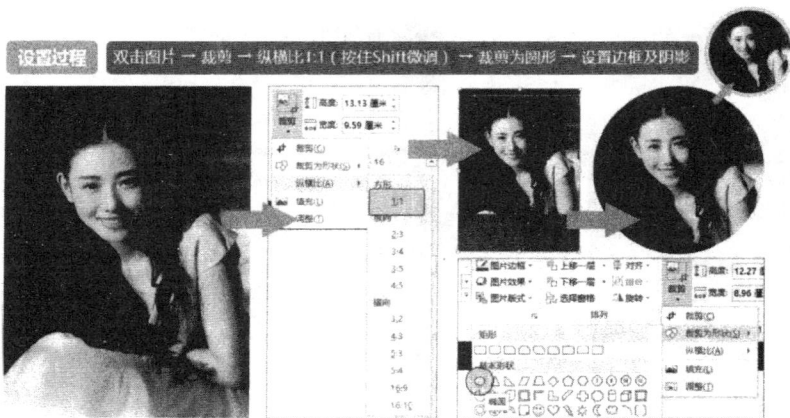

图 10 - 66　图片的有效制作

6. 辅助技能

PPT 的辅助技能主要涉及图片的裁剪、图片的修订和图片的检索等（图 10 - 76）。

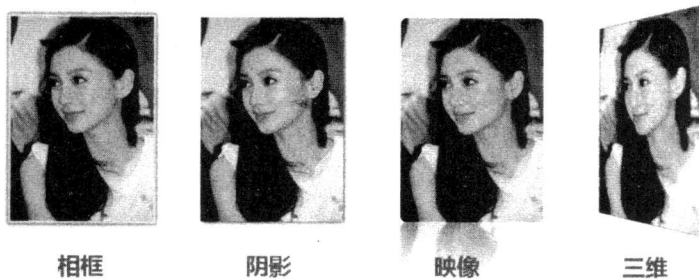

相框 阴影 映像 三维

图 10 - 67 图片的艺术制作

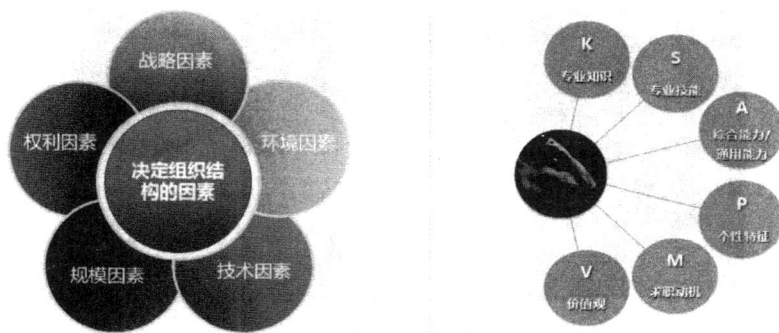

图 10 - 68 图表的设计效果

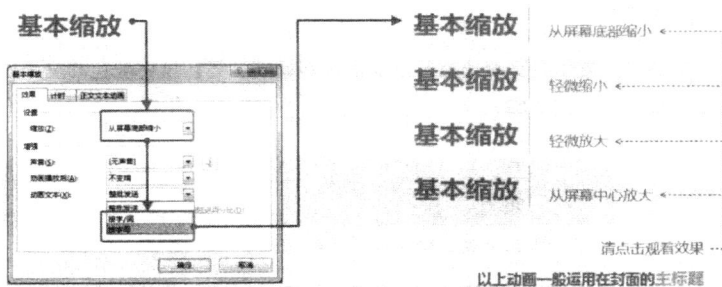

图 10 - 69 主标题的动画效果

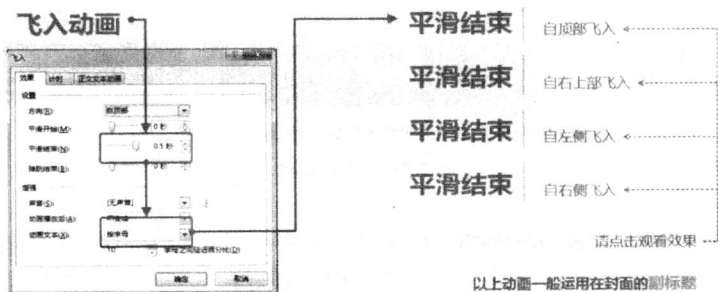

图 10 - 70 副标题的动画效果

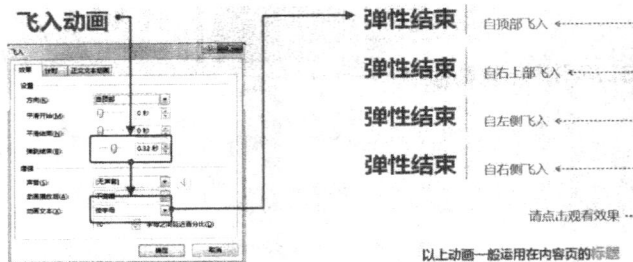

图 10－71 正文文字的动画效果

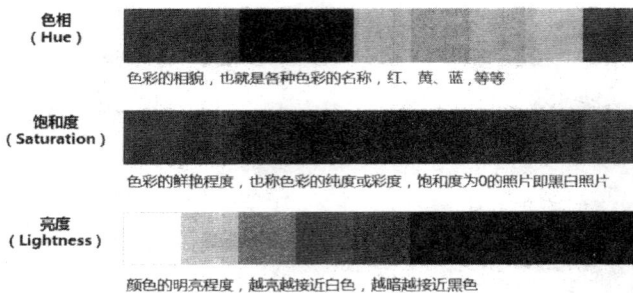

图 10－72 色彩三要素

PPT中的HSL模式。【动手】请在HSL模式下，通过右侧小箭头调整某一个变量，看色彩指针的滑动。

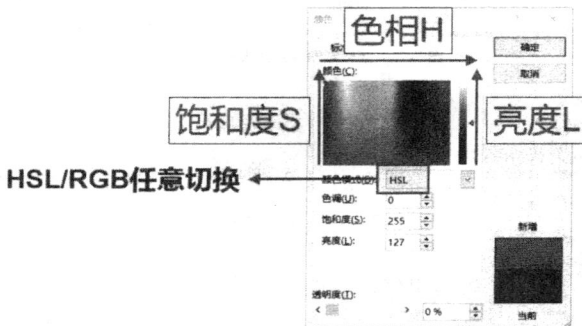

图 10－73 色彩三要素的调制

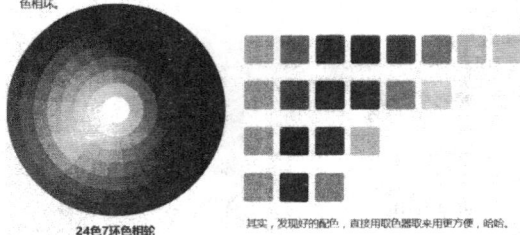

图 10－74 24 色 7 环色相轮

图 10 - 75　PPT 的配色方案

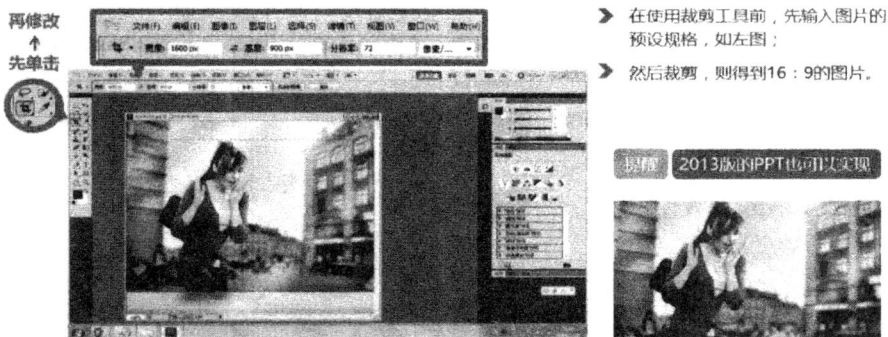

图 10 - 76　预设规格图片的裁剪

（三）Focusky 课件的设计与开发实战

非线性多媒体课件的代表为 Focusky、Prezi 等。非线性演示文稿软件 Focusky 的功能界面（图 10 - 77）。

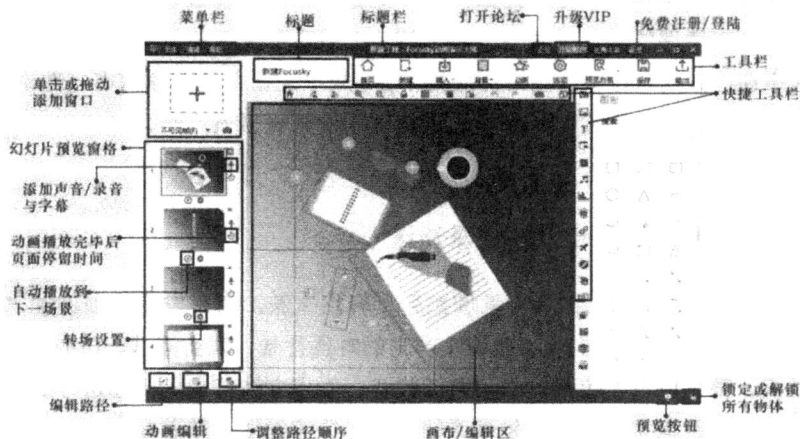

图 10 - 77　Focusky 的功能界面

可尝试用 Focusky、Prezi、Storyline 等非线性演示文稿软件制作一个学术会议报告的演示文稿。

第三节　精通精品类微课开发

微课的教育价值也日益凸显，微课已成为信息化教育资源中备受关注的新型资源形态。要想打造出精品的微课，需要做好以下六件件事情，即了解微课类型（认识微课）、精通微课设计（设计微课）、协调微课准备（准备微课）、掌握微课制作（编辑微课）、善用微课教学（应用微课）和品味精品微课（赏析微课）。

一、认识精品微课的类型

随着微信、微博、微阅读、微电影、微学习等"微时代"悄然而至，要想打造出精品的微课，需要对微课的内涵、特征、类型等内容有一个精准的理解，需要做到三件事情：一是扫描国内外专业性微课（微视频）学习网站以赏析微课，做到对微课的整体感知与大致了解；二是研读国内外相关微课学术文献以理解微课，做到对微课内涵与特征的深层理解；三是关注专家博客（理论层面）和观察教学实践（实践层面）以认识微课，做到对微课内涵、特征和类型的精准把握。

（一）概说国内外精品微课资源

"微课"的出现，在教育领域掀起了轩然大波，也引发了一波波的"微课热潮"。因此，需要人们对"微课"产生的时代背景、现实需求、核心本质、优势短板、教育价值、应用前景、发展趋势、创作方法等相关问题进行必要的理性思考与实践探索，才能引领微课的健康、快速发展。随着在线开放教育资源运动的兴起，国外涌现了一些典型的微课（微视频）学习网站，如 TED、Khanacademy、Udemy 等（表 10 - 5）。

表 10 - 5　欣赏国外微课（微视频）学习网站

学习网站	资源链接
TED	http：//www.ted.com/
TED - ED	http：//www.ted.com/watch/ted - ed
Khan Academy	https：//www.khanacademy.org/
WatchKnowLearn	http：//www.watchknowlearn.org/
EnglishCentral	https：//www.englishcentralchina.com/
Udemy	https：//www.udemy.com/
TeachingChannel	http：//www.teachingchannel.org/
SchoolsWord	http：//www.schoolsworld.tv/
VideoWire	http：//www.videowire.com/
LASER TV	http：//www.laserlearrung.tv/
LearnZillion	https：//learnzillion.com/p/

国内也涌现了一些典型的微课（微视频）学习网站，如中国微课网、五分钟课程网、凤凰微课等（表 10 - 6）。

表 10－6　欣赏国内微课（微视频）学习网站

学习网站	资源链接
全国高校微课教学比赛	http：//weike. enetedu. com/
江苏省中小学微课大赛官网	http：//wk. jse. edu. cn/
中国微课网	http：//www. cnweike. cn/
爱课程	http：//www. icoursescn/home/
五分钟课程网	http：//www. 5minutes. com. cn/Default. html
网易公开课	http：//open. 163. com/
凤凰微课	http：//www. fengvk. com/
新浪公开课	http：//open. sina. com. cn
微课网	http：//www. vko. cn/
中国教师教育视频网	http：//www. jspxedu. cn/
微学习中心	http：//www. wxuexi. cn/
中国纪录片网	http：//www. docuchinacn/special/2013zmzg/
第九课堂	http：//www. dijiuke. com/
央视科教频道一走进科学	http：//tv. cctv. com/lm/zjkx/
百度传课	http：//www. chuanke. com/
央视网一原来如此	http：//tv. cctv. com/lm/ylrc/
好知网	http：//www. howzhi. com/
中国微电影	http：//vfilm. china. comcn/
几分钟网	http：//www. jifenzhong. com/
第一视频教程网	http：//video. lkejiancom/
闻道微课	http：//wk. eastedu. com/
酷学习网	http：//cool. kuxuexicom/
微课之家	http：//www. wkzj. net/
泰微课	http：//twk. tze. cn/
中国外语微课大赛	http：//weike. cflo. com. cn/
湖南微课网	http：//weike. hnedu. cn/
浙江微课网	http：//wk. zjer. cn/

（二）理解国内微课的本质内涵

　　微课是一种符合信息时代和教育教学规律的全新教学形式，适用于新的教学模式，对于推进教育信息化的内涵发展，变革教师的教学方式和学生的学习方式，促进广大教师的专业成长，具有非常重要的意义。微课的概念很多，主要分为资源论、课程论和活动论三种。

　　目前，国内专家对微课的理解各有侧重，下面一起来了解一下大师眼中的微课（表 10－7）。

表 10－7　微课专家博客集锦

专家博客	资源链接
张一春的博客	http：//blog. sina. com. cn/njnuzyc
黎加厚的博客	http：//blog. sina. com. cn/shnuli
金陵的博客	http：//blog. sina. com. cn/jinlingl 00929
郑小军的博客	http：//blog. sina. com. cn/gxsyzxj
王竹立的博客	http：//blog. sina. com. cn/wz163
胡铁生的博客	http：//blog. sina. com. cn/u/1941326822
焦建利的博客	http：//www. jiaojianli. com/
李玉平的博客	http：//whliyuping. blog. 163. com/

胡铁生认为微课又名微课程，它是以微型教学视频为主要载体，针对某个学科知识点（如重点、难点、疑点、考点等）或教学环节（如学习活动、主题、实验、任务等）而设计开发的一种情景化、支持多种学习方式的新型在线网络视频课程（岑健林和胡铁生，2013）。此概念将微课程定位于与学科教学紧密结合的且支持多种学习方式的视频形式的在线式网络课程。黎加厚老师认为"微课"是指时间在 10 分钟以内，有明确的教学目标，内容简短，集中说明一个问题的小课程（黎加厚，2013）。在黎老师的文章中强调微课程是不仅仅是教学视频，还可以是 PPT 课件、音频、文本等其他媒体，还包括学习清单和学习活动安排等其他教学材料，这一概念将微课程定位于能够实现教学目标的包含各种资源、活动的一个微小课程。焦建利认为微课是以阐释某一知识点为目标，以短小精悍的在线视频为表现形式，以学习或教学应用为目的的在线教学视频（焦建利，2013）。该定义明确提出微课以"在线视频"为表现形式，以实现教学目标为最终目的。"微课"（Micro-lesson）是指以先进教育思想和教学理念为指导，以使学习者自主学习达到最佳效果为目标，经过精心的信息化教学设计，以视频、动画等形式记录或展示教师围绕某个（某些）知识点（技能点）开展的简短、完整的教学活动（张一春，2016）。微课体现了教师针对特定教学任务，充分、合理运用信息技术、数字资源和信息化教学环境进行教学设计和实际教学，并将教学的过程制作成为学习资源的能力。由此可见，对于微课程这一新鲜事物的概念界定还没有达成统一规范，真可谓仁者见仁、智者见智。

因此，微课是一个目标明确、内容聚焦、时间短小（10 分钟以内）且包含完整教学环节（包括导入、讲解、总结、练习）的视频课程，一般是针对教学中的重点、难点、疑点、易错点、混淆点而精心设计的供学生课上、课下自主学习及个性化学习之用。微课既是学习资源又是课程，这无可厚非，因为分析审视的角度不同而已，若从学习资源的角度分析，微课是一种教师精心设计、制作的服务于教学、学习的视频资源，是有别于学习材料、课件等传统资源的新型资源形式；若从课程各个环节的角度来分析，微课也是一种课程，只是时间短、内容精，不同于 40～50 分钟的传统课程。

（三）知晓微课知识的核心要点

微课以其"短小精悍"著称，说它"短小"指的是内容少、时间短，因为微课主要聚焦于某个知识点、某个小问题，使得教学视频时间一般控制在 10 分钟以内，基础教育的微课几乎都是这样的，高等教育的微课一般控制在 15 分钟之内；说它"精悍"主要是因为微课针对某教学知识点、小问题进行精心设计，加工处理，使得教学视频富有情境化、内容可视化、讲解幽默风趣、耐人寻味且从中受益。"微课"体现的是以学生认知学习和知识建构为主线的全新的教学设计和资源建设，是自主学习、混合学习、深度学习、翻转课堂等教学理念的实际应用。微课不是简单的教育资源形式的更替，而是传统教学理念与教学模式的创新。微课的出现对教育变革有着巨大的影响作用，也赋予了教学新的生命力，对教师的教和学生的学都是一种全新的挑战（张一春，2016）。因此，微课比赛是重点考察教师针对特定教学任务，充分、合理运用信息技术、数字资源和信息化教学环境进行教学设计和实际教学，并将教学的过程制作成为学习资源的能力（张一春，2016）。

·教师讲授为主。以教师或主持人讲解为主要形式，主持人可以出镜，也可以话外音。

·适用泛在学习。以视频、动画等形式为主，可基于网络流媒体播放，便于移动学习和泛在学习。

·教学时间较短。5～10 分钟为宜，最长不宜超过 20 分钟。

- 教学内容较少。突出某个学科知识点或技能点。
- 资源容量较小。适于基于移动设备的移动学习。
- 精致教学设计。完全的、精心的信息化教学设计。
- 经典示范案例。真实的、具体的、典型案例化的教与学情景。
- 自主学习为主。供学习者自主学习的课程，是一对一的学习。
- 制作简便实用。多种途径和设备制作，以实用为宗旨。
- 可配相关资源。微课可以配套相关的练习、资源及评价方法。

（四）掌握精品微课的四种类型

微课自 2010 年被提出后，在很多有识之士的不断研究与积极探索下，使得微课程的类型也不断丰富起来。观察教学实践可以发现，微课类型有许多，比如讲授类、问答类、启发类、讨论类、演示类、实验类、练习类、表演类、自主学习类、合作学习类、探究学习类等。目前，大多数微课还是以讲授类为主，其次是实验类。

- 按内容分，可分为理论原理类、技术技能类等。
- 按教学环节分，可以分为新课类、复习类、实验类、活动类等。
- 按微课制作技术分，可以分为拍摄类、录屏类、动画类、录播类等。
- 按学习环境分，可以分为教室类、实验室类、现场类、室外类等。
- 按人物出现情况分，可以分为旁白类、主讲类、多人讨论类等。
- 按微课的风格分，可以分为叙事类、活泼类、悬疑类等。
- 按学习的模式分，可分为探究学习、合作学习等。
- 按授课形式分，可分讲授、表演、游戏等。

我们认为，按照微课的制作技术视角，微课可以分为四种类型：录屏类微课、拍摄类微课、动画类微课和手写板微课。

"微课"常用的软件工具见表 10-8。

表 10-8 微课的四种类型与技术工具

微课类型	技术工具
录屏类微课	Camtasia Studio、屏幕录像专家、WebEX Recorder、Screen2Exe、ShowMe、Educreations、Articulate storyline、Explain everything、iSpring Suite 等
拍摄类微课	摄像机、DV 录像机、手机、Premiere、After Effect、Edius、会声会影等
动画类微课	PPT、Flash、Focusky、Prezi、iebook、Authorware、3dsMax 等
手写板类微课	屏幕录制软件、手写板、画图工具等

1. 录屏类微课

录屏就是利用数字方式录制计算机屏幕输出，可以同时录下音频和旁白，也称为屏幕录制、屏幕录像或视频屏幕捕捉。屏幕录制是微课制作中一种最简单、最方便的方法。录屏类微课主要是指使用屏幕录像专家、Screencast、Camtasia Studio、APP 应用程序（主要包括 ShowMe、Educreations、Articulate Storyline、ExplaineverytIung、Shou、Screencast Video Recorder、UTgreat，SCR Screen Recorder Pro、Screen Recorder）、视频展台等录屏软件来录制的微课（表 10-9）。

表 10 - 9　录屏类软件工具

网站名称	网址
Camtasia Studio	https：//www.techsmith.com/
Screencast	https：//screencast - o - matic.com/
屏幕录像专家	http：//rj.Baidu.com/soft/detail/12025.html? ald
录屏大师	http：//www.xpgod.com/shouji/soft/4553.html
Bandicam	http：//www.bandicam.com/cn/
Open Broadcaster Software	https：//obsproject.com/
Apowersoft 在线录屏	https：//www.apowersofi.cn/free - online - screen - recorder
ScreenToGif	http：//www.screentogif.com/
EV 录屏	http：//www.ieway.cn/ev capture.html

录屏式是常见的一种微课类型，它主要针对计算机界面的部分区域或全部区域进行录制，比较适合用多媒体课件辅助讲授的诸多课程。此类微课程制作起来比较容易，但是有两点特别需要注意：课件要制作得精致美观，简洁大方且动静结合，要能够吸引学生；在录制时，单幅画面不要停留得太久，否则容易使学生觉得枯燥、乏味而不愿继续学下去。

在录屏式微课中还有两种特殊形式的：一种是"画中画式"微课，即在录制的课件中又出现了任课教师的真人头像，这种教师头像出镜的形式会让学生觉得很亲切，自己竟如此近距离听教师讲课；另一种是"数字故事型"微课，它主要是通过一个数字故事的方式来讲授一个道理或传达一个观点，使观众从中受益、有所启发。

2. 拍摄类微课

拍摄是微课制作的主要方法之一。拍摄类微课主要是指使用摄像设备（主要指摄像机、DV 录像机和手机等）记录教学活动的完整过程，并通过后期编辑制作完成的微课。拍摄类微课制作过程中常用到绿幕抠屏技术，电视天气预报和一些新闻报道使用的便是绿幕抠屏技术，它的基本操作流程一般是这样的：讲解人先在一块绿幕前讲，后期编辑时将画面中的绿色全部抠掉，只剩下人和其他道具等，最后再将课件、资料与人像合成在一起，此类视频适用于大多数课程，但是制作起来较麻烦、复杂。拍摄类微课的五种典型代表形式：课堂实录式微课、实地拍摄式微课、演讲式微课、讨论式微课和采访式微课。

课堂实录式微课，顾名思义，将教师课堂讲授过程实时录制下来，教师＋黑板、教师＋电子屏幕以及教师＋电子白板的授课方式是此类微课程常见的实现手段。

提到演讲式微课，大家很容易联想到 TED 演讲，这种形式的微课程将演讲者的演讲过程、与听众的交互以及听众的反应实时录制下来，它比较适合于理论和观点的讲解。

理工科、职业院校很多课程及室外的考古课程、体育课程等注重学生动手实践操作能力的培养，此类课程最好做成实地拍摄式微课，将现场环境以及具体操作过程录制下来，有很强的教学现场感，使学习者感同身受。

讨论式微课将授课内容以讨论的方式呈现，讨论可以在教师和学生之间进行，也可以在教师与教师之间进行，而且对场地没有过多限制，比较灵活。但是采用讨论式教学视频时，有一点非常重要，那就是注意讨论中的角色分工，要有引领讨论和解答问题的角色，这往往由负责课程的主讲教师所担任的。讨论式微课视频比较适合于理论性较强的哲学类课程。

采访式微课与讨论式有几分相似之处，对场地选择较灵活，都是人与人之间的交流，这样教师会感觉到更加自然，不会紧张得不知所措，但是采访式微课更多强调的是被采访者

（如教师）对采访者（如学生）所提问题的回答，是"一问一答"式的更加有序式的对话。不过，录制采访式视频时，要注意采访的问题是共性问题，一般是教学的重点、难点，不能是随便设置的问题。采访式微课视频比较适用于理论性较强的社会科学类课程。

3. 动画类微课

动画类微课是指按照微课教学设计、利用多媒体软件（主要是指 PPT、Focusky、Prezi、Flash、手绘视频软件等）技术手段对课程内容中的文字、图片、声音、视频等元素进行编辑加工，使呈现的教学内容具有一定的动态效果，从而便于学生理解的一种微课形式（表 10 - 10）。手绘视频软件主要有 Easy Sketch Pro、Explaindio Video Creator、VideoScribe 等。

表 10 - 10　优质 PPT 模板资源

网站名称	网址
Office PLUS	http：//office. mmais. com. cn//Templatef Home. shtml
逼格 PPT	http：//www. tretars. com/
我爱 PPT	http：//www. ilovePPT. cn/forum. php？ mod=forumdisplay&fid=51
优品 PPT	http：//www. ypPPT. com/
51PPT	http：//www. 51PPTmoban. com/
扑奔网	http：//www. pooban. com/
稻壳儿	http：//www. docer. com/
布衣公子 PPT	http：//teliss. blog. 163. com/
布衣公子的博客	http：//blog. sina. com. cn/cupidtdz

4. 手写板类微课

手写板类微课，又称可汗学院模式微课，主要是指综合利用屏幕录制软件、手写板、画图工具等多种软件工具来录制的微课。可汗学院式微课一般都是任课教师不出镜，边讲边写边画，教师在讲授时将自己的讲解思路清晰地写出来、用图示画出来、圈出来，便于学习者学习与逐步分析、推论。目前，此类视频不仅用于数理化等理科课程的讲解，也可用于经济学、历史学等文科性质课程的讲解。

二、设计精品微课的技巧

微课的设计主要涉及微课的内容设计、教学设计、制作设计三个方面。

（一）学会微课的内容设计

微课的内容设计主要涉及梳理教学内容，梳理教学知识点及其相互关系；从众多的教学知识点中，挑选微课讲解的核心知识点；基于核心知识点及其关系，设计每个知识点的呈现形式。

1. 梳理教学内容

教学内容一般是以单元或系列知识点的形式组织的，如何选择并确定微课所需要讲解的知识点，是微课内容设计的前提条件，也是教师需要首先考虑的工作（图 10 - 78）。

知识可视化分析工具可以对知识点进行有效管理，以可视化的呈现方式展示知识点，使知识点间的逻辑关系更加清晰，因此，在梳理教学内容过程中，常采用知识可视化分析工具来进行教学内容分析。微课设计中梳理教学内容时，常用的知识可视化分析工具主要包括：概念图、思维导图、CiteSpace、信息可视化分析软件等。

常见的知识可视化分析软件有 Inspiraton、MindMapper、MindManager、MindPin、Mindjet、XMind、MindNode、Mindjet Maps、SimpleMind＋、Scapple、iThoughts、iMind-Map、亿图图示专家、百度脑图、CiteSpace、图表秀等。

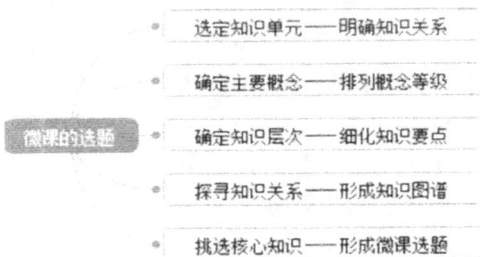

图 10-78 微课的选题流程

2. 挑选制作内容

微课核心知识点的挑选，需要遵循以下几个原则：微课的教学内容要满足学生的需要；微课的教学内容要简练，力求在有限的时间内能够清晰与完整地表达；知识点要突出教学重点、教学难点和热门考点；知识点的选择要精细，一个微课只能讲解一个或两个知识点；知识点要准确，对知识的讲解不允许有错误或误导性的描述；知识点要具备一定的独立性与完整性；知识点的呈现方式或表述方式要新颖，可以选择典型的专题活动、实验活动等进行微课设计。

3. 设计呈现方式

由于微课采用了多媒体技术，一个教学内容往往可采用文字、图片、音频、视频、动画等多种呈现方式。文字涉及字体、格式、大小、颜色等，在微课中主要用于基本概念、定义、原理的阐述（表 10-11）。

表 10-11　搜索引擎集锦

名称	网址
西林街搜索	http：//www. xilinjie. com/
CNKI Scholar	http：//scholar. cnki. net/
胖次网盘搜索	http：//www. panc. cc/
异次元软件	http：//www. iplaysoft. com/
香当网	http：//www. xiangdang. net/
Smallpdf. com	https：//smallpdf. com/
必应学术搜索	http：//cn. bing. com/

图片可以用图像处理软件、数码相机、扫描仪等进行获取与制作（表 10-12）。

表 10-12　图片搜索引擎集锦

名称	网址
我要自学网	http：//www. 51zxw. net/
PS 联盟	http：//www. 68ps. com/
蜂鸟网	http：//www. fengniao. com/
色影无忌	http：//www. xitek. com/
橡树摄影网	http：//www. xiangshu. com/
POCO 摄影社区	http：//photo. poco. cn/
黑光摄影	http：//www. heiguang. com/
798 摄影网	http：//bj. 798www. com/
中国摄影家	http：//www. chinaphoto. cc/
影像中国网	http：//www. cpanet. cn/

（二）精通微课教学设计

要想对微课教学设计的内涵、原则、模式等知识做一个系统认知与学习。首先，要掌握教学设计和信息化教学设计的精髓，以懂得教学设计；然后进行微课的教学设计，并撰写微课的设计方案。

（三）精通微课制作设计

微课的制作设计流程主要包括：选择微课类型、设计制作流程、撰写制作脚本等过程环节（图 10 - 79）。

三、准备精品微课的拍摄

微课的准备主要包括微课环境、微课设备和微课人员等环境准备，其具体内容如下。

（1）微课环境准备。微课环境准备主要包括场地环境、灯光音响、拍摄管理等。

（2）微课设备准备。微课设备准备主要包括教学设备、拍摄设备、编辑设备等。

（3）微课人员准备。微课人员准备主要包括主讲教师、听课学生、工作人员等。

图 10 - 79　微课的制作设计

四、编辑精品微课的方法

要想打造精品微课，首先需要掌握微课的制作方法和编辑技巧，做好以下四个任务：熟知软件工具、掌握制作方法、敢于动手制作和懂得编辑技巧。

（一）熟知微课制作常用软件与工具

采用 PPT 录屏等方式制作微课虽然能满足教师们制作微课的大部分需求。但是，使用这种方式制作的微课表现缺乏个性，千篇一律的表现形式容易让人感到视觉疲劳，难以激发学生兴趣、提高学习积极性。而根据具体学习内容，另辟捷径，采用新工具、新方法，适当选择这些"小众"的视频制作工具，能让微课个性鲜明，表现方式多样，学习者也能产生耳目一新的感觉。教师们在开发微课资源时，可以选择这些软件制作完整的微视频，也可以根据实际情况制作一些视频片段，再作为资源插入到常规的微视频中。总之，没有最好的软件，只有最合适的软件，制作微视频的方式也是多样的。上述软件虽不是万能的，但也各有所长，教师们在制作微课时，可以根据实际需要，适当选择。

常见的微课制作软件工具有 PPT、Prezi、Focusky、Camtasia Studio/Snagit、After Effect、Adobe Premiere、Edius、Axeslide、Ask3、皮影客、Video Scribe、Easy Sketch Pro、Explaindio Video Creator、FastStone Capture、屏幕录像专家、Powtoon、Explain Everything、ShowMe、Educreations、会声会影、iMovie、Slice - Video Editor、优酷 iDO、Storyline/iSpring Suite、万彩动画大师、优芽互动电影、来画（手绘动画）、FastStone Capture、Screencast - O - Matic、录屏大师等。

Camtasia Studio 是最专业的屏幕录像和编辑的软件套装。它是一套专业的屏幕录像和后期编辑软件，同时包含 Camtasia 录像器、Camtasia Studio 编辑器、Camtasia 菜单制作器、Camtasia 剧场、Camtasia 播放器和 Screencast 的内置功能。软件提供了强大的屏幕录像（Camtasia Recorder）、视频的剪辑和编辑（Camtasia Studio）、视频菜单制作（Camtasia MenuMaker）、视频剧场（Camtasia Theater）和视频播放功能（Camtasia Player）等。使用本套装软件，用户可以方便地进行屏幕操作的录制和配音、视频的剪辑和过场动画、添加说明字幕和水印、制作视频封面和菜单、视频压缩和播放。

手绘视频又称手画视频或素描视频，是用真实的手或笔进行绘制或移动的各种文字、图片，再配上解说或背景音乐而动态地呈现内容。手绘视频的表现形式非常新颖、表现力十足，能很快吸引眼球，让人有参与感，从而产生一种想继续看下去的感觉。手绘视频起源于欧美国家，最初由于对制作技术的保护，没有被广泛推广。近几年手绘视频逐渐流行起来，网络上出现了很多相关的作品，虽然大部分都是商业宣传、公益广告性质的视频，但在教育方面也有一些很好的作品，如"一分钟解密青蒿素"等。在制作技术方面，目前使用最广泛的是英国 Sparkol 公司推出的 VideoScribe。VideoScribe 中，一张没有边界的白纸就是创作的舞台，使用者可以在舞台上插入文字、图形、图片、图表等可视化元素，并设计各个镜头所需要呈现的内容及切换方式。在播放时，软件会使用真实的笔将可视化对象按照设计的速度勾勒出来，观众就像看到作者正在创作一样，具有很强的真实感。目前，VideoScribe 除了有 PC 版以外，也有 iPad 版和 Android APP 版。此外，可以创作手绘视频的软件还有 Easy Sketch Pro 和 Explaindio Video Creator 等。

皮影客是一个面向普通大众的快速动画创作平台（http://pro.plyingke.com）。不同于传统的动画制作，皮影客采用了模块化、组合式的动画创作方式。它将动画制作的过程分解为场景选择、人物选择、添加道具、设计动作等模块，创作者只需根据故事情节进行拖曳选择、组合即可完成动画制作。传统动画制作流程中的前期色彩、分镜、场景、人物、动作设计等复杂和专业的制作过程全部整合到"选择"和"拖曳"这样的简单操作中。这种制作方式的创新让动画制作变得简单、有趣，为没有专业知识背景的普通人制作专业的动画清除了技术障碍。在教育教学方面，皮影客让普通老师制作专业级动画型微课成为了可能。没有美术设计基础、不会 Flash 动画的老师也可以自己制作出动画型微课资源。目前，皮影客平台提供个人版、专业版和企业版三个不同的版本。个人版可供用户免费使用，但是在功能方面有所限制，例如，不支持插入外部图片。专业版和企业版则收费使用，功能也更加强大。专业版在个人版的基础上，增加了上传自己的形象和场景、制作动作等专业功能。企业版功能和专业版本相同，另外可以管理多个账号，支持多个账号同时使用，以团队协作的方式创作动画。

Powtoon 是美国 Powtoon 公司开发的一款在线演示文稿制作工具。在 Powtoon 官网（http://www.powtoon.com）注册并登录后，便可以在线创作演示文稿。

Powtoon 的特色是提供了大量的卡通素材，如人物、图标、道具等，使得非专业设计人员也可以制作生动有趣的卡通型视频。在使用方面，Powtoon 的操作非常简单，其界面类似大家熟知的 Power Point，内容的组织形式和播放方式也和 Power Point 一样：整个演示文稿由一张张幻灯片组成，播放时按顺序逐张播放制作好的幻灯片。由于 Powtoon 使用简单，技术门槛低，教师不用专门学习操作技术便可直接为我所用。例如，利用卡通人物，配合文字和图片来制作概念介绍、原理解释型的微课视频。但是，目前 Powtoon 对中文的支持不够好，不能直接输入中文，只能采用将汉字复制到文本框中的方法进行中文输入。另外，由于 Powtoon 是采用在线的方式制作视频，对网速要求较高。

除了使用上述 PC 软件制作微课以外，利用 iPad、Android 平板等移动设备制作微课也是一个不错的选择。特别是目前很多学校都配备了 iPad 教室，iPad 也成为教师们学习和工作的常用工具，这为使用 iPad 制作微课提供了硬件条件。Explain Everything 就是一款在 iPad 上运行的交互式白板工具，同时也支持 Android、Windows（Win8 或 Win10）等平台。Explain Everything 可以导入本地 PPT、PDF、MP4 等文件，播放时教师只要利用画笔工具做标注和讲解，Explain Everything 就会记录屏幕上的绘画，并通过 iPad 的麦克风录制教师的语音讲解，最后导出为视频格式的文件。类似 Explain Everything 的 iPad 应用还有 Show-Me、Educreations、Ask3 等，这些工具的功能一般都非常的直观和实用，教师不需要专门学习便可直接上手，在 iPad 上轻松地做出微课视频。

（二）掌握精品微课制作方法与流程

微课程的制作流程与多媒体课件的制作过程是相似的，一般需要经历"前期分析—中期制作—后期发布"三个不同的阶段，每个阶段有各自需要完成的任务，如图 10-80 所示。

前期分析阶段包括微课选题和设计两个任务，其中选题是基础，设计是关键。选题是制作微课的第一步骤，是需要制作者慎重考虑的基本问题，微课一般选择教学中的重点、难点、疑点、易错点、易混淆点等某个知识点为主题。其次，对确定的主题进行设计，分为教学设计和界面设计两部分，其中教学设计包括学习内容分析、学习者特征分析、教学目标确

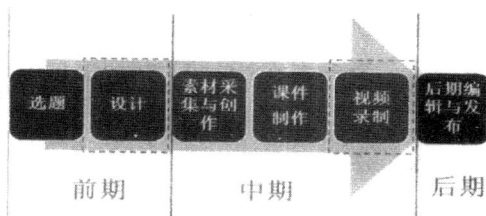

图 10-80 微课程的制作流程

定、教学策略制定以及教学过程设计 5 个内容；界面设计主要对微课程界面的整体风格、颜色配置、页面布局等进行整体规划与部署。只有前期工作合理、到位，才能使后续工作有的放矢。

中期制作阶段包含素材采集与创作、课件制作与视频录制三项任务，其中课件制作是基础，视频录制是重点。素材采集任务是制作者根据前期设计阶段的结果搜集和创作课件中所需的各种媒体素材，为多媒体课件的制作提供原材料；课件制作要遵循前文提到的多媒体课件制作原则进行逐页精心制作，待课件制作完成，运行调试没有发现任何问题后，方可进行视频录制环节。在录制微课程时需要注意几点要求：①保持录制环境安静；②录制音速要适中，声音要响亮、甜美，语气要亲切；③在录屏时，鼠标不能乱动。视频录制完成后可进行试听，若不满意可再次录制，直至满意为止。录制微课程的工具有很多，如智能手机、iPad、摄像机、DV 机、演播室以及录屏软件（如 Camtasia Studio、超级录屏、PPT2007 以上版本）。

当视频录制完成后，自然进入到后期编辑与发布阶段，可对录制的视频添加片头、片尾、字幕、背景音乐、视频过渡效果，还可对不满意的部分进行编辑与修改，待整个教学视频没有发现内容问题、技术问题以及审美问题，才能进行最后的发布环节，一般将微课程发布成 .mp4 或 .f4v 格式，便于网络传输。上述是制作微课程的一般流程，对于不同类型的微课程其具体制作过程会稍有不同，应具体情况具体分析。

（三） 会用 Camtasia Studio 制作精品微课

Camtasia Studio 是比较专业的屏幕录像和编辑的软件套装，即一套专业的屏幕录像和后期编辑软件，同时包含 Camtasia 录像器、Camtasia Studio 编辑器、Camtasia 菜单制作器、Camtasia 剧场、Camtasia 播放器和 Screencast 的内置功能。

软件提供了强大的屏幕录像（Camtasia Recorder）、视频的剪辑和编辑（Camtasia Studio）、视频菜单制作（Camtasia MenUlaker）、视频剧场（Camtasia Theater）和视频播放功能（Camtasia Player）等（图 10 - 81）。

图 10 - 81　Camtasia Studio 界面介绍

在主界面中有一个如图 10 - 82 所示的编辑工具箱，它们的功能简要介绍如下。

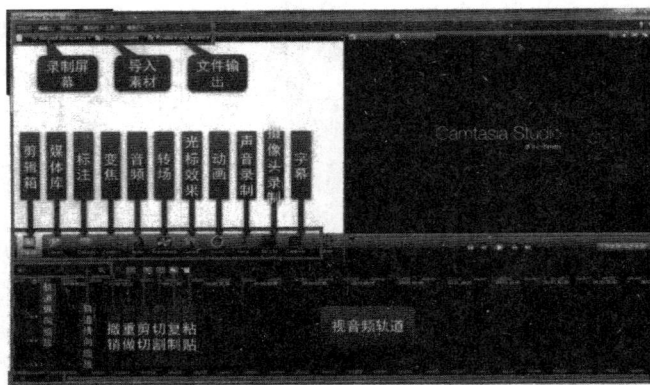

图 10 - 82　Camtasia Studio 功能介绍

Callouts 工具：添加标记工具（标注工具），可在视频中添加各种样式的标记，如单向箭头、双向箭头、圆形等，若录制过程中忘记添加某个标记，使用它便能轻松解决。

Zoom - n - Pan 工具：智能聚焦工具（变焦工具），将小区域进行放大呈现，若录制视频中有某部分区域的文字或操作看不清楚，使用这一智能聚集工具便能实现你想要的效果。

Audio 工具：音频编辑工具（音频编辑工具），实现音量调节、静音、音频淡入淡出效果，若录制的音量太大或太小，千万不可着急，使用音频编辑工具便可调节音量至适中。

Transition 工具：添加视频过渡效果的工具（转场特效工具），若录制的视频根据需要分为若干个视频片段，使用此工具便可轻松地为视频片段添加炫酷的过渡效果。

More 按钮中包含了很多工具，如 Cursor Effects（鼠标特效）工具、Voice Narration（语音旁白）工具、Ⅵsual Properties（视频媒体编辑属性）工具、Record Camera（录制摄像头）工具、Captions（添加字幕）工具、Quizzing（添加测试题）工具。

对于录制的微课，建议大家最好添加字幕，在视频中间或最后最好添加几道测试题，这样不仅增加了微课程的交互性，更重要的是为学习者提供了巩固学习的形成性或总结性练习题，使得微小的课程更加完整。由于此例是 PPT 录屏，在 PPT 首页中已经添加了微课制作者相关信息，所以此例中并没有涉及添加片头的操作，若要添加片头，可以利用 Camtasia Studio 或其他视频编辑软件制作一个片头并将其导入到 Camtasia Stud.io 时间轴中，与录制视频合成即可。使用本套装软件，用户可方便地进行屏幕操作的录制和配音、视频的剪辑和过场动画、添加说明字幕和水印、制作视频封面和菜单、视频压缩和播放。

下面以制作"录屏式微课"为例，讲解 Camtasia Studio 的基本使用方法，假设音频输入设备（如小麦克风）和录屏使用的 PPT 课件已准备就绪，Camtasia Studio 软件已安装完毕，其具体操作过程如下。

【第 1 步】录制屏幕视频。打开 Camtasia Studio 软件和 PPT 课件，单击红色按钮"Record the screen"中的第一项"Record the screen"，随即出现录制"属性设置"对话框（图 10-83），在"Select area"中设置录制屏幕的区域，有全屏和自定义设置两类，其中自定义设置又分为宽屏（Widescreen16：9）、标准（Standard 4：3）以及 Recent areas 三种，用户按需选择即可，此处选择全屏录制；在"Recorded inputs"中进行录制输入设置，其中 Webcamo 行是摄像头设置，若要录制画中画式的微课程，需要安装摄像头硬件，此项便自动转为可用状态；其中 Audio on 是音频输入设置，当单击它右边的倒三角，可以按需选择录制"麦克风"还是录制"系统声音"（Recorded system audio），或者两项均可，因为此例中既要录制讲解人的语音又要录制课件中的背景音乐，所以此例中同时选中麦克风和系统声音，另外滑动音量滑块设置声音大小；当录制区域和录制输入属性设置完毕，单击对话框最醒目的红色"rec"录制按钮，此刻用户快速将屏幕要切换到录制的 PPT 课件放映页面，倒数 3 秒后 Camtasia Stuclio 进入到正式录制环节，如图 10-83 所示。

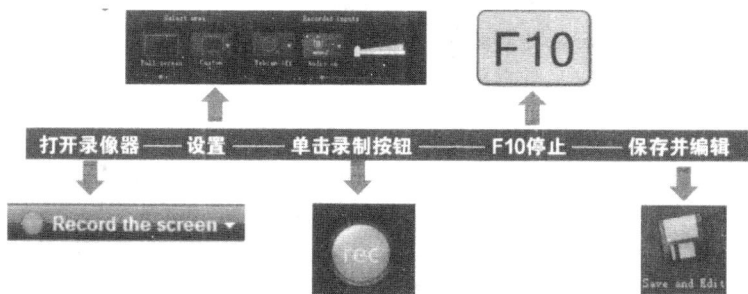

图 10-83　屏幕视频录制

【第 2 步】录制 PPT 课件。按照事先设计的思路逐页录制 PPT 页面，录制过程中声音响亮、亲切、动听，鼠标不能乱晃，在需要标记的地方最好用鼠标标记出来，若录制完成，单击键盘上的 F10 快捷键或录制对话框中的"stop"按钮即可，随即 Camtasia Studio 软件进入到预览（preview）界面，如图 10-84 所示，这样用户便可浏览刚刚录制的效果，若录制过程中出现大的漏洞，在后期编辑中不能弥补，这时又得重新录制，若预览没有发现问题，单击"save and edit"按钮将录制的视频保存为后缀名为".camrec"的项目录制件并存在某路径下。

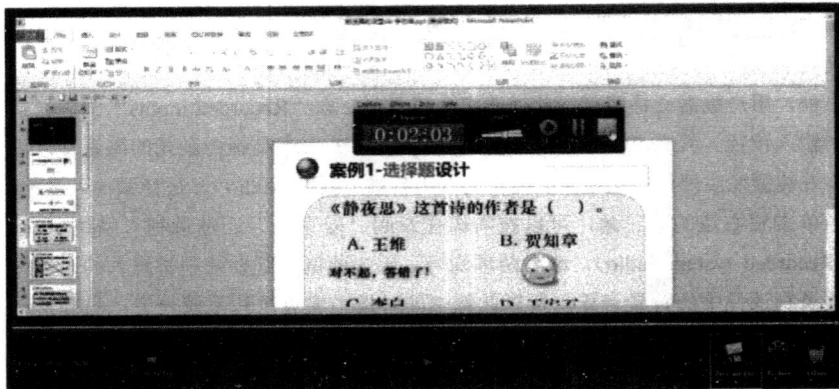

图 10-84　PPT 课件录制

【第 3 步】剪辑视频片段。在 Camtasia Studio 主界面中，单击"Import media"按钮，将上述第 2 步中保存的项目文件导入，并将其拖到主界面下方的时间轴中，利用相应工具依次实现视频的剪切、分割、复制、粘贴的操作等（图 10-85~图 10-94）。

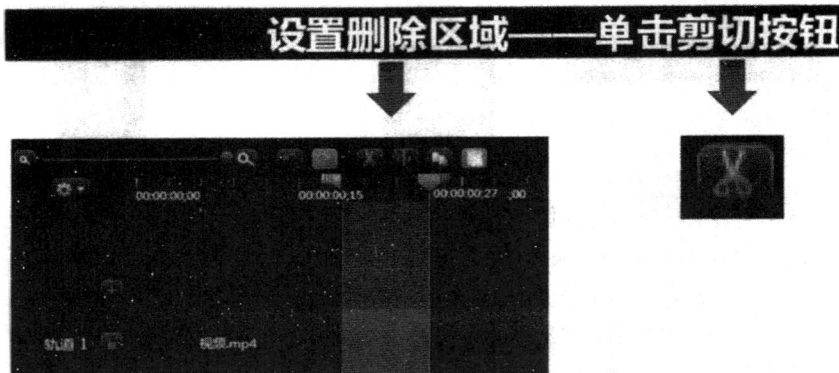

图 10-85　剪辑视音频片段（方法一）

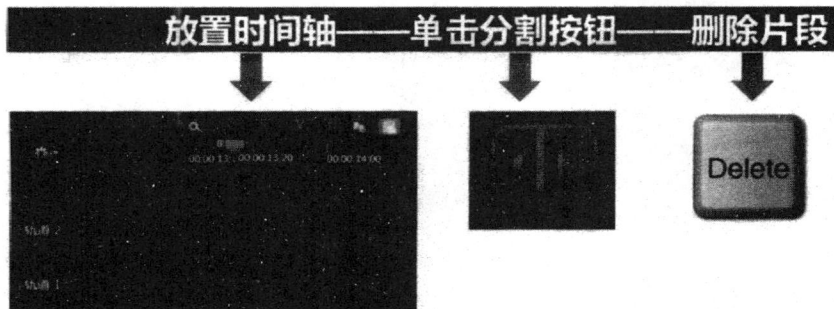

图 10-86　剪辑视音频片段（方法二）

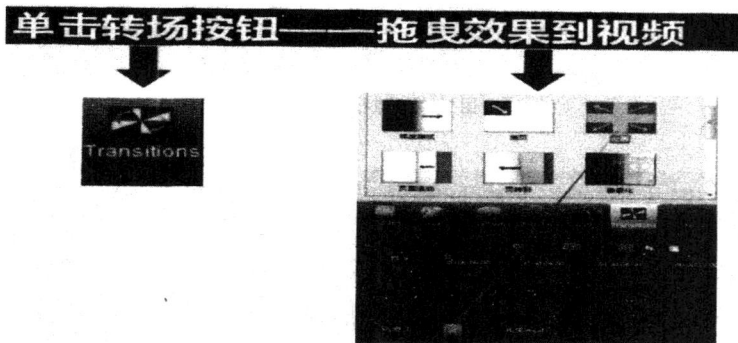

图 10 - 87　添加转场特技

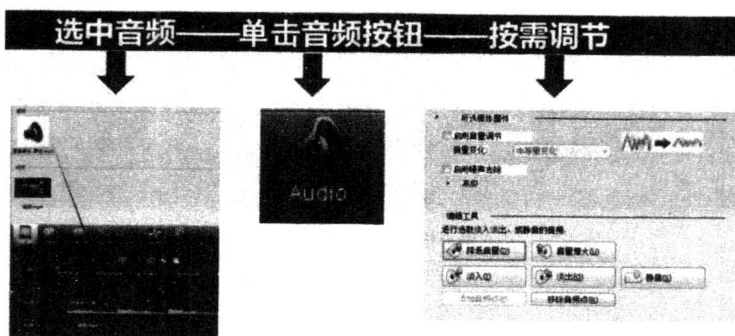

图 10 - 88　处理音频效果

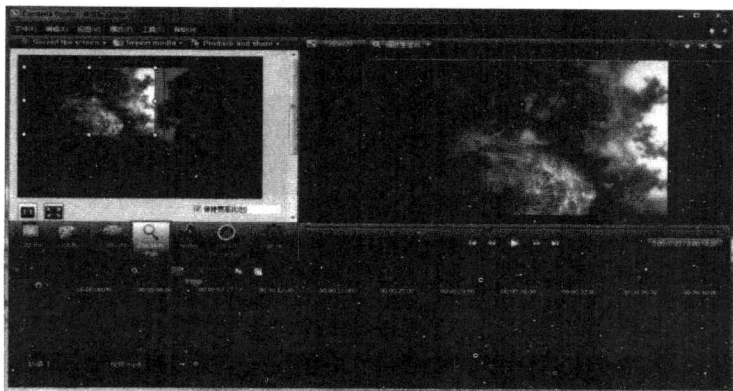

图 10 - 89　进行视频缩放

　　【第 4 步】视频输出保存。单击"Produce and share"按钮，进入视频发布环节。在弹出的生成向导中，选择"自定义生成设置"，单击下一步后，选择视频文件格式，默认为 .mp4 文件格式，在"输出文件"设置中，添加视频文件名称，选择视频文件输出路径，单击"完成"按钮，进入到"渲染项目"过程，即最后的视频生成过程，渲染时间的长短与视频文件大小成正相关，视频生成之后，可播放欣赏或分享，若发现问题可在编辑环节进行修改或从头开始录制，如图 10 - 95 所示。

图 10 - 90　添加标注效果

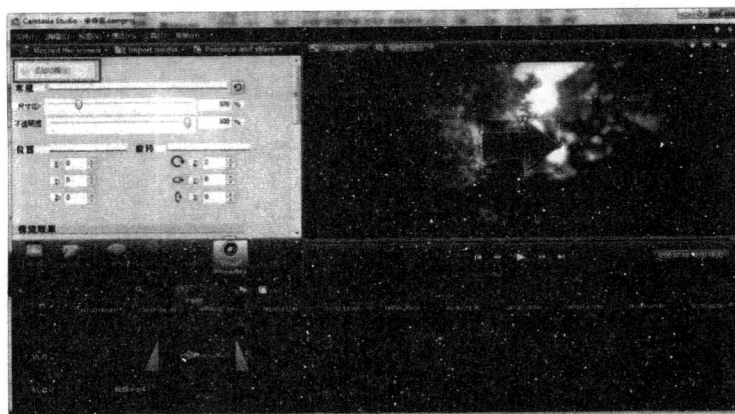

图 10 - 91　添加动画效果

图 10 - 92　添加光标效果

图 10 - 93　添加抠像效果

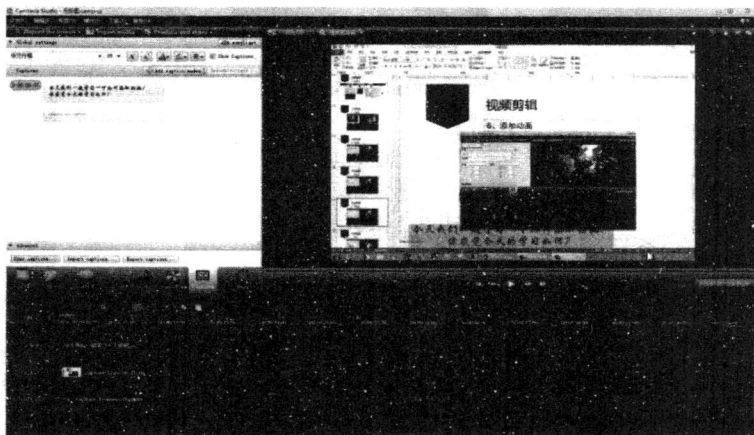

图 10 - 94　添加字幕效果

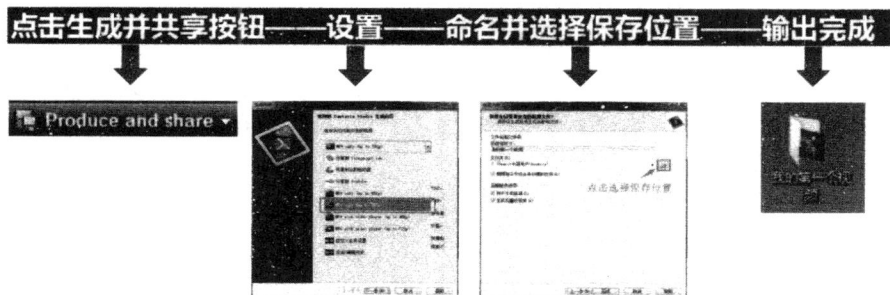

图 10 - 95　视频保存输出

第十一章

校际网络联盟资源共建共享

第一节 校际联盟的解析

一、校际联盟相关概念

一般我们将由若干学校之间建立起来的战略联盟，称为校级联盟。到目前为止，对大中小学领域中的校际联盟概念还没有较精准的定义，虽然我国大中小学学校之间的合作较多，但与成功的企业战略联盟相比，校际联盟展示的成果还很少，校际联盟创建的模式还没有规范化和系统化，其相应的理论与实践也相对滞后，各种校际联盟的建设和方式都处在探索之中。

（一）校际联盟

那什么是校际联盟呢？校际联盟实际上指的是在两个或者两个以上的学校（或学校与其他特定组织）之间，为达到一定的战略目标，受共同认可的协议和合同制约而形成的合作关系。本文讨论的是在网络环境下进行资源共建共享的校际联盟，主要是指学校为资源共建共享，在校际之间形成的一种长期的、平等的合作伙伴关系，是学校之间在自愿互利的基础上开展的活动总和。

（二）基于校际联盟的教育资源

校际联盟共建共享的资源在没有特定注明的情况下，通常专指教育资源（简称为资源）。我们在第一章已解释了什么是教育资源的含义，其中说明了一般教育资源按照资源的空间分布归类，大致可以把教育资源分为校内教育资源和校外教育资源。对校际联盟内某一个学校而言，一般都把其他兄弟学校的资源、地区的教育资源、国家的教育资源和国际的教育资源都看成是校外教育资源。我们知道，通常学校当局在资源开发和利用中会让原本校内教育资源占据主要的地位，但一旦学校和其他兄弟学校（或其他特定组织）组成战略联盟的话，那必然也要关心校外教育资源的介入和利用，校外教育资源就会起到一种辅助和补充的作用。如果把教育资源看作是一个封闭的集合，校内教育资源是一个子集，校外教育资源也是一个子集，那基于校际联盟的教育资源就是它们两个子集之间的交集，当然也是加盟学校之间教师和学生共同生活、相互交往和经常活动的区域教育资源。

（三）校际联盟下的资源共建共享

资源的共建共享是校际联盟工作的核心内容之一，各校通过校际联动，资源共享，优化配置，提高了资源的利用效率，是各学校间相互合作的有效方式。校际联盟下的共建共享资源应包括人力资源、物力资源和财力资源，除此之外还包括无形资源的共建共享。无形资源是指各学校品牌、学校管理、知识产权、信息资源、校园文化、师生素质等有形资源无法替代的资源。将这些无形资源加以整合，通过校际的共建共享，学校间加强交流，经常召开校际间会议，领导层定期互访与学习，创建网络交流平台，建立行政、教学、知识、信息管理系统，就能发挥校际联盟整体的效益，实现共同发展的目标。

二、校际联盟的背景和状况

（一）战略联盟概述

在 20 世纪末，随着世界政治与经济新秩序的形成、高科技产业与信息产业的发展、经济全球化与经济区域化的扩散，全球竞争更加激烈。为了适应这样的竞争，更高层次和更新形态推进国际合作，提高资源的优化配置，促进产业结构的合理调整，激励科学技术的进步创新，国家与国家、企业与企业之间加强合作，组成各种各样的战略联盟，以应对这一形势的变化需要。这样的战略联盟其主要概念首先由美国 DEC 公司总裁简·霍普兰德（J. Hopland）和管理学家罗杰·奈格尔（R. Nigel）提出，他们确定了战略联盟的核心概念，指出所谓战略联盟就是指两家或两家以上的公司或企业为达到共同拥有市场、共同使用资源等战略目标，通过各种协议、契约而结成的优势互补、利益共享、风险共担、生产要素水平式双向或多向流动的一种松散的合作模式。这种合作模式涉及一个长期的承诺，它并不是为摆脱企业目前困境的权宜之计，而是与企业长期计划相一致的战略活动，它实际上是一种"双赢"的合作战略。

当前，国内外都在努力发展教育事业，特别是基础教育事业。中小学校生存与发展模式也开始发生质的变化，在有限资源条件下求共同生存与发展，已成为一种新的生长模式。为了获取更多的教育资源，从长远战略发展目标出发，国内外学校已开始借鉴企业的战略联盟发展理念，调整自身的发展战略，尝试组建学校与学校之间的战略联盟，充分利用合作伙伴的各项资源，实现校际联盟内部的共建与共享，增强自己的实力和竞争力，以求获得可持续的发展。但是学校之间的合作或联盟如果只停留在较低层次的水平上，那转变学校生存模式求发展的问题就不可能得到彻底的解决。因此，要顺应时代潮流，提升基础教育的办学水平，就必须全面、系统地研究国内外中小学教育校际联盟机制，探索出适合我国国情的校际联盟教育资源共建共享的道路，正确选择中小学校际之间合作发展的新方向。

（二）国外关于校际联盟的情况

早在 20 世纪，国外一些发达国家普遍就认识到校际之间的合作或联盟的重要性，特别在基础教育资源建设方面，它们都十分注重学校与学校间的资源共建与共享。在校际间的共建共享机制的建设中，有三个显著的因素已成为促进学校之间寻求更多合作的内驱力，一是重视政府的主导作用，有较完善的资源管理机制；二是有高效的运行机制，并为共建共享教育资源提供政策上和资金上的支持；三是许多学校都具有为达到共同的战略目标而采取的相互合作、共担风险、共享利益的愿望和措施。

在美国，由于许多学校的招生数量逐年下降，导致学生数量规模过小，学校的运行成本日益增加，另外许多学校发现自身的教育资源也非常匮乏，以它们目前的财政状况，要保证办学的质量有比较大困难，甚至还可能导致生存的危机。在此背景下，美国许多学区开始重新评价他们提供的教育服务，探索如何提高办学水平，降低教育的管理成本和提升教育质量的办法。尝试学校、学区的合作，试图通过资源共建共享来解决这些问题。为此，美国由政府出面进行引导，多个学校单位相互协作，建立起良好的运行机制，带动了整个教育资源建设的规模化、产业化和市场化，并积极促进学校和政府部门之间的合作、学校和学校之间的合作及学校和企业之间的合作，充分发挥了各学校的科研优势、公司的资金优势和政府部门的决策优势。通常的做法是由某个学校牵头，联合各个兄弟学校组成共建共享教育资源的战略联盟。这有力地促进了学区之间、校际之间开展更广泛的资源共享与合作；这样的联盟也委托相关公司开发教育资源；甚至教师根据自身教学需要独立开发网络环境下的教育资源；还有许多学校则通过教师网络交流空间完成一些生成性的教育资源，共同推动基于网络环境下的教育信息资源的共建共享工作。

在英国，政府早在 20 世纪 90 年代就重视中小学校际合作问题。1997 年发表的英国政府白皮书"英才学校"就提出要加强公立和私立学校之间的联系，希望这种联系能够有效促进这两类学校之间的资源共享，达到共同获益的目的。2005 年，英国政府开始实施教育改进合作计划，并提出校际合作不仅将成为英国中小学校办学规范，还应该成为为全体学生实施全面教育的重要途径和方法。英国中小学校际合作通常采用以下方法：①将具有不同专长和特色的学校联合起来，发挥各自的优势，相互借鉴、吸收彼此的优秀教学实践，取长补短，互惠互利；②公私立学校间、不同信仰的学校间、多元文化学校间及国际学校间的师生彼此相互交流，深入了解彼此的文化背景，并使这些学校之间建立起积极的合作伙伴关系；③同一地区或特定区域的中小学跨校联合或建立学校集群，充分整合所在社区的教育资源，为学生构建良好的学习环境，促进良性交流与竞争；④在英国的一些乡村地区，规模较小的学校由于彼此之间存在着相似的特点或环境，由它们相互合作，组成学校联盟或联合伙伴，以此联合起来应对共同面临的挑战，解决学校所面临的共同问题。

韩国政府在基础教育资源建设方面，注重学校与学校间的资源合作与共享。2001 年，韩国在全国范围内选定 96 所中小学校建立"数字图书资料室"，在选定的一个教育厅建立"数字资料室支援中心"，该支援中心设立于各市道教育厅计算机室的服务器上，并在该服务器上分配一定的存储空间和域名给各市道教育厅管辖的学校，然后各学校构建各自的"虚拟数字图书资料室"。要查询和阅读各个学校的资料，接通教育厅的服务器即可，各个学校的"数字图书资料室"在所在学校图书馆里设置专门空间，安放管理者用的计算机和检索用的计算机，学生可随时在检索用的计算机上，检索本学校图书馆虚拟电子资料室的数字资料以及其他网站的资料。实践表明，在教育厅内设置实物服务器、学校管理虚拟资料库的这种方式，容易实现教育资源共享，便于资源和系统的维护和升级，能节省资源运营资金。于是，韩国自 2003 年开始，将这种方式逐渐扩大普及至全国所有中小学和所有市道教育厅。

（三）国内关于校际联盟的情况

从 20 世纪 90 年代起，随着我国教育进入内涵发展阶段，以教育资源流动与共享为特征的校际合作已成为教育均衡发展实现的主要手段。早期的校际合作通常表现为优质学校与薄弱学校、乡村学校的联合。本着以强带弱的思路，前者通过输出品牌、师资、办学理念、管理方式等资源带动后者共同发展。所以从参与校际联盟学校的等级来看，加盟的学校大体分为强强联合、强弱联合两种形式，很少有弱弱联合的。加盟的学校大多是在教学、教研、管理等方面进行互动学习和交流。近年来，校际合作呈上升的发展趋势，在信息化社会大背景下，信息技术为校际合作的资源共建共享提供可能，教育资源共建共享已成为校际合作的重要内容。教育公平和教育的均衡发展在这样新的时代背景下也被赋予了深层次的要求，即提升教师和学生的信息素养及信息能力，自觉地共建并共享优质的教育信息资源。为此，全国各地纷纷创建带有明确战略目标的校际联盟。例如：2009 年 4 月，北京景山学校在北京召开了"数字景山"网络联盟共建校成立大会，景山学校在会上提出了"创建网络环境下校际联盟"的动议，该动议得到全国 26 个省市的 64 所中小学校的积极响应。以景山学校为主的校际网络联盟紧紧围绕新一轮课程改革的工作重心，积极创设教育信息化平台，以教学科研为先导，努力提高各学校的现代教育信息技术应用水平。联盟内的每一位教师也被要求提高认识，共同协作，积极探索新的有效的教育教学模式。另外校际网络联盟被要求应及时提供良好的远程教育资源，实现优质资源的共享，积极推动义务教育均衡发展。

同质态学校之间组成的合作联盟也在新一轮课程改革浪潮中呈现良好的趋势，这种校际间的合作正积极利用各自学校的优势谋求共同发展。例如：2008 年北京市东城区根据区域教育均衡发展的整体布局，结合学校发展需求，率先在 8 所学校间开展学校联盟试点工作，探索建立学校联盟运作机制，实现组团式发展。8 所学校互相签署了联盟合作协议。根据协议，联盟学校间开展跨校听课、教师互派、教育资源共享等互助交流。这种方式通过深度联盟，消除资源的流通壁垒，实现了区域内学校资源的共享，弥补了师资、硬件以及教育资源的不足，实现了互惠互利。学校联盟既表现为区域内学校之间的结合，也表现为优质学校之间的结盟，即强强联合。

在经济欠发达地区，一县之内的教育资源总是向县立重点中学集中，导致资源分配不均，较多农村学校仍处于较薄弱状态。这一事实长期、客观存在，造成了薄弱学校的教学质量直接影响到县立中学的生源质量，与县中的命运息息相关起来，自然形成荣辱与共的联动局面。因此，开展好教育资源的共建共享，互促互进无疑是一种双赢的选择。某省 A 校为此发挥全国电教实验学校的辐射作用，在校际的优质资源的共建共享中，以"教育均衡发展"为出发点，联合本县农村中学，探索出"联片合作、异地支教、校际会课、跨校带教、网上教研"等形式开展共建工作；他们在学区层面上，采用主题式联片教研活动方式；在学校层面上，采用"以点串整式校级联动教研活动方式；在学科层面上，则以"联校式合作体"形式开展校际研修活动。通过这种多层次开展共创共建的形式，充分发挥各校的长处，互助引领，促进学校之间的信息交流与资源共享，最终缩小校际差距，推动区域内教育向着均衡和优质的方向发展。

三、校际联盟的意义

（一）校际联盟的战略使命

从国内外建立校际联盟的情况和资源在校际共建共享实践经验来看，许多中小学学校已经认识到学校肩负人才培养的重大使命，要完成这一使命，各中小学校必须寻求全新的教育理念与发展模式，努力提升办学水平，探索出教育可持续发展的各种重要途径，而这单靠某个学校自身的力量是难以满足这一需求的，也不能为广大师生提供充足的教育资源，长此以往将与国外基础教育发展及办学水平拉开越来越大的差距。因此，中小学之间应实现"开放式"的发展战略，依托战略联盟下的校际联动求共同发展，解决校际联盟共建共享实施中的认识与管理问题，探究保证校际联盟作为一种新的资源共建共享管理模式的组织和制度并把它固化下来，推动国内中小学学校之间的实质性合作。

2010 年 6 月 21 日，党中央审议并通过《国家中长期教育改革和发展规划纲要（2010—2020 年）》（简称《纲要》）。《纲要》指出了我国未来 10 年教育改革发展规划的方向。其中合理配置教育资源、加快缩小教育差距和促进教育公平在《纲要》中得到了强调，同时还指出在建设基础设施的基础上，需要加强网络教育资源库的建设，引进国外优质的数字化教育资源，开发网络学习课程，建立数字图书馆和虚拟实验室，建立开放灵活的教育资源公共服务平台，促进优质教育资源的普及共享。这对于校际联盟的发展和基于资源在校际共建共享指明了前进的方向。

（二）校际网络联盟的意义

创建校际联盟的目的主要是致力于传承先进的教育理念，共建、共享优质的教育资源，加快加盟学校教师的教学水平和教育科研能力的提高，创建开放的学习环境，促进基础教育的均衡发展。

基于网络环境下的校际联盟，有时也称为校际网络联盟。创建网络环境下的校际联盟将以先进的多媒体手段和网络通信技术为支撑，以互联网为平台，以信息化为基础，经过整合和提炼，建立满足基础教育教学需求的数字化资源平台，实现区域间、学校间数字化资源的合作建设，完成区域间、学校间数字化资源的聚集，形成完全开放、建享合一的互动型数字化资源库，为所有校际联盟内所有学校及教师提供优质的数字化教育资源，实现数字化资源的保值增值，突破资源共建共享的瓶颈，扩大资源的规模和辐射范围，最终实现资源共建共享的可持续发展。

1. 推进基础教育资源均衡分配，实现共同发展

从 2001 年起，我国开始在全国中小学普及信息技术教育，全面实施"校校通"工程，争取用 5～10 年时间，使全国 90％左右的独立建制的中小学校都能够上网。2003—2007 年，国家又实施了农村中小学现代远程教育工程，这两项重大战略举措，对实现优质教育资源共享，提高农村教育质量与效益，促进义务教育均衡发展作出巨大贡献，使我国基础教育信息化迈入全面、快速发展的新阶段。

基础教育资源建设作为教育信息化的重点，已列入了各级教育行政部门的重要议事日程。致力于基础教育改革的广大中小学校共同协力，通过校际共建工程，特别是校际联盟，以先进的多媒体技术和网络通信技术为依托，共建共享数字化的教育资源，促进学校之间教育教育资源的优势互补和教育教学的相互交流、合作和创新，实现了共建学校的双赢，从而最大程度地整合了教育资源，达到共建、共享、协作、融合的目的，从学校的角度，为教育均衡，教育公平作出了应有的贡献。

2. 提高基础教育资源整合利用效率，拓展资源建设空间

目前"校校通"工程和"农村现代中小学远程教育"工程的建设已初见成效，但是基础教育资源的建设还存在分散孤立和不规范性的情况；教育教学信息资源还很缺乏，已有的教育信息资源内容比较陈旧，更新不及时，与课程内容不匹配，资源利用率也不高；教育信息资源内容重复，资源建设效率低下。这与人们的资源利用需求的无限性、多样性和有效性都有着巨大的差距。能否提高教育资源整合利用的效率，直接影响着教育信息化建设的发展。通过校际教育资源共建共享工程，实现学校与学校之间教育资源的合理化组织、标准化建设和规范化管理，明确教育信息资源开发、管理与利用过程中各主体的角色与职能，采取有效措施协调资源建设系统内各要素的关系，避免资源在开发的过程中所造成的人力、物力、财力的浪费，提高教育资源的有效整合和广泛应用是提高教育资源利用的有效措施。在提高效率方面更可以激励校际联盟下各学校应用网络的信息资源，促进校际联盟下的各学校的网络联盟，发挥网络在共建共享中的优势，增加校际联系的方式、资源的类型、利用的方法，以此丰富和拓展校际联盟的内涵和外延。

第二节　校际信息化教育资源库系统

一、校际网络联盟与教育资源

网络环境下的校际联盟的一项重要任务就是建设信息化教育资源，而且这种建设又是以信息技术为支持的共建共享。

（一）校际网络联盟下的数字化教育资源

前面已叙述过什么是基于校际联盟的教育资源，那在网络环境下校际联盟的资源到底是什么样的呢？确切地说，应该界定为是数字化的教育资源。数字化教育资源是以中小学教师、学生、教育管理人员为主要使用对象，经过数字化处理，可以在多媒体计算机或网络环境下运行的教育、教学信息材料。主要包括媒体素材、课件与网络课件、网络课程、案例、文献资料、题库、试卷素材、常见问题解答、资源目录索引等，甚至还包括教育资源的管理系统、通用教学系统支持平台等。这些教育资源共享一般有三条主要途径，即互联网、校园网及光盘。

（二）校际网络联盟中共建共享的工作

在前一节中我们已阐述过，以数字化教育资源为基础的校际共建共享，其校际联盟应是建立在网络环境之下的。我们知道，校际的资源共建共享的实施肯定离不开外界信息化环境的支持；校际环境中广域网或局域网的建成与否，直接影响资源能否被广泛共享。这里的资源从开发、组织到利用，每个环节上都需要不同的技术支持。校际资源库的建设、教学空间和学习空间的开辟都要以计算机技术和网络通信技术为依托。

单纯从信息化技术的角度看，要顺利开展基于校际网络联盟下资源共建共享，需要做以下两大方面的工作。

1. 利用信息技术实现校际联盟优质教育教育资源的共建共享

首要的是建设校际的教育资源库系统，构建一个"统一"的资源访问平台。无论是同构或异构资源库，描述成统一规范的资源表示形式，以呈现一个统一规范的资源库，向校际联盟内师生提供统一的注册认证、共享目录管理、资源的检索和定位、资源上传和下载以及人员培训等服务。

2. 利用网络将校际联盟各学校的教师联合起来，建立学习共同体

通过各种网络的交互工具，提供与共同体成员实时、非实时交互的平台。现在网络提供给人们几乎是零技术障碍的交互工具。例如在校际联盟内可以建立即时通信的交互平台（QQ群），设立教育共同论坛（BBS），还可以引导共同体成员建立博客群（Blog），通过RSS的技术形成一个博客圈。总之，网络上有很多免费的，支持实时、非实时交互的、操作技术要求不高的工具供网络联盟资源的共建共享使用。

二、校际联盟下的教育资源共建共享

（一）校际联盟教育资源共建共享模式

1. 资源共建共享的服务模式

在校际联盟下的资源共建共享实践中，资源共享的服务模式主要分集中式服务模式和分

布式服务模式两种，这两种服务模式特别适合在两个或两个以上实体之间的资源应用。

集中式资源共建共享服务模式是由一个提供资源建设和服务的中心构成，它负责校际联盟整个资源的建设并集中提供共享服务。

分布式资源共建共享服务模式指允许校际联盟各个学校（或组织）各自拥有自己的资源建设和服务中心，但是彼此间组成资源共建共享服务网络，校际联盟内任何一家学校单位均可向联盟内部的其他学校单位索取所需资源，同时也有义务为其他学校单位提供自身资源。

2. 资源共建共享的工作方式

基于校际联盟的资源共建共享的工作可以从以下两个方面说明。

首先，一方面说明校际联盟是如何进行资源的共建工作，其资源共建的方式常见有以下几种。

校际协作方式。校际协作方式主要指校际联盟内学校与学校之间的合作，共享的资源尽量集中收集和存储在一个称之为资源中心的地方，这一个资源中心的运作由各个加盟学校、企业机构和政府有关部门共同资助。这一模式比较适合创建一个新的校际联盟，并且解决方便有效地实施资源共享的问题。

主题协作方式。主题协作方式目标在于建设专题性的教育资源，它能将同一主题的资源集中在一起，例如存放不同学科的教育资源，为校际各个部门和人员提供信息服务，为教师专业发展培训人力资源等，方便加盟学校的广大师生从专题角度查找和获得信息资源。

开发和采购协作方式。在这种方式下，各加盟学校之间共同协调，进行教育资源的开发和采购工作，避免教育资源的重复建设。

组织协作方式。旨在发展同一校际联盟内部各机构的资源共享，编制研发和使用的数据和目录，以便彼此联系，共享资源。

其次，另外一个方面说明校际联盟是如何进行资源的共享工作，从资源共享范围上可分为两种形式的共享。

第一种形式主要是校际联盟在联盟内部为了满足学生、教师的需求，为更好地利用内部资源而进行的共享建设或服务模式开发，其资源共享的工作考虑集中在加盟学校和资源主体、校际联盟内学校与学校之间，所以应通过各种手段建立有效的资源共享空间，提供便捷的资源共享服务。

这样的资源共享空间应有以下几个目标：提供一站式、个性化服务，来满足加盟学校对资源的需求，允许加盟学校获取资源、自由共享资源以及进行资源创新。加盟学校可以从专家、同行、管理人员以及其他工作人员那里获得各种帮助和咨询服务，能方便完成资源的获取和共享。培养加盟学校教师的查询、评价和使用资源的能力，集中式学习与分散的教研活动相结合，为加盟学校教师和学生进行知识创新提供便利。

第二种形式的资源共享主要是校际联盟内各加盟学校之间如何相互利用好对方的资源，如果以一个加盟学校进行资源共享来论，可分为垂直共享和水平共享。垂直共享是指具有隶属关系的校际联盟内学校在不同层次之间协作共享。由于垂直型资源共享的各个学校之间具有行政和业务上的隶属关系，因此比较容易组织。但这种方式存在重要的缺陷，因其本身具有封闭性，排斥了非隶属关系学校之间资源的共享。水平共享是指校际联盟内不同学校间的共享模式。这种方式看似易于实行，但各加盟学校有各自不同的需求，如果彼此之间缺乏合作的强烈动机，没有有效的协作机制，往往会出现在资源共建共享实践中流于形式的现象。

3. 资源共建共享下的校际联动

所谓校际联动，是指学校与学校之间以协商方式建立工作联合体，开展合作行动，实现共同利益和发展目标。校际联动的内容主要是指学校与学校之间在共同发展愿景下，通过学校间的交流与合作，打破了学校闭门造车、各自为政的保守局面，通过诸如像开展校际研讨、教学交流、名师带教等各种活动，在办学理念、学校管理、教师教学和科研以及硬软件资源开发等方面深入广泛地共享、合作和交流，意在充分挖掘每所学校的潜力，实现资源共享和优势互补，使部分学校闲置的教育资源得到充分利用，也使资源缺乏的学校得到资源补充，从而提升各学校的整体办学水平和教师专业发展水平。

资源共建共享下的校际联动一般具有以下三个明显特征：分享、联动和共进。其中分享，校际联动打通了学校之间的地域界限，使加盟学校都能分享优质的教育资源，交流优秀的管理理念、教育资源和教师的教学经验，实现优劣互补、城乡互融。联动，校际联动所开展的各种活动，各加盟学校都可以参加，通过定期会议、相互观摩交流、协作教学研修，在联动中进行专业切磋，彼此支持共同分享，大家都在参与的过程中得到提升。共进，通过校际间的合作交流，使各加盟学校在共同关心的领域内持续不断的相互学习、相互启迪，进而有效带动各个学校的共同进步。

校际联动的组织形态通常是学校与学校之间自发组建，也有由行政部门引领；既有区域内的各个学校结盟，也有跨区域的学校之间结对；这些学校既可以是同质态的，也可以是异质态的；进行联动的校际联盟有的是松散的联合体，有的可以组成教育集团式的组织。近年来，校际联动的组织形态也从幼稚走向成熟，出现了许多形式多样的学校发展共同体。

（二）校际联盟教育资源共建共享路径

要顺利实施校际联盟的资源共建共享，就必须有管理制度作保障。校际联盟实现资源的共建共享也离不开一揽子有效的管理制度。从战略角度看，要制定共同发展的长远规划；从组织角度看，主要考虑具备共建共享的管理机构、校际合作的职责和义务分配制度、共建共享工作的协商机制；从技术角度看，主要考虑校际间资源库整合的工作流程、各学校接入共建共享平台的各项事务等。

1. 制定和实施资源共享的发展战略

为推进资源共建共享，解决资源共建共享实践中的种种矛盾和问题，校际联盟所有学校在创建和实施过程中应尽快共同把制定和实施共建共享战略纳入发展的长远规划，从校际联盟和学校发展战略的高度对资源共建共享进行规范和指导，合理确定资源共建共享的种类、资源分类分级的共建共享策略与共建共享模式等。

例如：由甲省 A 校牵头，联合甲省六所学校，成立了六校协作体，突出"网络联盟"浓厚关系。为保障校际联盟各方的合法权益，本着互惠互利优势互补的原则，进行友好协商和全面沟通，就教育资源共建共享发展战略达成共识，先后签定了数项协作体资源共建共享的合作协议，基于校际的资源共建共享确定运营合作的各项服务事宜，为逐步构建一个资源丰富、结构合理、功能实用、机制完善的校际信息化共享体系，加强校际现代远程教育资源建设以及为教学应用提供优秀的精品教育资源共享服务打下良好的基础。下面是甲省六校协作体资源共建共享合作方案。

甲省六校协作体资源共建共享合作方案

一、六校协作体成立目的

1. 提升学校的管理水平、教师的教研水平和教学能力，实现优势互补和资源共享，提高教育教学质量。

2. 促进学校发展与办学理念的落实，促进教师的专业发展。

3. 促进教育资源的整合和开发，推动优质教育资源共享。

二、六校协作体成员

甲省Ａ校、甲省Ｂ校、甲省Ｃ校、甲省Ｄ校、甲省Ｅ校、甲省Ｆ校。

三、六校协作体资源共建共享主要内容

1. 优质高中建设研讨。

2. 高三联考及其质量分析。

3. 高考改革信息交流。

4. 后复习阶段备考策略研究。

5. 学校教研成果交流。

6. 教师常规教学交流。

四、六校协作体资源共建共享操作步骤

1. 召开六校会议，确定联考命题学校和命题科目。

2. 网上拼题、审题，通过网络交流意见，修正命题。

3. 组织同时联考。

4. 分析联考数据，形成电子材料。

5. 撰写后阶段各校复习备考策略并发布到各校网站。

6. 各校教师撰写班情、教情分析。

7. 共建复习迎考资料和备课教案档案，分享教育教学心得和教学成果。

五、六校协作体资源共建共享工作实施具体做法

1. 建立畅通的六校校际联盟ＱＱ群，信息告知，互通有无。

2. 建立每学期一次的交流机制。

3. 轮流确定活动召集学校、定时间、定内容，定负责人。

4. 实现六校联合集体教研，保证六校教研活动的落实和有效性。

5. 优秀课例和教学反思上网，发挥博客的互动优势和资源库的资源建设优势。

6. 各校形成的分析数据和交流成果反馈至会议召集学校，上传至各校校园网，实现资源共建共享。

六、六校协作体资源共建共享的保障措施

1. 各校要充分重视资源共享区建设工作，要成立专门的领导管理机构，认真组织，精心筹划，创新形式，务求实效。

2. 挖掘、提炼资源共享各学校的优质资源，进行梳理、归类、汇总，并统一制定资源标准和共享活动方案。

3. 加强优质资源共享各校网络建设，尤其加强薄弱学校的网络建设。要在各校校园网资源共享区内建立六校资源专区，促进六校资源共享。

4. 开展六校资源创建和使用流程的培训，学习六校资源的规范和标准，提高应用效率。

2. **建立资源共建共享运行机制与相关制度**

校际资源共建共享涉及多个学校之间的分工与合作，是一项校际的系统工程。如果缺乏必要的权威机构进行自上而下的指挥和协调，并通过有效的管理体制平衡各方面的关系，许多问题就难以得到解决。一方面，由于校际联盟是不同学校之间基于战略目的、全方位、深层次的合作，组织形式较为松散，其管理有着一定的难度。另一方面，实施教育资源的共建共享过程中，各学校参与资源共建共享的态度各不相同。许多事情议而不决，没人拍板；许多事情决而不做，没人督促。特别是在资源共建共享的资金投入和学校间利益分配方面，更是不易达成共识。

为了平衡校际联盟内部的利益分配，在校际联盟成立之初，各参与的学校就应友好协商，针对校际合作的具体情况，明确界定参与学校各方的责、权、利，尽快建立资源共建共享运行机制与相关制度。

资源共建共享制度建设是开展校际联盟成功的关键所在。在校际联盟实现资源共建共享过程中，要协调好各学校之间的利益，实现各学校的有效合作，就必须实现统一指挥协调。参与的学校通过制定合理完善的制度，相互规范制约行为，使资源共建共享能有效实施。校际联盟资源共建共享工作所要制定的制度应包括决策保障制度、组织管理保障制度、资金投入保障制度、资源所有权保障制度等。

3. **成立资源共建共享的协调管理组织机构**

由于各学校的资源建设往往各自为政、自行其是，不能很好协调校际资源共建共享的工作，创建的校际联盟就十分需要有专门负责的组织管理机构，对资源共建共享进行组织、领导、规划和督促。这种管理机构能够行使相应权力，协调好加盟学校之间的关系，能够就相关一些领域的事项提出决策、意见等；这样的组织管理机构还应确立自己的具体职责，统筹规划，在校际联盟内作出统一的部署，制定共建共享的规章制度，确定共建共享系统的运作模式，搭建资源的共建共享平台，做好参与校际联盟各方的协调工作等。

校际联盟组织管理机构建议最好由各学校主管领导参加及负责，有专门人员管理日常工作。这样的校际联盟组织管理机构，应有三种性质相似、功能各异的组织共同构成；它们在不同的层次上，分别承担着不同的资源共建共享的校际协调任务：第一种组织是负责日常协调的管理服务机构，它承担综合性协调管理工作，它有专职员工，有履行职能的相应制度，使校际联盟工作协调统一，规范有序并高效地进行。这样的机构是校际联盟合作成功的重要组织保障。第二种组织是由加盟学校各方领导或代表共同组成具有决策权的权力机构，主要负责处理日常管理服务机构难以协调而提交的问题，以及校际联盟内各学校共同关注的重大问题。第三种组织是专门处理某一方面协调事宜的组织团体，这种专门的组织团体能确定校际联盟中某一方面的重要事项，便于交流和沟通，对行之有效的内容，及时加以总结并达成共识，例如基于校际的教师教研共同体，甲省 A 校针对单个学校进行教研的局限性和发展不平衡的问题，以"主题式联片教研"为抓手，根据自己的师资力量、学校的硬件设施和学科优势，与本县几所农村学校、薄弱学校结成联谊学校，开展主题式联片教研活动。学校在制度保障上改进了原有的局限于校内的教研模式，建立与联片教研相适应的教研管理制度。第一，建立联片教研领导负责制。各联谊学校均成立"联片教研"领导小组和工作小组，负责"联片教研"的管理和活动规划。第二，强化备课制度。根据各校不同情况进行备课改革，推广"四栏式"教案，使教师逐渐形成备课中"备学生"的习惯。第三，重视对话质量。为了增加联谊学校教师在活动中的对话机会，每个会场人数限制到 40 人左右，人数较多的学科设立分会场开展活动，同时指定专人对教师发言内容进行记录、整理，留存资料。第四，实施过程管理制度。每个学期均抽调名师、教学骨干、教学领导对各所学校进行教学调研，通过查、看、听、交流，提炼经验，不断修正并制订出改进计划。

三、校际信息化教育资源库建设

（一）校际信息化教育资源库建设途径

1. 资源的信息数据通过共享文件目录方式管理

建设者按自己的分类方法对教育资源进行分类，并将其存储在服务器上对应的目录中，通过目录共享功能对资源进行管理和操作。这种存储方式的特点是资源管理直观、简单，但资源安全性差，易受病毒侵蚀，易被他人盗用和破坏。通常的建设方法是架构文件服务器，例如 FTP 服务器等。

2. 资源的信息数据以数据库方式存储和管理

资源管理数据库一般将资源文件以二进制数据形式，以结构化的方式存储在关系型数据库中，对教育资源的管理都是基于对数据库的操作。教育资源管理系统是对存储于资源库介质中的教育资源进行管理、维护和更新的软件系统，提供资源检索、资源发布、资源审核、权限管理、计费、用户信息交流等多个方面的服务。这种存储方式的特点是资源管理效率高，安全性好。但对数据库性能和网络带宽要求较高，对用户来说有一定的技术要求，添加和更新数据工作量较大，管理比较复杂，维护成本高。通常的建设方法是建立教育资源信息管理系统，它一般是以自行开发或委托开发的应用软件形式出现。

3. 资源中心方式

资源中心是一种包括多级树状的资源组织结构，资源中心包括各种素材资源和工具性资源。一般它有一个集中的目录索引，由多个不同级别的资源库节点组合而成，形成一个以地域范围（例如校际联盟）为单位的教育资源网，每一级资源库节点（例如校际联盟中某学校）可向上一级资源库节点提出资源服务的需求，或自行将资源提交给上一级资源库节点进行整合和汇总，相邻的校际资源库都能通过互联网、校园网甚至是光盘等多种方式和渠道进行数据通信或交换。这样的资源中心实际上是一种分布式教育资源网方式，它很适合现在校际联盟资源存储状况，即没有什么统一的物理存储，各校的资源库之间也可能具有不同的系统平台、不同的运行机制和不同的数据标准，通过建立访问同构或异构资源库的集成解决方案，构建一个统一的资源访问平台，以便于在最大范围内实现教育资源的共享和互访。

4. 资源网站群方式

目前我国中小学大多数资源库的共享都是静态的，不能够实现资源的自发扩充，以共建促共享。因此，客观上需要建立一个能够涵盖信息化教育的整个流程并且具有灵活、开放的信息化资源建设和应用环境，努力改变传统的资源库方式，按照学科分类，采用多种技术平台，建立起带有学科特征的资源网站群方式。这样的资源网站群提供各学科个性化的支持和服务，即提供一个具备虚拟教研、联机备课、在线课件开发、学科信息发布、网上探究、交互交流等各项功能的各学科、多层次的教育资源的应用环境，切实推进校际联盟各学校资源建设和深化教育资源应用。例如基于 Web2.0 技术，整合博客、Wiki、RSS、Tag、社会性书签（Social Bookmark）、Podcasting、SNS 的应用，建立起以个人知识管理空间、资源协作开发空间、资源交流互动平台形式为主的资源网站群。

（二）校际信息化教育资源库建设技术解决方案

当前建设校际资源库比较现实的方法是在各学校原有资源共享平台基础上，无须增加任何软硬件投资，通过技术手段使各学校的资源库中资源相互共享，并对其进行一定深度的加工处理，使其进一步有序化、规范化，具备一定的互操作能力，从而在此基础上形成各种新的教育资源的服务。例如由联想集团自主开发的资源交换平台——联想传奇校际资源交换平台（简称 ZIS）就具备这样的功能和作用。

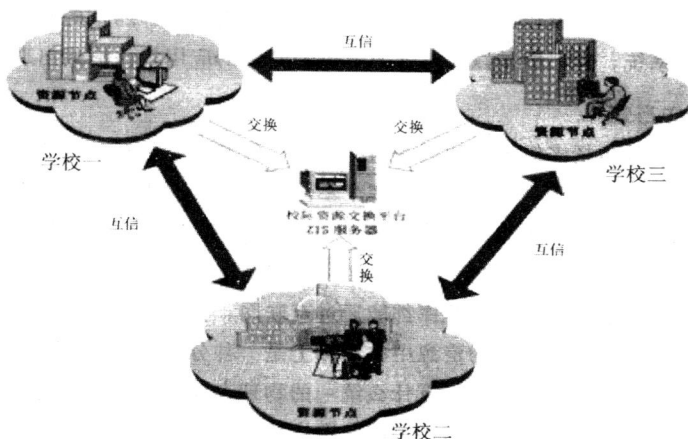

图 11 - 1　联想传奇校际资源交换平台 ZIS

该平台可以通过网络实现跨学校、跨区域标准化资源编目和资源内容的共享与交换。它只需要在各学校校园网内部署校内资源发布与管理系统 ZIS，取得 ZIS 平台授权后，通过简单的设置，就可以申请加入到 ZIS 平台上，再通过审核后就可以实现共享资源的发布、查询和下载。校内管理员可先对本校资源进行分类管理，将可共享的资源信息通过 ZIS 平台发布出去，与其他学校共享。还可以通过该平台方便地查询到接入 ZIS 平台所有学校共享的资源，需要的资源可以下载到本地，按照本校资源需求进行资源交换。ZIS 校际资源交换平台是以分布建设与应用为基础，采用以学科教学为纽带组织的一种有效的资源共建共享模式，是进一步实现资源共享的服务平台。

（三）校际信息化教育资源库建设的问题

从 2000 年开始，我国全面启动教育信息化工程以来，许多学校虽然硬件建设已经完成，但却面临着"有锅无米"的困境，十分缺乏网上的教育资源，以致不能充分发挥网络教育作用。随着教育信息化的不断发展，其教育资源的建设越来越受到重视，各学校纷纷开发或购买适合自己的资源库系统，这些资源库系统对本校的资源使用起到了很好的作用。由于各校资源库具有不同的系统平台、运作机制和实现标准，而每个系统采用的数据库系统、数据结构和数据标准又均不相同，使所建立起来的资源难以共享。为做到资源共建共享，优势互补，避免重复开发，节省人力、财力，迫切需要各个学校进行合作和结盟，以期在最大范围内实现教育资源的共建共享，因此建设校际教育资源库成为一种比较可行的方案。目前，从建设基于校际网络联盟的教育资源库的实践来看，主要有以下几个问题。

1. 资源共建共享性差问题

现在许多学校要做到真正合作是比较困难的，相互竞争也是在所难免的，这样就容易造成各学校教育资源上的重复建设。很多开发的教育资源基本是类同的，为使用这些教育资源，教学与管理平台也是各自为政，在同样的教育资源建设上各自都花费了不少的人力和财力。与教育资源重复建设问题类似，各个学校往往投入大量资金和精力开发资源库，却忽视与外界的交流与共享，从而形成一个一个独立的资源库，就像一个一个的"信息孤岛"。由于缺少与外面环境的共享使用，资源库的利用率十分低下。

2. 资源结构性差问题

各个学校在开发资源库时由于各自的目的不同，资源库之间有着不同的系统平台，开发的工具也不一样，从而使资源的结构各不相同。例如学校的教育资源往往会以媒体素材、试题、课件、案例、文献资料、常见问题解答、目录资源索引和网络课程等多种形式存在，而其存在的环境由于操作系统、数据库类型、网络条件等不同而呈现形式也各不相同。

3. 资源标准性差问题

由于每个资源库所采用的数据库系统、数据结构和数据标准均不相同，资源库中资源的组织和发布没有使用统一的标准与规范，所以造成资源之间关联度差，造成了资源分类的混乱。同一资源可能被多个平台重复建设或使用，使得资源的冗余度不断增加。

对于校际教育资源库的建设应力图避免以往资源库建设过程中业已存在的种种问题，遵循和参考国内外有关标准和规范，总结过去资源库建设的经验教训。校际资源共建共享需要作出有价值的实践应用，探索出校际教育资源库建设的有效途径。

（四）"六校网络联盟"资源库简介

1. 基本状况

"六校网络联盟"是甲省一个著名的中学网络联合体。它是一个跨地区校际交流的民间组织。为了进一步促进优质教育资源在本区域校际之间的融通与共享，立足学科资源建设和需求现状，由甲省A校担当"六校网络联盟"的发起方，有效整合区域内各学校等单位力量，探索一条基于校际的区域联盟学科资源建设的新途径，构建具有鲜明特色的优质教育资源共建共享平台。其中A校作为全国电教实验学校，承担了"六校网络联盟"方案的总体设计，并且提供校际教育资源库的平台和技术服务。

"六校网络联盟"的资源库建设与传统资源库建设是不同的，它不是简单地建设静态资源（课件、素材等），而是侧重于建设面向学科教学具有实用价值的生成性资源（教学方法、教学设计、教学反思、主题资源包等）；在六校网络联盟的资源共建共享平台上，除了坚持提供各种丰富的静态资源外，联盟的教师们也为达成学科教学目标而进行深层次加工，创造各种面向学科的实用性的优质动态资源，实现区域学科资源的共建共享，使资源建设在学科教学实践、区域教研活动中发挥重要作用。

2. "六校网络联盟"资源共建共享的实现

【资源共建共享目标】："六校网络联盟"的资源库共建共享主要以教育教学需求为前提，以A校数字化校园的内部平台、教师QQ群、教师博客和专题学习网站为依托，通过校际网络联盟的业务领导和全体教师群策群力，坚持教育教育资源上传来实现。资源建设形态力争从静态固化资源建设转向为侧重生成性资源建设，以较好地辅助教师开展教学教研活动。努力推进联盟的资源共享平台建设，更广泛的获取资源和分享资源。

【人员组成】：由各加盟学校业务领导、各学科的教师以及专业技术人员组成资源共建共享的实施团队，并聘请县、市教研员或其他专家作专业指导。

【栏目建设】：栏目建设主要从教育科研（包含教育理论、专题学习、课题研究、课题管理、论文发表、学校生活等）和课程建设（包含教学设计、教学反思、教学评价、网上教研等）两大部分考虑。

【制度建设与保障】：

·各加盟学校成立专门的领导管理机构，由主管业务的校长任负责人，教务处或教科室明确专人负责具体工作的实施，各科教研组长、备课组长、骨干教师组成资源开发和应用队伍，年级主任和班主任负责配合完成资源的推广应用工作。

·由六校网络联盟统一制定资源共享建设方案，各加盟学校挖掘、提炼资源，共享各自学校的资源，并进行梳理、归类、汇总。

·根据实际情况，明确资源建设目标，开展教育资源上传活动，并将相关支撑平台的审核、发布任务落实到教研组。

·通过制定校际联动方案，促使六校网络联盟内学科教师汇集在一起，组成资源项目组共同创建资源；建立定期（每月一次，至少每学期一次）的跨校交流制度，使各资源项目组相互借鉴，分享经验。

·将网络教研与资源建设相结合，加强教研员和加盟学校骨干教师的学科和技术指导，提高学术含量和利用率；建立每学期一次区域联盟内的协作备课，针对学科情况和资源使用情况进行交流反思，将资源建设和协作教研紧密结合起来，为资源的动态生成和可持续发展创建常态形式。

……

【拟建策略】：

·QQ 群教育资源的主题化，以主题为单位逐次推进，每增设一个主题，就创建一个QQ 群，以资源型 QQ 群作为联盟话语资源共建共享的承托平台。

·资源的进一步合理分类、聊天表达的内容做到符合资源的标准格式。

·采用实名注册制和审核制，采用统一身份识别系统，以保障资源的真实有效性，便于科学管理。

·设立各主题 QQ 群管理员，管理员设立相应岗位，提供工作津贴和工作课时量。

·对资源库建设中表现突出的学校和教师予以奖励，表彰课件、教案、论文上传多且质量高的学校、教师；将资源库建设作为教师学年考核和评优评先的条件之一，建立长效的考核制度。

图 11-2 所示的是依托 A 校数字校园的平台跨校进行批量上传论文、课件、教案等资源的页面截图。

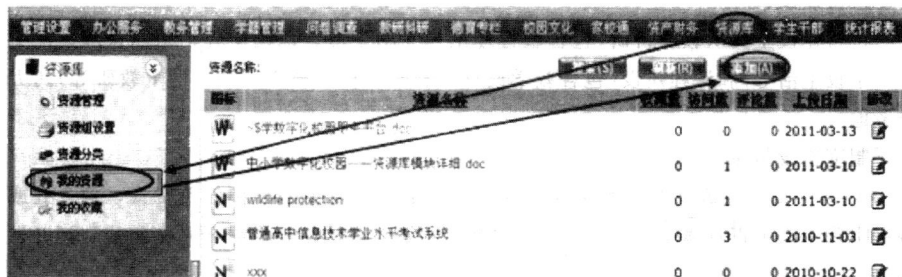

图 11-2 校际间批量上传教育教育资源

【运作流程】：

· 由 A 校进行总体规划和管理并进行以下几个部分的运作。

· 搭建联盟教育资源管理服务平台并挂靠在 A 校的校园网上。协商完成资源平台的栏目建设，经费的申请和筹集，资源建设招标方案制定，招标公告发布、开标和评标等。

· 组成资源建设团队，进行分工协作，按规定进行开发，并在平台中呈现资源。

· 通过组织同步的教研活动和学术交流，不断完善上述所开发的学科资源。

· 新构建的联盟资源管理平台的后台管理应与学校原有网站的后台管理单独分开，由 A 校负责，其他加盟学校可以查看与监督。

· 新构建的资源管理平台的所有资源数据均由 A 校管理，资源平台使用的服务器由 A 校提供并维护。

· A 校负责联盟资源平台的所有资源的更新及维护。

· 加盟学校积极配合 A 校一起更新、完善教育教育资源。

· 资源建设组织形式支持实名注册、群组活动和集体在线或离线活动。

· 资源建设运行形态：网络教研和资源上传是资源共建的主要方式。

使用范围：

· 联盟资源平台的所有资源版权均属"六校网络联盟"共有。

· 资源平台的所有资源只允许"六校网络联盟"教学人员及学生使用，禁止向外区域开放。

3. "六校网络联盟"的实践效果

自 2008 年 10 月创建以来，"六校网络联盟"资源建设成效明显。各加盟学校的教师的课程设计、教学水平、科研能力得到了很大的提高。"六校网络联盟"促进了区域教育资源的整合和开发，探索出校际教育优质均衡发展的新途径，提升了各学校的软实力。通过调查，"六校网络联盟"超过 65％的一线教师通过网络教研、下载资源、集体备课以及上传资源等方式来参与资源共建，其中，参与网络教研和下载资源的教师比例分别占 30％和 85％；高达 91％的教师认为这些教育资源对教学工作有帮助，其中，32％的教师认为具有"非常大的帮助"，59％的教师认为"具有较大帮助"；85％的教师对校际联盟教育教育资源的共建共享工作满意度较高，其中，55％的教师认为"比较满意"，30％认为"非常满意"。

第三节　基于共建共享的校际信息化教学平台

一、利用即时通信软件建立的校际教研平台

即时通信的英文全称是"Instant Messaging"，通常可以缩写为"IM"。也有些人将 IM 翻译成"即时通信"，但"即时通信"是更加通用的译法。即时通信技术的出现和互联网有着密不可分的关系，即时通信技术是基于 TCP/IP 网络协议实现的。最早出现的即时通信协议是 IRC（Internet Relay Chat），支持文字、符号的方式交谈和沟通。1996 年第一个即时通信产品 ICQ 发明后，即时通信的技术和功能也开始基本成型。语音、视频、文件共享、短信发送等高级信息交换功能都可以在即时通信工具上实现。即时通信技术主要有 IMPP、PRIM、SIMPLE、XMPP 四种协议。目前的产品开发普遍采用了 C/S 和 B/S 混合模式，利

用 C/S 模式的高可靠性进行客户端的数据提交和请求处理，同时利用 B/S 模式的广泛性来构架服务，处理客户端向中间层提交服务请求。

即时通信软件是通过即时通信技术来实现在线聊天、交流的一类软件。目前比较流行的有腾讯 QQ、飞信、MSN、ICQ、雅虎通、搜狐 sohu、朗玛 UC 和 Google talk 等。即时通信工作方式是首先登录即时通信服务器，获取一个自建的历史交流对象列表（好友列表），然后服务器登记用户在线状态，当好友列表中的某人在任何时候登录上线并与用户交流时，系统会发送提示消息进行提醒，形成一个与其会话的通道，从而进行各种消息如键入文字、通过语音等的交流。

目前多数开发即时通信产品的公司都使用自己的通信协议，与其他即时通信系统不能互相兼容，所以不同的即时通信系统之间还无法实现互联互通。当用户双方需要进行通信时，只能使用其中一种即时通信系统进行对话。如果想体验不同的即时通信系统的通信效果，用户只能将每个产品都进行单独安装和注册，而且这些即时通信系统各自运行，占用用户许多系统资源。针对这样的问题，目前许多公司通过分析各种主流的即时通信技术协议，开发出能够兼容 QQ、MSN、Yahoo、ICQ 等即时通信系统并具有"集成化"功能的即时通信工具。通过这些工具，用户能同时登录多个账号，把不同的即时通信服务的客户端软件联合成一个软件界面，而不需要同时安装、运行多个不同的即时通信程序，例如：Gaim、Pidgin Portable、Galaxium 等。在近几年即时通信技术不断成熟和广泛应用的趋势下，许多即时通信产品开始制订互相兼容的计划，例如 Facebook、Google Gmail、搜狐的"小纸条"等，这些变化必将影响到未来即时通信技术在各个领域的推广和应用。

在校际教育资源共建共享过程中，即时通信技术作为一种帮助人们利用网络进行实时交互、通信的技术，可以很好的实现在校际联盟内各学校师生之间进行沟通的功能。相比其他通信工具，如电子邮件 E-mail、BBS 论坛、留言板等，即时通信系统具有方便快捷、情景真实、界面友好、符合谈话习惯等特点，更容易被教师和学生所接受，可以吸引更多的师生主动使用。

即时通信软件的功能越来越完善，其中腾讯 QQ 有强大的群组功能，在 QQ 群里用户可以和别人共同探讨一个话题，分享他们的观点，同时也可以在这里寻求别人的帮助。腾讯 QQ 群里还有一个共享的空间，那里可以上传或下载资料，真正的体现出了资源的共享性。

QQ 的群组功能是非常强大的，最常用的是群聊、群论坛、群活动、群公告、群共享和群投票。它在支持上述功能的同时，还可以让用户根据需要在群聊和一对一聊天两种方式间进行自由选择。利用群公告，群管理员可以把一些重要的信息发布在上面，群组里的所有成员就可以通过这个公告实时获得信息。

QQ 群是具有一定共同特质的人组成的一个群体，而学习共同体是学习者交流信息、分享资源和探究学习的天地，因此，可以以 QQ 群为平台建立基于网络的虚拟教师共同体。在 QQ 群中进行基于网络的校际教研活动，校际联盟的教师们基于网络进行交流、分享各种学习资源，并且共同完成一定的学习和研究任务，形成一个校际资源共建共享的新天地。

二、基于 QQ 群的校际教研平台

（一）校际学术沙龙教研活动

校际学术沙龙是指一种校际的教师学术共同体。它是由校际联盟内具有共同兴趣追求的成员参加，可以自由发言，充分体现了参与人员的平等、自由和互动的实践共同体。这样的共同体可以是跨学科的教师组成，也可以是同学科的教师组成。如果教师同行之间能够相互启发、帮助、切磋，表现出文明、奉献、相互理解等职业精神，一个教师对教育的贡献就不只是自身的使用价值，而是将教师自身的各项资源供共同体平台上的成员共享的价值，那校际学术沙龙无疑是一种有利于教师专业发展、用于研修、达到教育资源共建共享的较佳的方式。

利用腾讯 QQ 群开展校际教研实践，形式以学术沙龙为主。校际联盟的教师 QQ 群可以在教学理念、教学模式、教学方法和教学手段上展开探讨，可以是以一个教学案例或一个教学问题或一个专题为主题，参与者各抒己见，还可以结合各自学校的课题研究、教研活动、理论学习、学科课程等活动一起开展，从而使学术沙龙互动过程更加实际更有针对性。在这种校际 QQ 群教研活动中应该确定合适的主持人，一般可以由教研员主持，也可以由校际联盟内某教师担任；可以有效组织教师们进行集体或者分小组讨论；有可能的话，还可以邀请群内专家，教研员或学校领导作适当的归纳和评析。

利用 QQ 群开展校际学术沙龙活动一般可以按以下七个步骤实施。

（1）校际联盟组织者（含本活动主持人等）制定教研活动的方案，并且确定研究活动的主题，在小范围交流尝试基础上，修改其活动方案。

（2）主持人通过群公告方式公布该教研方案，邀请参会人员，引导组员做好交流前的准备工作。

（3）主持人公布本次活动主题，活动的时间，讨论要求，背景知识等相关内容，确定主要参会人员到位情况。

（4）主持人引导讨论，主要参与者积极响应，促使讨论走向深入。

（5）主持人进行总结归纳，如有专家参加，可以作评论分析。

（6）最后进行资料整理，形成相关的成果资源。

（7）整理成果资源在群共享中发布。

图 11－3 所示的是一种常见的利用 QQ 群开展校际学术沙龙活动的流程图。

利用 QQ 群开展的校际学术沙龙也可以事先不确定讨论的研究主题，参加人员可以是围绕一个教育现象，每位参与教师从各个角度切入，畅谈各自的认识与看法；也可是围绕一个教育观点，从多维度展开阐述。这样的 QQ 群讨论常常借鉴"头脑风暴"等策略，以取得最佳的效果。

利用 QQ 群开展的校际学术沙龙可以是实时在线形式，也可以采用离线形式。教师如果遇到教学问题或专业问题，通过 QQ 群进行留言，群内专家、教研员或其他教师进行留言解答，甚至相约后通过音、视频聊天进行指导或远程协助。

（二）校际课例分析教研活动

"课例分析教研"是指在新课程改革深入开展的背景下产生的一种教研活动方式。它围绕如何上好一节课展开，研究渗透或融入教学过程，贯穿在备课、设计、上课、评课等教学环节之中。活动方式以校际联盟内教师之间的沟通、交流、讨论为主，研究成果主要呈现样式是文本的教案和案例式的课堂教学，它也是一种能提高教师专业素养和教学质量的有效手段。

它同上述的校际学术沙龙教研活动一样，也可以利用 QQ 群开展。活动一般可以按以下五个步骤实施，图 11－4 所示的是其中一种常见的活动流程图。只不过教研活动主题是以"课例"为载体，课例内容就是课程标准规定的内容。结合教材选择有代表性的典型课例，

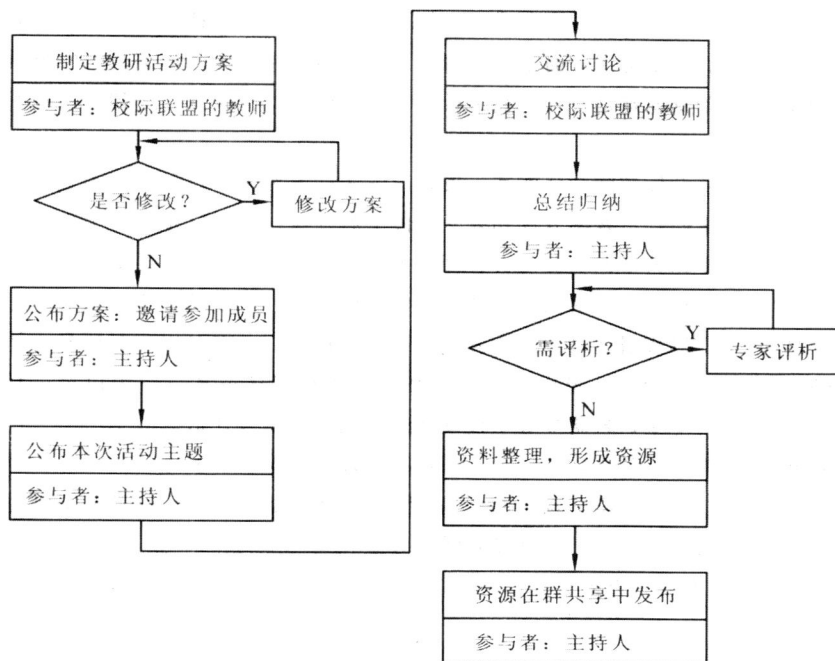

图 11 - 3　校际 QQ 群学术沙龙活动流程

这些课例在 QQ 群中可以是课堂实录、教学详案或说课文稿。这类课例不但可以是文字形式也可以是音视频形式。通过 QQ 群共享和 QQ 群发邮的方式来实现，如果发送的课例内容比较大，可以通过 QQ 超大邮件功能来完成。

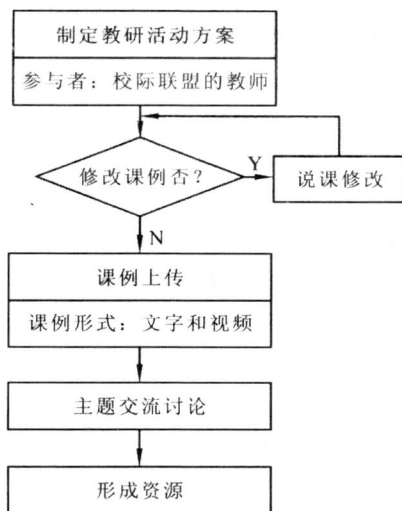

图 11 - 4　校际 QQ 群课例分析教研活动流程

　　基于即时通信软件的校际教研实践和应用在策略上建议：①适合于短时间的教研活动，一般活动在 1～2 个小时内为好；②讨论人数不宜超过 20 人；③语言需要精练，应答性表现力要强；④需根据参与人数的多少选择话题，人数少的场合可选择微观主题讨论，人数多的则选择宏观主题讨论；⑤可以与 BBS 论坛和教育博客结合使用；⑥可以采用课堂观察、行动研究等教研方法进行研究。

（三）A 校领衔的校际教研共同体——"井冈星火"QQ 群

由 A 校领衔创建的"井冈星火"QQ 群，是专门为校际网络联盟高中语文骨干教师提供的教研交流空间。它借助于 QQ 即时通信软件，就高中语文一些教学难点、热点、焦点、重点问题，组织校际网络联盟的语文教师及时进行讨论、研究；鼓励群内教师将自己制作的教学课件和案例等资源与同行分享和交流，听取有关的意见和建议再行改进，群内教师也可以从中吸取有价值的成分为己所用。A 校在通过实施校际 QQ 群过程中，认识到 QQ 群特别适合围绕学科主题，有针对性地单独创建。它不是强制的、额外的一项"任务"，易于为创建者和使用者接受。故能解决资源共建共享的动力问题，使资源共建共享成为主动、自觉、自然的行为。

下列案例摘自 A 校甲老师的教育叙事《我的备课受益于"井冈星火"QQ 群》。

（案例背景介绍：这是对《宇宙的未来》一课的教学设计的研讨）甲老师在文中写到：学校搞教学评比，我选择了人教社课标版高中语文必修 5 第四单元霍金的《宇宙的未来》来做准备。《宇宙的未来》这一课不仅是篇精深的科普论文，而且语言很有特色。字里行间充满着一位智者的幽默——霍金式的幽默。特别值得品味和欣赏。故而我的教学设计从这个角度切入。于是教案设计如下：

《宇宙的未来》教学设计（30 分钟课）

一、教学目标：

……（省略）

4.拓展引申：交流、介绍所知道的幽默表达

①问题激趣：

你听到、读到过什么特别幽默风趣的表达吗？能不能拿出来，与大家一起分享？再提更高一点的要求：你能尝试自己造出一个幽默风趣的语句吗？

②教师示例：（暂时空缺）

5.学造幽默语句

①问题激趣：

你能按这种幽默思路，也"幽默"一下吗？

②提供情境材料：（暂时空缺）

……（省略）

当编写到"4.拓展引申：交流、介绍所知道的幽默表达"中的"教师示例"（斜体字表示）和"5.学造幽默语句"中"提供情境材料"（斜体字表示）这两处教学环节时，卡住了。原因是一时找不到合适而又时鲜、有趣的示例的例子，苦于手上缺乏应急的资料。差了这个教育资源，这步教学环节就肯定进行不下去。没有例子，怎么示例？思维一时陷于困顿，不知如何是好。突然想到白天在"井冈星火"QQ 群与人聊天聊到网络幽默表达时，有群成员提供了"2010 年网络最给力幽默段子"，里面有很多令人捧腹、忍俊不禁、讽刺幽默的语句。这不正是"众里寻他千百度，那人却在灯火阑珊处"吗？马上进入 QQ 群，不费多少工夫，即刻查到，果然在那，如获至宝。这个教学环节也就迎刃而解。

点评 1：甲老师在编写教案时，能想到校际共享资源这条线索从"井冈星火"QQ 群的

聊天记录中获取有用的信息，以补充教案中第 4 点"拓展引申"和第 5 点"学造幽默语句"两个教学环节资料上的缺失。体现了平时多方位资源建设的重要性。

甲老师采纳了其中的部分话语资源，形成新的教案。并发布到"井冈星火"QQ 群中征求意见，引发围观，再根据反馈修改完善。最后确定的教案设计如下（采纳的资源用斜体字表示）。

《宇宙的未来》教学设计（30 分钟课）

一、教学目标：

……（省略）

4. 拓展引申：交流、介绍所知道的幽默表达

①问题激趣：

你听到、读到过什么特别幽默风趣的表达吗？能不能拿出来，与大家一起分享？（你能举出或自己造出幽默风趣的语句吗？）

②教师示例：

我就有八个——

（1）每个月总有那么三十几天不想上班？

（2）我用一麻袋的钱上大学，换了一麻袋书；毕业了，用这些书换钱，却买不起一个麻袋。

（3）给自己取个英文名，叫压力山大。

（4）自从得了神经病，整个人精神多了。

（5）旅行就是从自己活腻的地方到别人活腻的地方去。

（6）消防车再不来，火就要灭了呀！

（7）养鱼挺麻烦的，每周要换一次水，我经常忘记。后来就只好每周换一次鱼了。

（8）这个世界上最恐怖的事情不是恐怖分子劫持你，而是菲律宾警察去救你。

5. 学造幽默语句

①问题激趣：

你能按这种幽默思路，用魔鬼成语词典的方式，结合时弊的针砭，也"幽默"一下吗？

②提供情境材料：

（1）杯水车薪

（2）知足常乐

③交流：

参考：形容公务员的工作，每天办公室一杯茶，月底能拿到可以买一辆车的工资。

参考：知道有人请自己洗脚，心里就感到快乐。

……（省略）

点评 2：上述案例，生动地展示了基于 QQ 群辅助备课的情形。清晰地呈现出在"井冈星火"QQ 群中，集合联盟师资力量互帮互促共建共享完成一个教案设计的过程。这个过程实际上可以进一步上升提炼为一个更有目的更有意识的流程：对于自己的教案，主方向客方展示自己的观点和设计内容；交流伙伴就存在的问题聊天讨论，并提出自己的意见和建议，提供自己所拥有的资源；主方整理讨论的结果，吸纳所需的部分，对教案进行修改、补充；形成新教案发布征求意见；再完善教案；最后定案。

对于利用校际 QQ 群进行个人交流具有许多优点。譬如组织方面，个人参与度比较高，

交流灵活，实施简便。从交谈的内容来说，QQ 群这种相对虚拟的环境反而能够让交流更加充分，较易生成有价值的话语资源。但是这样的教研交流也有不足之处。由于交流面比较窄，有些讨论不总是很有效率。个人研讨虽然是双方之间的交流，但缺少有效的监督和调控。此外，从受益的程度来看，主方（一般教师）的受益比较多，受益面广；客方（骨干教师）的受益比较少，受益面小，说明参与双方还存在着受益不均衡的现象。

三、利用 Wiki 技术建立的校际教研平台

（一）Wiki 技术

Wiki 一词来源于夏威夷语的"wee kee wee kee"，原本是"快点快点"的意思。在这里 Wiki 是指一种超文本系统。这种超文本系统支持面向社群的协作式写作，同时也包括一组支持这种写作的辅助工具。一般情况下人们可以在 Web 的基础上对 Wiki 文本进行浏览、创建和更改，而且创建、更改、发布的代价远比 html 文本小。同时，Wiki 系统还支持面向社会群体的协作式写作，为协作式写作提供必要的帮助。Wiki 还有一个很重要的功能就是 Wiki 的写作者自然可以构成一个社群，Wiki 系统为这个社群提供简单的交流工具。与其他超文本系统相比，Wiki 有使用方便及开放的特点，所以 Wiki 系统可以帮助我们在一个社群内共享某个领域的知识或资源。

（二）Wiki 平台的构建形式

目前 Wiki 教育平台的构建方式主要有两种，一是利用社会上一些 Wiki 门户网站提供的服务，只要注册成为其会员，然后就可以很容易开辟自己的 Wiki 空间，构建布局结构。这种方式简单易行，管理和维护也比较方便，它能让使用者不需要知道 html，但仍然能编辑出页面具有许多 html 特征的网站，这样能使使用者将建设 Wiki 网站重点放在如何充实内容上。缺点在于网站的结构、界面、操作控制等都受限于提供支持的开放软件系统。二是在自己的单位或上级部门的服务器上搭建平台，利用开源代码搭建 Wiki 系统。它可拥有自己的独立域名、栏目设计、资源的空间和页面的风格。这种方式需要一定的技术条件，要会安装 Wiki 使用系统，选择合适的 Wiki 引擎，确定相应的操作系统、数据库系统、网页脚本开发语言等搭建运行环境，并对 Wiki 引擎进行二次开发。

（三）基于 Wiki 的校际协作备课的教研实践

基于 Wiki 协作备课是教学备课方式的一种创新。校际联盟内教师在这样的平台上备课，并不仅仅只是为了备课和教师利用网络寻找资料、制作课件之用，而是能利用 Wiki 技术，提供一个协作的环境，各显其能，完善一节课或一个章节的教学设计，实现立体备课、共同备课。使集体形式的备课打破时间、空间的限制。利用校际联盟的网络可以发挥自由交流、共同分享的优势，把大家对教育教学的理解、教育教学的方法和手段贡献出来，把大家辛苦积攒的资源共享出来。这不仅可以让教师个体的教学思想和教学设计扩大和传播，而且还能通过知识管理的方式把教师们的教学思想和经验教训等隐性资源显性化，使之成为校际联盟内的教师的共同财富。

因此，采用 Wiki 技术来创建一个协作备课平台是比较可行的方法。而用 Wiki 开发协作备课平台一般可按照模块化的设计理念进行组织和管理，其中用 Wiki 来实现协作备课是核心功能。图 11-5 所示是如何利用 Wiki 技术创建一个校际协作备课平台的设计参考方案。整个平台主要分为在线编辑、教师个人空间、小组协作和资源信息管理四大部分，当然还包

括用户注册、登录和权限管理等模块，以增强平台的安全性和可控性。

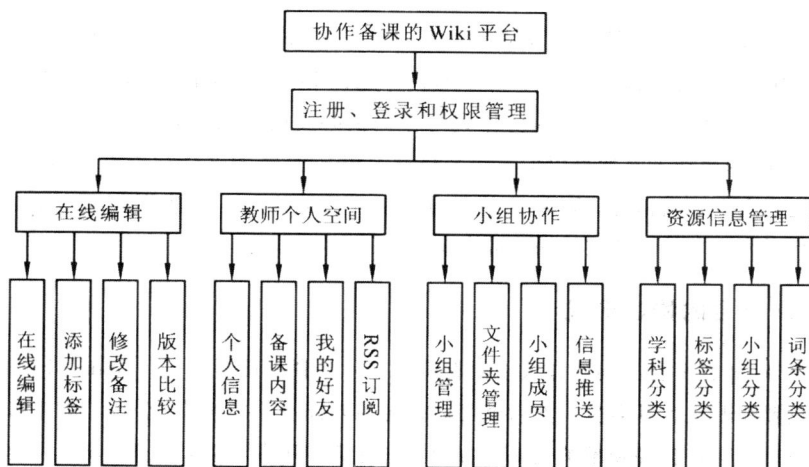

图 11 - 5 Wiki 协作备课平台

1. 在线编辑部分

在线编辑部分是创建和协作修改教案的最重要部分。它具备了文本、图形、图像等编辑功能，可以实现对备课内容做添加、删除、修改等基本操作。它不需要教师之间相互传送教案，该部分的编辑功能使教师在备课过程中可共同修改同一教案，在修改成功并保存后，所有教师都可以即时看到。同时将修改教案的痕迹和增加的备课内容突出显示出来。

"添加标签"（Tag）可在教案内容中提炼出所需的主题词。应用 Tag 技术可以将新建的教案与相关主题的教案建立起内在联系，增加同一主题下的内容高度聚合和集中，促进此类"生成性质"资源库的建设。

"修改备注"是教师进行自我学习的一个重要过程。它用于记录教师在编辑教案过程中出现的新想法，或是对相关内容的解释。此外，备注也是在教案修改过程中，为便于接受不同教师的观点，吸纳有用的意见而设置的功能。备注的陈述体现了教师在修改别人的教案时把自己的角色融入到整个备课过程中的意图和设计。教师在备课时可以随时调用不同版本的教案进行查看、修改或添加新备注，以此形式支持不同备课阶段的教师交流，为教师不断反思提供材料支持，有利于教师在相互融通的过程中共同进步。

"版本比较"可以使教师在协作的方式上直接对原稿进行修改，或者查看历史记录，选择自己喜欢的版本进行修改或批注。

2. 教师个人空间部分

教师个人空间部分提供了完善的个人管理，为教师提供个人信息资料和备课内容空间。个人资料主要是教师个人信息，包括个人特征资料、个人爱好等。在该部分中，教师开始创建新的教案，这是协作备课的第一步。教师在协作备课过程中可随时接受其他教师的意见，并在该空间编写反思记录。个性化的管理形式可以让教师感觉不仅仅只是备课，也是在经营自己的网上家园。

"我的好友"部分能管理我的好友，可以将自己参与的任何协作备课内容推送给好友；"我的小组"包括创建备课组条目、创建备课小组和我加入的备课小组几部分。我的小组是教师参与协作备课的管理空间，是个人与组织相结合的记录和管理。教师的角色扮演和互动性都能充分的发挥。教师通过在自己的小组中协作完成备课，不但能够获取小组内部的组织知识，同时还可以促进教师的高级认知能力的发展和提高。

3. 小组协作部分

小组协作部分是教师备课协作小组的共用空间。它包括小组管理、文件夹管理、小组成员和信息推送条目。小组之间的协作和讨论构成了协作备课的核心，公共资源作为小组备课的共有资源，基于整体规划实现了资源系统整合，是小组协作备课的重要标志。

"小组管理"是创建小组的组长才拥有的权限，它是一个小组的最高权限管理。

"文件夹管理"主要是把小组成员共同协作参与的文件分类管理，以主题相关的形式归档，便于日后查阅。

"小组成员"包括了组内成员的所有列表，同时成员之间可以形成备课沙龙，随时在线讨论，创造出强大的交互备课空间；协作备课可对整体内容进行任务分配，每一位小组成员根据任务确定自己的角色，每一小组成员可以是一项任务的组织者，但也可以以参与者身份出现在另一任务中；组内邀请有兴趣的教师参与备课，同时又积极参加组间的活动。"信息推送"条目能根据归档后的文件，实现相关备课内容主动推送，为相关主题备课教师提供感兴趣的教育资源。

4. 资源信息管理部分

资源信息管理部分的主要功能是对平台中所有资源信息进行不同的分类，对资源进行管理整合，提高信息检索的实效性，利于系统内部生成资源，促进学习型社区的构建。按不同的分类整合资源可以保证资源利用的效率；按学科分类可以使不同的任课教师检索自己需要的资源，提高资源访问的效率；按标签分类实现了分众的管理模式，教师对某一标签的资源使用率高，相关标签便自动占有较高的权重或靠前排列；按小组分类可以清晰地查看小组间的备课情况，迅速找到自己感兴趣的小组，时时了解各个小组的动态信息；按词条分类是对整个平台内部的所有资源进行查看，在这里可以查看最新创建的条目，各词条均有其相应的主题，对应形成各不相同的教案资源。

四、基于网络视频交互平台的校际教研平台

随着视频技术的发展和普及，制作教学影像的成本大大降低，且画质也向高清化发展；各种视频非线性编辑软件功能越来越强大，使视频后期剪辑更加便捷；各种教学影像通过流媒体技术传送，使人们在网络环境下都能在线观看到流畅的视频。教学视频运用、课堂实录、视频案例教研等几种视频应用的方式近几年在校际联动的教学交流中逐渐受到重视，给校际间教研带来革新。

（一）基于网络视频交互平台的搭建

基于网络视频教研平台的搭建首先需确定其通信方式。目前，有三种通信方式。第一种是基于卫星传输的方式；第二种是利用 ISDN 方式，基于 ITU-T（国际电信联盟远程通信标准）的 H.320 协议；第三种是利用因特网 IP 地址的方式，基于 H.323 协议。

选择怎样的视频设备也是很重要的。在校际进行视频交流过程中，需要同时承传视频、音频、幻灯片等多种媒体信息，集成电子白板、计算机和各种视听设备。这些媒体信息除了需要较好的视频压缩编码方式之外，还需要支持国际通用标准。若需要高质量的媒体或者进行校际多方的共同交流，则可以选用具有国际会议电视标准的系统作为基本架构，主要通过多点控制器 MCU 进行中心控制，参与校际联盟进行同步教研的学校以终端的方式与 MCU

相连。如果在校际联盟进行视频交流，对于媒体质量要求不是很高的话，从节省成本费用角度出发，可以选用 LearnSpace、NetMeeting 等软件系统来实现，或者依赖国内外一些专业公司开发的远程视频交互软件。

（二）校际观摩课活动

校际观摩课活动是教师教研活动的常见的具体形式之一，定期组织教师开展校际观摩课，已成为校际联盟内的一项重要活动。它一般以校际联盟内教师的听课、议课及评价为主要内容，有时也包括主讲教师的说课，具体教研项目可根据需要灵活安排。组织观摩课的目的是通过教师之间相互听课、研讨、评价这一过程，促进教师之间经验交流，实现同行互助。促进校际联盟资源建设从静态形逐步过渡到动态形。强调资源的多样性，可视性，提倡校际交流互动和共建共享生成性的教育资源。

（三）基于网络视频交互平台的校际观摩课的教研实践

基于网络视频交互平台也可有效实现校际联盟合作共享、协作互动，通过基于网络视频交互平台进行校际观摩课教研活动是一种比较流行的方法。这类教研活动的主体是校际联盟内教师，也邀请某些专家负责引领。在实施过程中，利用摄像系统将授课教室内的教学场景通过网络视频交互平台实时发送到校际联盟各个教研活动会场或联网终端，这些终端可以是个人计算机，也可以是 PDA 甚至是手机，它们都将通过该平台实现同步通信，让身处不同地理位置的教师可以同步观摩课堂教学。在活动开展的同时，网络视频交互平台自动同步录制、整合各路视音频信号，并将这些教研活动的录像及相关资源、教研成果保存并用于发布。图 11-6 所示是一个基于"实时在线"的网络视频交互平台开展校际观摩课活动的方案。

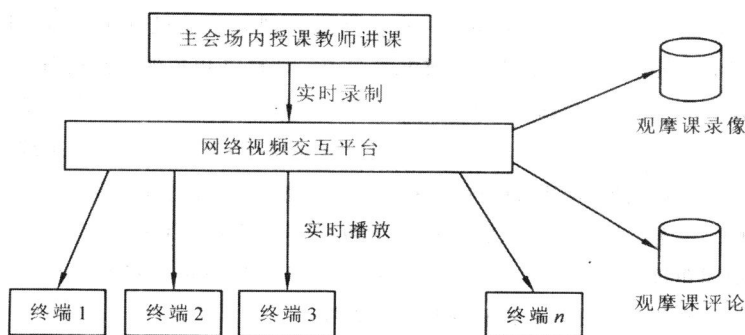

图 11-6　基于"实时在线"的网络视频交互平台开展校际观摩课活动

该方案利用网络视频技术实现校际联盟的教师集体观摩教研活动。在校际联盟内，各参与学校分别设置场地，主会场内授课教师讲课、学生听课，呈自然常态教学，而校际联盟的教师在各分会场（或自己学校内）现场观摩；分会场专家也同步收看教学过程，针对画面中的细节进行即时点评、解说；教师则可以利用各分会场的视频会议联网终端，以集体教研或个人学习这两种方式观摩教学、听取专家解说，并且可以利用交互平台进行交流、研讨，甚至向专家提问。授课结束后，授课教室接入各分会场信号，并当场与校际联盟观摩的教师或专家进行交流，在共同交流、研讨的基础上，对该堂课进行评价，并给出改进意见。当然校际联盟的教师也可以选择一个与观摩课内容相关的主题，如某一具体教学问题、方法或观念，展开进一步的研讨，反思教学，总结经验，达到互学互助的目的，共建校际的生成性教育资源。课后观摩教师可以利用交互平台通过文字表述的形式在线评论，将纯粹的录像观摩这样的"死资源"变成了有跟帖评论的"活资源"。

利用网络视频交互平台能同步录制、整合各路视音频信号，并将上述这些教研活动全程录像。通过完整记录了教研活动的全部实况，包括主讲教师授课过程及专家点评、校际联盟内参与教师的讨论过程的录像，并整合该课教案、课件等相关资料能够形成一套系统的教研资源。这些资源特别是录像可放在校际联盟开辟的资源共享平台上，供联盟内教师随时取用，并针对录像展开评论、开展网络教研活动。

（四）一种用于校际教研的网络视频交互平台——PowerCreator

为了更加有效实现校际联盟合作共享、协作互动，基于网络视频交互平台进行校际观摩课教研活动也可依赖国内外一些专业公司开发的远程视频交互软件。由北京翰博尔信息技术有限公司开发的 PowerCreator 录播软件系统，以其卓越的易用性、稳定性，为教育界提供了最快捷、最稳定、最实用的集实时播放、资源生成为一体的解决方案。针对基于网络音视频技术的校际教研平台的架构，可采用 PowerCreator 中的课堂直播系统和非线性课件编辑系统。

1. PowerCreator 课堂直播系统

通过 IP 网络，例如局域网、互联网、卫星网，将课堂内容直播出去。课堂内容包括音频、视频以及计算机屏幕内容。接收端通过 IE 浏览器即可收看直播课堂内容。把主讲教室和互动教室的视频和 VGA 分别介入到直播服务器，就可以直接实时观看直播。

PowerCreator 课堂直播系统至少需配备一台直播服务器，直播服务器一般放在校际联盟指定的中心机房内，直播服务器上运行 PowerCreator Live Server 软件，直播服务器从录制服务器取得视频音频以及屏幕信息，并发送给用户，实现直播功能。

PowerCreator 课堂直播系统具有以下功能特点。

（1）动态屏幕直播。能够将计算机屏幕内容，包括讲稿、Flash 动画、鼠标运动轨迹、电子白板等内容流畅的直播到客户端。

（2）直播图像与语音。实时直播教师的图像与声音，并保持与屏幕的同步性，适合于多种网络环境下的直播，即使在极小的网络环境下也能收看直播；支持两种直播方式：单播与多播，一台直播服务器可以同时直播多个课堂教学情景；直播延时<1 秒，便于不同客户端教师在收看直播时进行交流。

（3）基于 Web 的课堂直播。每个客户端可以用 Internet Explorer 浏览器即可收看直播。

（4）自动化程度高。服务器端自动化程度高，完成初始化后，无需其他操作，自动启动直播。客户端自动化，无需任何操作，通过服务器端直接控制客户端收看直播，并且可以与学校现有资源库系统或学习管理系统进行无缝连接。

2. PowerCreator 非线性课件编辑系统

利用网络视频交互平台可自动同步录制、整合各路视音频信号，并将这些教研活动的录像及相关资源、教研成果保存并用于发布。用 PowerCreator 非线性课件编辑系统是一个比较可行的方法，它能将这些录像及相关资源快速方便地录制、编辑、合成成高质量的精品课件。非线性课件编辑系统能编辑主流的流媒体文件，插入字幕说明，对课件的屏幕数据进行任意修改，填加对应的索引，实现了课件屏幕、音频、视频、字幕的同步编辑与输出。教师只需要短时间的学习就能上手。

PowerCreator 非线性课件编辑系统（图 11-7）具有以下功能特点。

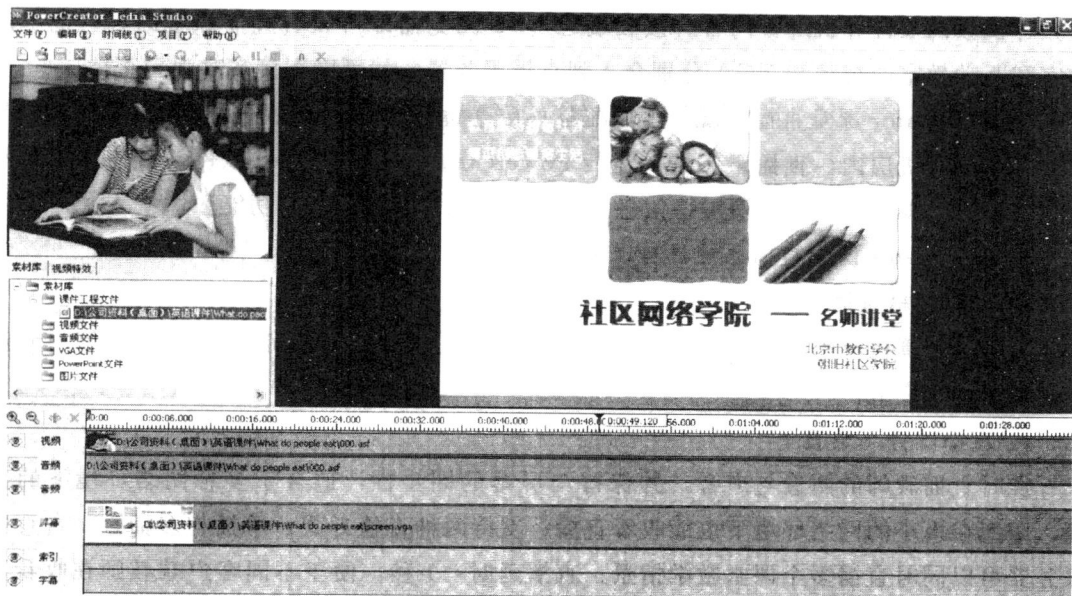

图 11－7 PowerCreator 非线性课件编辑系统

（1）能够直接对流媒体文件进行编辑处理，支持目前主流的流媒体文件格式，例如：asf、wmv 文件等；也支持其他常见媒体格式，例如：AVI、MP3、VCD、DVD 等。

（2）支持多种讲稿文件格式直接编辑，例如：图片、PowerPoint 等。

（3）可以对屏幕流进行编辑处理，能精准定位到屏幕图像的每一帧，能修改 PPT、Word 的错别字。

（4）提供类似于传统非线性编辑软件的操作界面，所有操作都在时间线上完成，真正做到"所见即所得"，软件操作简单，经过简单培训，即可制作出精品课件。

（5）支持无限音视频轨，多轨实时合成，可以轻松实现添加背景音乐，也可以轻松实现添加片头、片尾，增强课件感染力。

（6）可以重新定义课件样式，支持多种视频转场特效。

（7）能够对课件进行再压缩，导出高清晰、高质量、容量较小的课件。方便在网上发布，使师生收看更流畅。

校际网络视频教研虽然只是网络教研的一个小部分，校际联盟内的教师和教学研究者通过网络远程教研进行校际间学科网络化教学研究，利用网络视频交互平台促成校际间教学观摩。依托各学校的优势学科及骨干教师的力量，建立校际网络教学研究实体，促进各学校师资队伍的共同发展。

五、基于 CSCW 的校际协同学习平台

（一）校际协同学习下的问题

从教育资源共建共享的角度出发，校际联盟未来发展的方向之一就是能运用计算机网络、多媒体、人工智能等先进的技术手段，融合计算机信息技术与教育理念，将资源、平台、工具、服务进行集成和整合，最终构成一个校际网络协同学习的平台。这种在校际联盟

上构建的基于网络的虚拟教与学环境，注意发掘传统教学难于达到的资源收集、管理、深化的优势，重视学生学习成果的潜在资源价值，利用资源管理功能收集尽可能多而又用的教育资源，并进行资源的有效整合，提升其中的教与学的功效。它突破了传统的师资、教材、实验设备等方面资源的限制，利用同样规模的教育资源能够成倍地扩大教育能力，同时克服了传统教学方式进度统一、教法单一、学生的差异和个性得不到体现的弊端，使得我国广大的中小学的教育场所从孤立点状分布发展成为连片网状分布形式。目前，从建设基于校际网络联盟的协同学习应用的实践来看，主要有以下几个问题。

1. 较少考虑学生在学校中的主体地位

现有的校际合作中多从学校的角度出发，较多考虑如何满足教师的专业发展，而较少考虑到学生在学校中的主体地位，以及如何利用校际合作的平台更好地支持学生的学习。

学生资源是校际合作中一个最大的资源，每个学生也有着各自独特的个性。如果利用校际网络平台让学生充分交流，在交流中协作，在协作中发展，利用校际联盟在现实与虚拟中所具备的协同技能这正是各加盟学校未来生存和发展的基础之一，通过基于网络的校际协同学习的应用实践过程，能使学习者更好的适应未来社会的需要。

2. 信息技术条件和应用水平较差

校际联盟各学校信息技术条件和应用水平整体较差。校际协同学习活动主要依靠网络进行，需要各加盟学校投入相应的计算机软硬件设备，并且需要具有一支能力较强的技术队伍，以保障校际联盟内开展有效的协同学习活动。目前应用于校际资源共建共享平台，大体可分为两类：一是社会性软件系统；二是原本其他行业的系统在校际联动中的牵强应用。上述系统普遍存在功能单一、协作性差、针对性不强等缺点，在校际协同学习中不能有效体现对象多元化、互操作、并发和可重用等特点，如果条件和水平有限，这可能会造成各学校之间交流和联络上不够畅通和及时，给校际协同学习的开展带来困难。

3. 师生协同学习的水平较低

绝大部分学校反映从来没有协同学习和校际协同学习的经验，"协同学习"对大多数教师和学生来说，是一个既熟悉又陌生的概念。因为在校际协同学习中不仅需要组织课堂中的协同学习，组织课外小组的协同学习，还要组织校与校之间的协同学习，势必会在方法和策略上遇到困难和挑战。许多教师可能都没有在教学中应用协同学习策略的经验，因此不知道如何设计和组织协同学习。

4. 学校间差异较大

我国中小学学校特别是中西部地区和农村中小学，不仅地理位置差异大，而且文化传统、社会经济发展水平和教学水平都存在非常大的差异。尽管许多学校都非常愿意通过校际协同促进学校与学校之间的交流和分享，但是如何让差距如此巨大的学校能通过某种协同平台进行合作，以此促进不同教学水平的学校之间开展交流与协作，实现教育资源共享与教育的均衡发展还没有一个大家认同的清晰的方案。

在校际联盟下的资源共建共享实践中，校际的协同学习模式正越来越被人所重视，目前国内外已经研发了许多采用 CSCW 技术的校际协同学习平台，这些平台可以作为校际资源共建共享和校际远程教育的重要载体，能充分发挥这些教育优势的关键所在。另外，这样的平台应用状况也能很大程度上反映国内校际资源共建共享和校际远程教育的发展状况，对此类应用的推广和经验教训的总结意义深远。

（二）适用于校际协同学习的 CSCW 技术

1. 什么是 CSCW

CSCW 是 Computer Supported Cooperative Work 英文缩写的，中文译名是"计算机支持协同工作"，它的定义是："地域分散的一个群体，借助计算机及网络技术，共同协调与协作来完成一项任务。它包括群体工作方式研究和支持群体工作的相关技术研究、应用系统的开发等部分。通过建立协同工作的环境，改善人们进行信息交流的方式，消除或减少人们在时间和空间上的相互分隔的障碍，从而节省工作人员的时间和精力，提高群体工作质量和效率"。它的基本内涵是计算机支持通信、合作和协调，它的目标是设计出支持各样协同工作的工具、环境与应用系统。这个概念是 1984 年美国麻省理工学院（MIT）的依瑞·格里夫（Irene Grief）和 DEC 公司的保尔·卡什曼（Paul Cashman）等人在讲述他们所组织的有关如何用计算机支持来自不同领域与学科的人们共同工作时提出的。

CSCW 以计算机互联、互操作和协同工作构成的网络计算和协同计算为基础，依托通信和计算机技术的飞速进步得以实现。已具有大规模协作的特性，即交互群体地域范围的分散性、工作环境的异构性、各学科领域应用的广泛性、信息表达和处理的多样性等。CSCW 的研究内容涉及很多方面，主要包括群体协作模式、协作控制机制、协作同步机制、CSCW 模型和体系结构、CSCW 应用开发环境、群组通信支持、协作安全控制和应用共享技术等。

CSCW 技术是一门交叉学科，涉及的领域非常广泛，其中包括计算机网络通信、并行和分布式处理，数据库，多媒体，人工智能理论等，另外还涉及到认知科学，行为科学，教育学、心理学乃至艺术和哲学等方面。

近些年来，CSCW 的发展异常迅速，CSCW 技术已经成功地应用在桌面会议系统，远端协同诊断系统，商业合同编著系统等领域，CSCW 正越来越广泛地应用于社会的各个领域。

2.CSCW 在教育中的应用

网络环境下的协同学习，可以使学生、教师和专家等从网上获取丰富的资源，同时，远程教育和协作学习结合是未来人们工作和学习的一种基本又非常重要的方式和环境，这也正是 CSCW 的理念和技术能够在教育领域中应用的依据。基于 Web 的 CSCW 系统，不仅与知识获取工具 Web 高度集成，而且它还提供了协同学习和工作的环境。

基于 Web 的协同学习环境，主要提供给学习者一个集成的基于 Web 协同学习的工作空间，包括电子会议系统、虚拟教室、导师系统、协作支持等。其中，协同学习支持包括电子邮件、音频和视频会议系统、共享白板，可进行语音、图形、图像、视频、文本等交互的基于 Web 的交互式系统等。CSCW 在教育中有很多应用，如多媒体会议系统、协同编著系统等。另外，CSCW 的思想在 Microsoft Office 系列工具和 Web2.0 应用中也充分地体现出来。

3.CSCW 的特点

分布性：CSCW 应支持用户使用地理位置分散的计算机。CSCW 本质上是具有完全自治的分布式系统，各用户在地理上分布，应支持与协同无关的透明性，例如位置透明性。所谓透明性，即让用户在使用系统时感觉是独占着系统，CSCW 系统能让所有用户相互感知到其他合作者对共享对象的操作。

工作协同性：CSCW 应该能支持工作组内、组间的工作协同。

信息共享性：CSCW 系统应提供多种通信方式，如单播或组播方式、支持多种媒体的传送，包括文本、图形、声音、图像等，支持不同通信形式如实时通信、异步通信等，以提供用户多种信息共享的功能，最主要的是允许不同计算机的用户共享同一的系统资源，这些是协同学习或协同工作的基础。

并发性和一致性：CSCW 系统中用户同时进行着操作，由于同一数据对象被多个人使用，需要保持数据的一致性。

开放性：开放性是指能提供一个环境使不同 CSCW 系统能相互开放地使用，即提供不同 CSCW 应用之间的互操作功能，从而可以将多个 CSCW 系统连接为一个整体，避免被独立使用。

异步性：在协同学习或协同工作中不同的参与者具有自己不同的操作序列，即应该允许 CSCW 系统内甚至是同一工作组中的每个用户都应具有自己的独立行为。

异质性：异质性不仅仅体现在 CSCW 系统的各个节点可能运行在不同的硬件、软件平台上，还体现在 CSCW 系统内挂接的异质数据源之间的互操作乃至异种 CSCW 系统之间的合作。

4. CSCW 与校际协同学习平台

资源共建共享下的校际联动或合作涉及领域较多，在涉及校际联盟内各学校学生协同学习的领域中，它侧重于利用丰富的校际教育资源库以及各校优秀的教师资源和个性鲜明的学生资源建设学习共同体，通过创建网络环境下的协同学习平台实现学生的知识构建并培养解决问题的能力以及社会交往能力。而这样的学习平台在原有的教学系统基础上，从对教学过程（课件的制作与发布、教学组织、教学交互、学习支持和教学评价）的全面支持，到教学的管理（用户与课程的管理），再到与教育资源库及其管理系统的整合，集成了校际网络教学需要的主要子系统，形成了一个校际协同学习的支撑环境。基于 CSCW 的系统基本结构如图 11-8 所示。

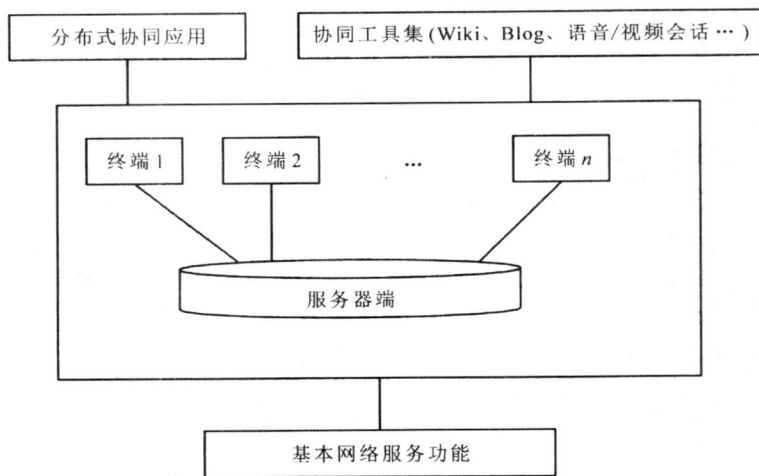

图 11-8　基于 CSCW 的系统基本结构

在网络环境下的协同学习平台上，应用了 CSCW 技术。即通过 CSCW 的分布特性可将分布在不同地理位置上的师生聚集在同一个学习平台；CSCW 的协同特性也能使聚集在这一平台上的师生协同工作完成学习任务；而 CSCW 的异步特性使得学生在这一平台学习中保持了学生各自的操作和独立行为，形成各自的学习风格，在这一平台可根据学生的学习情况采取不同的学习模式进行学习；CSCW 的开放特性可以使用协同式学习，由一群分布在不同时空的师生异地共同完成某一学习文档，将学习群件有机的集成在一起，最终形成有效的优质学习资源。上述这些作用与 CSCW 的定义和内涵是不谋而合，同样也符合校际联盟的资源共建共享的价值理念，所以利用 CSCW 技术，创建网络环境下的校际协同学习平台并进行推广应用在理论和实践上都是可行的。

（三）基于 CSCW 的校际协同学习应用实践

由华东师范大学计算机应用研究所（ICA. FCNU）自主开发的 SynLearning 虚拟协作学习中心（以下简称 SynLearning）是一个适合校际协同学习的平台，它是基于 CSCW（计算机支持协同工作）技术、实时多媒体群组通信的同步交互技术建立起的一个协同工作环境，让地域分散的群体利用计算机及其网络共同协调与协作来完成学习任务，改善学习者进行信息交流的方式，消除或减少学习者在时间和空间上相互分隔的障碍，节省学习者的时间和精力，从而提高了群体工作的质量和效率。

SynLearning 利用了 INTERNET 提供的便捷、廉价的通信机制，依据远程协作中各种协作模式的理论和 IP 网络自身的特点，重点解决了对网络上多媒体信息的标注、引用、重置，人机之间多媒体交互方式、协同处理方法，以及多媒体信息传输中的采集、分析、共享等问题，构建了一个跨时空、跨地域的虚拟协作平台。

SynLearning 以具有自主知识产权的 T. 120 引擎和数字音视频编解码 AVS 标准为基础，并融合了 CSCW 系统的一些最新理论成果，同时也采用了最新的多协同工具集成的平台模式和分布式计算框架结构，应用了多媒体音视频协同工具、电子文档协作工具等，拥有良好的适用性和可扩展性，从而使该系统走在了协同工作系统应用发展的前沿。

SynLearning 的设计是建筑在建构主义理论和 CSCL 理论的基础上，而 CSCL 可以看成是 CL（协作学习）与 CSCW（Computer Supported Collaborative Work）的交叉研究领域，SynLearning 结合学习个体的概念图、思维导图、信息加工以及个体之间的协作交互等特征，提出了支持个性化的协同学习环境（individuation - Supported Cooperative Learning Environment，ISCLE）的概念。ISCLE 假设：利用计算机可以弥补学习者短时记忆容量的不足；学习者通过概念图的方法将知识外化到计算机，以计算机为储存与交流媒介，再以可视化方式刺激人脑，形成更有助于思维加工的表象，促进信息加工与知识建构；以群体学习方式促进协同知识建构，弥补个体知识和思维的局限性。以下展示的是利用 SynLearning 平台开展校际协同学习应用场景设计方案，选用一堂"鸟的生殖和发育"课作为这种应用的案例。其中以下的"教学过程"表中，通过【解说】栏来说明这堂课整个教学程序是怎样利用 SynLearning 平台有效使用"支持学生活动"和"支持教师活动"的教学辅助认知工具的。

"鸟的生殖和发育"课——SynLearning 应用场景设计方案

［摘自《SynLearning 虚拟协作学习中心设计方案（2006 - 04 - 11）》］

1. 设计思路

总体设计思路如图 11-9 所示。

本节课以"自主性、探究性、合作性"为学习的三个基本维度，以培养学生的科学素养为指导，以侧重科学方法教育为目标，积极引用和拓展，使教学过程顺应学生的认知规律，创造一种符合实践条件和多种感官认知的虚拟学习环境，让学生真正在"做中学"，从而有效地促进学生对生物学基本概念的建构和情感、态度、价值观方面的健康发展。这堂课采用的是"GSPD"式教学模式，所谓"GSPD"式，也就是 guide、search、probe、disscuss、

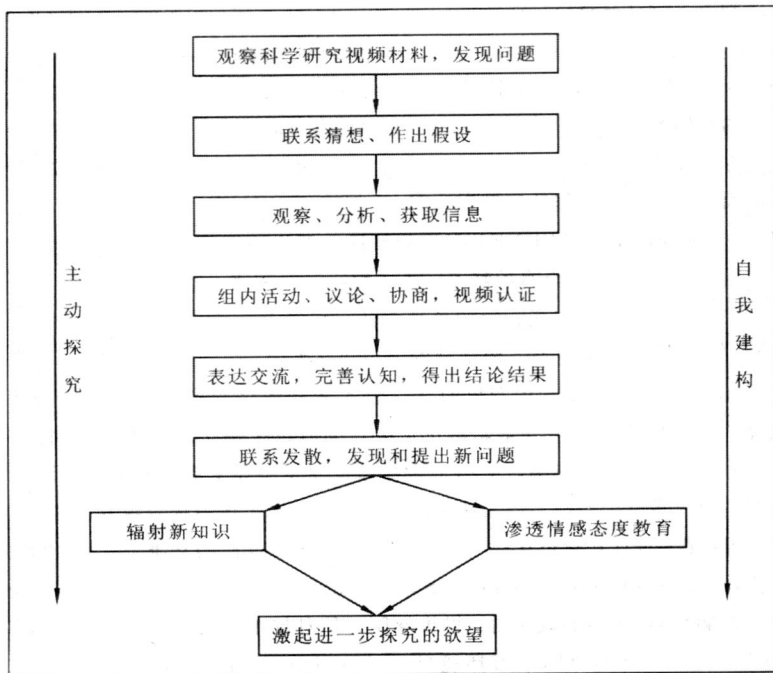

图 11 - 9　设计思路

意思为引导，观察，探究，讨论，即以明确的任务驱动，通过自主、探究、合作学习来达到预设的教学目标。

2. 教学分析

(1) 重点：①鸟卵适于在陆地上发育的结构特点。②鸟的生殖和发育的基本过程。

(2) 难点：以探究性学习促进生物学概念的建构。

3. 教学目标

知识目标：

(1) 说出鸟卵适于在陆地上发育的结构特点。

(2) 描述鸟的生殖和发育过程。

(3) 通过观看或交流家禽养殖活动，关注鸟类与人类生活的关系。

能力目标：

(1) 在交流与讨论中，发展学生的表达能力和分析归纳能力。

(2) 在图文和音像资料的学习中，提高学生的信息处理能力。

(3) 在开放性探究活动中，使学生学会科学研究的方法，提升科学探究的能力。

情感态度价值观目标：

(1) 在探究、合作、交流中，体现团结协作的精神和严谨求实的科学态度。

(2) 在开展搭建人工鸟巢等一系列课外实践活动中，确立爱鸟护鸟的意识，热爱大自然、珍爱动物的情感。

4. 教学过程

§1. 课前准备

教师活动：

（1）创建学习主题。

（2）控制有权限的学习者的加入，禁止非法人员的加入。

教学辅助认知工具（支持教师活动）：

利用主题管理、用户管理等功能保证学习过程的质量。

学生活动：

加入感兴趣的学习主题。

教学辅助认知工具（支持学生活动）：

利用主题选择、加入、离开等功能参加满足学习兴趣的主题。

设计意图和诊断性评价：（略）

§2. 导入学习情境

教师活动：

（1）播放音诗画多媒体。

《钱塘湖春行》

孤山寺北甲亭西，水面初平云脚低；几处早莺争暖树，谁家新燕啄春泥。乱花渐欲迷人眼，浅草才能没马蹄；最爱湖东行不足，绿杨荫里白沙堤。

（2）设问。同学们，你们知道这脍炙人口的诗句出自谁的妙笔吗？这首诗描写了鸟的哪些繁殖行为呢？

（3）了解"知晓与困惑"。关于鸟的生殖和发育，你一定积累了相当多的知识，也可能还存在着相当多的困惑，能把你已知晓的和还困惑的说给大家听听吗？

（4）揭示学习主题。一番交流、解疑之后，及时肯定同学们丰富的知识储备，强烈的求知热情，同时引领学生带着"模糊与未知"再一次走进鸟的世界，一起去探讨鸟的生殖和发育问题。

教学辅助认知工具（支持教师活动）：

（1）点对多点的流媒体资源播放。

（2）点对多点的视音频通信。

（3）点对多点的视音频通信。

（4）多点对多点的视音频即时交流后，利用文档共享展示学习主题内容，引导学生对主题问题的进一步探知。

学生活动：

（1）欣赏音诗画。在古朴典雅的音乐声中，品味自然的美丽，领略生命的精彩。

（2）感悟。在特定的情境中，产生遐想，分析并交流诗句中有关鸟类的繁殖行为。

（3）交流"知晓与困惑"。调动知识储备，展开交流，自由发言，或陈述知晓，或提出疑问，或相互解疑。

（4）明确学习主题。带着问题走进鸟的世界，共同探讨有关鸟的生殖和发育问题。

教学辅助认知工具（支持学生活动）：

（1）欣赏共享流媒体资源。

（2）在流媒体资源。营造的虚拟情境下，利用视音频和文字等通信感知手段进行即时交流。

（3）利用共享文档。接受教师关于主题的引导和启发，带着疑问和兴趣去探究主题。

设计意图和诊断性评价：

开门见山，通过品唐诗，以来创设问题情境，开启学习兴趣，营造愉快的探究学习氛围；二来使科学内容富于人文色彩和审美情趣，以促进学生情感、态度、价值观方面的健康发展。

诊断性评价之一：教师在交流"知晓"与"困惑"中，既充分了解了学生已有的知识水平，又给学生创设了一个探究新问题的情境，激发他们进入下面的学习环节。

§3. 看看议议 主题：鸟的生殖和发育

教师活动：

（1）提出要求。请根据即将播放的画面内容，通过观察、讨论，分析影像中涉及的有关鸟类的繁殖行为，进而总结归纳出鸟类生殖和发育的基本过程。

（2）播放影像资料。

主题：鸟的生殖和发育

人与自然的和谐在悠扬婉转的鸟鸣声中，以一幅幅精美的自然画卷——展现在同学们眼前：生机勃勃的早春季节，绿孔雀闪亮开屏；梁上双燕不辞劳苦地衔泥筑巢，三五雏燕在巢中嗷嗷待哺，母燕在晨曦中精心哺育雏燕；织布鸟精心筑巢；雌雄翠鸟缠缠绵绵；母鸽尽心孵卵；橘燕妈妈舔犊情深……

（3）指导学习。通过音视频、文字等方式，协助学生结合影像内容，调动知识储备，作出贴切、合理的分析。

（4）组织交流。组织学生间的交流，鼓励同学间的相互评价。对正确合理的分析给予及时的肯定，不科学的描述则给予适时的纠正。

（5）质疑。将前一阶段形成的共性概念认识，如鸟类生殖发育的基本过程：求偶→筑巢→交配→产卵→孵卵→育雏

以电子白板呈现给小组所有成员，并进一步提出疑问：鸟类的生殖和发育过程一定要经过这些阶段吗？有没有例外？所有的阶段都有例外吗？

（6）指导辨析。巡回，进一步启发学生，及时发现问题，并参与他们的讨论，起好点拨、指导作用。

教学辅助认知工具（支持教师活动）：

（1）利用共享文档结合视音频通信的方式以问题的形式引出课程的教学目标。

（2）再次以音视频等多种感官体验，直观、形象地展示教学内容，有效地促进学生的理解和认知体验。

（3）通过共享文档和音视频、文字等交流方式，提供实时学习反馈，逐步引导学生掌握、认识知识点。

（4）利用点对点、点对多点等交流工具开展师生间互评、生生间互评，教师利用实时的信息交流反馈，控制学习过程，领引正确学习方向。

（5）以电子白板展示出经过探讨得出的一致结论，并进一步利用流媒体、共享文档等资源引出新的情境，引出新的探究的问题。

（6）根据从音视频以及文字交流即时获得的学生的反馈信息，再利用其他的认知工具引导学习。

学生活动：

（1）明确要求。带着问题进入特定的学习情境。

（2）观看影像资料。在悠扬婉转的鸟鸣声中，感受着大自然的洗礼，惊叹着生命的

鲜活。

品味着人与自然的和谐统一，思考着鸟类生殖和发育的基本过程。

（3）协作学习。各成员通过音视频、文字等方式热烈研讨，达成共识，形成了小组统一观点。

（4）汇报交流。小组代表阐述本组观点，其他成员进行补充、修正、完善，进而归纳总结出鸟类生殖发育的基本过程：求偶→筑巢→交配→产卵→孵卵→育雏

（5）讨论。调动经验储备，将前一阶段形成的概念应用于新的问题情境之中，在相互思考讨论的基础上，作出合理的辨析。

（6）得出结论。讨论明确：

①有的鸟不筑巢、不孵卵、不育雏，如杜鹃。

②无论各种鸟的生殖和发育有何特点，都必须具有求偶、交配、产卵等行为。

教学辅助认知工具（支持学生活动）：

（1）从听觉、视觉、触觉等多种感官角度领会教学目标。

（2）在一种虚拟的学习情境中，不是通过枯燥的文字描述，而是通过更感性的、更贴近现实生活的方式，来达到学习内容的融汇。引领学生"从生活走进课堂，从课堂走向社会"。

（3）学生利用音视频、文字进行小组之间的相互交流、探讨。

（4）利用点对点、点对多点等交流工具，小组各成员间相互学习，相互补充各自不足的观点，从而达到认识上的一致。

（5）利用已有经验，结合新的应用情境，进行新的思考、反思、分辨。

（6）在相互交流和图像、影像等认知工具的辅助下，达成新的认识上的一致。

设计意图和诊断性评价：

用影像资料创设有利于学生进行意义建构的一组情境，为学生搭建自主学习的平台。

诊断性评价之二：通过形成概念之后的质疑，不仅可以激励学生透过现象看本质，进而真正理解鸟类在生殖和发育过程中的最基本行为；而且更为重要的是借助该情境可以有效地诊断学生对前面所形成概念的掌握程度，以便教师及时调整教学策略。

§4. 比比赛赛（回顾总结）

教师活动：

试题主要以电子白板或共享文档方式展示。

（1）笔答题。请30秒内准确填写鸟卵的结构示意图。

（2）挑战题。大家从四道题中任选一题，相互挑战。

※问题来源：交流"知晓与困惑"时未能明白的内容。

（3）创新题。选择一种你认为最恰当的形式表现环境污染、过度猎捕对鸟类生存的影响。

教学辅助认知工具（支持教师活动）：

（1）利用电子白板引导学生协同填写结构图。

（2）以共享文档提供挑战题。

（3）以共享文档提供创新题的选择。

学生活动：

快乐比试，热情参与。

教学辅助认知工具（支持学生活动）：

（1）各成员一起配合完成结构图的描绘。

（2）各成员针对不同的题目分别陈述各自的观点，质疑别人的观点。

（3）学生利用文档标注进行选择。

设计意图和诊断性评价：（略）

§5. 资源共享：课外延伸

教师活动：

将本堂课讨论结果以资料的形式分发给大家。

教学辅助认知工具（支持教师活动）：

利用分发工具，将课程总结和课后资料提供给学生。

学生活动：

每个学生把各自的一些学习资料相互分发，共享这些学习资源。

教学辅助认知工具（支持学生活动）：

学生相互之间共享独有的学习资源，达到资源共享。

设计意图和诊断性评价：

在充分领会本堂课内容的基础上，最大限度地拓展个性的思维空间。

【解说】"1. 课前准备"段：

SynLearning 服务器端提供了友好的用户界面，除了在操作上为用户提供了很大的灵活便捷性以外，SynLearning 主要提供了主题管理功能，它能够按照实际需要有效的管理主题的状态以及参与主题人员的状态，动态地监控主题的执行情况和参与者的参与情况，可以方便的创建主题、终止主题，实时获取相应的用户和主题信息。

Synl_earning 主题管理包括：主题创建、主题编辑、主题查询、邀请加入主题、主题参加、主题踢出、主题退出、主题中止等；它能支持多种主题学习类型，支持自由讨论式、教师授课式、教学演示式；支持设定主题参与者。

图 11－10 所示为服务器运行界面。

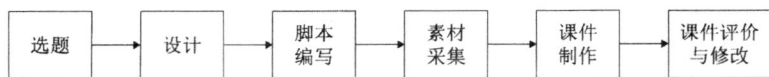

选题 → 设计 → 脚本编写 → 素材采集 → 课件制作 → 课件评价与修改

图 11－10　服务器运行效果图

SynLearning 可在不同类型的客户端登录上线，既可以是固定的桌面终端，也可以是无线移动终端。下面列出的是其中两种类型的客户端，一种是以普通的个人计算机（PC）作为客户端；另一种是采用手持式电脑终端（PDA）。

1. PC 机客户端

图 11－11 是系统客户端运行主界面，可针对不同的主题特征组织不同类型的基于多媒体的学习主题（如自由讨论式、教师授课式、教学演示式），系统以主题组作为权限控制、资源共享的基本单位，实行主题管理和参与者的管理。系统同时支持 4 路视频图象，用户可随时切换任意参与者视频窗口。

2. PDA 客户端

SynLearning 提供了灵活通用的智能终端接口，用户可以很方便的将智能终端设备接入系统，参加主题，与其他用户进行协同学习。图 11－12 是为手持式电脑终端（PDA）设备接入系统的界面效果图。

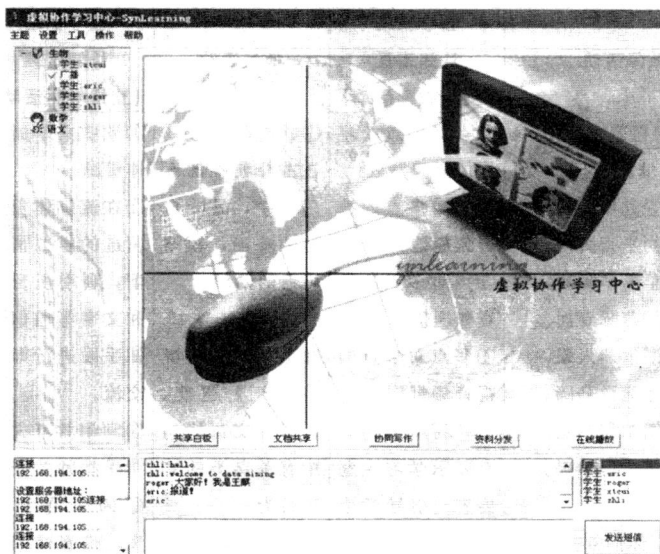

图 11 - 11　PC 机客户端运行效果

图 11 - 12　PDA 接入系统效果图

【解说】"2. 导入学习情境"段：

SynLearning 中"视音频实时交流"功能提供了点对点、单点对多点的音视频交流，能实现文本聊天和双向语音、视频聊天，有助于提高交流的时效性，它让参与者能观其面，闻其声，丰富了异地学习者的多种感官体验。而"流媒体资源共享"（图 11 - 13）功能能满足异地参与者对流媒体资源的需求，方便了异地资源的共享，节省了宝贵的学习资源。

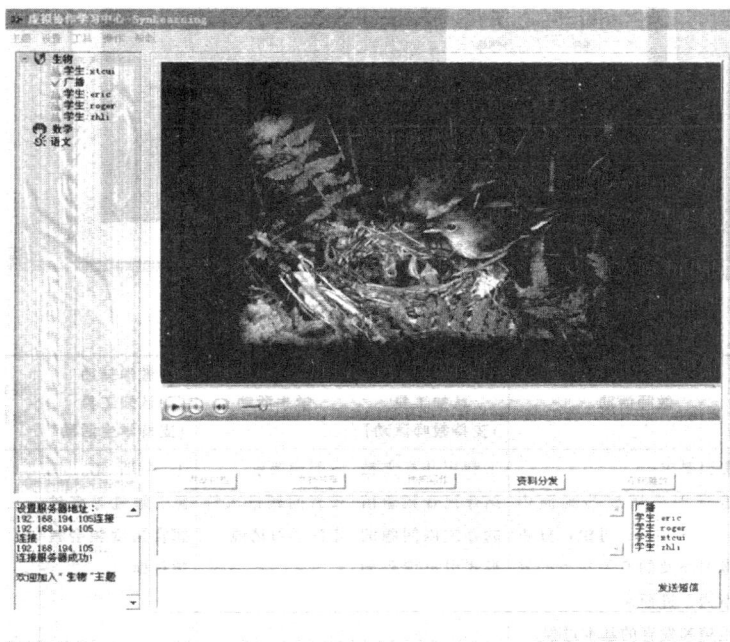

图 11 - 13　流媒体资源共享效果图

SynLearning 中"文档共享"考虑到了对 Microsoft office 文档中的 Word、Excel 和 PowerPoint 等多种文本的交互，能有效地实时同步，可以方便的与其他参加主题的学生共享文档资料，并在上面讨论各种问题，省去了现实中查找各种文档，传递浏览的麻烦。

在校际互动课堂的协同学习活动中，信息技术可以作为表达工具。例如，教师可以利用文档共享功能展示主题学习内容，引导学生对主题问题的进一步探知；学生个人或者学生小组可以将自己对问题研讨的思考做成 PowerPoint 演示文稿或 Word 文字稿（图 11-14），更清楚地表达自己的观点和想法。

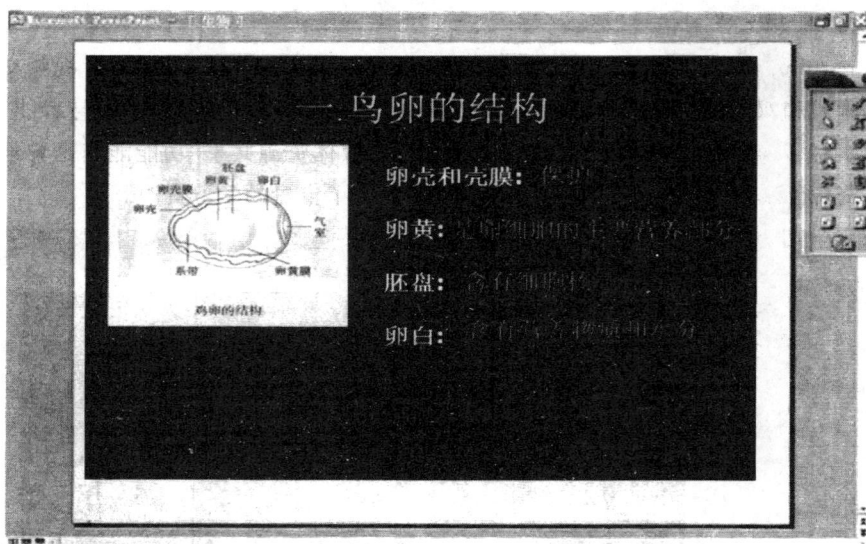

图 11-14　PPT 进行文档共享的效果图

师生均可对"共享白板"上的文本、线条、矩形等所有对象进行编辑、移动、删除，白板上的内容具有自动或手工存储的功能，事后还可对在白板上出现的内容重新显示及查询。由于师生在同一时间均可对同一对象进行操作，因而使得用户的操作容易相互冲突，SynLearning 采用了基于角色和主题创建者的并发控制策略，白板共用编辑区内的对象控制权属于主题创建者所有，别人不可以随便控制对象。因为教师在整个教学过程中具有主导性，所以不严格遵守这个规则，教师在指定学生解答问题时，可将内容编辑权下放至指定的学生，学生操作完成后反馈至教师端。这样可避免学生间操作冲突。这种"共享白板"并发控制策略考虑了白板的特殊性，在多用户几乎同时输入内容的情况下，平衡用户终端响应速度和可能发生的冲突，这是 CSCW 感知技术在协同工作时的典型应用。

图 11-16 为手持 PDA 智能终端的学生与在 PC 客户端上的学生利用共享白板进行协同学习的效果图。

【解说】"4. 比比赛赛（回顾总结）"段：

SynLearning 中除了提供"共享白板""文档共享"等功能外，还提供协同学习中一个很重要的功能——"协同写作"。

"协同写作"实现了真正意义上的数据共享，参与协同学习的师生同时地对同一个文档对象进行编辑，每个学生对文档的修改操作都实时地广播给其他学生，并使其他学生能够及时看到修改后的结果。

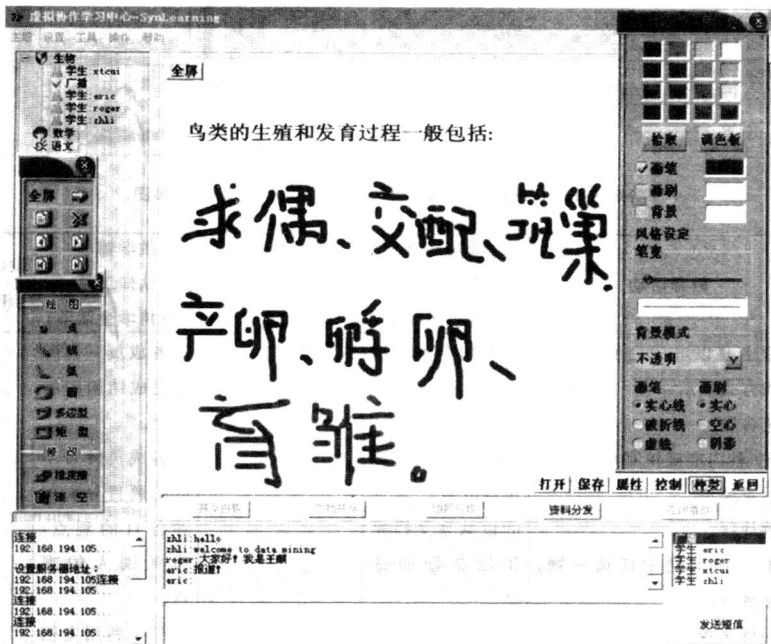

图 11 - 15　运行了共享白板的效果图

图 11 - 16　PDA 与 PC 用户利用共享白板进行协作效果图

　　"协同写作"是遵循了 CSCW 技术中的共享应用运作方式，所谓的共享应用（Sharing Application）是在两个或多个人之间分享对一个应用程序的控制，以此来满足多个人协同工作的需求，而共享应用也是 CSCW 最有潜力的应用领域之一。图 11 - 17 所示为协同写作 Word 文档的效果图。

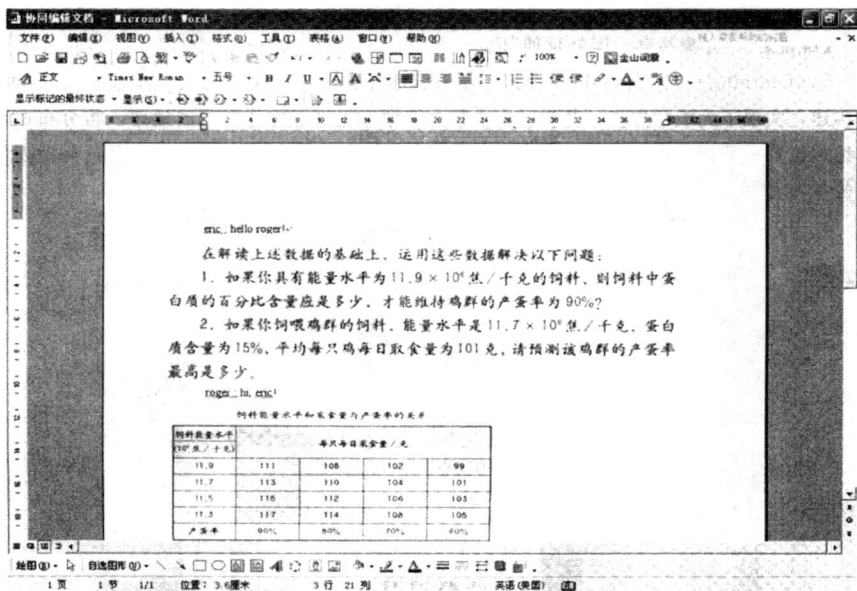

图 11 – 17　协同写作 Word 文档的效果图

【解说】"5. 资源共享，课外延伸"段：

SynLearning 中的"资料分发"（图 11 – 18）模拟了学习流程中的学习资源的分发，积极参与知识库的构建，实现了无纸化操作，节省了人力物力资源，提高了协作学习的效率，将分布在不同地理位置上的教育资源合理积聚在一起然后共享出来，这样使得不管分布在任何地理位置的学习者都能共享良好的教育资源。

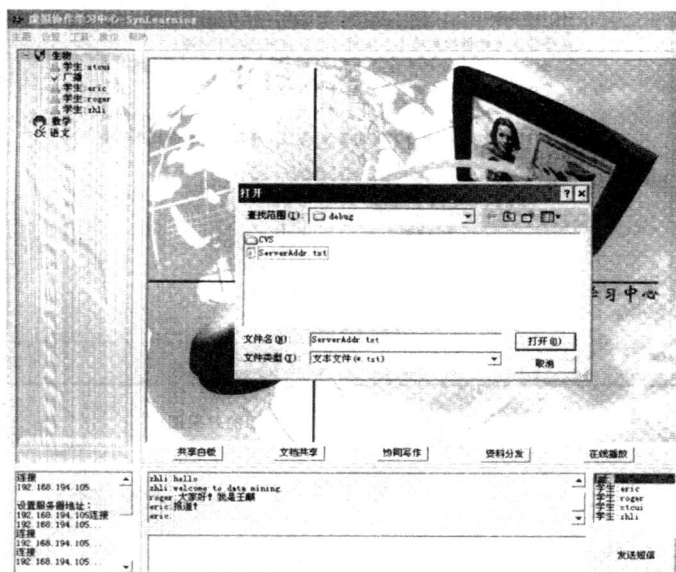

图 11 – 18　资料分发的效果图

第十二章

教育信息化资源共建共享评估

信息化教育资源是信息化教育质量提升的关键因素，信息化教育资源评价体系建设则是教育信息化建设的重要内容。因此，在云计算背景下，掌握信息化教育资源评价的基本要素、基本方法和指标体系，是每位教师必须具备的学科专业素养。那么，什么是信息化教育资源评价的基本要素？信息化教育资源评价的基本方法有哪些？信息化教育资源评价的指标体系是什么？这将是本章重点探讨的内容。

第一节　评　估　原　则

根据教育部《教育资源建设技术规范》，目前可建设的信息化教育资源主要包括以下八类：媒体素材（可分为文本、图形/图像、音频、视频和动画）、题库、课件与网络课件、案例、文献资料、网络课程、常见问题解答、资源目录索引。不同类型的信息化教育资源的评价标准和指标不尽相同，但对信息化教育资源的评价主要依据以下四个原则。

一、科学性原则

教育资源内容表述清晰、准确，无二义性；概念、原理、定义和论证等内容的叙述是清楚、确切；内容健康，无迷信、黄色和反动内容；来源须为国家教育部的各级各类大纲指定教材或其他与之相符的出处。

二、教学性原则

能有效地支持所属教学单元的内容；适用于相应的使用者；包含应有的信息量；具备完整的文字说明和制作脚本的电子稿；教学内容及呈现具有直观性、趣味性、新颖性、启发性、针对性、创新性。

三、技术性原则

资源提供的清晰度与画面结构以及课件、文本等运行的技术要求是否与现行浏览器相符；软硬件配置要求程度适当，运行、安装、卸载效率高。

四、规范性原则

资源属性完备，有合法的知识产权，护额一定的规则和标准。

第二节 评 估 方 法

总的来说，对信息化教育资源的评价方法可以分为以下三类。

一、定性分析评价方法

定性分析评价指评价主体按照一定的评价标准从主观角度对信息化教育资源所做的优选与评估（黄克斌，2005）。定性分析评价的主要依据是教育部《教育资源建设技术规范》和《网络课程评价规范》。评价时具体量化方式和权重设置，根据评价的实际情况确定。评价的方式采用根据评价指标设计问卷发放给教师、学生，或由专家填写量表。最后综合通用标准与分类标准，以确定该资源的最终等级。在依据标准进行判断时，我们必须认识到，要想让某个信息化教育资源符合所有的评价标准是相当困难的，所以，我们进行评价的时候应该看该信息资源能否满足大部分或一些主要指标，如果能够满足，那我们就认为这是一个高质量的信息化教育资源。另外，我们在评价的时候还必须坚持用发展的眼光去思考评价标准，当标准和指标能随着评价对象的变化而不断完善时，才更能体现出它的科学性和实用性。定性评价的优点是可以对网站内容进行深入分析，缺点是评价结果受人为因素影响较大，且由于缺乏量化标准，评价结果往往失之公允。

二、定量分析评价方法

定量评价是指按照数量分析方法，从客观量化角度对信息化教育资源进行的优选与评价。对信息化教育资源进行定量分析评价有一个前提性认识，即对于某个信息化教育资源来说，若其价值比较高，则被点击和链接的次数就多；反之亦然。基于这点，在对信息化教育资源进行定量评价时，可以采用一定的工具来记录和统计该资源被点击和链接的次数，然后通过比较累计的点击和链接次数来确定资源的价值。目前有许多信息评估工具。比如在搜索引擎中，有些（如百度）就可以对检索频率较高的信息（如音乐、新闻等）进行排名，有些（如 google）可以测定站点的链接数量，有些（如 megaspider，http//www. megaspider. com）可以自动统计网站的点击率。一般来说，资源被用户访问的次数越多，说明该资源越有价值。这种方法可以看成是文献计量学中引文分析法在网络环境中的应用。定量分析评价的优点是能对资源进行比较全面而及时的量化，且可以由工具软件自动完成评价过程，减轻人工的繁杂劳动，适于对大量的资源进行评价，评价结果比较客观。缺点是不能对资源内容进行深入分析；对不同学科有不同的适用性和差异，如对社会科学和一些前沿学科，边缘学科适用性就比较差；另外，由于网络中商业因素的存在，广告和商家的推广等手段都会影响统计的结果。

三、指标体系评价方法

由于信息化教育资源评价过程中主、客观因素的存在，无论单独采取定量评价还是定性评价，都不能全面准确地反映资源的价值情况。因此，在进行信息化教育资源评价的过程中可以考虑使用指标体系评价的方法。多指标综合评价法是按照一定的数学模型对复杂系统中的各要素进行分析测量，综合测量结果、主观感受等多种要素形成全面评价的方法。建立的多指标综合评价数学模型有多种，其中 AHP（层次分析法）就是常用方法之一。AHP 是一种定量与定性相结合的系统评价方法，它的核心是将决策者的经验判断给予量化，从而为决策者提供定量形式的决策依据。以对网络课程的评价为例，我们可以建立具有决策目标层、准则层、方案层的三层结构模型。决策目标层表示的是网络课件的质量，网络课程准则分为四个要素：课程内容、教学设计、界面设计和技术，方案层则是对准则层作进一步的细分，如课程内容就可分为：课程说明、内容目标一致性、科学性、内容分块、内容编排、内容链接和资源扩展等不同的要素和方面。层次及要素划分好后，通过专家对要素的重要性进行两两比较后，获得判断矩阵，最终确定各个要素对目标层的权重。当对网络课程进行评价时，可以就各项要素分别给出评分，再将该分数与该要素的权重相乘，得到修正后的分数，所有要素修正后的得分之和就是该网络课程的实际得分。通过比较分数的高低，可以最终评价网络课程的质量好坏。借助 AHP 方法，我们可以将对信息化教育资源的定性评价和定量评价结合起来，增强了信息化教育资源评价的科学性和可靠性，提高了评价结果的直观性和可操作性。但是，在对网络资源进行综合分析评价时，专家经验的量化，即对各要素权重的获得是关键，也是比较难以获取。

信息化教育资源的评价对象不仅涉及媒体素材、题库、课件与网络课件、案例、文献资料、网络课程，常见问题解答、资源目录索引，还包括网络上具有教学功能的一切信息资源，例如，电子书包、电子教材、微课、移动教育 APP 等，对信息化教育资源进行评价具有重要的意义。但是，对信息化教育资源的评价是一项复杂的系统工程，评价结果的正确性和有效性除了受到评价主体、客体和评价方法的影响外，很大程度上还有赖于评价标准的完善，评价工具的改进以及网络运营环境的规范等。因此，评价过程中要尽量采取主观和客观相结合，综合运用各种定性、定量评价方法。

第三节　评　估　体　系

在众多的数字化教育资源评价方法中，指标体系评价法是目前国内外使用最多的评价方式。在《教育资源建设技术规范》中，对各类型的信息化教育资源的评价指标体系进行了规范，作为资源开发者进行资源建设时在符合最低的技术要求的前提下，推荐的参考标准，也可作为对资源进行评审时的评价依据，具体量化方式和权重设置，依据评价的实际情况而定。

一、媒体素材

媒体素材是传播教学信息的基本材料单元，可分为五大类：文本类素材（text）、图形/图像类素材（picture）、音频类素材（audio）、视频类素材（video）、动画类素材（animation），他们的评价标准详见表 12-1。

二、试题库

试题库是按照一定的教育测量理论，在计算机系统中实现某个学科题目的集合，是在数学模型基础上建立起来教育测量工具，试题库评价标准详见表 12-2。

表 12 - 1　媒体素材评价标准

素材类型	指标项	指标要求
文本类素材	内容	文本素材的编辑风格符合其内容；无错别字和英文大小写的错误
图形/图像类素材	艺术性	色彩搭配合理；元素布局合理
音频类素材	技术性	声音流畅、清晰
视频类素材	艺术性	色彩搭配合理；静止图像、画面布局合理；运动图像、运动速度合理；画面转换方式合理；特技效果运用合理；前景、背景与主体差别显著；布光合理；字幕使用合理；配音与画面协调一致
动画类素材	艺术性	动画色彩造型应和谐；帧和帧之间的关联性要强；画面布局合理；静止图像、画面布局合理；运动图像、运动速度合理；画面转换方式合理；配音与画面协调一致

表 12 - 2　试题库评价标准

指标项	指标要求
理论模型	所有学科的网络题库都应遵循经典测量理论的指导；试题的组织与编写必须以学科的知识点结构
试题组织	为依据；根据学科特点来划分知识点结构
试题的分布结构	试题数量要足够多；在核心属性（知识点、难度与认知分类）形成三维立体交叉网络上的每个交叉结点上都有合理的试题量；试题在题型和区分度上的合理分布，处于基本的均衡状态
试题的质量要求	试题内容要科学，无学术性错误；无歧义性，表述简单明确；无关联性，试题之间不能有相互提示；试题之间不能相互矛盾；试题参数标注要尽可能符合客观实际
试题的抽样测试	抽样方法的科学性

三、网络课件库

网络课件库是能在标准浏览器中运行，对一个或几个知识点实施相对完整的教学软件的集合，网络课件库评价标准详见表 12 - 3。

表 12 - 3　网络课件库评价标准

指标项	指标要求
体系	网络课件库中的软件要求能够涵盖所有内容领域，没有遗漏；网络课件库中的软件设计，要以知识点为单位，对每一个知识点，要设计适合本教学单元需要的网络课件，它可以独立用于教学
教学性	提出了明确的学习目标；大多数目标要求学习者应用新知识，并与生活实际密切相关；持续使用适当的策略以便促使学习者在整个学习过程中参与学习和维持他们的学习动机；课件中提供了与先前知识相联系的策略；课件中合理使用例子以促进学习者的认知；提供适当的学习指导，且与学习内容联系紧密，随着学习的进展，能减少学习者的困难；学习内容符合知识的内在逻辑体系和学生认知结构；采取多种教学策略，以便充分体现学生的认知主体作用；有与学习内容有关的练习，这些练习能有效地支持学习目标；大多数练习使用了一系列不同的问题、情境或任务，使学习者将知识和技能迁移到新的环境和实际任务中；学习者能够将练习中涉及的知识应用在现实生活中；课件提供了综合练习以帮助学习者整合他们所学课程的主要内容；课件有良好的交互性，及时对学生的学习活动做出反馈，反馈的方式应与教学策略相配合，能为学习者提供反思与重试的机会，当学习者没有成功时，课件提供适当的结果或帮助找到答案；表现的知识应该是可操纵的，而不是教材的电子搬家；提供的协作学习有利于高级认知能力以及合作精神的培养；教学中持续使用的媒体与学习内容相关，可提高学习效果；一次提供给学习者的信息量应符合学习者的接受能力；课件记录学习者的学习情况；课件对学习者的学习情况给出合理的评价
艺术性	软件界面要美观，符合学生的视觉心理；课件中的各种媒体元素的评价标准符合媒体素材评价的评价标准

续表

指标项	指标要求
可用性	界面导航非常直观，学习者在没有指导和帮助的情况就可轻而易举地操作导航路径和使用其他功能；学习者很容易识别当前的位置；在学习者需要时给予反馈提示；提示信息要详细、准确、恰当；链接外观清晰、明确；无链接错误；学习者随时可得到关于使用课件的帮助；学习者根据屏幕的导向能安装课件或课件自动安装；学习者可以按照屏幕的指导或使用标准操作系统中控制面板的安装/卸载程序来安装/卸载课件；开发技术与思想的先进

四、案例

案例是指有现实指导意义和教学意义的代表性的事件或现象（表12-4）。

表 12-4 案例评价标准

指标项	指标要求
教学性	案例所属学科必须具有实际意义；案例必须要有现实的指导和教学意义

五、文献资料

文献资料是指有关教育方面的政策、法规、条例、规章制度，对重大事件的记录、重要文章、书籍等（表12-5）。

表 12-5 文献资料评价标准

指标项	指标要求
教学性	文章具有广泛影响；事件历史意义重大

六、常见问题解答

常见问题解答是针对某一具体领域最常出现的问题给出全面的解答（表12-6）。

表 12-6 常见问题解答评价标准

指标项	指标要求
全面性	涉及该问题的各个方面
准确性	解答准确、明了，无偏差和模糊的言语
有效性	解答有效，能解决真实的教学问题

七、资源目录索引

列出某一领域中相关的网络资源地址链接和非网络资源的索引（表12-7）。

表 12-7 资源目录索引评价标准

指标项	指标要求
有效性	目录索引中提供的资源能有效地支持该学科的教学
丰富性	资源目录丰富

八、网络课程

网络课程是通过网络表现的某门学科的教学内容及实施的教学活动的总和，它包括两个组成部分：按一定的教学目标、教学策略组织起来的教学内容和网络教学支撑环境（表12-8）。

表 12-8　网络课程评价标准

指标项	指标要求
界面设计	色彩鲜明，既不枯燥无味，又不会分散学习者注意力；页面布局符合视觉习惯；内容清晰，没有显示错误；每页呈现的信息量符合学生的认知能力；链接的外观明确而且符合一般习惯；每门课程的网页应保持统一的风格和操作界面；背景音乐选用恰当
导航	界面非常直观，学习者在没有指导和帮助的情况下就可轻而易举地操作导航路径和使用其他功能
定位	全部的页面都有标题或使用不同的习惯以确定学习者目前的位置，以及学习者目前的位置很容易被识别或者要时常看到课程中的菜单条或者路径图
课程说明	提供关于本门课程完整的说明
课程计划	提供给教师和学生完整的课程计划与时间安排
学习目标	提供本门课程明确的学习目标
复习旧知	提供与先前学习相联系的内容
学习指导	提供学习本门课程的学习方法指导和策略
课程内容	具有完整的科学知识体系；符合学生的认知年龄；在疑难关键知识点上提供多种形式和多层次的学习内容。根据不同的学习层次设置不同的知识单元体系结构；课程内容随着科学的发展而定期更新；课程文字说明中的有关名词、概念、符号、人名、定理、定律和重要知识点都要与相关的背景资料类相链接
动机的激发	使用的策略既与课程内容有关，又能有效地引起和维持学习者的注意和兴趣；持续使用适当的策略以便促使学习者在整个学习过程中参与学习和维持他们的学习动机
学习者控制	给予适当的控制权，使学习者可自定学习进度和学习方式
学习活动	交互性强，提供教师与学生、学生之间各种交互工具，如电子邮件、聊天室、BBS、电子白板、记事本等；提供支持多种学习策略的活动；提供的学习活动能激发学生的主动性；提供符合学习者风格的个性化学习活动；提供基于任务的协作学习活动
媒体运用	课程中合理使用各种媒体
范例运用	对于课程中的难点和重点，合理使用范例以促进学生对知识的理解
学习工具	提供丰富的学习工具：笔记本、画板、电子白板、聊天室、电子邮件等
历史记录	提供了历史记录，使学习者可快速跳转到浏览过的页面
练习	基于真实情境；提供的练习不仅能使学习者知道所学内容，更能实现高层次的认知目标，如运用、分析、综合与评价；提供不同难度的练习，以适合不同学习者和不同的学习阶段；提供不同情境的练习，有助于知识的迁移；及时与恰当的反馈，能提供详细的解释和正确答案，并且有助于学习者的理解和改正错误；能提供反思与重试的机会，给学习者复习、回顾和再次尝试的机会，当学习者没有成功时，提供适当的结果或帮助找到答案；提供本门课程的综合性练习
学习资源	学习资源表现形式多样，包括文本、视频、音频、图形（图像）、动画等；资源内容与课程紧密相关；学习资源有助于扩展学生的思路，激发学生的想象与创造；资源中的素材符合媒体素材的评价标准
答疑	提供答疑机制，学生能方便地发布学习中的疑难，教师可及时回答学生的问题
作业	教师可以方便地布置与批阅作业；学生可以方便地浏览与提交作业
评价系统	有对学生学习过程的跟踪记录，如登录次数、参与活动的情况等；有对学生作业情况的记录；提供日常测验与阶段考试；提供综合性期末考试；评价结果的有效性高；评价结果的可靠性高

指标项	指标要求
学生支持系统	提供关于本课程的在线帮助；提供关于本课程的各种信息，如考核标准、收费情况、技术要求、参考书和日常事务服务等；有专职人员提供学习本课程的全面技术支持
教师支持系统	提供方便的课程开发工具；有专职人员为教师提供全面的技术支持；为教师提供从教室到网络传输知识的支持；为教师的教学提供各类资源
技术性	课程采用模块化结构，能方便对课程的内容进行扩展，功能进行升级；网页文件、目录清晰、合理；提供完整的文字说明与制作脚本；课程运行没有技术故障；没有链接中断；学习者根据屏幕的导向能安装课程或课程自动安装；学习者可以按照屏幕的指导或使用标准操作系统中控制面板的安装/卸载程序来安装/卸载课程

参 考 文 献

[1] 白春章，关松林．信息化教育资源共建共享机制研究 [J]．中国教育学刊，2013 (6)：59 - 61，66．

[2] 邓康桥，阙澄宇．MIT OCW 项目与网易公开课运营模式比较研究 [J]．现代教育技术，2013，23 (9)：21 - 24．

[3] 胡铁生，黄明燕，李民．我国微课发展的三个阶段及其启示 [J]．远程教育杂志，2013 (4)：36 - 42．

[4] 黄克斌．网络教育资源评价研究 [J]．现代远程教育研究，2005 (5)：24 - 27．

[5] 贾雪梅．网络课程研究述评 [J]．内蒙古师范大学学报，2007 (9)：129 - 131．

[6] 焦建利．微课及其应用与影响 [J]．中小学信息技术，2013 (4)：13 - 14．

[7] 雷体南，汪家宝．现代教育技术教程 [M]．武汉：华中科技大学出版社，2016．

[8] 黎加厚．微课的含义与发展 [J]．中小学信息技术，2013 (4)：10 - 12．

[9] 李圆圆．数字音频在多媒体教学中的应用研究 [D]．山东师范大学，2010．

[10] 迈耶．多媒体学习 [M]．牛勇，邱香，译．北京：商务印书馆，2006．

[11] 刘美凤，康萃．多媒体课件教学设计 [M]．北京：高等教育出版社，2013．

[12] 秦丹，罗发奋．现代教育技术基础 [M]．北京：电子工业出版社，2012．

[13] 王晨，刘南．互联网＋教育：移动互联网时代的教育大变革 [M]．北京：中国经济出版社，2015．

[14] 王小明．教学论：心理学取向 [M]．上海：上海教育出版社，2005．

[15] 严寒冰．信息化教学评价：量规实用工具 [M]．北京：教育科学出版社，2003．

[16] 戴龙基，姚晓霞，陈凌，等．我国信息资源共建共享的可持续发展研究 [M]．上海：上海交通大学出版社，2012．

[17] 张琴珠．计算机辅助教育 [M]．北京：高等教育出版社，2007．

[18] 张天骐．After Effects 影视合成与特效火星风暴 [M]．北京：人民邮电出版社，2014．

[19] 张振虹，刘文从．从 OCW 课堂到 MOOC 学堂：学习本源的回归 [J]．现代远程教育研究，2013 (3)：20 - 27．

[20] 陈国明，张挥．信息化环境下中学课程资源的共建共享 [M]．北京：北京师范大学出版社．

[21] 中国大学 MOOC．中国大学 MOOC 简介 [EB/OL]．[2014 - 11 - 04]．http：//www.icourse163.org/about/aboutus.htm＃/about．

[22] 中国教育信息化网．关于举办第十六届全国多媒体课件大赛的通知 [EB/OL]．[2016 - 11 - 04]．http：//www.ict.edu.cn/zwhtz/hdtz/n20160412_32929.shtml．

[23] 中央电化教育馆．第二十一届全国教育教学信息化交流展示活动的通知 [EB/OL]．[2016 - 11 - 04]．http：//www.mtsal998.com.cn/2016129/n440572.html．

[24] 中国成人教育协会．精品课：全民终身学习课程平台 [EB/OL]．[2012 - 11 - 04]．http：//www.jingpinke.com/about/us．